RETOUCHES
ET PHOTOMONTAGES
AVEC PHOTOSHOP CS5

RETOUCHES ET PHOTOMONTAGES AVEC PHOTOSHOP CS5

TECHNIQUES AVANCÉES POUR LES PROFESSIONNELS DE L'IMAGE

MARTIN EVENING

JEFF SCHEWE

TRADUCTION ET ADAPTATION DANIELLE LAFARGE
AVEC LA COLLABORATION TECHNIQUE DE BIBLIOPOLÆ

DVD-ROM
MAC/PC

EYROLLES

ÉDITIONS EYROLLES
61, bd Saint-Germain
75240 Paris Cedex 05
www.editions-eyrolles.com

Première édition (en langue anglaise) publiée en 2011 par Focal Press, sous le titre original :
Adobe Photoshop CS5 for photographers, The Ultimate Workshop, ISBN 978-0-240-81483-4
© 2011, Martin Evening et Jeff Schewe, Tous droits réservés
Cette édition en langue française est publiée en accord avec Elsevier Inc,
30 Corporate Drive, 4th Floor, Burlington, MA 01803, USA

Table des matières

3. Augmentez votre QI   45

4. Réparation et fusion   95

5. Tours de magie 131

6. Retouche de modèles vivants 167

7. Masques et montage   199

8. Photoshop à la nuit tombée   297

12. Après Photoshop · 425

13. Le sens des affaires — 457

Introduction

Les années passent, et les développeurs de Photoshop s'emploient toujours à compléter ses fonctionnalités. Plus Photoshop évolue, plus nous avons de sujets à traiter dans nos livres. L'ouvrage que vous tenez entre vos mains a été conçu comme un complément à *Photoshop pour les photographes*. Au lieu de revoir toutes les notions fondamentales de Photoshop, de Camera Raw et de Bridge, nous nous sommes concentrés sur les résultats pouvant être obtenus avec Photoshop. Ce livre se base donc davantage sur des tutoriels illustrés avec des photos prises par Martin Evening et Jeff Schewe. Son originalité est de ne pas simplement montrer comment utiliser Photoshop, mais d'expliquer également toutes les étapes préalables au traitement dans Photoshop, en décrivant quelques-unes des techniques photographiques employées pour les illustrations de ce livre.

Cet ouvrage se divise en treize chapitres pouvant chacun être abordé comme un workshop distinct. Nous avons voulu réunir les techniques décrites dans des chapitres thématiques et nous espérons que cette présentation rendra ce livre plus accessible. La plupart des chapitres peuvent facilement être assimilés en une seule session de lecture, comme si vous participiez à un véritable séminaire.

Pour l'anecdote, le fait que le livre ait été cosigné par Jeff Schewe et Martin Evening est assez amusant en soi. Au milieu des années 1990, Jeff Schewe avait signé un contrat pour écrire un livre qui se serait intitulé «Photoshop pour les photographes». Pour différentes raisons, le projet n'a jamais abouti. Le sachant, Martin Evening a eu la politesse de lui demander son autorisation pour reprendre le titre, ce que Jeff Schewe a accepté bien volontiers. C'est ainsi qu'a commencé une longue amitié entre les deux auteurs qui collaborent aujourd'hui dans ce nouveau titre.

Remerciements

Ce projet n'aurait pas vu le jour sans le soutien de Ben Denne, Marie Hooper, Hayley Salter et David Albon chez Focal Press. Nous remercions également tous ceux qui ont directement contribué à la production de ce livre : Rod Wynne-Powell pour l'édition technique, Charlotte Pover qui s'est occupée de la relecture, Chris Murphy qui a fourni les profils d'impression, et Matt Wreford qui s'est chargé de toute la conversion en CMJN.

Une grande partie des photographies qui illustrent ce livre ont été prises dans nos studios de Londres et de Chicago. Nous aimerions remercier les personnes suivantes pour leur aide : nos assistants Harry Dutton et Mel Hill, Camilla Pascucci pour le maquillage et les coiffures, Harriet Cotterill pour le stylisme, les modèles Courtney Hopper chez Storm, Natasha DeRuyter, Alex Kordek et Lidia chez MOT models, Stuart Weston, Neil Soni, ainsi que le directeur artistique, David Willett et Propabilities, à Chicago, pour les accessoires de studio. Nous remercions Kevin Raber de Phase One pour nous avoir fourni le dos numérique P45+, Ben Rice pour le prêt de la tête panoramique HDR utilisée dans le chapitre 9 et Imatest pour la réalisation de la charte de test d'objectifs utilisée au chapitre 3, ainsi que Jon Tarrant et le magazine *What Digital Camera*. Nous tenons également à mentionner les soutiens dont nous avons bénéficié au début de la production de ce livre de la part de Greg Gorman, Peter Krogh, Ian Lyons et Marc Pawliger.

Nous remercions aussi tous nos amis chez Adobe : Russell Brown, John Nack, Chris Cox et les co-architectes Scott Byer et Russell Williams pour Photoshop, et Thomas Knoll, Eric Chan, Zalman Stern et Tom Hogarty pour Camera Raw. Nous sommes plus particulièrement reconnaissants à Thomas et à son frère John Knoll pour avoir été à l'origine de Photoshop, et à Adobe pour avoir eu le génie de l'acheter. Nous tenons également à remercier Mark Hamburg pour ces années de discussions fructueuses (et pour réaliser tant de nos vœux dans Photoshop).

Merci aussi à l'équipe de Pixel Genius : Mac Holbert, Mike Keppel, Seth Resnick et Andrew Rodney et à ses membres qui nous ont quittés mais que nous n'avons pas oubliés : Mike Skurski et Bruce Fraser. Ils nous manquent, tout comme leur appétence de travail. Nous saluons aussi la Mafia des Pixels, qui se reconnaîtra…

Enfin, Martin Evening aimerait remercier Camilla pour son amour, son soutien et sa compréhension, et Jeff Schewe aimerait remercier sa femme Becky et sa fille Erica pour leur appui et leur propension à l'accepter et l'aimer (ce qui n'est pas facile). Et merci à Max, le chien dont on se souviendra.

Nous tenons aussi à vous remercier, vous lecteur. Nous espérons que vous comprendrez notre objectif dans ce livre et que les apprentissages vous plairont autant qu'à nous, et ce n'est jamais fini…

Photographe : Martin Evening

Client : Altered Image | Modèle : Lydia @ MOT | Fuji GX 68 Mk II | 110 mm | Film : Ektachrome 100 ISO | Scanner : Imacon 848

Chapitre 1

Avant la prise de vue

Concepts et planification avant l'utilisation de Photoshop

Même si ce livre est exclusivement consacré à Photoshop et à tout ce qui peut être réalisé à l'aide du programme, nous aimerions commencer par examiner la place occupée par le logiciel dans le flux de production photographique. Le foisonnement des fonctionnalités dans Photoshop ne signifie pas qu'il faut exploiter à tout prix tout ce potentiel. Mieux vaut prendre le temps de réfléchir au rôle que pourrait jouer le programme, avant de vous lancer dans un nouveau projet en gardant cette finalité à l'esprit. Dans les pages suivantes, nous illustrons ce point par quelques photos prises en studio.

Figure 1.1 Dans cet exemple, il est plus simple d'élargir l'image dans Photoshop que de créer une mise en scène avec un cadrage aussi large.

Identifier les auteurs

Pour connaître l'auteur de chaque section du livre, reportez-vous à l'icône qui se trouve en bas de chaque page. Les parties écrites par Martin Evening sont signalées par l'icône et celles écrites par Jeff Schewe sont identifiées par l'icône ; les sections que nous avons écrites à quatre mains sont repérées par les deux icônes.

Avant de se mettre au travail

À l'époque de la photographie argentique, on se servait fréquemment du Polaroid pour tester l'éclairage et fournir un premier aperçu de l'image aux clients. Bien souvent, les photographes se voilaient la face en se disant que la qualité du Polaroid était ce qu'elle était et que la photo aurait bien meilleure allure une fois portée sur la pellicule, mais il était alors trop tard pour corriger le tir. Aujourd'hui, à l'ère du numérique, les photographes sont tentés de se dire qu'ils feront des retouches dans Photoshop. Il est évident que Photoshop peut résoudre tous les problèmes, ou presque. Mais pour réussir sa carrière de photographe, il faut être capable de déterminer quand une correction dans Photoshop peut faire l'affaire et quand un bon cliché est indispensable.

Dans le cadre d'un travail de commande, il faut répondre à cette question avant de s'emparer de son appareil photo, ou encore plus tôt, au stade du « brief ». Cela revient aussi à limiter les pertes de temps. À la **figure 1.1**, vous pouvez voir comment Martin a réussi à agrandir le fond d'une photo prise en studio à l'aide de la fonctionnalité de redimensionnement basé sur le contenu. Quelques secondes ont suffi pour effectuer cette modification dans Photoshop, tandis qu'en studio, il aurait fallu plus de place (et donc, plus de moyens) pour parvenir au même résultat. La plupart des rouleaux de fond ne mesurant que 1,35 mètre de large, il aurait fallu louer un studio assez vaste, puis le repeindre pour parvenir à un cadrage suffisamment large.

Certains diront que l'on triche, d'autres y verront des impératifs économiques, mais tous concluront que l'utilisation de Photoshop est parfaitement sensée en post-production. De nos jours, beaucoup de films et de téléfilms sont tournés en studio, le décor étant ajouté plus tard. La post-production est si réussie que c'est à peine si l'on remarque l'artifice.

Interpréter un brief

Les briefs (ou « layouts » en américain) vont de descriptions extrêmement détaillées, incluant le rendu exact de ce qui devra être exécuté par le photographe, à de simples indications sur l'orientation verticale ou horizontale de l'image (et encore, il arrive que cela change en cours de projet). Dans l'idéal, la relation que le photographe entretient avec le directeur artistique ou le créatif détermine la flexibilité du brief. Plus un directeur artistique connaît son métier, plus il est ouvert aux suggestions créatives du photographe.

L'équipe créative doit parvenir à déterminer les limites et les attentes du client final. Les meilleurs photographes sont toujours à l'affût de pistes d'amélioration et de développement du concept original et de son exécution, tout en s'efforçant de satisfaire les besoins du client.

Cela dit, il n'est pas rare que la mise en page évolue (dans le bon sens) en cours de projet. Au moment de sa conception, on ne sait pas encore ce que sera la photo finale – à moins que la mise en page n'ait été conçue avec des photos d'archives, ce qui est à double tranchant. Éthiquement, le photographe ne doit pas se contenter de copier le travail d'un confrère. S'inspirer du travail d'autrui est une chose, plagier une œuvre originale est répréhensible.

La **figure 1.2** est un bon exemple de brief précis qui laisse néanmoins une certaine part de flexibilité dans l'exécution et dans l'interprétation. Même le titre a changé après la réalisation de la photographie. Le directeur artistique a su profiter des opportunités et le client final était ouvert aux changements.

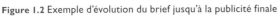

Figure 1.2 Exemple d'évolution du brief jusqu'à la publicité finale

Décomposition de l'image

Certes, un très bon photographe peut réussir une photo du premier coup, sans passer par Photoshop pour des retouches. Mais étant donné que le temps et le budget sont limités, il est souvent plus facile (et productif) de décomposer une image finale en éléments essentiels avant de commencer la prise de vue. Ensuite, il ne reste plus qu'à photographier les différentes parties avant de les assembler dans Photoshop. La **figure 1.3** illustre bien ce type de cliché.

Photo : © Jeff Schewe

Figure 1.3 Composite final des deux clichés après la retouche

La photo de la capsule d'une bouteille de Miller Lite (**figure 1.3**) était une commande. Ayant déjà eu l'occasion de photographier des gouttes d'eau, je savais qu'il serait difficile de réussir la photo de la capsule recouverte de gouttelettes et que cela impliquait une grande minutie. Par conséquent, au lieu d'essayer de parvenir au résultat final en un seul cliché, j'ai préféré prendre deux photos : l'une de la capsule sèche, correctement éclairée et optimisée pour une bonne lisibilité du texte du logo, et l'autre des gouttes d'eau (**figure 1.4**). Je n'ai pas cherché à garder l'arrière-plan sec.

Figure 1.4 Les deux clichés originaux avant superposition et masquage

En prévoyant de procéder en deux étapes, j'ai pu simplifier les deux photos à tel point que le montage était un jeu d'enfant. En outre, en informant dès le départ le directeur artistique de la méthode choisie, la réalisation de deux clichés n'a pas été considérée comme un manque de compétences de ma part, mais comme un choix délibéré pour mener à bien le projet. Ma démarche a également donné l'occasion au directeur artistique de faire ce qu'il aime, à savoir vérifier le travail. Mais au lieu de regarder à travers le verre dépoli de la chambre photographique (où l'image est à l'envers) en essayant de contrôler la mise en place précise des gouttes d'eau, il pouvait me donner ses instructions en se tenant assis à côté de moi, devant l'ordinateur, pour ajouter, supprimer ou déplacer les gouttelettes dans Photoshop. Franchement, je ne suis pas sûr que cela ait été plus rapide, mais la manipulation d'un masque de fusion était certainement moins fastidieuse que la répartition de vraies gouttes d'eau. La séparation des éléments de la photo permet de travailler de manière plus efficace et plus précise et donc, d'obtenir un meilleur résultat – ce qui était bien l'objectif du directeur artistique et le mien.

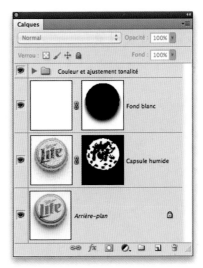

Technique de fusion de plusieurs éclairages

La prise de vue en studio avec un éclairage maîtrisé peut produire des photos de nature morte magnifiques. Mais l'on est soumis aux lois de l'optique et de la physique, et diriger la lumière exactement là où on le souhaite n'est pas toujours une tâche aisée. Par conséquent, j'ai pris le parti de photographier des sujets dans des conditions et des directions d'éclairage variées, puis d'assembler les éléments obtenus dans Photoshop. La **figure 1.5** montre les deux captures originales. La seule véritable différence réside dans le déplacement de la lumière du coin supérieur droit au coin inférieur gauche entre les clichés. Les deux prises de vue ont été traitées de la même manière et les réglages n'ont pas été modifiés entre les expositions. L'astuce a consisté à « peindre avec la lumière » en utilisant le masque de fusion du second calque pour définir précisément la visibilité de ce calque.

Cette méthode – verrouillage de l'appareil photo et prises de vue multiples sous différents éclairages (comme de la lumière crue mêlée à de la lumière tamisée) ou, comme dans cet exemple, avec une même lumière provenant de différentes directions – est très créative ; elle parvient à allier le meilleur de la photographie à l'efficacité de Photoshop. Certes, il serait également possible d'obtenir le même éclairage avec deux sources distinctes, mais pourquoi se donner cette peine quand la méthode numérique est si simple (et si facile) ?

Cette opération n'est toutefois pas sans risque : le support de prise de vue doit être extrêmement stable et il est préférable de garder un éclairage aussi simple que possible. Heureusement, grâce à la fonction d'alignement automatique de Photoshop CS5, les écarts sont

Figure 1.6 La commande d'Alignement automatique des calques a affiché ce message au moment de la tentative d'alignement des deux calques des feuilles.

Figure 1.5 La vue de gauche traduit la position initiale de la lumière. Après la prise de vue et l'analyse du premier cliché, la lumière a été déplacée de 180° et la seconde capture a été réalisée.

de mieux en mieux tolérés. Ironiquement, pour ce livre, j'ai testé la commande d'Alignement automatique des calques et j'ai vu s'afficher l'avertissement illustré à la **figure 1.6**. Il y avait, semble-t-il, des écarts d'éclairage si importants que la fonction d'Alignement automatique était prise en défaut. Ce n'était pas un réel problème ici car la superposition était déjà parfaite.

À la **figure 1.7**, la pile de calques finale contient le masque de fusion placé sur le calque supérieur pour en moduler la visibilité. Certaines zones sont complètement opaques, tandis que d'autres sont fondues avec une Opacité partielle. Les zones blanches du masque de fusion laissent transparaître la zone droite du calque supérieur. La **figure 1.8** montre le résultat final « peint avec la lumière ». Très peu d'ajustements des tons et des couleurs ont été nécessaires. Pour l'essentiel, les réglages ont consisté en une augmentation de la Teinte et de la Saturation, ainsi qu'en un renforcement du contraste des tons moyens pour souligner certains détails. Nous reviendrons sur ces réglages plus loin dans ce livre.

Figure 1.7 Pile de calques finale (les réglages étant regroupés par souci d'organisation)

Figure 1.8 Image finale fusionnée

Travail composite complexe

Les exemples précédents étaient simples à assembler en raison de la nature des images. En revanche, ce n'était pas le cas de la **figure 1.9**. Les différents éléments ont dû être photographiés séparément. Mais, en raison de la nature même de l'assemblage, il fallait que les éclairages de tous les éléments concordent dans le montage final. Les photos des éléments (**figure 1.10**) ont été mises en scène de façon à ce que l'éclairage projette une ombre dans la direction voulue et fournisse des indications réalistes pour la création des ombres artificielles dans Photoshop. La difficulté supplémentaire a été de réaliser chaque cliché de façon à ce que l'action des modèles soit vraisemblable. Cela a exigé une intervention sur le costume de l'homme à la pioche pour renforcer le réalisme. Pour la photo des deux personnes

Figure 1.9 À gauche, brief original fourni par le client.
Ci-dessus, composite final retouché.

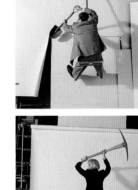

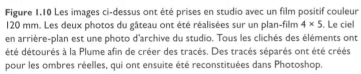

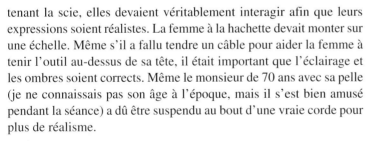

Figure 1.10 Les images ci-dessus ont été prises en studio avec un film positif couleur 120 mm. Les deux photos du gâteau ont été réalisées sur un plan-film 4 × 5. Le ciel en arrière-plan est une photo d'archive du studio. Tous les clichés des éléments ont été détourés à la Plume afin de créer des tracés. Des tracés séparés ont été créés pour les ombres réelles, qui ont ensuite été reconstituées dans Photoshop.

tenant la scie, elles devaient véritablement interagir afin que leurs expressions soient réalistes. La femme à la hachette devait monter sur une échelle. Même s'il a fallu tendre un câble pour aider la femme à tenir l'outil au-dessus de sa tête, il était important que l'éclairage et les ombres soient corrects. Même le monsieur de 70 ans avec sa pelle (je ne connaissais pas son âge à l'époque, mais il s'est bien amusé pendant la séance) a dû être suspendu au bout d'une vraie corde pour plus de réalisme.

C'est la photo de l'arrière-plan qui a effectivement dicté la direction et la qualité de l'éclairage. Comme le coucher de soleil produisait un éclairage en contre-plongée, le reste des éléments devait être photographié de la même manière. Malgré toutes ses tentatives, le styliste alimentaire n'a pas réussi à obtenir le « gâteau parfait », je me suis donc servi de parties de deux gâteaux différents pour le composite final.

Retouche de photos de mode et de beauté

Que serait le secteur de la mode et de la beauté sans les retouches ? On y fait appel depuis des années et ce n'est pas sans conséquences sur les photos de mode dans les magazines.

Un jour, un coiffeur écossais m'a raconté que les coiffures et les coupes de cheveux impeccables des photos des publicités pour Vidal Sassoon, dans les années 1960, ont tant marqué les coiffeurs écossais qu'ils ont amélioré leurs techniques de coupe pour égaler le niveau de précision des photos. Ils n'avaient pas réalisé que les photos avaient été retouchées, mais depuis, la coiffure écossaise est réputée pour sa précision technique !

On pourrait reprocher les niveaux de retouche excessifs appliqués à certaines photos, mais nous pourrions rétorquer qu'un bon travail de retouche doit être invisible. Aujourd'hui, il est très facile de retoucher la peau à l'aide d'outils comme le Correcteur, et désormais aussi, le Correcteur localisé avec la prise en compte du contexte. Le meilleur conseil que l'on puisse vous donner est de toujours effectuer les retouches sur des calques distincts. Quand le travail a pour objectif de lisser les tons chair au moyen d'un calque de peinture ou de floutage, pensez à atténuer l'opacité du calque de façon à rendre l'effet plus subtil. La **figure 1.12** montre une image décrite plus loin pour illustrer une technique de coloration des cheveux dans Photoshop. J'ai travaillé à plusieurs reprises sur des séries de clichés présentant différentes nuances de teintures et il faut toujours colorer les cheveux du modèle dans ces différentes nuances. Avant de se faire réellement teindre les cheveux, les modèles doivent subir un test dermatologique et la teinture elle-même peut prendre des heures. Donc, même si les résultats obtenus dans Photoshop ne sont pas toujours très fidèles, pour les clients, c'est souvent le seul moyen envisageable pour parvenir à la couleur recherchée sans payer très cher un modèle.

Je pense aussi que l'on peut désormais se permettre davantage de latitude dans les prises de vue. Autrefois, il fallait que le modèle se tienne dans les limites du fond, tandis qu'aujourd'hui, cela n'a pas autant d'importance (comme le montre la **figure 1.11**). J'aime être libre de saisir un mouvement ou un geste en sachant qu'il sera toujours possible de compléter le fond dans Photoshop. De ce point de vue, Photoshop permet d'être plus créatif, car il permet de s'affranchir de certaines limites.

Figure 1.11 Quand on sait que la photo finale sera corrigée dans Photoshop, on peut prendre des photos comme celle-ci (qui a été réalisée avec un très grand-angulaire), sans s'inquiéter du fait que la tête du modèle dépasse du fond. Ce type de problème se résout très facilement dans Photoshop.

Photo : © Martin Evening

Figure 1.12 Voici un exemple avant/après d'une photo dans laquelle j'ai effectué des retouches essentiellement pour éliminer des cheveux épars, lisser le grain de la peau et ajuster la couleur des cheveux du modèle.

Désormais, on peut également se permettre plus de créativité dans l'éclairage des photos de mode et de beauté. Avec l'expérience, je sais maîtriser un éclairage, mais je n'en apprécie pas moins la liberté donnée par Photoshop d'enfreindre les règles et d'appuyer sur le déclencheur sans me soucier de la balance précise de l'éclairage ni du contraste optimal. Ainsi, j'ai constaté que j'avais tendance à produire des éclairages plus crus. J'ai toujours aimé la tension créée par une forte lumière directionnelle. Mais dans le même temps, j'ai conscience des problèmes créés par les ombres marquées sur le visage. Il est relativement facile d'éliminer les défauts dans Photoshop pour obtenir une image presque idéale. Certains pensent que Photoshop rend fainéant, mais si le logiciel permet d'enfreindre les règles de l'éclairage, pourquoi ne pas en profiter pour faire des expériences ?

Quand renoncer à Photoshop ?

Pour cette publicité, je me souviens que le client m'avait contacté car on me considérait comme une sorte d'expert en informatique. L'objectif était de créer sur ordinateur une image représentant un téléphone fondu (**figure 1.13**). Je me suis vite rendu compte que le client surévaluait la facilité de l'exercice dans une application graphique, tout en sous-estimant grandement le coût. Il valait mieux mettre le téléphone au four.

Figure 1.13 L'image finale telle qu'elle apparaît dans la publicité.
L'arrière-plan a été photographié séparément et le calque du téléphone
(avec les ombres) a été placé par-dessus.

Figure 1.14 Le téléphone fondu, à gauche, a été photographié sur un fond gris moyen afin de limiter les reflets sur le plastique. L'image, à droite, correspond au téléphone retouché et doté d'ombres artificielles.

Le premier passage au four n'a pas été une réussite. Le magma de plastique noirci ressemblait au produit d'une expérience biologique ratée. J'ai peaufiné ma technique au cours des essais suivants pour conclure qu'une cuisson prolongée à faible température était préférable à une cuisson courte à forte température.

La solution a consisté à supprimer autant de métal que possible et à laisser faire la gravité. La cuisson prolongée à feu doux m'a également permis de modeler certaines parties et de biseauter la base (posée sur une tôle à pâtisserie). Comme le montre la **figure 1.14**, beaucoup de retouches ont tout de même été nécessaires, une fois le téléphone refroidi. Mais ce n'était rien comparé à la réalisation de toute l'opération dans Photoshop.

Qu'essayons-nous de démontrer dans ce premier chapitre ? Certains effets peuvent très facilement être réalisés par la mise en scène, tandis qu'ils sont beaucoup plus difficiles à produire *a posteriori* dans Photoshop. Anticiper lors des prises de vue le futur traitement numérique facilite grandement les opérations de post-traitement et améliore substantiellement le résultat final. Si vous êtes à la fois un photographe accompli et un graphiste doué, vous obtiendrez de meilleurs résultats (en vous simplifiant la vie) car vous saurez choisir le moyen (photographique ou intégré dans Photoshop) le plus adapté à vos intentions de rendu.

Chapitre 2

Flux de production dans Camera Raw

Corrections préalables dans Camera Raw

Dans ce chapitre, nous voulons démontrer les avantages de Camera Raw pour le traitement initial des images. Si vous photographiez en mode RAW, la majorité des corrections que vous voulez appliquer à une image peuvent être réalisées préalablement dans Camera Raw. Si vous utilisez Lightroom, vous pouvez même préparer une image RAW en vous servant de ces mêmes réglages, depuis le module Développement. Notre regretté collègue, Bruce Fraser, qui aimait plaisanter, affirmait que Photoshop était un excellent module complémentaire pour Camera Raw. Nous supposons que Bruce était en partie sincère quand il disait cela… Quoi qu'il en soit, nous vous conseillons vivement d'utiliser Camera Raw pour la première phase de correction de vos photos.

Optimisation des images

Camera Raw ou Photoshop ?

À l'origine, Camera Raw a été conçu comme module d'importation de fichiers RAW dans Photoshop afin de permettre au logiciel d'ouvrir les photos numériques prises dans ce format. Aujourd'hui, Camera Raw est un outil de correction à part entière, appartenant à la catégorie des outils de correction paramétrée d'images. Et, dans une certaine mesure, il concurrence Photoshop pour la correction des photos numériques. N'oubliez pas pour autant que son rôle premier reste l'ouverture des images dans Photoshop.

Le rôle croissant joué par Camera Raw pousse inévitablement à se poser des questions sur la teneur des corrections devant être appliquées aux images : faut-il privilégier les corrections paramétriques ou les corrections des pixels ? La réponse est simple : tout dépend de la tâche à réaliser. Camera Raw convient plus particulièrement à l'optimisation de la courbe des tons d'une capture brute, car la correction affecte la totalité de la plage linéaire des tons. Quand on procède à ce réglage dans Photoshop, cela revient à renoncer à une partie de la qualité

Figure 2.1 Version 1.0 de Camera Raw pour Photoshop 7, sortie le 19 février 2003

de l'image. Il en va de même pour l'ajustement de la balance des blancs d'une capture brute. Aucun réglage de Photoshop ne peut égaler la précision et l'efficacité du réglage de la balance des blancs dans Camera Raw. Si un grain de poussière est collé sur le capteur de l'appareil photo, vous pouvez utiliser l'outil de retouche de Camera Raw pour supprimer une tâche sur une seule ou sur une centaine de photos. Pour toutes ces opérations, Camera Raw est plus efficace que Photoshop. Toutefois, Camera Raw n'agit pas directement sur les pixels (malgré son outil de Retouche des tons directs et son Filtre gradué). Lorsque vous avez besoin de réaliser des masques extrêmement précis ou des composites d'images, Photoshop est incontournable.

La meilleure approche consiste à élaborer une stratégie et à mettre en œuvre la tactique adéquate. Nous sommes des fervents adeptes de la loi des 20-80 (ou principe de Pareto) et nous préférons atteindre un but au prix du moindre effort. Selon cette logique, Camera Raw peut être stratégiquement employé pour appliquer des réglages globaux avec précision, rapidité et efficacité, tandis que Photoshop est tactiquement employé pour corriger quelques images qui en valent réellement la peine.

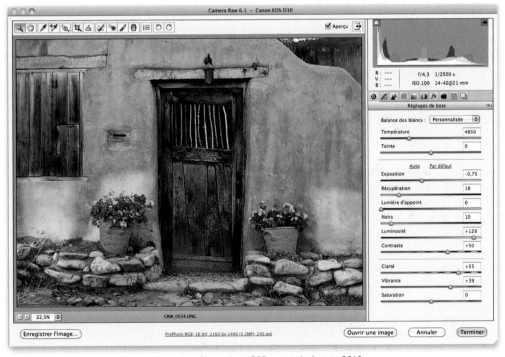

Figure 2.2 Version 6.1 de Camera Raw dans Photoshop CS5, sortie le 1er juin 2010

Figure 2.3 Panneau Étalonnage de l'appareil photo de Camera Raw avec la liste déroulante Processus

Figure 2.4 Icône de la version de Processus 2003, qui sert également de bouton.

Versions de processus Camera Raw

Camera Raw a beaucoup changé depuis sa première sortie. Toutefois, ce n'est qu'au cours du développement de Camera Raw 6 pour Photoshop CS5 que les ingénieurs ont réfléchi aux conséquences d'un changement substantiel du rendu de base dans Camera Raw.

Pour la version 6, l'équipe de Camera Raw a apporté des transformations radicales au dématriçage et à la réduction du bruit, et des changements plus légers aux réglages de la Récupération, de la Lumière d'appoint et de la Netteté. Même s'ils sont universellement considérés comme des améliorations, ces changements ont nécessité l'introduction d'un concept nommé «Version de processus» pour permettre aux utilisateurs de conserver le rendu des versions précédentes. La **figure 2.3** présente la liste déroulante Processus qui se trouve dans le panneau Étalonnage de l'appareil photo. Par défaut, les images brutes dont les paramètres n'ont pas été modifiés au-delà des paramètres par défaut de Camera Raw s'ouvrent dans la version de Processus 2010 (version actuelle) dans Camera Raw 6. Les images dont les paramètres ont été personnalisés s'ouvrent en Processus 2003. La **figure 2.4** montre l'icône d'avertissement du Processus 2003 qui apparaît dans le coin inférieur droit de la fenêtre d'aperçu. L'icône fait également office de bouton permettant de passer du Processus 2003 au Processus 2010. Le changement de processus peut aussi se faire depuis le panneau Étalonnage de l'appareil photo (**figure 2.3**). Depuis Camera Raw 6.2, il est possible de créer des paramètres prédéfinis en utilisant la Version de processus comme sous-ensemble de paramètre prédéfini. Cela permet de créer un paramètre prédéfini de Version de processus qui peut être appliqué dans Bridge avant l'ouverture de l'image dans Camera Raw.

Rendu du Processus 2003

Même si les ingénieurs se sont efforcés de conserver les fonctionnalités de rendu de l'ancien Processus 2003, celui-ci produit des résultats légèrement différents du processus original. Comme la réduction du bruit a été supprimée du moteur de dématriçage de Camera Raw 6, le rendu du Processus 2003 est légèrement plus bruyant que celui des versions précédentes. Si le résultat doit correspondre à la signature du bruit des rendus précédents, nous vous conseillons d'ajouter 15 à 20 % de Réduction du bruit dans la Luminance pour le Processus 2003. Cela compensera la disparition de la correction de réduction du bruit qui était intégrée aux versions antérieures.

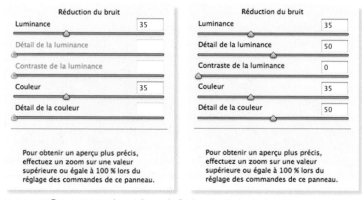

Figure 2.5 Comparaison des réglages de Réduction du bruit dans le panneau Détail de Camera Raw entre le Processus 2003 (à gauche) et le Processus 2010 (à droite)

La plus grande différence réside dans les réglages de Réduction du bruit du panneau Détail de Camera Raw, comme le montre la **figure 2.5**. Le Processus 2003 autorise uniquement le réglage de la Réduction du bruit dans la Luminance et dans la Couleur, tandis que le Processus 2010 permet également de corriger le Détail et le Contraste de la luminance, en plus du Détail de la couleur. Le curseur de Détail de la luminance régit le seuil de bruit en deçà et au-delà duquel le grain est respectivement considéré comme des détails de l'image ou comme du bruit. Un décalage du curseur vers la droite conserve davantage de détails dans l'image. Un décalage vers la gauche accroît le lissage de l'image, au risque de perdre des détails. Le Contraste de la luminance préserve le contraste de l'image qui pourrait être réduit par des valeurs de luminance élevées. L'effet de ces deux réglages est véritablement visible avec des sensibilités élevées. Le curseur Détail de la couleur permet d'ajuster les détails sur les contours colorés. Des valeurs basses peuvent entraîner une perte de saturation des couleurs sur les contours fins, tandis que des valeurs excessives produisent des franges colorées.

Le meilleur moyen de se familiariser avec les différents rendus des versions de Processus et des nouveaux réglages de réduction du bruit consiste à les tester. Grossissez l'image à 200 ou 400 %. L'amélioration de la réduction du bruit est davantage visible sur les photos prises avec une sensibilité élevée. La **figure 2.7** montre des détails grossis à 400 % de la photo illustrée à la **figure 2.6**.

Figure 2.6 Photo complète prise avec un Canon EOS 10D à 1 600 ISO. L'extrait grossi est entouré.

Figure 2.7 Comparaison des rendus par défaut entre le Processus 2003 (à gauche) et le Processus 2010 (au centre). À droite, l'image a été optimisée avec les réglages de réduction du bruit illustrés à la **figure 2.5**.

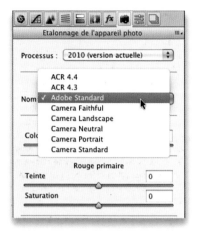

Figure 2.8 Panneau Étalonnage de l'appareil photo avec la liste déroulante des profils disponibles

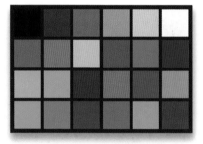

Figure 2.9 Charte ColorChecker photographiée en mode ProPhoto RGB

Profils d'appareils photo

À la première apparition de Camera Raw, l'un des aspects les plus controversés de la qualité d'image était le rendu des couleurs. On pensait souvent que les couleurs étaient inexactes (ou, du moins, qu'elles ne correspondaient pas à la couleur restituée par un fichier JPEG ou en interne par l'appareil). Adobe en a pris bonne note et a ajouté le Profil DNG à Camera Raw.

Que vous ayez pris le parti de ceux qui n'avaient rien à reprocher au rendu des couleurs de Camera Raw ou de ceux qui pensaient qu'il laissait à désirer, sachez que les Profils DNG l'ont modifié. Il est désormais possible d'obtenir le même rendu des couleurs que dans un fichier JPEG. La **figure 2.8** présente le panneau Étalonnage de l'appareil photo de Camera Raw 6. Le profil colorimétrique par défaut est le profil Adobe Standard. Ce profil a été conçu pour être colorimétriquement correct, tout en améliorant les précédents profils basés sur des tables (ACR 4.4 et 4.3). Les profils dont le nom commence par Camera imitent les paramètres qui sont appliqués dans l'appareil et définis par le fabricant (les noms varient). La liste déroulante, illustrée à la **figure 2.8**, est celle d'un Canon EOS 1DS Mk III ; le nom des profils varie en fonction des modèles d'appareils.

À titre de comparaison, la **figure 2.9** montre une charte Macbeth ColorChecker. La **figure 2.10** illustre une mini-charte ColorChecker photographiée à la lumière du jour. L'image de gauche a été rendue avec le profil DNG Adobe Standard ; celle du milieu a été calculée avec le profil Camera Standard et celle de droite correspond à un fichier JPEG produit par l'appareil réglé en mode sRGB. Comme vous pouvez le constater, les profils Camera Standard et JPEG sont

Figure 2.10 Comparaison du profil Adobe Standard (à gauche), du profil Camera Standard (au milieu) et d'un fichier JPEG produit par l'appareil photo (à droite)

très proches. Toutefois, en termes de précision, le rendu Adobe Standard est plus proche du rendu supposé des couleurs de la charte ColorChecker. Qu'est-ce que cela prouve ? Que le rendu des couleurs des fichiers RAW est sujet à interprétation – il n'y a pas une seule et unique restitution correcte, mais il peut y avoir des rendus plus adaptés que d'autres.

En plus de ces fonctionnalités, Adobe a diffusé un utilitaire gratuit nommé « DNG Profile Editor » qui permet de créer des profils DNG personnalisés manuellement ou en photographiant des chartes ColorChecker. Si cela vous intéresse, téléchargez DNG Profile Editor depuis http://labs.adobe.com et testez-le (après avoir lu la documentation). La **figure 2.11** illustre les différents rendus obtenus avec les profils des constructeurs.

Précision des couleurs

Les photographes préfèrent souvent des couleurs fidèles, même si l'une des pellicules les plus appréciées était la Fuji Velvia, dont on ne pouvait pourtant pas vanter la grande précision. En fait, les photographes sont surtout en quête de couleurs agréables. Camera Raw propose 40 réglages consacrés à l'ajustement des couleurs (sans compter le pinceau de retouche). Ne considérez pas les profils DNG comme des outils de correction des couleurs, mais plutôt comme des outils de rendu vous offrant des options adaptées aux besoins élémentaires de restitution des couleurs.

Adobe Standard	Camera Faithful	Camera Landscape
Camera Neutral	Camera Portrait	Camera Standard

Figure 2.11 Comparaisons des profils DNG. Notez que les noms des profils varient en fonction des marques d'appareils et tous les modèles ne proposent pas tous les profils existants.

Contrôle des hautes lumières

Dans Camera Raw, différentes méthodes permettent de vérifier que les informations dans les hautes lumières sont bien préservées. L'une des solutions consiste à cliquer sur l'icône d'avertissement d'écrêtage des hautes lumières dans l'histogramme de Camera Raw (entourée dans la **figure 2.12**). De plus, si vous maintenez la touche ⌥ alt enfoncée tout en faisant glisser les curseurs d'Exposition et de Récupération, l'aperçu adopte le mode d'affichage Seuil qui colore les zones écrêtées (pour signaler les couleurs écrêtées) ou les présente en blanc (pour indiquer que toutes les couleurs sont écrêtées). Vous pouvez vous y référer pour éviter de supprimer des détails importants. Enfin, vous pouvez faire glisser le curseur sur les zones de hautes lumières de l'image en vérifiant que les valeurs RVB restent dans la plage admise pour l'impression : les zones les plus claires ne doivent pas dépasser 245, 245, 245.

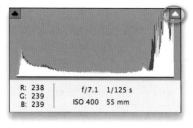

Figure 2.12 Histogramme de Camera Raw

Optimisation des tons

Nous allons examiner dans Photoshop différentes façons de peaufiner des images pour en améliorer l'apparence. Si vous voulez en apprendre davantage sur les bases de la retouche d'images dans Photoshop, reportez-vous au chapitre 5, « Techniques essentielles de correction d'images », de *Photoshop CS5 pour les photographes*. Nous avons jugé utile de souligner ici quelques points sur l'optimisation des ombres et des hautes lumières tout en démystifiant certains aspects.

Optimisation d'une image dans Camera Raw

Certaines personnes ont exprimé leur confusion face aux réglages du point noir et du point blanc dans Camera Raw et Lightroom en s'interrogeant sur les raisons de l'absence d'un réglage similaire à celui des Niveaux de Photoshop. On lit parfois que les niveaux de sortie du point noir doivent être réglés sur une valeur RVB de l'ordre de 12, 12, 12, tandis que les niveaux de sortie du blanc doivent être définis à 245, 245, 245. Ces conseils ont des motivations historiques visant à éviter que les noirs ne soient écrêtés à 0, 0, 0, notamment quand le fichier est destiné à être imprimé. Tous les tons foncés dépassant une certaine valeur seront écrêtés en produisant du noir. De même, il faut s'assurer que des informations essentielles dans les hautes lumières ne seront pas brûlées à l'impression (en laissant voir le blanc du papier). Mais dans Camera Raw, il n'est pas possible de régler les niveaux de sortie. Cela est dû au fait que ces réglages ne sont pas nécessaires pour la correction d'images destinées à une sortie RVB. Nous allons en examiner les raisons.

Pour l'optimisation des hautes lumières, vous devez uniquement vous soucier des hautes lumières non spéculaires, autrement dit des blancs les plus clairs qui contiennent des détails importants. En revanche, il n'y a pas d'inconvénient à écrêter les blancs spéculaires (comme les reflets) figurant dans la plupart des photos. Le curseur Exposition qui règle les niveaux entraîne un écrêtage des hautes lumières spéculaires, mais les détails importants des tons clairs sont habituellement préservés car il y a une certaine marge de sécurité. Quand les zones claires d'une photo contiennent des détails importants, nous vérifions que l'aperçu en mode d'affichage Seuil confirme bien que ces zones ne sont pas trop écrêtées, puis nous agissons sur le curseur de Récupération dans Camera Raw, quand il faut s'assurer du maintien de ces détails.

Optimisation des hautes lumières

1 La photo a été ouverte dans Camera Raw, avec les paramètres par défaut. Le cliché paraît assez clair, mais il a été pris avec une exposition optimale en prévision d'une optimisation des tons.

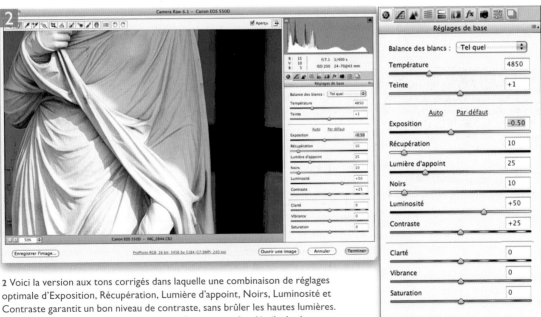

2 Voici la version aux tons corrigés dans laquelle une combinaison de réglages optimale d'Exposition, Récupération, Lumière d'appoint, Noirs, Luminosité et Contraste garantit un bon niveau de contraste, sans brûler les hautes lumières. J'ai agi avec la plus grande prudence pour m'assurer que les détails des hautes lumières de la statue blanche restaient dans les limites techniques pour l'impression.

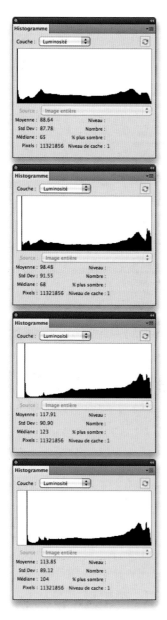

Figure 2.13 De haut en bas : histogramme d'une photo traitée dans Camera Raw, conversion en CMJN, conversion dans un profil d'imprimante à jet d'encre sur papier brillant et conversion dans un profil d'imprimante à jet d'encre sur papier mat

Optimisation des noirs

Quant au réglage du curseur des Noirs, les choix sont simples : où sont les noirs les plus noirs et dans quelle mesure voulez-vous les écrêter ? Tout comme il n'y a pas d'espace CMJN polyvalent, il n'y a pas non plus de réglage du point noir qui définisse correctement les noirs pour tous les types de sorties imprimées. Quand vous lisez que les noirs doivent être plus clairs que 0, 0, 0, ce conseil date d'avant Photoshop 5, quand il n'y avait pas d'autre moyen de s'assurer que les noirs d'une photo seraient correctement imprimés sans écrêtage. On reproche parfois à Camera Raw de permettre uniquement de régler les valeurs des niveaux d'écrêtage en entrée et de ne pas proposer de réglages permettant de définir des niveaux de sortie au-delà de 0, 0, 0. De nos jours, un réglage des niveaux de sortie n'est pas vraiment utile car la conversion du profil se charge automatiquement de tout à votre place. Depuis que Photoshop prend en charge la gestion des couleurs basée sur des profils ICC, cette étape est superflue et il est relativement facile d'en démontrer la raison. Par exemple, à la **figure 2.13**, j'ai ouvert dans Photoshop une photo traitée dans Camera Raw (les ombres avaient été délibérément écrêtées pour produire du noir uni) et j'ai modifié la Luminosité dans le panneau Histogramme de Photoshop. L'histogramme du haut est celui d'une image de référence RVB traitée dans Camera Raw. Au-dessous, vous pouvez voir l'histogramme de luminosité d'une version convertie en CMJN, suivi de celui de la conversion vers un profil d'imprimante à jet d'encre sur papier glacé, et enfin, vers un profil d'imprimante à jet d'encre sur papier mat. Les histogrammes des images converties révèlent que le point noir est systématiquement décalé. Cela démontre que la conversion vers un profil évite d'avoir à se soucier du réglage des noirs et que le niveau de compensation du point noir varie en fonction du type d'impression, le profil ICC étant capable de le déterminer précisément pour chaque type d'impression.

La photo utilisée pour l'exercice suivant a été prise dans le parc national des Arches, près de Moab, dans l'Utah. Nous allons étudier l'ajustement des réglages dans Camera Raw pour écrêter délibérément les noirs, de façon à ce que l'ombre au premier plan soit complètement noire dans la version finale corrigée dans Camera Raw. J'aurais aussi pu prendre la photo d'un objet photographié sur fond noir, où l'on aurait voulu forcer les quelques détails dans les ombres à devenir d'un noir profond.

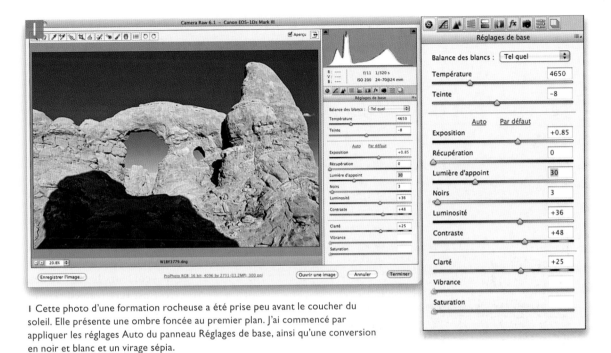

I Cette photo d'une formation rocheuse a été prise peu avant le coucher du soleil. Elle présente une ombre foncée au premier plan. J'ai commencé par appliquer les réglages Auto du panneau Réglages de base, ainsi qu'une conversion en noir et blanc et un virage sépia.

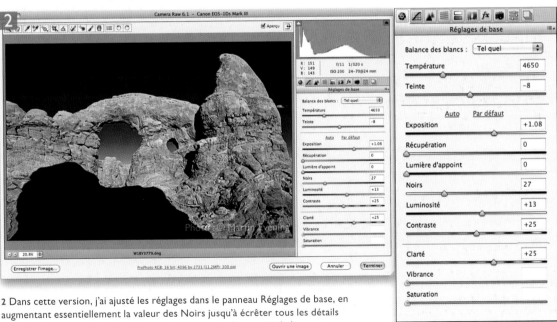

2 Dans cette version, j'ai ajusté les réglages dans le panneau Réglages de base, en augmentant essentiellement la valeur des Noirs jusqu'à écrêter tous les détails dans l'ombre au premier plan. C'est un bon exemple d'image où il n'est pas important de conserver tous les détails dans les ombres.

Optimisation des hautes lumières et des noirs

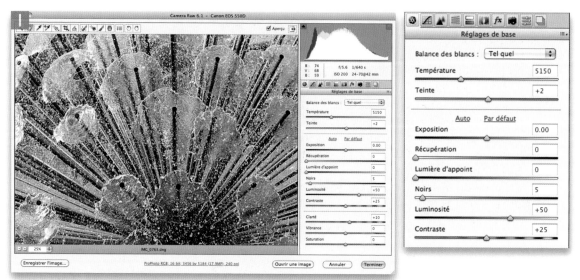

1 Pour conclure cette partie sur l'optimisation des images dans Camera Raw, j'ai choisi une photo où, comme dans l'exemple précédent, les noirs devaient être écrêtés, mais où il était aussi possible d'écrêter les hautes lumières.

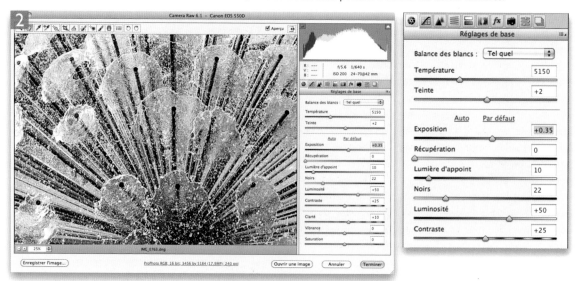

2 Dans cette version corrigée, j'ai augmenté la valeur des Noirs pour assurer un écrêtage suffisant des noirs. Dans ce cas précis, il n'était pas nécessaire de conserver les hautes lumières extrêmes, car je voulais écrêter les reflets sur l'eau en les brûlant. Notez que j'ai aussi légèrement augmenté la valeur d'Exposition.

Étapes essentielles de correction d'images

Étant donné la diversité des outils et des méthodes de correction des photos, il est facile de s'y perdre quand on cherche le meilleur moyen de corriger une image dans Photoshop. Dans ce livre, vous trouverez des conseils et des astuces pour améliorer vos photos, mais nous considérons que 90 % des images peuvent être améliorées en appliquant les étapes de correction suivantes : correction des déformations de l'objectif, recadrage, ajustement des couleurs et des tons, justesse et saturation des couleurs, préaccentuation, réduction du bruit et corrections localisées. Ces opérations peuvent être faites dans Camera Raw, pendant le traitement des photos brutes, ce qui nous paraît être la méthode la plus efficace. Certains photographes ont cessé de travailler en mode RAW car ils pensent que cela complique les choses. Mais quand on examine les Réglages de base de Camera Raw et de Lightroom, on se rend compte qu'ils ne sont pas si difficiles à maîtriser. D'ailleurs, il nous paraît étonnant que les gens apprécient le mode JPEG pour sa simplicité, tandis qu'ensuite, ils effectuent des opérations compliquées dans Photoshop pour améliorer leurs images.

Camera Raw permet de travailler à la fois plus intelligemment et plus vite, de façon à pouvoir consacrer plus de temps à la prise de vue, au lieu d'en perdre en retouches ultérieures. En outre, on peut aussi gagner du temps en retouchant une seule photo. Lorsqu'une photo a été peaufinée, il est facile de synchroniser tous les réglages en les appliquant aux autres photos de la séquence. Pour l'essentiel, notre message est clair : pourquoi compliquer les choses ? Les réglages de Camera Raw ont été expressément conçus pour faciliter le processus de correction des images, tout en offrant ce qui se fait de mieux en termes de qualité d'image et de polyvalence. La simplicité n'est pas synonyme de compromis au niveau de la qualité. Adobe a consacré sept années à l'amélioration du processus de correction de Camera Raw, et aujourd'hui, il est plus judicieux de corriger les couleurs et les tons en se basant sur les données brutes de la capture. Profitant des améliorations apportées à Camera Raw, nous effectuons les principales corrections des tons et des couleurs dans Camera Raw ou Lightroom, en réservant Photoshop aux lourdes opérations de retouche.

Neuf fois sur dix, il est possible de corriger entièrement une photo dans Camera Raw par le biais des étapes décrites ci-dessous. Pour les 10 % restants, nous exploitons pleinement les autres outils de Camera Raw proposés dans les panneaux Courbes des tonalités, TSI et Effets, ou alors nous employons des techniques particulières dans Photoshop, comme celle de l'amélioration du contraste décrite au chapitre 3.

Pour vous aider à comprendre notre approche, je vais vous présenter toutes les étapes nécessaires à la correction d'une image dans Camera Raw. La **figure 2.14** constitue le point de départ de cette succession d'étapes. Cette photo n'a rien d'exceptionnel et j'ai délibérément choisi une image ordinaire pour démontrer que quelques petits ajustements pouvaient grandement améliorer l'apparence d'une photo. L'image se trouve sur le DVD d'accompagnement, mais les étapes illustrées peuvent être appliquées à la majorité des photos corrigées dans Camera Raw. La succession d'étapes appliquées à cette photo est représentative de notre méthode de travail dans Camera Raw ou Lightroom. Quand on examine la version finale, illustrée à la **figure 2.29**, on constate qu'il ne reste plus beaucoup d'opérations à réaliser dans Photoshop, hormis l'imprimer.

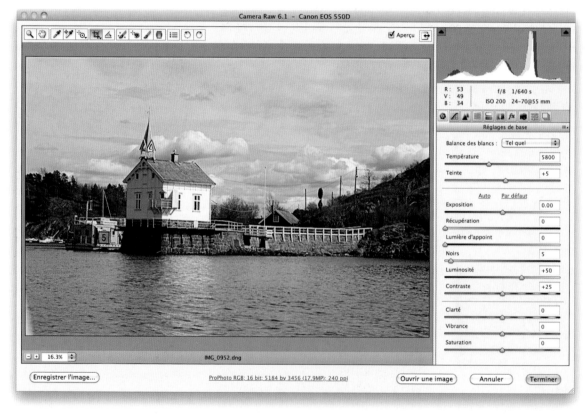

Figure 2.14 Version non recadrée avec les Réglages par défaut

Corrections automatiques de l'objectif

Cette nouvelle fonction de CS5 est uniquement disponible après l'installation de la mise à jour gratuite de Camera Raw 6.1. Cette mise à jour assure la prise en charge de la plupart des objectifs des reflex numériques. Il suffit de cocher l'option «Activer les corrections de profil de l'objectif» pour appliquer instantanément une correction automatique de l'objectif à l'image. Dans la **figure 2.15**, j'ai commencé par appliquer une correction automatique de l'objectif à la photo que je voulais corriger. Dans cet exemple, les caractéristiques de l'objectif ont bien été détectées et les paramètres par défaut ont corrigé la déformation géométrique, l'aberration chromatique et le vignetage. Cette correction peut être appliquée à toutes les photos car elle optimise la capture en produisant l'image la plus correcte possible en termes de corrections optiques. Cela dit, les corrections prédéfinies appliquées par le profil de l'objectif ne correspondent pas toujours parfaitement à l'objectif; dans ce cas, suivez les conseils en marge pour personnaliser ce réglage.

Personnaliser les corrections de profil de l'objectif

La correction par défaut du Profil d'objectif n'est pas toujours optimale car tous les objectifs d'une meme série sont légèrement différents. Par conséquent, les curseurs dans le bas du panneau permettent de peaufiner la correction du Profil d'objectif en fonction des caractéristiques de l'objectif. Ensuite, dans le menu Configuration, choisissez Enregistrer les nouveaux profils d'objectifs. Les nouveaux réglages par défaut seront appliqués lors de la prochaine détection de cet objectif.

Figure 2.15 Application d'une correction automatique de l'objectif à la photo

Recadrage

Le travail dans Camera Raw ne s'effectue pas dans un ordre particulier. C'est tout l'intérêt de Camera Raw : comme il s'agit d'un procédé non destructif, les réglages peuvent être annulés et réappliqués autant de fois qu'on le souhaite. On peut commencer par la correction des tons et des couleurs et finir par le recadrage, même si la logique voudrait qu'il soit préférable de corriger les tons et les couleurs avant de procéder à la préaccentuation. Je vous suggère simplement de recadrer d'abord la photo car cela vous permet de vous faire une meilleure représentation de l'image finale. Le recadrage peut aussi être effectué en dernier, mais généralement, cette opération change l'impression globale produite par une image, ce qui peut vous inciter à revoir tous vos réglages précédents.

À la **figure 2.16**, j'ai resserré le cadrage de la photo pour éliminer un objet flou, en bas à gauche (mais j'ai conservé les mêmes proportions 2:3) et j'ai légèrement fait pivoter le recadrage de façon à redresser l'horizon de la photo.

Figure 2.16 Recadrage de l'image

Couleurs

Nous en arrivons ensuite à la phase d'ajustement des couleurs. Les réglages de la Balance des blancs se trouvent en haut des Réglages de base, donc nous commencerons par là. Cette photo a été prise avec le mode de réglage automatique de la Balance des blancs par l'appareil photo. La Balance des blancs « Tel quel » produit des résultats satisfaisants, mais en faisant glisser le curseur de Température vers la droite, j'ai réchauffé la balance des blancs de toute la photo (voir la **figure 2.17**). Ce n'est que l'une des méthodes possibles. Parmi les autres méthodes, on peut citer la sélection d'une balance des blancs prédéfinie dans le menu ou l'activation de l'option Auto pour laisser Camera Raw définir les réglages optimaux. En général, quand la balance des blancs est correcte, les autres couleurs de la scène se recalent correctement.

Figure 2.17 Réglage de la Balance des blancs

Tons

On peut maintenant passer au réglage des tons de l'image à l'aide de quatre curseurs principaux : Exposition, Récupération, Lumière d'appoint et Noirs.

Exposition

Je vous recommande de commencer par le curseur d'Exposition et de vous en servir pour déterminer le niveau d'éclaircissement ou d'assombrissement que vous voulez appliquer à la photo. La seule règle que nous observons ici est de toujours ajuster l'Exposition avant la Luminosité (j'y reviendrai). À la **figure 2.18**, nous appliquons un réglage de l'Exposition. Référez-vous à l'histogramme pour vérifier que le réglage ne provoque pas un écrêtage des hautes lumières. Vous pouvez aussi activer l'avertissement de l'écrêtage des hautes lumières ou maintenir la touche ⌥ *alt* enfoncée tout en faisant glisser le curseur d'Exposition afin de vérifier l'aperçu en mode d'affichage Seuil.

Figure 2.18 Réglage global de l'Exposition et point d'écrêtage des hautes lumières

Récupération

La prochaine étape consiste à s'assurer qu'il n'y a pas d'écrêtage significatif de détails importants dans les hautes lumières. Nous avons déjà abordé cette question dans la section «Optimisation des tons». Concernant les réglages dans Camera Raw, le meilleur conseil que l'on puisse vous donner est de commencer par régler la luminosité globale à l'aide du curseur Exposition. Ce faisant, vous voudrez vérifier l'apparence des détails dans les hautes lumières, ainsi que les valeurs RVB afin de vous assurer qu'elles n'augmentent pas trop. Vous constaterez souvent qu'en réglant l'Exposition, vous pouvez définir à la fois la luminosité et l'écrêtage des hautes lumières. Toutefois, vous n'aurez pas à limiter l'ajustement de l'Exposition parce que le curseur de Récupération permet de conserver des détails dans les hautes lumières, sans remettre en cause l'effet de l'ajustement de l'Exposition (voir la **figure 2.19**). Par conséquent, ajustez l'Exposition pour étirer les tons en éclaircissant ou en assombrissant l'image. Quand vous voyez des signes d'écrêtage des détails dans les hautes lumières, vous pouvez utiliser le curseur de Récupération pour faire réapparaître les détails.

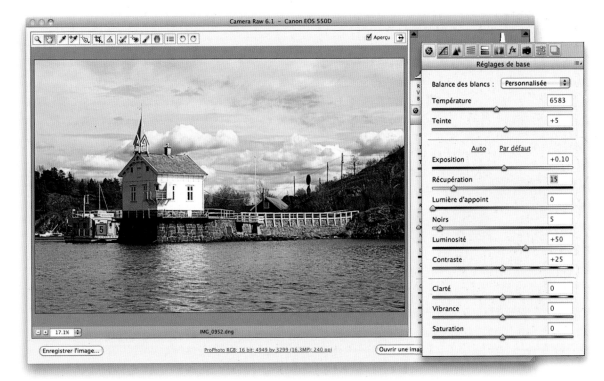

Figure 2.19 Ajustement du curseur de Récupération pour empêcher l'écrêtage des détails dans les hautes lumières

33

Noirs

Je saute le curseur Lumière d'appoint pour passer directement au curseur des Noirs. Dans une section précédente sur le réglage d'écrêtage des noirs, nous vous avions conseillé d'écrêter simplement les noirs les plus noirs de la photo, si vous le jugiez utile. Vous n'avez pas besoin de vous soucier des niveaux de sortie du point noir car ils sont définis automatiquement dans Photoshop au moment de l'impression du fichier ou de la conversion CMJN.

En raison de la manière dont Camera Raw calcule les ajustements des tons, une légère modification de la valeur produit un décalage des tons beaucoup plus marqué, comparativement aux ajustements correspondants de l'Exposition. Par défaut, les Noirs sont définis sur la valeur 5, ce qui devrait convenir à la majorité des photos. Nous vous déconseillons de la baisser au-dessous de 2 ou 3. Sinon, vous pouvez augmenter l'écrêtage des noirs si vous jugez nécessaire de cacher une partie des détails dans les ombres et d'écrêter tous ces tons pour obtenir du noir uni. À la **figure 2.20**, j'ai augmenté le point d'écrêtage des Noirs à 10.

Figure 2.20 Réglage du point d'écrêtage des Noirs

Lumière d'appoint

En général, il vaut mieux ajouter de la Lumière d'appoint après avoir défini les Noirs. La Lumière d'appoint peut servir à éclaircir les ombres et à révéler davantage de détails. Comme pour la Récupération, ce n'est pas une obligation pour toutes les photos, mais dans cet exemple, j'ai poussé la Lumière d'appoint à +25.

Luminosité

Comme je l'ai mentionné précédemment, il faut toujours ajuster l'Exposition avant la Luminosité. Jusqu'ici, j'ai utilisé l'Exposition et la Récupération pour mieux distribuer les tons de la photo en évitant l'écrêtage. Dans la **figure 2.21**, vous remarquerez que l'ajustement de la Luminosité a été appliqué en dernier pour ajuster la « luminosité relative » (ou distribution des tons moyens) de la photo. Dans cet exemple, l'ajustement de la Luminosité a peu d'effet sur l'écrêtage des hautes lumières, mais il assombrit surtout les tons moyens. Par conséquent, le curseur de Luminosité peut être comparé au curseur de Gamma des réglages des Niveaux de l'image dans Photoshop.

N'exagérez pas la Lumière d'appoint

L'ajustement de la Lumière d'appoint peut faire des miracles en éclaircissant les ombres tout en préservant le point d'écrêtage du noir. Mais faites attention à ne pas exagérer, car si vous ajoutez trop de Lumière d'appoint, les ombres manqueront de naturel (vérifiez-les en grossissant l'affichage si vous ajoutez beaucoup de Lumière d'appoint). Si vous devez beaucoup éclaircir les ombres, mieux vaut ajuster la Courbe des tonalités parallèlement à la Lumière d'appoint. Cela dit, il faut souligner que l'algorithme de Lumière d'appoint de Camera Raw 6 a été grandement amélioré, de sorte que des valeurs élevées de Lumière d'appoint produisent de bien meilleurs résultats.

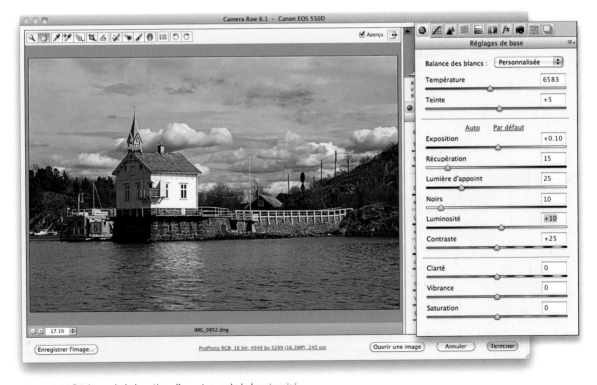

Figure 2.21 Réglages de la Lumière d'appoint et de la Luminosité

Contraste

Les réglages effectués jusqu'ici affectent tous le contraste global de l'image ; les curseurs d'Exposition et des Noirs, notamment, exercent le plus d'effet ici. À ce stade, on peut donc utiliser le curseur de Contraste du panneau Réglages de base pour modifier encore le contraste. Que pensez-vous de l'image une fois les hautes lumières, les noirs et la luminosité redéfinis ? Vous paraît-elle trop plate ou trop contrastée ? Le curseur de Contraste est un moyen simple, mais efficace d'ajuster le contraste global. À la **figure 2.22**, la photo pourrait être plus contrastée. Le réglage par défaut est +25, mais ici, nous l'avons poussé à +50.

Vous pouvez évidemment ajuster aussi le contraste dans le panneau Courbe des tonalités de Camera Raw. Même si nous apprécions particulièrement la Courbe des tonalités, la simplicité du curseur de Contraste est un gros avantage. Il n'est pas nécessaire de changer de panneaux pour continuer à corriger l'image et, à ce stade, un simple réglage du curseur suffit souvent à corriger le contraste.

Figure 2.22 Réglage du contraste

Justesse et saturation des couleurs

Cette étape consiste à peaufiner l'image. Elle n'est pas obligatoire, mais nous l'appliquons à une grande partie de nos images. Elle pourrait inclure les ajustements effectués dans le panneau TSI pour éclaircir ou assombrir sélectivement certaines couleurs. J'ai voulu garder cette section aussi simple que possible ; nous nous intéresserons donc uniquement aux curseurs de Clarté et de Vibrance du panneau Réglages de base.

Clarté

Le curseur de Clarté permet de rehausser facilement le contraste dans les tons moyens de l'image. Au chapitre 3, nous présenterons deux techniques Photoshop qui permettent de moduler le contraste des tons moyens. Le curseur de Clarté combine un peu de ces deux techniques et c'est un outil efficace pour améliorer le contraste des détails (et non la netteté) des zones aux tons plats. La plupart des photos sont améliorées par une augmentation de la Clarté à +10 ; à la **figure 2.23**, j'ai défini la Clarté à +15.

Figure 2.23 Réglage de la Clarté

Vibrance

Les curseurs de Vibrance et de Saturation se trouvent juste au-dessous du curseur de Clarté. Celui de la Saturation existe depuis la première version de Camera Raw et permet de doper la saturation des photos en appliquant un ajustement de type « linéaire ». Cela signifie qu'il hausse uniformément la saturation de toutes les couleurs, y compris celles qui sont déjà assez saturées. L'inconvénient est que le moindre renforcement de la saturation risque alors d'écrêter des couleurs déjà saturées. En revanche, le contrôle de la Vibrance applique un ajustement non linéaire de la saturation par lequel les couleurs moyennement saturées sont les plus renforcées, tandis que les couleurs déjà saturées le sont moins. La Vibrance a également tendance à filtrer les tons chair de manière à les protéger davantage en cas d'augmentation de la valeur. À la **figure 2.24**, j'ai appliqué une valeur de Vibrance de +30, ce qui a renforcé les couleurs de la scène, sans écrêter les couleurs les plus subtiles.

Figure 2.24 Réglage de la Vibrance

Préaccentuation

Enfin, nous en arrivons à la préaccentuation qui s'effectue dans le panneau Détail de Camera Raw par le biais de l'ajustement des quatre curseurs de Netteté. À l'ouverture du panneau Détail, les paramètres par défaut sont 25 pour le Gain, 1,0 pour le Rayon, 25 pour le Détail et 0 pour le Masquage. Ces réglages sont un bon début pour la plupart des images, donc même si vous ne les modifiez pas, Camera Raw applique tout de même une certaine dose d'accentuation à l'image.

Gain et Rayon

Le Gain et le Rayon doivent être ajustés ensemble. Le Gain détermine la quantité d'accentuation appliquée, tandis que le Rayon permet de définir la largeur des contours du halo. En général, un Rayon de 1,0 convient à la majorité des contours. Pour les sujets très détaillés, il est préférable de définir un petit Rayon ; les sujets aux détails estompés, comme les portraits, s'accommodent bien d'un Rayon plus large, de l'ordre de 1,1 à 1,3. À la **figure 2.25**, j'ai appliqué un Gain de 39 combiné à une diminution du Rayon à 0,8 pixel.

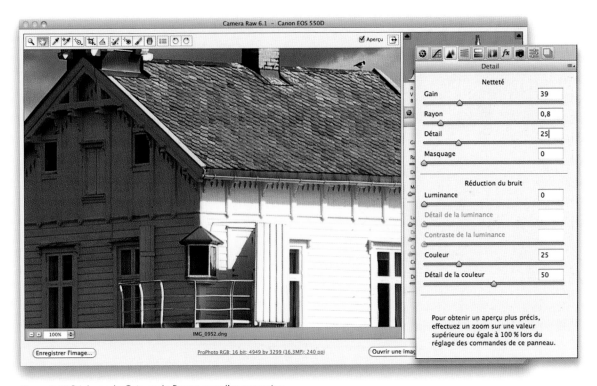

Figure 2.25 Réglages du Gain et du Rayon pour l'accentuation

Accentuation en fonction du contenu

Il est important d'ajuster la préaccentuation en fonction des besoins spécifiques à l'image. Si la préaccentuation est définie pour chaque photo, l'accentuation finale, qui est appliquée au moment de l'impression, par exemple, sera identique pour les images d'une même production.

Un maximum de détails

Quand Détail est défini sur la valeur 100, l'effet d'accentuation est identique à celui obtenu à l'aide du filtre Accentuation de Photoshop.

Détail et Masquage

Les curseurs Détail et Masquage sont des régulateurs de l'accentuation. Une valeur de Détail inférieure à 100 permet de supprimer les artéfacts de halo. Pour les sujets aux détails estompés (comme les portraits), il est préférable d'utiliser une faible valeur de Détail. Les photos détaillées, comme celle-ci, admettent une augmentation de la valeur de Détail, sans supprimer autant les halos, ce qui permet d'appliquer un effet d'accentuation plus marqué. Le curseur de Masquage peut être utilisé pour appliquer un masque basé sur le contenu de l'image qui délimite l'effet de préaccentuation. Pour les sujets détaillés, nous conservons un Masquage nul, mais pour les autres types d'images, il vaut mieux augmenter le masquage, car cela évite une accentuation excessive des zones d'aplats. À la **figure 2.26**, j'ai appliqué un niveau de Détail de 35 et j'ai défini le Masquage sur 15.

Réduction du bruit

La réduction du bruit peut désormais être effectuée à d'aide des trois curseurs de Luminance (Luminance, Détail de la luminance et

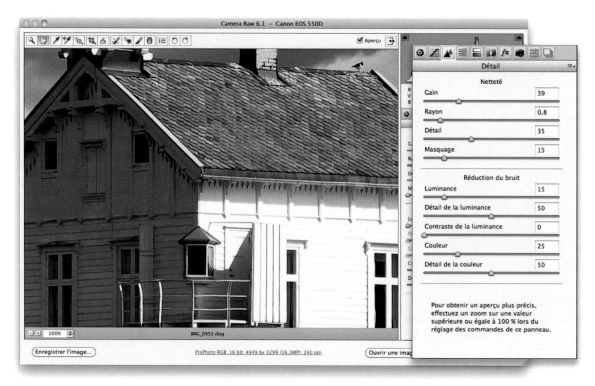

Figure 2.26 Réglage des curseurs Détail et Masquage

Contraste de la luminance) pour supprimer le grain provoqué par le bruit de l'appareil photo. Les curseurs de Couleur et de Détail de la couleur permettent de supprimer les artéfacts de taches colorées qui sont aussi une conséquence du réglage de sensibilité élevée sur certains appareils photo numériques. Pour la majorité des captures faites à des sensibilités basses ou moyennes, je m'en tiens le plus souvent aux paramètres par défaut. En revanche, pour les captures faites à des sensibilités élevées où davantage de bruit est visible, je préfère commencer par ajuster les curseurs de Couleur pour éliminer les taches colorées, puis examiner s'il est nécessaire d'ajuster les curseurs de Luminance afin de gommer les artéfacts provoqués par le bruit. Nous examinerons les nouveaux réglages de réduction du bruit au chapitre 3.

Ajustements localisés

Ensuite, j'ai appliqué quelques réglages localisés (voir la **figure 2.27**). Comme vous pouvez le constater, j'ai sélectionné l'outil Filtre gradué pour ajouter quelques ajustements progressifs. J'ai assombri l'eau, puis le ciel en appliquant aussi du bleu clair pour rendre le ciel légèrement plus bleu.

Figure 2.27 Application de réglages localisés

Retouche directe

La retouche directe peut être effectuée à l'aide de l'outil Retouche des tons directs (**figure 2.28**). Cette étape peut être appliquée à tout moment, mais je préfère la garder pour la fin. Toutes les étapes précédentes sont assez rapides et leurs réglages sont communs à plusieurs images. En général, je retouche une image quand je suis certain que je vais m'en servir. Il est possible de partager des paramètres de retouche des tons directs avec plusieurs photos sélectionnées, à condition que les réglages de retouche fonctionnent sur chaque image. En outre, certains défauts du capteur deviennent uniquement visibles après l'ajustement des tons, donc les problèmes sont davantage visibles à la fin.

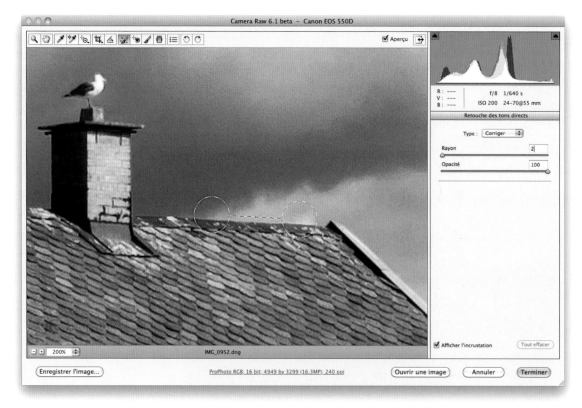

Figure 2.28 Exemple d'application de l'outil Retouche des tons directs. Comme aucune trace sur le capteur n'avait besoin d'être éliminée de la photo, je me suis servi de l'outil pour supprimer un oiseau perché sur le toit du bâtiment.

Bilan du flux de traitement dans Camera Raw

L'objectif de ce chapitre est la mise en perspective du flux de traitement de Camera Raw en démontrant que la majeure partie de la correction d'image peut être réalisée dans ce module. Même s'il est possible de répéter une grande partie des réglages présentés ici à l'aide des outils de réglages d'image de Photoshop, comme les Niveaux, les Courbes et la commande Tons foncés/Ton clairs, pourquoi attendre d'être dans Photoshop ? Dans Camera Raw, toutes les corrections sont possibles, ou presque, y compris la préaccentuation et la réduction du bruit, sans perte de qualité, avant d'ouvrir les photos dans Photoshop. La **figure 2.29** compare la photo finale avec la version de départ.

Figure 2.29 Comparaison de la version originale (en haut) et corrigée (en bas)

Photographe : Jeff Schewe
Canon EOS 1Ds Mk III | Objectif 24-70 mm à 40 mm | 200 ISO

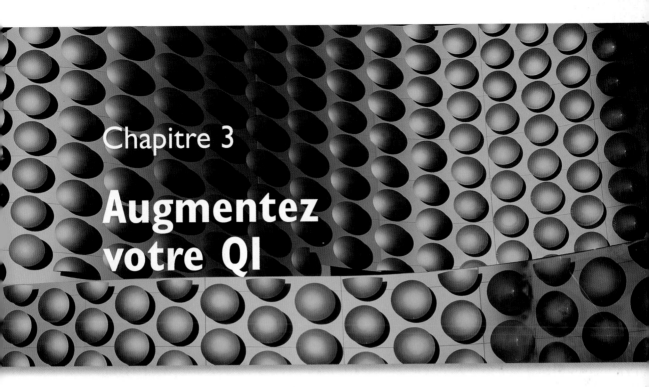

Chapitre 3
Augmentez votre QI

Comment améliorer la qualité d'image ?

Nous souhaitons tous que nos photos soient de la meilleure qualité quand elles sont imprimées. Dans ce chapitre, nous abordons l'exploitation de l'appareil photo au maximum de ses capacités. Nous avons choisi de nous concentrer sur la manière de profiter au mieux de l'optique montée sur le boîtier, en vous proposant quelques techniques de prises de vue qui permettent d'améliorer la qualité d'image, ainsi que des astuces de post-traitement pouvant être réalisées dans Photoshop.

Figure 3.1 Martin Evening, dans le parc national de Capitol Reef, utilise un trépied pour une meilleure qualité d'image.

Netteté de la prise de vue

Même s'il est possible d'accentuer l'image pour en souligner les détails, il est important de veiller à la netteté optimale des images capturées avant leur traitement dans le logiciel.

Choix d'un objectif

Le facteur décisif pour la netteté est la qualité de l'optique montée sur l'appareil. Autrefois, les optiques étaient conçues pour satisfaire aux exigences spécifiques de la pellicule argentique. Cela ne signifie pas pour autant qu'elles ne valent plus rien depuis le passage au numérique. La plupart des objectifs classiques sont parfaitement adaptés à la photographie numérique, quand on est conscient de certaines limites. D'une part, les objectifs pour reflex argentiques 35 mm sont conçus pour produire une image au piqué parfait sur les quelques 24 mm × 36 mm de surface sensible de la pellicule. Même quand on utilise une émulsion ayant le grain le plus fin et développée dans des conditions optimales, la résolution maximale d'une pellicule 35 mm est inférieure au niveau des détails pouvant être capturés par les capteurs des reflex numériques actuels. Par conséquent, les objectifs excellents ou très honorables il y a 10 ans n'exploiteront pas la pleine résolution d'un appareil photo de 16 ou 22 mégapixels (Mpix). Même si vous utilisez un zoom de bonne qualité, vous n'avez aucun intérêt à capturer plus de 16 Mpix de données. En revanche, si vous utilisez un objectif standard récent, vous devriez constater une nette amélioration du piqué de la capture. Au final, 11 Mpix de données capturées avec un zoom moyen suffisent amplement pour la majorité du travail destiné à être imprimé, mais si vous avez besoin de davantage de détails, et que vous voulez profiter au maximum de ce que le capteur peut vous offrir, sélectionnez alors attentivement vos objectifs.

D'autre part, les objectifs utilisés en argentique décomposaient l'image sur trois couches d'émulsion distinctes (rouge, verte et bleue) qui étaient superposées. Ces objectifs étaient donc conçus pour concentrer les longueurs d'onde de rouge, de vert et de bleu à des distances légèrement différentes, et croissantes en approchant des coins de la zone sensible de la pellicule. Comme les photosites rouges, verts et bleus se trouvent tous sur le même plan sur un capteur numérique, les objectifs spécialement conçus pour la capture numérique doivent désormais concentrer les longueurs d'onde de rouge, de vert et de bleu sur un seul plan de netteté.

Avec ou sans trépied ?

L'utilisation d'un trépied présente quelques avantages évidents, surtout quand le faible éclairage impose d'adopter une vitesse lente ou une sensibilité élevée. La **figure 3.1** montre Martin Evening utilisant un trépied, en pleine nature, dans l'Utah. Quand on travaille avec un trépied, il faut éventuellement désactiver la stabilisation d'image, car sur certains modèles anciens d'objectifs, ce dispositif peut être contre-productif au point d'introduire du bougé dans l'image.

Netteté améliorée en mode miroir relevé

Dans un reflex numérique ou un appareil moyen format, la bascule du miroir provoque d'infimes vibrations internes, ce qui peut être problématique pour les prises de vue en éclairage continu et quand la durée des vibrations du boîtier représente une part importante de la durée d'exposition. Par conséquent, le problème se pose davantage quand la vitesse d'obturation se situe aux alentours de 1/15e à 1/125e de seconde et pour la photographie de sujets en gros plan, par opposition aux paysages photographiés au grand-angulaire (**figures 3.2 et 3.3**). Nous sommes arrivés à cette conclusion après avoir mené des essais sur une série de clichés, telle que celle présentée à la **figure 3.3**. On constate que l'effet des vibrations du miroir est le plus visible à 1/60e de seconde. En outre, le problème s'aggrave quand l'appareil photo est monté sur un trépied. Comme les vibrations proviennent de l'intérieur du boîtier, elles ne sont pas amorties quand l'appareil est supporté par un trépied autonome. En revanche, quand l'appareil est tenu à la main, les vibrations du miroir sont absorbées par les mains, le photographe faisant office d'amortisseur géant.

Pour les prises de vue de sujets fixes en extérieur avec un trépied, ou en intérieur sous un éclairage continu, nous utilisons souvent le mode miroir relevé pour les gros plans. Sur certains appareils, ce réglage personnalisé se cache au fin fond d'un menu. En revanche, sur les derniers Canon EOS, il est facile de le configurer comme réglage favori pour y accéder plus rapidement pendant les prises de vue en extérieur.

Objectifs à stabilisation d'image

La stabilisation d'image peut essentiellement être réalisée de deux façons. Les objectifs stabilisés utilisent des moteurs gyroscopiques pour déplacer les éléments optiques dans le but de stabiliser l'image. Lorsque vous regardez dans le viseur et que vous déplacez rapidement l'appareil, vous entendez le ronronnement des moteurs qui compensent le mouvement assimilé au bougé de l'appareil et vous constatez même parfois des sauts d'image. D'autres appareils stabilisent l'image en faisant bouger le capteur avec des moteurs. L'avantage de cette dernière méthode est que cela n'oblige pas à utiliser seulement des objectifs à stabilisation d'image. Dans les deux cas, la stabilisation d'image procure des photos plus nettes à des vitesses d'obturation réduites, ce qui peut permettre de gagner deux ouvertures de diaphragme, tout en évitant de pousser la sensibilité.

Figure 3.2 En haut, la photo a été prise sans le mode miroir relevé, tandis qu'en bas, le mode est activé. Appareil Canon EOS 1Ds Mk III avec objectif macro Canon EF 100 mm f/2,8, prise de vue à 1/60ᵉ s, f/7,1, 200 ISO.

Figure 3.3 Le sujet est le même qu'à la **figure 3.2**. On peut observer ici la différence entre quatre méthodes de prises de vue, avec un Canon EOS 1Ds Mk III, une sensibilité de 200 ISO et un temps de pose de 1/60e s, à f/7,1. La photo en haut à gauche a été prise avec un trépied et un objectif EF 70-200 mm en mode miroir relevé. À droite, la photo a été prise avec l'appareil tenu à la main et un objectif à stabilisation d'image activée. En bas à gauche, la photo a été prise avec la stabilisation d'image désactivée. La photo en bas à droite montre le même sujet photographié sur un trépied, mais avec un zoom Canon bon marché.

Nombre de mégapixels

Chaque année, le nombre de mégapixels des appareils numériques connaît une nouvelle hausse. Les fabricants voient cette progression comme un excellent argument marketing face à la concurrence, car cela demeure un facteur déterminant dans la décision d'achat d'un nouvel appareil numérique. Mais un nombre supérieur de mégapixels est-il vraiment synonyme de plus belles et plus grandes photos ?

Jusqu'où cela va-t-il aller ?

On peut s'attendre à ce que le nombre de mégapixels des appareils photo numériques ne cesse d'augmenter. Mais un jour ou l'autre, il ne sera plus possible de faire tenir davantage de photosites sur un capteur, n'est-ce pas ? Le principal problème est que plus la taille des photosites du capteur diminue, plus le nombre de photons pouvant atteindre un photosite est faible. Avec un capteur 35 mm plein format de 21 à 24 Mpix, le nombre de photons par photosite est limité à 6 dans les ombres les plus foncées. La détection des photons étant aléatoire, le rapport signal/bruit augmente car moins de photons sont enregistrés. Cela nous mène à un autre problème lié à la résolution des détails dans les ombres quand davantage de photosites sont logés dans une même surface de capteur. Dans son article *Physical Limits in Digital Photography*, publié sur le site Northlight Images (http://tinyurl.com/kqbett), David B. Goldstein décrit les limites de l'enregistrement des détails dans les ombres par des photosites de taille réduite, ainsi que celles des objectifs actuels. Il propose de contraindre les reflex numériques plein format à 25 ou 35 Mpix. Cette suggestion se fonde sur des recherches menées avec des objectifs de qualité à une ouverture optimale de f/10. Tant qu'il n'y a pas d'avancée notable dans les performances des objectifs aux grandes ouvertures, cette définition équivaut à la limite physique.

Les limites des objectifs

Il est évident que l'image capturée ne peut pas être meilleure que ne le permet l'optique utilisée pour la mise au point de l'image. Un capteur plein format de 22 Mpix ne sert à rien si l'objectif est incapable de produire une photo suffisamment nette pour exploiter pleinement tous ces millions de pixels supplémentaires. Il faut également savoir que la résolution optimale d'un objectif monté sur un reflex numérique plein format est probablement atteinte à f/8. Les ouvertures les plus grandes présentent généralement une perte de qualité sur les bords de l'image. Quand l'ouverture est supérieure à f/5,6 ou f/8, les performances de l'objectif diminuent souvent car l'objectif est incapable de produire une image parfaitement nette sur toute la surface du capteur, du centre vers les bords de l'image. Certains ultras grands-angulaires à focale fixe devraient être capables de surpasser d'autres objectifs aux plus grandes ouvertures, mais leurs performances sont souvent meilleures quand l'ouverture est moindre.

Tous les objectifs ont une ouverture optimale qui permet d'obtenir les meilleurs résultats. Ensuite, plus l'ouverture est réduite, plus ces avantages sont limités par les effets de la diffraction qui diminue la netteté réelle d'un objectif. Par principe, plus l'ouverture diminue, plus les ondes lumineuses sont réfléchies et plus une image faiblement contrastée perd des détails. Les effets de la diffraction sont également liés aux dimensions physiques du capteur. Pour les reflex numériques plein format, la diffraction se fait davantage sentir en deçà d'une ouverture de f/10. Sur les plus petits reflex numériques, le capteur étant plus petit, les effets de la diffraction commencent à se faire sentir dès les ouvertures de l'ordre de f/7 ou f/8.

Quelles sont les implications pour les compacts numériques petit format ? D'après Goldstein, les capteurs des appareils photo grand public sont si petits que les effets de la diffraction se font sentir autour de f/2,4. L'auteur souligne que, jusqu'à présent, un seul compact permet une ouverture aussi grande. Aux petites ouvertures de diaphragme, la définition passe à quelques mégapixels seulement. Par conséquent, même sur les derniers compacts de 12 Mpix, on ne profite pleinement des millions de pixels supplémentaires qu'à la plus grande ouverture. Concernant les compacts, il est fort probable que la limite soit donc de l'ordre de 12 Mpix.

En résumé, les facteurs décisifs pour les performances des optiques sont leur aptitude à assurer l'uniformité de la netteté de l'image (du centre jusqu'aux contours, aux ouvertures les plus grandes), ainsi que les effets de la diffraction aux ouvertures les plus petites. Par conséquent, l'ouverture optimale d'un objectif se situe entre ces deux extrêmes ; les effets de la diffraction sont également affectés par la capacité de résolution ultime du capteur de l'appareil photo. La **figure 3.4** est un compte rendu d'essai d'un zoom Canon 28-135 mm monté sur un Canon EOS 40D, tandis que la **figure 3.5** illustre les performances du même objectif aux ouvertures maximale, optimale et minimale, monté sur un Canon EOS 1Ds Mk III. Comme vous

Diffraction de l'objectif

Quand on ferme le diaphragme, on bénéficie également d'une profondeur de champ accrue, ce qui améliore la netteté apparente d'une image. Toutefois, lorsque le diamètre du diaphragme diminue, on subit les effets de la diffraction de l'objectif. La lumière traverse habituellement l'air en ligne droite, mais elle se disperse quand elle traverse un petit orifice comme celui du diaphragme d'un objectif. Cet effet se remarque à peine quand le diaphragme est très ouvert, mais est davantage visible quand le diaphragme est fermé.

pouvez le constater, les photos corroborent les résultats illustrés à la **figure 3.4**. La version à l'ouverture maximale n'est pas aussi nette que celle prise à une ouverture de f/5,6 et la version à l'ouverture minimale souffre d'un manque de contraste et de piqué.

Nous approchons des limites imposées par la physique quant au nombre de pixels pouvant être atteint par les reflex ou les compacts numériques plein format. Le seul moyen de continuer à progresser en termes de qualité d'image semble être d'investir dans un appareil de plus grand format. Il est intéressant de noter que les appareils numériques, comme les Hasselblad de la série H, ou le Phase One P65, qu'utilise Jeff, ne sont pas beaucoup plus encombrants qu'un reflex numérique Canon ou Nikon plein format. Mais ils offrent une bien meilleure qualité d'image car ils permettent d'enregistrer un plus grand nombre de pixels grâce à leur capteur qui est physiquement plus grand que celui d'un reflex numérique standard 24 × 36 mm. Il en va de même pour le dernier système Leica S2 qui intègre un capteur 30 × 45 mm. Toutefois, Goldstein souligne qu'avec les appareils de plus grand format, il faut souvent fermer davantage le diaphragme pour parvenir à une profondeur de champ comparable à celle d'un appareil de plus petit format. Il en résulte que vous ne bénéficiez pas obligatoirement d'une capacité de résolution à la hauteur de vos attentes si la profondeur de champ est un critère important.

Le point de vue du photographe

Une définition de 10 Mpix me paraît amplement suffisante sur les reflex numériques. J'ai accroché aux murs de ma maison des photos, au format A1, que j'ai prises avec un Canon EOS 1Ds Mk I, mon premier vrai reflex numérique de 11 Mpix (**figure 3.6**). Certes, les versions plus récentes de ce boîtier peuvent capturer plus de pixels. Mais, pour apprécier pleinement les avantages de ces définitions supérieures, j'ai dû utiliser des objectifs de meilleure qualité, tels que des objectifs à focale fixe, avec des réglages d'ouverture optimale.

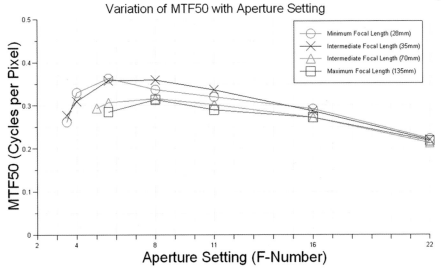

Figure 3.4 Cette courbe présente la réaction typique d'un objectif, de l'ouverture la plus grande à la plus petite. Comme vous pouvez le constater, la performance maximale de cet objectif se situe à son ouverture médiane de f/5,6 pour la focale minimale, et à f/8 aux autres focales. Ce graphe a été créé à partir de données obtenues à l'aide du logiciel Imatest (www.imatest.com).

Le graphique a été fourni par Jon Tarrant et a été réalisé dans le cadre de ses essais d'objectifs pour What Digital Camera (www.whatdigitalcamera.com).

Figure 3.5 Comparaison d'un détail en gros plan photographié avec l'objectif Canon 28-135 mm examiné à la **figure 3.4** avec un réglage du zoom à 28 mm. Vous pouvez observer les résultats à ouverture maximale (à gauche), à ouverture optimale (au centre) et enfin à ouverture minimale (à droite). Une image multicalques se trouve d'ailleurs sur le DVD.

Figure 3.6 Ce paysage d'Afrique du Sud a été photographié avec le reflex Canon EOS 1Ds Mk I (11 Mpix) équipé d'un objectif Canon EF 24-70 mm.

Figure 3.7 Détail en gros plan de la photo ci-dessus. Vous pouvez constater que cette image de 11 Mpix est suffisamment détaillée pour permettre l'impression d'un grand poster.

Alignement de l'autofocus

Nous en arrivons à un sujet qui n'a attiré mon attention que récemment, quand Jeff m'a fait remarquer que sur certains modèles de reflex numériques haut de gamme, il était possible de faire des micro-ajustements de l'étalonnage de la mise au point. Jusque-là, j'étais persuadé que les systèmes de mise au point manuelle et automatique étaient assez précis sur ce type d'appareils. Pourtant, ce n'est pas toujours le cas.

Cela soulève deux problèmes : le premier est la précision du mécanisme de détection de l'autofocus dans l'estimation exacte de la distance de mise au point pour produire une image parfaitement nette sur le capteur ; le second est lié à la précision de l'écran utilisé pour la mise au point manuelle et au fait que la distance de la trajectoire de la lumière vers l'optique de visée est exactement identique à celle qui mène au capteur. Cela me rappelle l'histoire qui est arrivée à un assistant de photographe qui a accidentellement cassé le verre de visée de la chambre 4 × 5 pouces de son patron. Ne souhaitant pas subir les foudres du photographe (qui était connu pour son tempérament colérique), il s'est donné beaucoup de mal pour trouver un verre de remplacement qu'il a mis en place lui-même. Mais il l'a monté à l'envers, en plaçant le verre dépoli vers l'extérieur, et a donc tout de même été démasqué.

Trêve de digression. La moindre déviation dans la distance physique de l'écran, du capteur ou de l'optique elle-même, peut entraîner des fluctuations mineures de la mise au point par rapport aux caractéristiques standards initiales. La principale variable est l'objectif lui-même, et il est intéressant, voire choquant, de constater l'écart qu'un objectif peut présenter par rapport au comportement de mise au point escompté.

Le système LensAlign® (www.lensalign.com) est un outil d'étalonnage conçu par Michael Tapes. Il peut être utilisé avec les reflex numériques qui comportent un réglage pour l'étalonnage de la mise au point. Il s'agit plus particulièrement des appareils Canon EOS 1D Mk III, 1Ds Mk III, 5D Mk II, des Nikon D3, D3X, D300 et D700, ainsi que de quelques autres. Même si je connais bien Michael Tapes, j'ai acheté LensAlign car je souhaitais étalonner mes objectifs. Je n'ai pas regretté cet achat car il m'a permis de révéler d'importantes erreurs de mise au point sur deux des objectifs que j'utilise régulièrement.

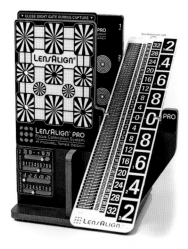

Figure 3.8 L'outil d'étalonnage LensAlign Pro.

Paramètres d'étalonnage enregistrés
Si vous effectuez des ajustements de l'étalonnage de la mise au point de chacun de vos objectifs, l'appareil photo mémorise ces informations dans sa mémoire interne et sait automatiquement quelle correction appliquer à l'autofocus en fonction de l'objectif utilisé.

Voici comment cet outil fonctionne. Il existe deux versions de LensAlign : Lite et Pro. Elles offrent toutes deux le même niveau de précision, mais la version Pro est plus grande, de conception plus robuste et peut être utilisée avec une longue réglette de réglage de l'objectif (**figure 3.8**). En résumé, il faut commencer par mettre en place l'outil LensAlign en l'alignant face à l'appareil photo et en le plaçant à une distance optimale de l'appareil photo, c'est-à-dire à 25 fois la distance focale de l'objectif à tester. Des tutoriels vidéo disponibles sur le site Web expliquent comment procéder. La vérification de l'alignement s'effectue en regardant à travers un petit orifice situé à l'arrière du dispositif ou à travers l'objectif de l'appareil photo. Une fois l'outil aligné avec la combinaison d'appareil photo et d'objectif que vous voulez tester, réglez l'ouverture maximale de l'objectif et laissez le système autofocus de l'appareil faire la mise au point sur la mire, puis prenez une photo. Parvenez-vous à lire les nombres inscrits sur l'échelle de la réglette qui est inclinée par rapport à l'appareil photo ? Les nombres lisibles permettent de déterminer si le système de mise au point de l'appareil photo fonctionne correctement ou non. La mise au point est satisfaisante quand le détail le plus net sur la réglette correspond au point zéro.

Si la mesure indique que la combinaison appareil/objectif ne délivre pas une mise au point correcte, vous devez déterminer si l'erreur est due à une mise au point en avant ou en arrière. Fort de cette information, il vous reste à localiser le réglage de l'étalonnage de l'autofocus dans le menu de l'appareil photo, puis à ajuster l'étalonnage de l'objectif utilisé. Prenez une autre photo test et vérifiez si la mise au point s'est améliorée. Quand vous avez réussi à déterminer le niveau de correction approprié, vous pouvez procéder de la même manière avec tous vos objectifs.

Comme je l'ai mentionné, j'ai été à la fois impressionné et choqué par le résultat des tests. L'un de mes objectifs exigeait le maximum de correction de la mise au point vers l'avant pour parvenir à une netteté optimale (**figures 3.9 et 3.10**). L'écart entre les situations avant/après est étonnant. Souvenez-vous que ce test a été conçu pour mettre en évidence la précision de la mise au point à la plus grande ouverture de l'objectif. Dans des conditions de prise de vue normales, un léger décalage de la mise au point n'a pas d'importance car quelques zones au moins de la photo seront parfaitement nettes. En outre, aux petites ouvertures, la profondeur de champ accrue compense le manque de netteté. Toutefois, il est toujours rassurant de savoir qu'il est désormais possible de bénéficier d'une netteté précise aux grandes ouvertures quand c'est nécessaire.

Figure 3.9 Vue en gros plan d'un test d'objectif initial révélant que le mécanisme d'autofocus fait la mise au point en avant.

Figure 3.10 Nouvelle photo de la mire de LensAlign après l'application d'un ajustement de l'étalonnage de l'autofocus dans l'appareil.

Corrections de l'objectif

Même si vous utilisez un excellent objectif avec une mise au point qui devrait assurer une exposition dépourvue de bougé, la photo n'est pas nécessairement parfaite en raison des défauts de l'objectif. Les fabricants d'objectifs s'efforcent d'éliminer ces défauts, mais même les meilleurs modèles montrent des signes de distorsion, d'aberration chromatique et de vignetage. Dans Photoshop CS5 et Camera Raw 6, il est possible de corriger ces défauts après coup. La **figure 3.11** montre une photo prise à Trafalgar Square avec un objectif Canon EF-S 10-22 mm qui aurait bien besoin d'une correction de la perspective.

Figure 3.11 À gauche, la photo a été prise avant une quelconque correction de l'objectif. À droite, la photo a été corrigée sommairement dans Camera Raw en choisissant un profil d'objectif adapté, mais sans correction de la perspective.

Si l'on compare ces deux photos, on constate un éclaircissement des coins de l'image pour supprimer le vignetage. On décèle également une réduction de la déformation en barillet (défaut où l'image paraît bombée, tandis qu'elle serait incurvée avec une déformation en coussinet). À ce niveau de grossissement, on peut voir une aberration chromatique latérale qui correspond à l'incapacité de l'objectif à concentrer uniformément toutes les couleurs de la lumière. Il en résulte des franges colorées qui sont particulièrement visibles dans les coins des photos prises avec des grands-angulaires. Vous pouvez aussi remarquer que les deux images sont penchées. Normalement, je corrige la rotation d'une image pour la remettre à niveau dès les premières étapes du post-traitement. Toutefois, depuis l'ajout des réglages de transformation manuelle dans le panneau Corrections de l'objectif, je préfère effectuer la correction de la rotation simultanément aux autres corrections, plutôt que d'utiliser la fonction de mise à niveau de l'outil de recadrage.

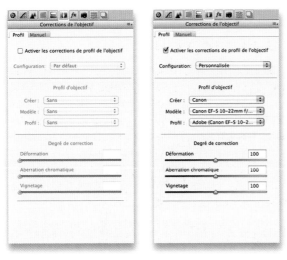

Figure 3.12 L'onglet Profil du panneau Corrections de l'objectif de Camera Raw permet de sélectionner automatiquement un profil d'objectif pour les objectifs pris en charge. En haut à gauche, les corrections de profil ne sont pas activées. Dans le second panneau illustré, Camera Raw sélectionne automatiquement le profil de l'objectif Canon EF-S 10-22 mm. Le troisième panneau montre ce qu'il se produit quand un objectif est introuvable dans la base de données. Le dernier panneau à droite présente la liste des marques d'objectifs pour lesquels il existe des profils. Tous les objectifs n'en ont pas encore.

La **figure 3.12** présente différents affichages de l'onglet Profil du panneau Corrections de l'objectif. Ce panneau ressemble à la fonction Correction de l'objectif de Photoshop CS5. Ils utilisent tous deux la même base de données de profils d'objectifs (il existe des profils différents pour les images RAW et JPEG). Tandis que Photoshop peut rechercher de nouveaux profils en ligne (**figure 3.13**), ce n'est pas le cas de Camera Raw. Cette initiative de la part d'Adobe de proposer des corrections automatiques basées sur des profils d'objectifs représente un effort considérable, même si l'on déplore que tous les objectifs ne disposent pas encore d'un profil. Adobe fait donc appel à la communauté des utilisateurs pour ajouter des profils d'objectifs personnalisés réalisés par des utilisateurs et intégrés à la base de données de profils d'objectifs. Vous pouvez télécharger gratuitement l'outil Adobe Lens Profile Creator sur le site Web de Labs.Adobe.com. La procédure consiste à imprimer une mire spécialement conçue à cet effet, à la photographier comme expliqué, puis à lancer le traitement des images via l'application Lens Profile Creator. Il est relativement facile de réaliser un profil pour un objectif à focale fixe, avec une seule ouverture de diaphragme. En revanche, photographier la série de focales d'un zoom en y ajoutant toutes les distances du sujet et toutes les ouvertures de diaphragme représente un travail titanesque. La **figure 3.13** illustre le résultat d'une recherche de profil dans Photoshop.

Figure 3.13 Détail de la fonction de Correction de l'objectif de Photoshop CS5. Il est possible de rechercher de nouveaux profils ajoutés par des utilisateurs ou par Adobe dans la base de données de profils d'objectifs d'Adobe. Cette boîte de dialogue présente les résultats de la recherche portant sur un objectif Canon EF 50 mm f/1,2. Vous trouverez deux profils, qui ont tous les deux été conçus par mes soins. Je vous conseille de choisir le second car le premier est raté (mais je n'arrive pas à le supprimer de la base de données).

Impact des corrections de l'objectif

Comme tout algorithme d'interpolation, le profil d'objectif et les transformations manuelles réduisent le piqué de l'image. Plus l'image originale est de bonne qualité, plus l'interpolation est visible. Il vaut donc mieux vérifier et ajuster les paramètres d'accentuation de l'image après avoir ajusté les corrections de l'objectif et les transformations manuelles.

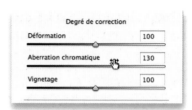 

Figure 3.14 À gauche, vous distinguez les curseurs de Degré de correction qui permettent d'ajuster le niveau de correction. À droite, la liste déroulante Configuration montre qu'il est possible d'Enregistrer les nouveaux profils d'objectifs. Ensuite, à chaque fois que Camera Raw détecte l'objectif, il applique le profil ainsi que les degrés de correction personnalisés.

Les curseurs de Degré de correction permettent de modifier les niveaux de correction prédéfinis. À la **figure 3.14**, j'ai ajusté le degré de correction de l'Aberration chromatique à 130. J'ai constaté que même si les corrections initiales sont bonnes, il est souvent nécessaire de pousser la valeur à 120 ou à 130 pour la majorité des objectifs.

Le panneau Corrections de l'objectif contient également un onglet Manuel où des transformations manuelles complètent les corrections basées sur le profil. La **figure 3.15** montre le panneau, ainsi que l'image après l'application des transformations. J'ai activé la grille en appuyant sur la touche **V**. J'ai grossi l'image pour essayer d'aligner

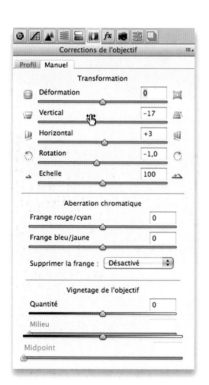

Figure 3.15 L'onglet Manuel du panneau Corrections de l'objectif permet d'effectuer des transformations manuelles (à gauche). L'image à droite montre la grille en surimpression et la zone grise ajoutée.

sur la grille des détails importants de l'image, comme les contours des édifices, de façon à effectuer des corrections de la perspective et des rotations plus précises. On peut également utiliser les touches fléchées vers le haut et vers le bas pour accroître la précision de certaines transformations. Les corrections de la perspective exigent toujours des corrections par rotation extrêmement subtiles et pas toujours aisées.

La **figure 3.15** montre une transformation qui déborde du cadre des pixels originaux de l'image (remplissage gris). Vous pouvez garder l'image avec la zone grise ou la recadrer. S'il s'agit d'une texture facilement éliminée par un remplissage tenant compte du contenu, je la conserve. Ici, j'avais choisi un cadrage suffisamment large pour recadrer l'image et éliminer le gris. La **figure 3.16** montre l'outil de Recadrage qui « Contraint » le recadrage en fonction de la zone d'image courante. La **figure 3.17** montre le résultat de la correction appliquée par le profil d'objectif original, l'ajustement du Degré de correction de l'Aberration chromatique, et des transformations précédentes (**figure 3.15**).

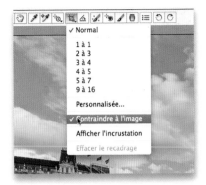

Figure 3.16 Le menu de l'outil Recadrage contient une commande permettant d'activer ou de désactiver l'option de contrainte du recadrage en fonction de la zone d'image courante.

Figure 3.17 Résultat final des réglages effectués dans le panneau Corrections de l'objectif

PhotoKit Sharpener

La méthode d'application de l'accentuation de PhotoKit Sharpener a prouvé son efficacité – à tel point qu'Adobe a demandé à Bruce Fraser s'il pouvait travailler avec Thomas Knoll pour intégrer les principes de la préaccentuation dans Camera Raw, puis, de l'accentuation pour l'impression, directement dans Camera Raw (5.2 et versions ultérieures) et Adobe Photoshop Lightroom. Malheureusement, Bruce est décédé avant de voir les fruits de cette collaboration, mais j'ai essayé de le remplacer pour mener à bien ce projet. Nous sommes certains qu'il aurait été ravi de son issue.

Méthode de préaccentuation

Même si vous avez atteint un haut niveau d'excellence technique pour la capture d'images, il est toujours nécessaire de renforcer la netteté des images dans Camera Raw ou Photoshop. Pourquoi ? Parce que le traitement numérique de l'image adoucit les images produites. Reste à savoir quand et comment accentuer les photos. Bruce Fraser a innové en élaborant une méthode de flux de traitement de l'accentuation qui consiste à scinder le procédé en trois phases : l'accentuation de la capture ou préaccentuation lors de la première ouverture de l'image, l'accentuation créative pour des problèmes de netteté ou de lissage localisés et l'accentuation pour l'impression, qui est appliquée lorsque la taille et la résolution finale de l'image sont connues. Nous allons examiner la préaccentuation car elle exerce un impact important sur la qualité d'image.

La préaccentuation dépend à la fois de la source de l'image et de son contenu. La partie « contenu » de l'équation est essentielle. Pour que l'accentuation soit optimale, elle doit tenir compte de la fréquence des contours : à fréquence basse, rayon élevé et inversement. À la **figure 3.18**, vous pouvez voir un exemple d'image aux contours basse fréquence, ainsi que les réglages de Détail utilisés. Tandis que le réglage correct du

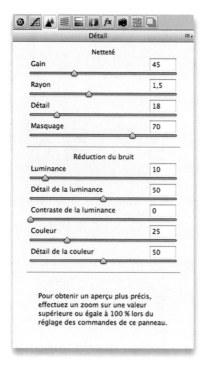

Pour obtenir un aperçu plus précis, effectuez un zoom sur une valeur supérieure ou égale à 100 % lors du réglage des commandes de ce panneau.

Figure 3.18 Le facteur de zoom doit être défini sur 100 % pour ajuster l'image jusqu'à parvenir à une apparence correcte à ce niveau de zoom. Le Rayon a été défini sur 1,5, ce qui convient bien à un portrait aux contours basse fréquence.

Figure 3.19 À gauche, aucune accentuation n'a été appliquée. À droite, l'image a été accentuée. Les deux images sont grossies à 200 %, de sorte que l'image paraît légèrement suraccentuée.

Déterminer la fréquence des contours

Un bon moyen de déterminer la fréquence des contours consiste à tracer une ligne horizontale imaginaire à travers l'image. Les images basse fréquence présentent moins d'alternances marquées de tons clairs et de tons foncés, comme dans ce portrait. Les photos de paysages sont souvent des contours haute fréquence et nécessitent le réglage d'une faible valeur de rayon. Quand l'image combine les deux, son accentuation passe par des étapes supplémentaires.

Rayon est la première étape importante, c'est le Masquage qui permet d'appliquer l'accentuation adaptée aux zones qui en ont le plus besoin, comme les yeux, les lèvres et les cheveux. La **figure 3.20** montre l'aperçu du masquage. Les zones blanches correspondent aux contours à accentuer et les zones noires signalent les surfaces épargnées. Le réglage correct du Rayon et du Masquage permet d'appliquer un Gain plus agressif qui optimise les détails dans l'image.

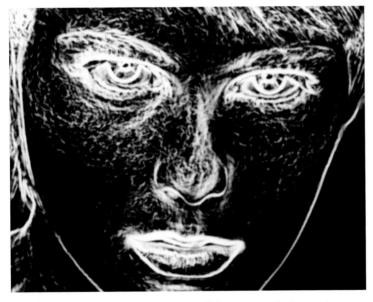

Figure 3.20 L'aperçu du Masquage de l'image de la **figure 3.18** (maintenez la touche ⌥ alt enfoncée tout en faisant glisser le curseur) révèle les contours et les aplats de l'image. Le curseur de Masquage est défini sur 70, une valeur qui convient bien aux portraits.

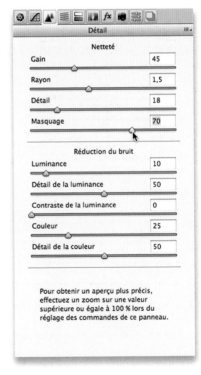

Pour un portrait, il est judicieux de réduire en plus la valeur de Détail pour introduire une suppression du halo tout en réduisant l'importance accordée aux détails haute fréquence (autre effet du curseur Détail). Plus la valeur de Détail est élevée, plus l'accentuation se concentre sur les détails et produit des halos plus marqués – ils ne sont pas nuisibles tant qu'ils restent invisibles à un grossissement de 100 %. L'autre aspect dont il faut tenir compte est que, même si l'on dénombre quatre curseurs de Netteté, un cinquième joue aussi un rôle et doit être défini correctement : la Réduction du bruit de Luminance. La plupart des photos nécessitent au moins une légère réduction du bruit, même si elle est désactivée par défaut. Pour le portrait illustré à la **figure 3.18**, une valeur de Luminance de 10 est suffisante dans la rubrique Réduction du bruit.

Pour les images dont les contours ont une fréquence élevée – comme c'est souvent le cas des photos de paysages – le Rayon doit être diminué et le Détail augmenté. La **figure 3.21** montre le résultat de valeurs agressives pour le Détail et le Gain, avec un Rayon diminué de la valeur par défaut de 1 à 0,7 pixel. Quand elle est examinée avec un grossissement de 100 %, l'image est nette, mais ne présente pas les halos qui seraient problématiques pour les phases d'accentuation suivantes (même s'il est peu probable qu'une accentuation créative soit nécessaire dans ce cas).

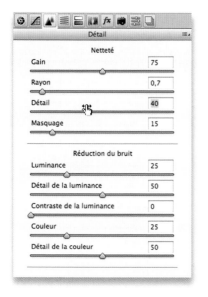

Figure 3.21 Cette photo a des contours haute fréquence – beaucoup d'alternance de petits détails clairs et foncés. Ici, le Rayon a été baissé à 0,7 et le curseur de Détail a été réglé sur 40. Notez que le Masquage a été utilisé avec une valeur réduite, et qu'une Réduction du bruit dans la Luminance a été appliquée.

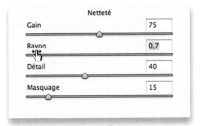

Figure 3.22 Vous observez ici l'aperçu du Rayon de l'image de la **figure 3.21** (maintenez la touche ⌥ *alt* enfoncée tout en faisant glisser le curseur) avec une valeur de Rayon de 0,7. L'image est présentée avec un grossissement de 200 %.

La **figure 3.22** montre la réduction de la valeur de Rayon à 0,7 en mode aperçu. L'aperçu du Rayon (comme celui du Détail) permet de définir plus facilement des réglages optimaux. La photo, prise avec un Canon EOS 1Ds M II à 200 ISO, est améliorée par une réduction du bruit. La correction amplifiée de réduction du bruit permet aussi d'augmenter la valeur de Détail.

Figure 3.23 Vous observez ici l'image de la **figure 3.21** avec un grossissement de 200 %. L'image à gauche n'a pas été accentuée et celle de droite l'a été avec les réglages illustrés à la figure 3.21.

Tout va bien quand l'image appartient à l'une ou l'autre catégorie, mais comment procéder lorsqu'une image occupe une situation intermédiaire entre ces fréquences ? Vous pourriez faire un compromis et définir des réglages moyens, mais cela ne produirait pas une image optimale. À chaque fois que la préaccentuation impose un mélange de deux types d'accentuation – hautes et basses fréquences – la meilleur méthode consiste à optimiser les deux caractéristiques et à créer un composite des résultats dans un seul fichier. Quand on crée deux versions avec une préaccentuation différente du fichier RAW en tant qu'objet dynamique, on peut ensuite fusionner les deux.

L'utilisation d'objets dynamiques avec Camera Raw permet de combiner les avantages de la modification des réglages dans Photoshop. En effet, un objet dynamique de Camera Raw reste modifiable dans un fichier Photoshop. Pour que Camera Raw ouvre une image RAW en tant qu'objet dynamique, cliquez sur le bouton d'informations sur les Options du flux de production et cochez l'option qui permet d'ouvrir l'image en tant qu'objet dynamique dans Photoshop, comme expliqué à l'étape 1. Ce réglage est conservé tant que vous ne décochez pas l'option.

ProPhoto RGB; 16 bit; 5616 by 3744 (21,0MP); 300 ppi

Informations sur les Options du flux de production

1 Quand vous cochez l'option Ouvrir dans Photoshop comme objets dynamiques, le fichier RAW est intégré dans le document Photoshop et demeure modifiable tant qu'il n'est pas aplati.

2 L'image est ouverte dans Photoshop en tant qu'objet dynamique, comme le montre le panneau Calques, à gauche. Le panneau Calques, à droite, montre que le calque inférieur a été dupliqué à l'aide de la commande Calque>Objets dynamiques>Nouvel objet dynamique par Copier et qu'un masque de fusion a été appliqué au calque copié pour limiter l'effet au centre. Pour modifier le calque d'un objet dynamique, il suffit de double-cliquer sur la vignette de l'image.

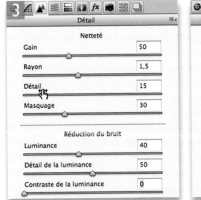 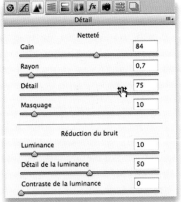

3 Différents réglages de Netteté ont été utilisés pour chaque objet dynamique afin de préserver les détails basse fréquence (comme illustré à gauche, en les plaçant en bas de la pile des calques) et les détails haute fréquence, plus fins (à droite, en les plaçant au-dessus). Notez que la valeur de Rayon de l'image basse fréquence est plus élevée et celle du Détail est plus basse, avec un Masquage défini à 30. En outre, la valeur de Luminance dans la rubrique Réduction du bruit s'élève à 40, ce qui élimine tout le bruit dans le ciel et l'eau. Ces réglages demeurent modifiables dans Camera Raw et il est donc possible de peaufiner chaque objet dynamique.

4 Vous découvrez ici le résultat final, après la fusion de la préaccentuation des objets dynamiques. La photo a été prise à l'aube avec un Canon EOS 1Ds Mk II équipé d'un objectif 24-70 mm f/2,8.

Bruit ou détails de l'image ?

Comment savoir si le bruit posera ou non des problèmes dans la reproduction finale ? Il est actuellement impossible d'évaluer le bruit et les détails de l'image sur un écran d'ordinateur. Même les meilleurs écrans n'atteignent qu'une résolution d'environ 110 ppp (pixels par pouce, ou ppi pour *pixels per inch*). Si l'image est affichée en 300 ou 360 ppp, ce que vous voyez ne représente qu'environ 1/3 de la résolution d'image. Si vous grossissez la vue pour parvenir à un facteur de 100 %, l'image est alors 3 fois plus grande que les dimensions de l'impression. L'un des meilleurs moyens de réduire l'effet visuel du grain consiste à rééchantillonner l'image. Un rééchantillonnage à 50 % de la résolution originale réduit le bruit de 1/4. Donc, avant de vous inquiéter du bruit dans l'image, vérifiez quelle sera sa visibilité dans la reproduction finale.

Réduction du bruit

Le bruit touche toutes les images numériques. Lorsque la sensibilité est optimale et que l'exposition est correcte, il est probable que vous ne distinguiez pas le bruit. Mais quand la sensibilité augmente, le bruit devient visible et gênant.

La présence de bruit (on parle de signature de bruit d'un capteur) est déterminée par la sensibilité de base du capteur. Le bruit est présent même aux sensibilités les plus basses, mais il est peu perceptible. Quand on augmente la sensibilité, le gain du capteur (qui est en fait un dispositif analogique) augmente. L'amplification du signal provenant du capteur augmente sa sensibilité (et sa valeur ISO), mais elle amplifie aussi le bruit de façon pseudo-aléatoire. Même si le bruit paraît aléatoire, on retrouve une séquence qui produit progressivement un motif, donc le bruit n'apparaît pas complètement au hasard. Notez que l'augmentation de la valeur ISO n'entraîne pas la capture de davantage de photons ; cela augmente uniquement la sensibilité, ce qui réduit le nombre de photons nécessaires lors de l'exposition. La hausse du gain produit un bruit plus important dans les captures.

Il faut résoudre deux problèmes : l'un concerne les taches de couleurs provoquées essentiellement par le dématriçage d'un capteur à motif de Bayer, et l'autre est le bruit dans la luminance ou le grain visible quand l'image est grossie. La **figure 3.24** montre deux types de bruit problématique qui peut être réduit par des algorithmes de traitement d'image.

Les outils de réduction du bruit sont assez limités dans Photoshop. Pour l'essentiel, la méthode consiste à flouter le bruit dans les aplats

Figure 3.24 À gauche : exemple de bruit coloré. À droite : bruit pseudo-aléatoire, qui est essentiellement du bruit dans la luminance. Les deux photos ont été prises avec un Canon EOS 10D qui génère beaucoup de bruit (et que je garde pour les démonstrations) à 3 200 ISO ; elles sont affichées avec un zoom à 400 % dans Photoshop.

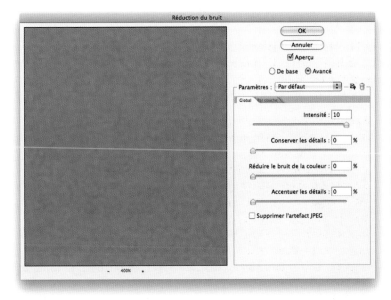

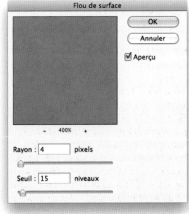

Figure 3.25 Filtre>Bruit>Réduction du bruit (à gauche) et Filtre>Atténuation>Flou de surface (à droite) sont deux outils de réduction du bruit disponibles dans Photoshop.

(zones sans contours) tout en préservant les détails des contours dans l'image. Le filtre de Réduction du bruit offre différentes possibilités, comme le montre la **figure 3.25**. Quant au filtre Flou de surface, il s'agit d'un outil de floutage simplifié pour lequel il est possible de définir un seuil de protection des contours. Je préfère utiliser un masque de surface pour appliquer uniquement la réduction du bruit aux aplats et préserver les contours. La **figure 3.26** montre la photo utilisée pour présenter la création d'un masque de surface. La zone encadrée dans la photo principale est grossie à 400 % dans la vue détaillée, à droite.

Figure 3.26 L'image ci-dessus a été prise à 1 600 ISO avec un Canon 400D. En taille réelle, l'image mesurait 33 × 22,2 cm à 300 ppp. La vue de détail, à droite, utilise l'accentuation par défaut de Camera Raw, mais sans réduction du bruit.

Création d'un masque de surface dans Photoshop

Pour créer un masque de façon à protéger les contours et appliquer essentiellement la réduction du bruit aux aplats et dégradés, il faut procéder par étapes successives en créant le masque à partir des données contenues dans l'image. Ainsi, le masque s'adapte aux détails et aux contours de l'image.

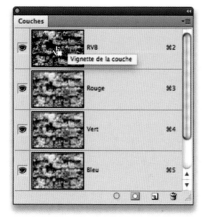

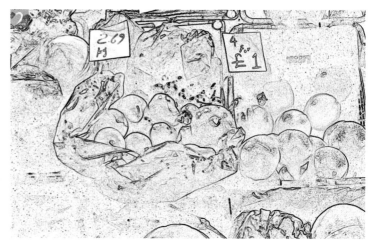

1 La première étape consiste à charger la luminosité de l'image en tant que sélection, puis à la mémoriser sous forme de couche. Je procède habituellement en maintenant la touche ⌘ *ctrl* enfoncée et en cliquant sur la vignette RVB composite. Une fois mémorisées dans une couche, les données de luminance peuvent être exploitées de différentes façons.

2 La prochaine étape consiste à extraire les données de contour. J'utilise la commande Filtre>Esthétiques>Tracé des contours. Ce filtre parvient bien à trouver les contours, mais les résultats ont généralement besoin d'être peaufinés pour produire un masque de surface exploitable.

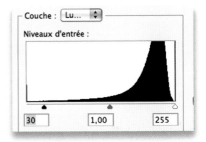

3 Pour réduire le bruit dispersé dans le masque, j'utilise les Niveaux pour augmenter le contraste global et écrêter une part importante du blanc, avec une valeur de point blanc à 225. Cet ajustement varie en fonction de l'image et dépend surtout de la nature des contours du sujet et de la signature du bruit.

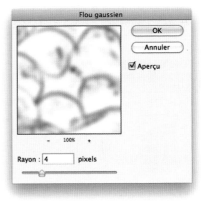

4 La dernière étape consiste à créer un masque de contours à l'aide du Filtre> Atténuation>Flou gaussien. Dans cet exemple, j'ai défini un Rayon de 4. Ce réglage varie également selon les images. Notez que les étapes suivies jusqu'à la définition de la quantité de flou sont exactement les mêmes que pour la création du masque des contours pour l'accentuation de l'image. Les différences essentielles se rapportent à la quantité de flou et à la dernière étape qui consiste à inverser la couche, de façon à ce que les contours soient blancs et les aplats noirs. Les masques de contours ont généralement moins besoin de Flou gaussien que les masques de surface.

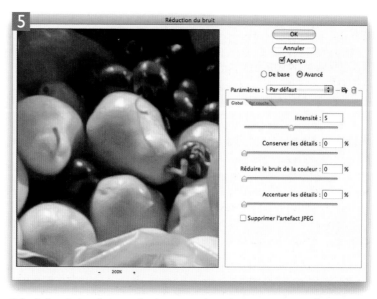

5 Après la création de la couche du masque de surface, je reviens aux données de l'image RVB. Je duplique le calque d'Arrière-plan et j'applique un filtre de Réduction du bruit d'intensité moyenne, sans me soucier de Conserver les détails car la protection des aplats et des contours est assurée par le masque de surface.

6 Je charge la couche de surface en tant que sélection et j'utilise cette sélection pour créer un masque de fusion pour le calque de Réduction du bruit. Je choisis aussi le mode de fusion Luminosité en réduisant l'Opacité à 75 % pour éviter un lissage excessif.

Si vous comparez les détails de l'image à l'étape 6 avec le bruit visible dans l'original, à la **figure 3.26**, vous pouvez constater que l'opération a réduit la quantité de bruit visible dans l'image. Est-ce que cela en valait la peine ? Oui. Mais j'aurais tendance à effectuer ce traitement par le biais d'un script au lieu de répéter manuellement la création d'un masque de surface.

La vraie question est-elle de savoir si les résultats sont optimaux pour une capture numérique ? Non. Au lieu d'effectuer toutes ces étapes dans Photoshop, j'ai désormais tendance à tout faire dans Camera Raw 6. Les nouvelles fonctionnalités de réduction du bruit de Camera Raw 6.x et de la version de processus 2010 signifient que l'on peut entreprendre toutes les tâches de réduction du bruit dans le cadre du flux de traitement RAW. L'avantage est que l'accentuation de l'image et la réduction du bruit sont liées et contrôlables dans un seul panneau de Camera Raw.

La **figure 3.27** montre le résultat de l'application de l'accentuation et de la réduction du bruit dans Camera Raw. Notez que plus la sensibilité de la capture est élevée, plus la réduction du bruit est efficace dans Camera Raw 6, comme Martin Evening va le montrer.

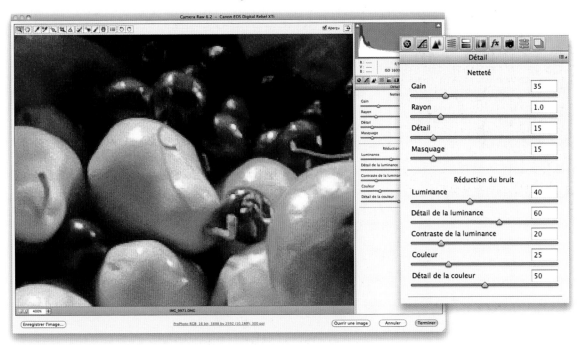

Figure 3.27 Cette photo, grossie à 400 % dans Camera Raw, montre une meilleure réduction du bruit et une meilleure protection des détails de l'image que les résultats obtenus avec le filtre de Réduction du bruit.

Plug-ins de réduction du bruit

Il existe plusieurs modules externes de réduction du bruit, comme Noiseware™ d'Imagenomic® et Noise Ninja™ de PictureCode®. Nous avons surtout testé Noiseware qui est très efficace pour réduire le grain des photos argentiques numérisées.

Ajout de bruit

Au lieu de supprimer le bruit, vous devez parfois en ajouter. Quand vous retouchez une photo dans Photoshop, vous devez parfois peindre des « pixels purs ». Lorsque vous dupliquez une partie de la photo, vous ne devriez pas être confronté à trop de problèmes. Ce n'est pas le cas lorsque vous appliquez des dégradés ou que vous floutez des parties d'une photo à l'aide du Pinceau. Le niveau de lissage des pixels peints dans Photoshop risque de ne pas être homogène avec la texture du reste de l'image. C'est plus particulièrement le cas pour les photos argentiques numérisées qui contiennent une certaine dose de grain. Il faut donc envisager d'ajouter sélectivement du bruit en cas d'application d'un dégradé ou de peinture dans Photoshop. Vous pouvez utiliser le filtre Bruit>Ajout de bruit depuis le menu Filtre. Notez que l'ajout de bruit est prévu dans de nombreuses fonctionnalités de Photoshop comme les options du Pinceau, les calques de remplissage en dégradé et le filtre Flou de l'objectif.

Réduction du bruit dans Camera Raw

Jusqu'ici, nous avons examiné l'utilisation du panneau Détail de Camera Raw pour venir à bout de la réduction du bruit. Depuis que cette fonction a été améliorée dans Camera Raw 6 pour Photoshop CS5, il nous paraît en effet plus judicieux d'effectuer la réduction du bruit dans Camera Raw. Comme nous l'avons déjà mentionné, l'un des principaux avantages de cette méthode est qu'une fois les réglages optimisés pour supprimer le bruit dans une image, ces réglages peuvent être appliqués à d'autres photos.

L'amélioration de la réduction du bruit dans Camera Raw rend quasiment inutile la réalisation de l'opération dans Photoshop. « Quasiment » car on ne peut parfois pas se passer de Photoshop pour les photos difficiles. Le filtre de Réduction du bruit existe depuis quelques années déjà dans Photoshop. Personnellement, je ne pense pas que ce filtre ait quoi que ce soit de spécial à offrir depuis qu'il est possible de réduire le bruit dans Camera Raw. Toutefois, il existe plusieurs filtres tiers de réduction du bruit pour Photoshop. Ils gardent leur intérêt, surtout quand il s'agit de réduire le grain dans les photos argentiques numérisées. J'utilise Noiseware™ d'Imagenomic® depuis plusieurs années et je continuerai probablement à m'en servir pour traiter les photos numérisées. Si vous corrigez des photos RAW, les réglages devraient vous suffire, et son panneau Détail de Camera Raw me semble être l'outil le mieux adapté pour démarrer. Toutefois, dans certains cas, même la fonction de Réduction du bruit qui a pourtant été revue dans Camera Raw 6 ne peut pas se passer d'un petit coup de pouce dans Photoshop. L'exemple présenté dans les pages suivantes contient des pixels particulièrement récalcitrants (il s'agit des taches blanches que l'on voit dans la vue grossie à l'étape 2). Malgré tous les efforts déployés pour supprimer ces défauts à l'aide des curseurs de Luminance, je n'ai pas réussi à les éliminer complètement dans Camera Raw. Voici comment j'ai procédé pour retoucher cette photo dans les deux logiciels afin d'obtenir un résultat aussi propre que possible.

1 Cette photo, qui est surtout éclairée à la lueur des bougies, a été prise avec une sensibilité de 3 200 ISO. Comme vous pouvez le constater, l'image est très bruitée.

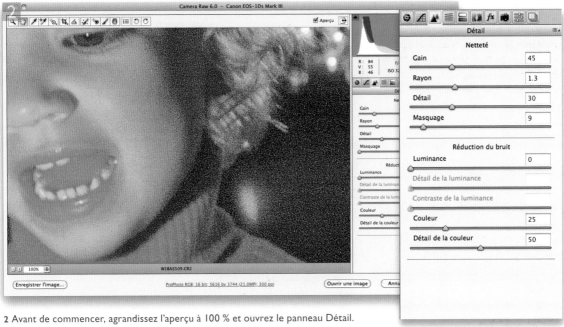

2 Avant de commencer, agrandissez l'aperçu à 100 % et ouvrez le panneau Détail. Vous pouvez observer ici les paramètres par défaut de Réduction du bruit.

3 Dans cette étape, j'ai ajusté les trois curseurs de Réduction du bruit dans la luminance pour éliminer le bruit, tout en conservant autant de détails que possible dans l'image.

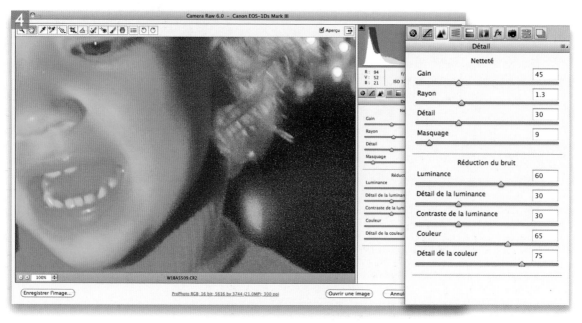

4 J'ai également ajusté les curseurs de Couleur et de Détail de la couleur pour supprimer le bruit de chrominance.

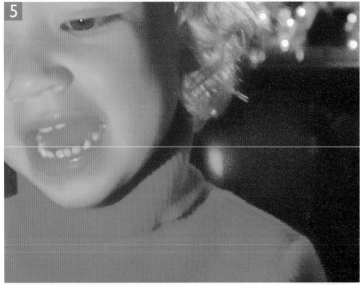

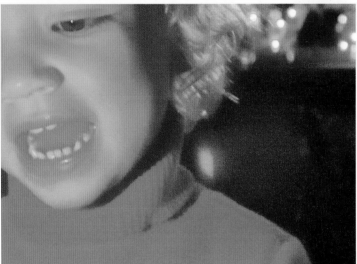

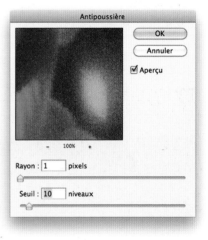

5 Vous découvrez ici l'image traitée dans Camera Raw et ouverte dans Photoshop (en haut). Camera Raw a réussi à supprimer une grande partie du bruit, mais il reste beaucoup de pixels isolés, comme les taches blanches que vous distinguez ici. Pour les éliminer, j'ai ouvert le menu Filtre>Bruit et j'ai sélectionné le filtre Antipoussière. Un Rayon de 1 pixel suffit pour éradiquer les taches, mais je ne veux pas que cette étape estompe trop les détails de l'image, donc j'ai augmenté le curseur de Seuil à 10, qui limite l'effet du filtre Antipoussière. Quand le Seuil augmente, l'écart en valeurs numériques doit être plus marqué entre un pixel et son voisin avant que le filtre Antipoussière ne prenne effet.

Figure 3.28 Cette photo d'un jeune manchot a été prise avec un Canon EOS IDs Mk III équipé d'un objectif 70-200 mm f/2,8, à 200 mm, avec une vitesse d'obturation de 1/1 000ᵉ de seconde. Le cadre désigne la zone de l'image qui est illustrée dans les autres figures de cette double page.

Ajout de grain

Maintenant que vous savez comment renforcer la netteté des images, puis en réduire le bruit, vous serez peut-être étonné que je fasse volte-face en vous suggérant d'ajouter du grain. Camera Raw peut désormais ajouter du grain et Thomas Knoll avait probablement une arrière-pensée au moment d'ajouter cette fonction. Quand la netteté a été renforcée et le bruit réduit, les images peuvent sembler trop lisses et artificielles ; pour y remédier, on ajoute un léger grain dans l'image. Le secret consiste à introduire un grain plus fin que le bruit d'origine.

Dans l'exemple illustré ici, la netteté de l'image capturée primait sur la basse sensibilité. À 400 ISO, j'ai réussi à régler une vitesse de deux crans supérieure pour assurer la netteté de l'image. La **figure 3.28** montre la totalité de la photo.

Avec les valeurs par défaut de l'accentuation de la netteté dans Camera Raw, le gros plan du manchot est techniquement net, mais il n'est pas complètement optimisé. La **figure 3.29** présente les réglages d'accentuation par défaut (à gauche) ainsi que les réglages d'accentuation plus élevés (à droite). Comme vous pouvez le constater, les détails sont beaucoup plus nets, tout comme le bruit dans l'image. À ce stade, la solution évidente consiste à appliquer une réduction du bruit. Il est également possible de diminuer la valeur de détail, plutôt élevée à 42, mais cela réduit les détails dépourvus de bruit dans

Figure 3.29 L'image à gauche a été obtenue avec les valeurs de netteté par défaut dans Camera Raw. Dans celle de droite, les valeurs ont été considérablement augmentées pour atteindre un Gain de 76, un Rayon de 0,7, un Détail de 42 et un Masquage de 15.

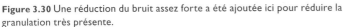

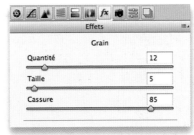

Figure 3.30 Une réduction du bruit assez forte a été ajoutée ici pour réduire la granulation très présente.

l'image. Il faut donc parvenir au juste équilibre entre accentuation de l'image et réduction de bruit.

La **figure 3.30** montre le résultat de la réduction du bruit dans la Luminance, ainsi que l'augmentation du Détail de la luminance. On obtient une réduction du bruit, mais au prix d'une atténuation des microdétails. Dans ce cas, l'ajout de grain peut contrecarrer le phénomène. Il en résulte une photo plus naturelle avec une hausse substantielle de la netteté et un bruit minimisé. Un habile ajout de grain réside dans la combinaison d'une Taille réduite et d'une Quantité relativement faible, comme illustré à la **figure 3.31**.

Figure 3.31 Cette image résulte des paramètres de Grain à droite. La valeur de Cassure à 85 imite le grain des photos argentiques.

Limites des objets dynamiques

Vous noterez qu'au lieu de convertir directement le calque d'Arrière-plan en objet
dynamique, je l'ai dupliqué et j'ai converti la
copie en objet dynamique. Il n'est pas toujours nécessaire de procéder ainsi pour utiliser des calques avec filtres dynamiques. Mais
dans cet exemple, il le fallait, car les options
de filtre dynamique ne proposent pas encore
de curseurs de réglage de la fusion.

Amélioration du contraste dans les tons moyens

Les ajustements courants du contraste affectent globalement
l'image. Mais lorsque vous souhaitez améliorer le contraste dans
les tons moyens, vous pouvez appliquer les deux techniques décrites
ci-dessous dans Photoshop.

La première cible plus précisément les tons moyens en appliquant un
halo mince et léger aux tons moyens uniquement. La seconde technique applique un halo plus large et plus atténué, ce qui améliore le
contraste dans les zones aux détails discrets. Le curseur de Clarté de
Camera Raw associe ces deux types de réglages. Nous analyserons
les deux techniques qui sont réunies dans le réglage de la Clarté pour
vous aider à maîtriser les améliorations de ce type dans Photoshop.
Vous disposez de trois curseurs au lieu d'un seul pour améliorer la
Clarté. Toutes les photos ne nécessitent pas cette intervention, mais
pour certains sujets, comme des paysages sous un éclairage doux, ces
étapes font davantage ressortir les détails.

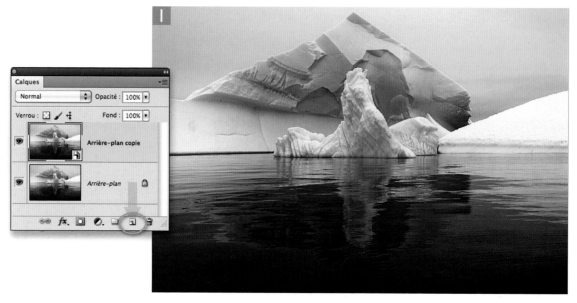

1 Nous allons voir ici que la technique de contraste moyen peut être appliquée
sous forme de filtre dynamique. Pour commencer, faites glisser le calque
d'Arrière-plan sur le bouton Créer un calque dans le panneau Calques. Puis, dans
le menu Filtre, choisissez Convertir pour les filtres dynamiques.

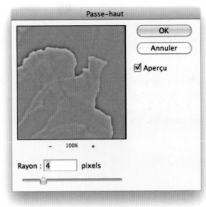

2 Le calque Arrière-plan copie (qui est devenu un objet dynamique) étant sélectionné, ouvrez le menu Filtre et choisissez Divers>Passe-haut. La valeur définie n'a pas beaucoup d'importance à ce stade, car il est possible de la modifier ultérieurement, à l'étape 4.

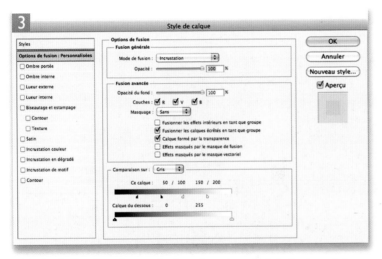

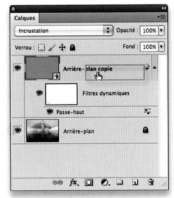

3 Une fois le filtre Passe-haut appliqué, appliquez le mode de fusion Incrustation pour le calque de la manière suivante : double-cliquez sur le calque Arrière-plan copie, dans l'espace libre (dans la zone entourée en orange dans le panneau Calques et non sur la vignette, ni sur le nom du calque). Définissez le mode de fusion Incrustation et, dans la rubrique Comparaison sur, ajustez les curseurs pour Ce calque de façon à les répartir comme illustré : 50/100 150/200 (maintenez la touche ⌥ *alt* enfoncée quand vous cliquez sur un curseur pour le diviser en deux).

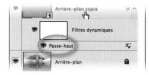

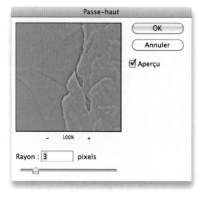

4 D'après la fusion du calque définie à l'étape 3, l'effet de halo créé à l'étape 2 est uniquement appliqué aux tons moyens. À ce stade, vous pouvez double-cliquer sur le filtre Passe-haut dans le panneau Calque (entouré) pour afficher à nouveau la boîte de dialogue du filtre et peaufiner la valeur de Rayon.

5 Cet extrait grossi permet de comparer la photo avant et après son traitement par cette technique. La différence est assez subtile, mais vous devriez pouvoir constater une amélioration du contraste dans les tons moyens. Notez également que les vaguelettes sont également mieux définies dans la moitié droite de la photo.

Technique d'Accentuation avec un Rayon élevé

L'expérience a prouvé que l'ajout de contraste met davantage en valeur une photo. Le renforcement du contraste par une courbe en S améliore indubitablement l'apparence globale d'une image. Mais un contraste excessif risque de bouleverser le fragile équilibre des tons et de ruiner une photo qui aurait pu être parfaite. La technique décrite ici permet également d'améliorer le contraste dans les tons moyens, mais à un niveau localisé.

L'œil humain est plus sensible aux changements localisés qu'aux modifications globales du contraste. C'est ce phénomène qui a conduit Thomas Knoll à proposer une technique d'amélioration localisée du contraste basée sur une formule combinant un Rayon élevé et un Gain réduit dans la boîte de dialogue du filtre Accentuation. Ensuite, en se basant sur cette expérience, Thomas Knoll a conçu le nouveau réglage de Clarté dans Adobe Camera Raw 4.1 et Lightroom 1.1 (Michael Reichmann a écrit un excellent article sur cette technique et sur la réflexion de Thomas Knoll ; vous pouvez le lire sur le site Web Luminous-Landscape.com). Comme nous l'avons vu, le réglage de Clarté combine la technique présentée ici avec la technique d'amélioration du contraste dans les tons moyens décrite précédemment. Quoi qu'il en soit, la technique du Rayon élevé/Gain faible est si efficace quand elle est appliquée indépendamment qu'elle mérite d'être décrite ici. Si cette méthode particulière d'amélioration du contraste dans les tons moyens est comparable à l'utilisation du réglage de Clarté dans Camera Raw, l'application de cette technique dans Photoshop offre l'avantage de pouvoir appliquer l'effet sélectivement. Vous pouvez adapter les étapes décrites plus loin en convertissant le calque d'arrière-plan en objet dynamique afin d'appliquer le filtre d'Accentuation en tant que filtre dynamique. Ensuite, il est possible d'utiliser le masque de fusion du filtre dynamique pour masquer ou afficher sélectivement l'effet du filtre.

Pour l'exemple suivant, j'ai choisi une photo où le voile atmosphérique atténue les détails dans les collines au loin. Vous remarquerez qu'un Gain faible combiné à un Rayon fort crée un léger halo foncé autour des contours de la photo, ce qui contribue à éliminer beaucoup de brume.

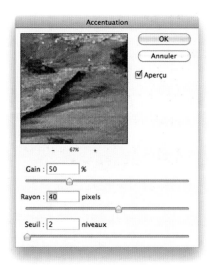

1 La première étape consiste à choisir Filtre>Renforcement>Atténuation et à régler un Rayon très élevé, compris entre 30 et 70. C'est une valeur beaucoup plus élevée que celles que l'on utiliserait habituellement, l'astuce consistant à conserver un Gain faible pour appliquer un effet modéré.

2 Dans cette vue grossie à 100 %, vous pouvez observer la version avant (à gauche) et après (à droite) l'application du filtre Accentuation. La différence est assez marquée. Dans cet exemple, on a l'impression qu'un voile a été levé devant l'objectif.

Sculptures de photos

La photographie s'efforce de représenter des scènes et des objets tridimensionnels sur un support bidimensionnel. Les clichés les plus réussis produisent une forte impression de relief et de volume, mais la nature ne coopère pas toujours pour l'éclairage. Il incombe alors au photographe de modeler les formes dans Photoshop. De nombreux outils permettent d'y parvenir, mais il est parfois préférable de procéder autrement. Mac Holbert a perfectionné cette technique (même si d'autres en ont utilisé des variations) pour faire ressortir la forme tridimensionnelle des images qu'il imprime pour ses clients. Elle implique une certaine dose de dessin au pinceau (ce que j'appréhende toujours car je ne sais pas dessiner, alors si j'y arrive, tout le monde le peut aussi). Vous pouvez également faire appel aux diverses techniques de sélection de Photoshop pour vous aider.

La technique de sculpture emploie un calque défini en mode de fusion Incrustation et rempli initialement avec 50 % de gris. Le mode de fusion Incrustation superpose à l'image la couleur de fusion lorsque celle-ci contient moins de 50 % de gris (couleur lumineuse) et la multiplie si elle se compose de plus de 50% de gris (couleur sombre), ce qui éclaircit les tons clairs et assombrit les tons foncés. Le calque gris initial est sans effet tant que vous ne le peignez pas en noir ou en blanc. L'ajout de blanc sur le calque gris éclaircit la zone. L'ajout de noir au gris l'assombrit. Le secret est de procéder de manière très progressive pour souligner les formes naturelles déjà présentes dans l'image. La **figure 3.32** montre une photo avant et après. La technique est présentée ci-dessous.

Nash Editions

Nash Editions est une société californienne fondée en 1990 par Mac Holbert et Graham Nash pour offrir des services d'impression numérique spécialisés en beaux-arts. Ce sont des pionniers dans l'impression jet d'encre artistique. Mac employait cette technique pour donner plus de profondeur et de formes aux images qu'il imprimait pour ses clients. Mac est aussi devenu membre de Pixel Genius et se consacre actuellement à une révision de PhotoKit Sharpener.

Figure 3.32 L'image de droite est produite après sculpture de l'image initiale à gauche. Ce résultat ne peut pas être obtenu tel quel avec des calques de réglage – il s'agit d'une solution unique pour l'ajout de relief à une image.

1 Pour commencer, je crée un calque vierge au-dessus du calque de l'objet dynamique. Comme l'image brute est un objet dynamique, il est possible de l'ajuster à tout moment (même si ce n'est pas nécessaire ici). Le calque vide est rempli avec 50 % de gris et le mode de fusion est défini sur Incrustation. Ensuite, quand on peint en blanc sur le calque Incrustation, cela produit un effet éclaircissant par soustraction. Au contraire, quand on peint en noir, cela exerce un effet assombrissant par multiplication des données de l'image sous-jacente.

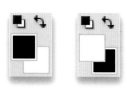

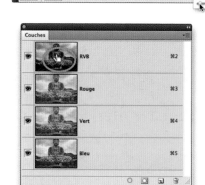

2 Pour apaiser mon appréhension naturelle pour le dessin, j'ai commencé par sélectionner la luminance des zones sombres que je voulais améliorer (pour charger la luminance en tant que sélection, maintenez la touche ⌘ ctrl enfoncée et cliquez sur la couche RVB). Comme l'Opacité du calque gris à 50 % est définie sur 100 %, mieux vaut effectuer des passes douces en limitant le Flux du Pinceau à 5 %. Par la suite, le flux a rarement dépassé 3 %. J'ai commencé à peindre la sélection avec du blanc comme couleur de premier plan. J'ai aussi interverti la sélection et peint en noir pour accroître la séparation entre les zones.

La touche X permet de peindre alternativement en noir et en blanc, comme illustré à la figure 3.33. Quand une zone est éclaircie, elle paraît plus proche ; quand une zone est assombrie, elle semble s'éloigner. Ainsi, en éclaircissant et en assombrissant des zones voisines, on renforce l'impression de relief.

Figure 3.33 Définir du noir comme couleur de premier plan assombrit l'image, tandis que du blanc l'éclaircit. Pour activer successivement ces couleurs, commencez par les réinitialiser, puis appuyez simplement sur la touche X.

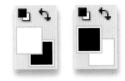

3 Dans cette étape, j'ai grossi l'image et j'ai peint le menton en blanc et la lèvre inférieure en noir pour renforcer l'impression de profondeur et la distinction des détails. Tant que le flux est très bas et que vous procédez par passes successives, vous n'avez pas à trop vous soucier de la précision de vos gestes.

4 Toutes les retouches ne peuvent pas être réalisées à l'aide d'une sélection ou par la peinture à main levée. Dans cette étape, j'ai créé un tracé autour du bouddha, puis j'ai effectué une sélection à partir de ce tracé. Un contour progressif de 1,2 pixel permet de gommer les irrégularités de la sélection. Si cette dernière est trop nette, elle ressemble à un découpage ; si elle est trop estompée, les effets s'étalent. Un Rayon de 1,2 pixel est en harmonie avec la netteté du contour naturel. En intervertissant la sélection, je peux travailler sur le ciel, ou en l'intervertissant à nouveau, je peux travailler sur le bouddha.

5 Dans la figure du haut, j'ai interverti la sélection pour peindre en noir afin d'assombrir le ciel autour de la tête du bouddha. Dans la figure du bas, j'ai à nouveau interverti la sélection (pour resélectionner le bouddha) et j'ai peint en blanc pour éclaircir les épaules.

6 L'un des problèmes inhérents à l'utilisation du mode de fusion Incrustation pour sculpter une image est qu'une augmentation du contraste risque également de renforcer la saturation des couleurs. Pour l'éviter, j'ai créé un calque fusionné que j'ai défini en mode de fusion Couleur et placé à l'intérieur d'un groupe de calques. J'ai désélectionné le calque Incrustation et j'ai maintenu la touche [⌥] alt enfoncée au moment de la sélection de l'option Fusionner les calques visibles dans le panneau Calques. Le fait de placer le calque Couleur au-dessus du calque Incrustation permet essentiellement d'éliminer l'effet de saturation des couleurs. Je n'ai pas voulu créer de masque de fusion pour le calque de sculpture car il est très facile de se débarrasser du noir et du blanc dans le calque en choisissant 50 % de gris comme couleur de premier plan et en procédant par peinture ou par remplissage pour réduire l'effet du calque.

7 Cette étape montre le résultat de la peinture en blanc ou en noir dans les différentes zones pour modifier l'impact de l'image finale. Vous pouvez constater que l'ajout de noir et de blanc au calque de sculpture produit un effet assez subtil, comme il se doit.

8 Voici le résultat final. La photo originale du Grand Buddha de Kamakura (Daibutsu), au Japon, a été prise avec un Canon EOS 1Ds équipé d'un objectif 16-35 mm f/2,8.

Qualité Photomerge

Tout cela présuppose évidemment que l'on accorde un intérêt quelconque à Photomerge dans Photoshop. Lors de l'introduction de Photomerge dans Photoshop CS, beaucoup d'utilisateurs ont été emballés par cette nouvelle fonction, même si, en vérité, pour parvenir à des résultats satisfaisants, il fallait faire particulièrement attention au moment de la prise de vue et ne pas utiliser un très grand-angulaire. Photomerge a été amélioré dans Photoshop CS4, en permettant de fusionner des photos prises avec un objectif grand-angle, voire fish-eye. Photoshop CS5 connaît un nouveau perfectionnement des fonctionnalités de Photomerge, au point que l'outil fonctionne bien avec la plupart des types d'objectifs, tant que les photos capturées se chevauchent suffisamment.

Photomontage avec Photomerge

À moins d'emporter une palette complète d'objectifs où que vous alliez, vous n'aurez souvent pas l'objectif adapté à la situation de prise de vue. Ce n'est pas trop problématique quand il aurait fallu un objectif à longue focale, car vous pouvez toujours resserrer le cadrage de l'image. Mais lorsque vous auriez voulu avoir un grand-angulaire, la seule solution consiste à utiliser une technique de montage comme celle illustrée à la **figure 3.34**. Nous avons utilisé Photomerge pour fusionner plusieurs clichés afin de créer une vue de type grand-angulaire.

Même si la capture et le montage d'une poignée de photos est une opération longue et fastidieuse, elle peut en valoir la peine car la qualité d'image peut être meilleure que celle d'une photo faite avec un objectif grand-angle. Si, d'une part, vous prenez six photos ou davantage qui se chevauchent, la définition de l'image fusionnée qui en résultera sera probablement supérieure à la définition initiale de l'appareil utilisé pour prendre les photos. D'autre part, en divisant la zone d'image capturée en sections, vous limitez la perte de détails sur les bords de la photo. Quel que soit l'objectif utilisé, la netteté de l'image est toujours meilleure au centre que vers les coins. Si vous utilisez un objectif de bonne qualité, le problème devrait être peu prononcé, mais il pourrait l'être davantage avec d'autres objectifs. J'utilise le conditionnel car tout dépend aussi de l'importance que l'on accorde à la netteté des détails dans les coins de l'image. Si, pour une raison quelconque, vous créez une vue grand-angle en combinant plusieurs captures dans Photomerge, cette méthode présente des avantages.

À la **figure 3.34**, je me promenais dans la forêt dans l'espoir de photographier des animaux sauvages et je suis tombé sur ce baobab au système racinaire fascinant. Le plus grand-angulaire dont je disposais était la focale 70 mm de mon zoom 70-200 monté sur un Canon 400D. J'ai photographié les racines en prenant une série de 12 clichés que j'ai assemblés dans Photomerge afin de produire la vue grand-angle illustrée. L'image combinée a une définition de 6 600 × 4 800 pixels, comparée à la définition initiale de 3 888 × 2 592 pixels du 400D. Comme vous pouvez le constater sur l'extrait grossi, les détails dans le coin supérieur gauche sont plus nets que ne le seraient ceux d'une photo agrandie prise avec un grand-angulaire.

Vue grossie du coin
supérieur gauche

Figure 3.34 Vue fractionnée d'une image Photomerge, en haut, et image finale, en bas

Améliorations des ombres par Fusion HDR Pro

La fonction Fusion HDR Pro est présentée en détail au chapitre 9. Sur le DVD d'accompagnement, vous trouverez également un extrait au format PDF de l'ouvrage *Photoshop CS5 pour les photographes* et décrivant la Fusion HDR Pro. Je mentionne la technique HDR ici, car la fusion d'un bracketing d'expositions pour créer une image unique avec une plage dynamique étendue peut se révéler utile. Le rendu d'une image à plage dynamique réduite à partir d'un master HDR permet de bénéficier de davantage de détails dans les ombres avec des tons plus continus et sans effets de bande (**figures 3.35 et 3.36**).

Figure 3.35 Cette seule image RAW a été traitée avec Camera Raw 6 et la Version de Processus 2010 en visant le meilleur résultat possible en termes de qualité d'image et d'équilibre des tons. La vue en gros plan a été éclaircie pour révéler le bruit et l'effet de bande visibles dans les zones les plus sombres.

Figure 3.36 Dans cet exemple, je me suis servi d'une fourchette de trois expositions RAW de +2 et -2 IL de part et d'autre de l'exposition illustrée à la **figure 3.35**. J'ai utilisé ces trois clichés comme fichiers sources pour la Fusion HDR Pro de l'image illustrée ici. L'objectif était de produire un résultat aussi proche que possible de la version illustrée à la **figure 3.35**. Comme vous pouvez le voir dans la vue grossie et éclaircie, il n'y a pas de bruit ou d'effet de bandes visible dans les zones foncées de la version obtenue par Fusion HDR Pro.

Surexposition des ombres

Cette technique fonctionne bien car l'image obtenue par Fusion HDR Pro exploite la vue surexposée du bracketing d'exposition pour définir les zones sombres. Vous avez probablement déjà constaté une baisse sensible de la qualité dans les zones d'ombres d'une photo normalement exposée en fonction des zones claires ; c'est l'une des raisons pour lesquelles les experts privilégient une « exposition à droite ». Dans les images HDR, on dispose de davantage de niveaux de détails exploitables dans les ombres.

PRITZKER PAVILION

Photographe : Martin Evening
Canon EOS 1Ds Mk III | 15 mm | 125 ISO | f/11 à 1/60-1/1 000 s. Fusionné avec Photomatix Pro

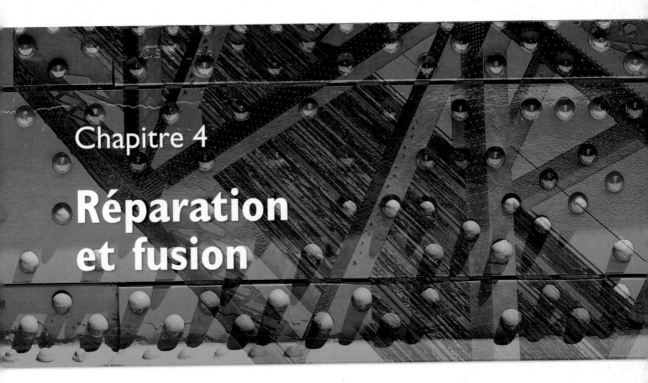

Chapitre 4

Réparation et fusion

Atelier de restauration de Photoshop

On assimile généralement Photoshop à un programme de retouche de photos. Aujourd'hui, le logiciel est capable de remplir bien d'autres fonctions, mais la retouche reste son domaine de prédilection. Dans ce chapitre, nous nous concentrerons sur quelques-unes de nos techniques de retouche favorites. Certaines d'entre elles sont assez évoluées et exigent un bon niveau d'expertise, tandis que d'autres sont assez simples et offrent des raccourcis intéressants pour la correction de photos.

Modes du Correcteur

Le Correcteur propose divers modes de fusion. Le mode Remplacer ressemble au Tampon de duplication, à la différence qu'il fusionne plus méticuleusement le grain sur les contours des passes de l'outil. Les autres modes du Correcteur produisent des résultats divers et variés. Mais, à mon avis, ils ne constituent pas de véritables améliorations par rapport au mode Normal du Correcteur, car, pour que sa magie opère, l'outil utilise déjà une forme spéciale de fusion d'image.

Retouches générales

Stratégies de mise en œuvre du Correcteur

Ceux qui n'ont pas utilisé les versions antérieures à la version 7 de Photoshop nous pardonneront de croire aux miracles opérés par le Correcteur, même s'il ne peut pas tout faire. Le Tampon de duplication a toujours ses usages de prédilection, comme le copier-coller de pixels. Nous admettons bien volontiers qu'il n'est pas toujours facile de faire un choix. Quoi qu'il en soit, mieux vaut effectuer des corrections à distance des contours fortement contrastés et des zones où la texture doit être préservée (ou renforcée). Il est conseillé d'utiliser le Correcteur avec une Opacité maximale et une forme dure (tout le contraire du Tampon de duplication). Il faut parfois parsemer une zone de pixels avant que le Correcteur puisse être mis à contribution. En d'autres occasions, il est préférable d'utiliser l'outil Pièce quand on peut faire une sélection précise avant d'appliquer l'outil. Il est parfois plus facile d'échantillonner les pixels d'une autre source et de les fusionner. La **figure 4.1** montre ma Harley photographiée en studio. Quelques défauts sautent immédiatement aux yeux : arrière-plan étriqué, faux-plis et premier plan trop court car un carton réflecteur était nécessaire à l'avant. La **figure 4.2** présente le rôle joué par les outils Correcteur et Pièce pour remédier aux problèmes de l'arrière-plan. Le panneau Calques indique qu'un calque a été collé depuis une autre photo prise avec le même fond. D'autres calques ont été ajoutés pour l'ajustement des tons et la retouche du logo Harley. L'image finale retouchée est illustrée à la **figure 4.3**.

Figure 4.1 Cliché original de ma Harley FLSTS (depuis, elle a été vendue et remplacée par une BMW). Vous pouvez constater que la mousseline du fond n'est pas assez large et qu'elle est un peu trop courte au premier plan pour permettre l'emploi d'un carton réflecteur. Des plis doivent également être éliminés.

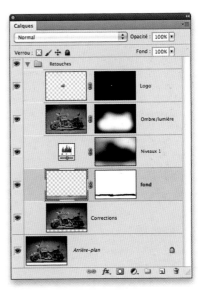

Figure 4.2 À gauche, le Correcteur a permis d'éliminer les plis du fond — cette fonction convient parfaitement à l'outil. À droite, l'outil Pièce a rapidement résolu le problème de l'arrière-plan trop court. La pile finale des calques montre le premier plan complété à partir d'un autre cliché pour cacher le carton réflecteur.

Figure 4.3 Image finale retouchée

Ajout d'un halo

Le filtre Halo est idéal pour l'ajout d'effets de halo réalistes aux photos ou images créées sur ordinateur, car ce filtre permet d'appliquer des motifs qui sont habituellement associés aux réflexions parasites. Depuis que les filtres dynamiques existent, il est conseillé de commencer par convertir le calque de l'image en objet dynamique avant d'appliquer le filtre. Cela permet de modifier les réglages du filtre et d'ajuster l'emplacement de la source de l'effet de halo.

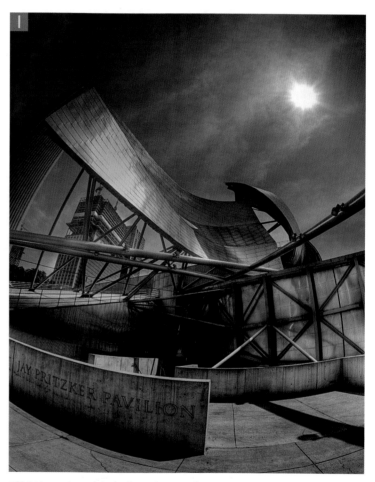

1 Voici la version originale d'une photographie prise à contre-jour en employant un bracketing d'expositions fusionnées avec Photomatix Pro. La première étape consiste à sélectionner le calque d'Arrière-plan, à ouvrir le menu Filtre et à choisir Convertir pour les filtres dynamiques. Le calque est alors converti en objet dynamique, comme l'indique l'icône entourée dans le panneau Calques.

Photo : © Martin Evening

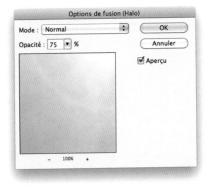

2 Ensuite, dans le menu Filtre, choisissez Rendu>Halo pour ouvrir la boîte de dialogue illustrée. Différents motifs de halos sont proposés. Comme cette photo a initialement été prise avec un objectif fish-eye 15 mm, l'option 35 mm (normal) convient bien. Ensuite, cliquez sur le soleil dans l'aperçu de la boîte de dialogue pour le définir comme point central du halo. Profitez-en pour ajuster le curseur de Luminosité afin de produire un effet de halo plus ou moins fort. Comme l'effet est appliqué sous forme de filtre dynamique, vous pouvez définir une luminosité assez élevée, de l'ordre de 150 %. Pour modifier ultérieurement les réglages du filtre dynamique, il suffit de double-cliquer sur l'icône des options (entourée en jaune) de l'effet de Halo pour ouvrir la boîte de dialogue Options de fusion (Halo) illustrée. L'intensité de l'effet de filtre peut alors être atténuée très rapidement. Le second avantage de l'application d'un filtre dynamique est qu'un double-clic sur l'effet Halo (entouré en rouge) rouvre la boîte de dialogue Halo et permet de corriger les réglages du filtre (cela vaut pour tous les filtres qui peuvent être appliqués en tant que filtres dynamiques).

Alien Skin™ Exposure®
Si vous recherchez un vaste choix d'effets imitant la pellicule argentique, rendez-vous à l'adresse www.alienskin.com/exposure. Ce module complémentaire pour Photoshop permet notamment d'appliquer des effets de grain identiques à ceux des émulsions des pellicules argentiques.

Imitation du grain de la pellicule

La plupart des utilisateurs de Photoshop savent qu'il est possible d'utiliser le filtre Ajout de bruit pour renforcer le grain des images, mais ce filtre produit toujours un résultat assez artificiel quand il est appliqué de manière isolée. Le tutoriel suivant présente une méthode de modification de l'effet du filtre Ajout de bruit pour imiter plus fidèlement le grain de la pellicule argentique. Cette technique peut notamment être employée pour produire un effet de pellicule très granuleuse ou encore pour camoufler des retouches exécutées sur une photo argentique numérisée.

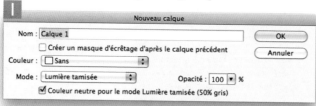 

I La première étape consiste à maintenir la touche ⌥ *alt* enfoncée et à cliquer sur le bouton Créer un calque (entouré) dans le panneau Calques. La boîte de dialogue Nouveau calque illustrée ici apparaît. Définissez le mode de fusion Lumière tamisée et cochez la case Couleur neutre pour le mode Lumière tamisée (50 % gris).

 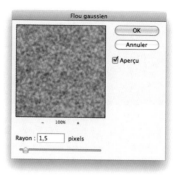

2 Ce nouveau calque étant sélectionné, ouvrez le menu Filtre et choisissez Bruit> Ajout de bruit. Sélectionnez le mode Gaussienne, cochez la case Monochromatique et appliquez une Quantité de 45 %. Ensuite, ouvrez le menu Filtre, sélectionnez Atténuation>Flou gaussien et appliquez un Rayon de 1,5 pixels.

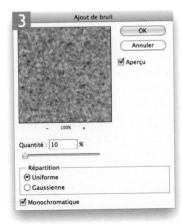

3 Appliquez alors une nouvelle dose d'Ajout de bruit, mais cette fois, ajoutez une Quantité moindre, de 10 %, avec l'option Uniforme, mais toujours en mode Monochromatique. Enfin, choisissez Filtre>Renforcement>Accentuation avec les réglages illustrés.

4 Dans cette étape finale, vous pouvez voir, à gauche, l'image non traitée, et à droite, la même image avec le calque de grain actif. Comme vous pouvez le constater, les étapes décrites ici peuvent produire un effet de grain très prononcé, qui peut être atténué soit en réduisant l'Opacité du calque d'effet de grain, soit en modifiant les réglages du filtre qui ont été appliqués aux étapes précédentes.

Comment doser l'ajout de grain ?

Ce que vous voyez à l'écran n'a que peu de rapport avec l'apparence qu'aura l'image quand elle sera imprimée. Le grain appliqué doit donc être assez fort afin que l'effet soit visible une fois l'image imprimée. Il est conseillé de faire différents essais avec des quantités variées, en imprimant éventuellement les images sous forme de bandes tests afin de déterminer les réglages produisant les meilleurs résultats à l'impression.

Grain uniforme

Les artistes qui ont l'habitude de créer des composites à partir de plusieurs images savent que combiner des images de différents formats ou sensibilités peut être problématique car le grain (ou le bruit) n'est pas homogène. Réduire le grain ou le bruit dans une capture ou une numérisation ne fait qu'atténuer partiellement le problème. En outre, il est parfois nécessaire d'ajouter un soupçon de grain à une image trop lisse. Même si cela peut se faire en faisant appel à des modules externes et à des astuces de Photoshop, le moyen le plus efficace aujourd'hui est probablement l'outil Grain, accessible depuis le panneau Effets de Camera Raw. Les deux images de la **figure 4.4** sont de parfaits exemples de formats et de sensibilités hétérogènes. La **figure 4.5** illustre le composite final.

Figure 4.4 À gauche, une photo numérique prise avec un Canon EOS 400D à 800 ISO (ce n'était pas intentionnel) et à droite, une photo prise avec un dos moyen format Phase One P65+ à 100 ISO. Pour réunir les deux images en toute discrétion, j'ai ajouté du grain à la capture numérique moyen format.

1 La première étape consiste à créer un composite des deux images. Le panneau Calques (à gauche) montre la capture Phase One ajoutée en tant qu'objet dynamique Camera Raw avec un masque de fusion. L'image de gauche représente la photo originale avec le ciel bleu ; c'est la capture faite avec le boîtier Rebel qui contient beaucoup de bruit. L'image à droite est celle du composite réalisé. Les extraits illustrés sont grossis à 300 % dans Photoshop.

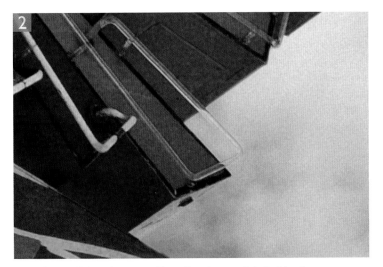

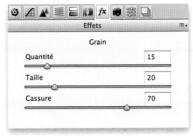

2 Le calque de l'objet dynamique Phase One étant activé, double-cliquez sur l'icône de l'objet dynamique pour ouvrir sa fenêtre dans Camera Raw. L'avantage des objets dynamiques est que l'on peut continuer à modifier les paramètres tant que l'image n'a pas été aplatie. Les réglages du Grain appliqués ici imitent assez bien le bruit présent dans la capture faite avec le Rebel. En général, je préfère utiliser une Quantité faible, associée à une Taille relativement petite et à une forte Cassure pour imiter plus fidèlement le grain de la pellicule. Même si, à l'origine, ils ont été conçus pour les captures faites au format RAW, les effets de Grain produisent aussi de bons résultats avec les images TIFF issues de numérisations.

Figure 4.5 Sur le composite final, on ne voit pas à quel point le grain est uniforme car la reproduction est de petite taille, mais les deux images sont en parfaite harmonie.

Cartographies de déplacement

Le filtre Dispersion exige une cartographie de déplacement distincte à laquelle se référer pour le calcul du déplacement. Du noir (0) produit un décalage négatif maximum et du blanc (255) produit le décalage positif maximum, tandis que du gris (128) ne produit aucun déplacement. Une cartographie de déplacement doit être enregistrée sous forme d'image en niveaux de gris à l'aide du format de fichier natif de Photoshop. Mais si vous ajoutez une seconde couche, la première détermine le déplacement horizontal et la seconde contrôle le déplacement vertical.

Fusion d'objets avec déformation et dispersion

Le fonctionnement du filtre Dispersion n'est pas particulièrement intuitif, mais il est irremplaçable pour déformer un calque de façon à ce que sa forme ou sa texture corresponde à celle des calques sous-jacents. Pour plus de chances de réussite, atténuez préalablement la cartographie de dispersion. Vous trouverez des cartographies de dispersion sur le CD d'installation d'Adobe Photoshop. Vous pouvez vous en servir pour créer d'autres types de dispersions de texture.

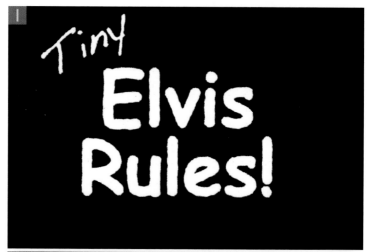

I Vous pouvez voir ici un graffiti et la photo d'un mur en brique. Pour commencer, utilisez le raccourci ⌘ C ctrl C pour copier les pixels du graffiti. Ensuite, créez une nouvelle couche pour l'image du mur de brique et collez-y le graffiti (⌘ V ctrl V). Dupliquez la nouvelle couche et modifiez les deux couches de façon à obtenir une couche alpha pour Elvis Rules et une autre pour Tiny.

2 Créez une image de cartographie de déplacement en prévision de l'étape du filtre Dispersion. Sélectionnez la commande Image>Dupliquer et convertissez l'image dupliquée en mode Niveaux de gris. Appliquez un filtre de Flou gaussien de 4 pixels et enregistrez l'image sur le Bureau (ou tout autre emplacement facilement accessible). Notez que lorsque l'on crée une cartographie de filtre de déplacement, l'image doit être en mode Niveaux de gris et enregistrée dans le format de fichier natif de Photoshop (PSD). Pensez aussi à supprimer les deux couches de masque alpha créées à l'étape 1 avant l'enregistrement.

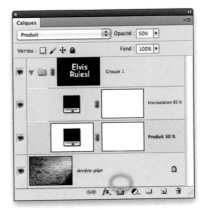

3 Tout est prêt pour fusionner les deux éléments. Créez un nouveau groupe de calques et placez-y deux calques avec un remplissage uni : l'un est noir avec le mode de fusion Produit et une Opacité de 50 %, l'autre est marron foncé, avec le mode de fusion Incrustation et une Opacité de 85 %. Ensuite, maintenez la touche ⌘ *ctrl* enfoncée et cliquez sur la couche alpha Elvis Rules dans le panneau Couches (voir l'étape 1) pour la récupérer en tant que sélection. Sélectionnez le groupe de calques illustré ici et cliquez sur le bouton Ajouter un masque de fusion (entouré), situé en bas du panneau Calques pour le convertir en masque de fusion pixellisé pour le groupe de calques. Comme vous pouvez le constater, vous disposez maintenant d'un seul masque de fusion appliqué aux deux calques unis. Le graffiti n'est pas encore très réaliste, mais nous allons y remédier dans l'étape suivante.

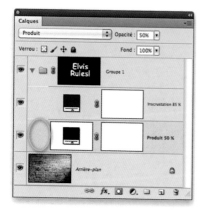

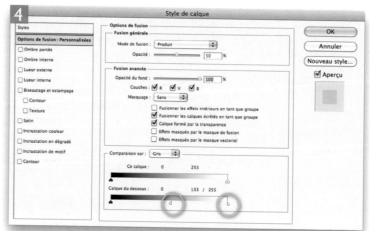

4 Pour que le lettrage ressemble davantage à un graffiti, il faut modifier les options de fusion d'un ou de plusieurs calques unis. Ici, sélectionnez le calque noir uni qui est contrasté dans le panneau Calques et double-cliquez dessus, en visant la zone entourée sur l'illustration. Cela ouvre la boîte de dialogue Style de calque et permet d'ajuster les curseurs de Comparaisons sur le Calque du dessous (entourés) de façon à ce qu'une partie des tons moyens et des tons clairs apparaissent en transparence.

5 Voici à quoi ressemble le graffiti après le réglage des curseurs de fusion du calque sous-jacent à l'étape 4. Il ne reste plus qu'à déformer le lettrage afin qu'il se fonde de manière plus réaliste dans le calque d'Arrière-plan.

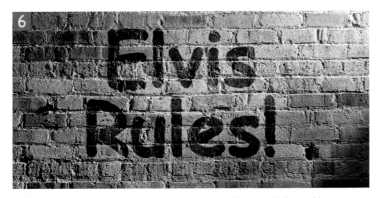

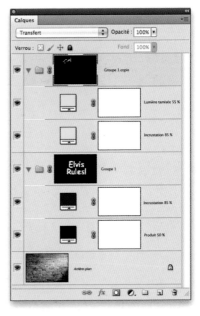

6 Sélectionnez le masque de fusion du groupe de calque et vérifiez qu'il est correctement appliqué. Ensuite, dans le menu Filtre, choisissez Déformation> Dispersion. La boîte de dialogue Dispersion permet de définir le niveau de dispersion le long des axes horizontaux et verticaux. Il n'est pas obligatoire de saisir des valeurs trop élevées. Commencez à 10, puis essayez des valeurs supérieures ou inférieures. Dans cet exemple, les réglages de l'image de référence sont sans effet parce que les dimensions en pixels de la cartographie choisie sont exactement identiques à celles de l'image. Lorsque vous avez cliqué sur OK dans la boîte de dialogue Dispersion, il vous reste à sélectionner le fichier d'une image de référence. C'est là que la photo en niveaux de gris intervient. Sélectionnez-la (auparavant enregistrée sur le Bureau) et cliquez sur Ouvrir pour la définir comme référence pour la dispersion.

7 Voici le résultat final avec le graffiti Elvis Rules déformé en fonction de la forme et de la texture du mur. Notez aussi que j'ai ajouté deux calques jaune uni que j'ai placés dans un nouveau groupe masqué par le masque de la couche alpha Tiny. L'un des calques de remplissage est défini en mode Incrustation, à 85 %, et l'autre en Lumière tamisée, à 55 %. J'ai appliqué les mêmes paramètres de filtre de Dispersion et la même cartographie de dispersion à ce masque.

Effet de coup de projecteur

Comme nous l'avons déjà mentionné, même s'il est possible de faire beaucoup de choses dans Photoshop pour retoucher des photos et générer des effets réalistes, il n'en reste pas moins utile de prendre quelques précautions au moment de la prise de vue. Dans l'exemple présenté ici, j'ai anticipé le besoin d'éclairer le mur de deux manières car il me faudra combiner les deux photos pour créer un effet de projecteur. Ce tutoriel explique comment ajouter la touche finale à l'image Tiny Elvis Rules.

1 Vous pouvez voir ici la photo du mur éclairée par un projecteur (en haut), qui est utilisée comme fond (et comme image de référence pour la dispersion) dans les étapes précédentes. L'autre photo du mur est éclairée avec des lumières tamisées et filtrées avec des gélatines bleues pour produire des ombres douces.

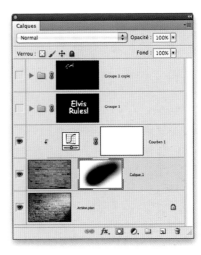

2 Faites glisser l'image à l'éclairage tamisé sur le master multicalque, tout en maintenant la touche *Shift* enfoncée, de façon à l'aligner sur le calque de l'image éclairée au projecteur. Ensuite, ajoutez un masque de fusion et dessinez en noir sur le masque pour créer un effet de coup de projecteur. Complétez par un réglage Courbes obscurcissant, ajusté en fonction du calque du mur à l'éclairage tamisé.

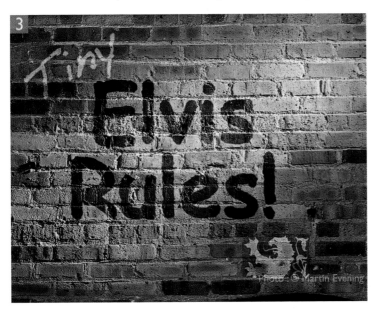

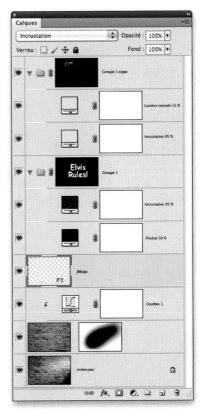

3 Tous les calques sont visibles et révèlent l'image finale. Vous constatez que j'ai ajouté un calque de logo supplémentaire, en bas à droite (il donne un indice sur la véritable identité de Tiny Elvis !)

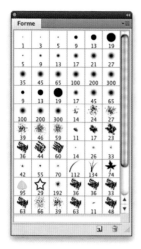

Figure 4.6 Vue réduite du panneau Forme

Création d'une forme de pinceau en étoile

Lorsque vous cliquez sur le bouton Formes prédéfinies dans le panneau Forme ou que vous ouvrez ce panneau en mode réduit (illustré à la **figure 4.6**), vous devriez voir les miniatures des différentes formes prédéfinies du Pinceau et d'autres outils de dessin de Photoshop. D'autres formes prédéfinies sont accessibles depuis le menu du panneau. En outre, vous pouvez aussi créer des formes personnalisées en suivant les instructions présentées ici. Nous allons concevoir une forme d'étincelle. Une fois nommée, la forme est ajoutée aux formes prédéfinies. Mais pour vous assurer qu'elle est enregistrée de manière définitive, je vous conseille de choisir Édition>Gestionnaire des paramètres prédéfinis, de sélectionner la(les) forme(s) que vous venez de créer, puis de cliquer sur Enregistrer le groupe.

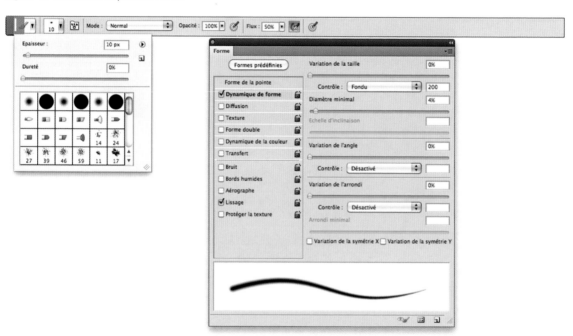

1 La première étape consiste à sélectionner une petite forme d'outil (10 pixels) aux bords doux dans la barre d'Options du Pinceau. Dans le panneau Forme, cochez Dynamique de forme et définissez Fondu comme option de Contrôle. Réglez aussi un Diamètre minimal de 4 %. Ensuite, vérifiez l'aperçu dans le bas du panneau et ajustez le nombre de niveaux de fondu dans les options de Contrôle de façon à ce que le tracé passe progressivement de la forme entière (à gauche) à la forme minimale (à droite).

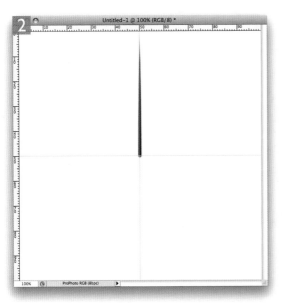

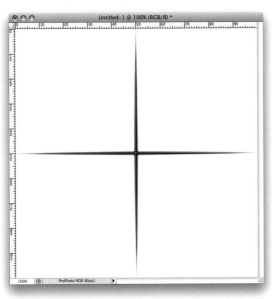

2 Vous allez maintenant pouvoir personnaliser une nouvelle forme. Créez d'abord un nouveau document mesurant 600 × 600 pixels. Activez Affichage>Règles, double-cliquez sur les graduations pour définir le pourcentage (%) comme unité de mesure et placez deux repères à 50 % sur les axes horizontaux et verticaux. Ensuite, sélectionnez le Pinceau (avec les réglages illustrés à l'étape 1), cliquez sur le point central, maintenez la touche *Shift* enfoncée et cliquez en haut de l'image pour tracer le premier trait. Continuez ainsi jusqu'à obtenir la forme d'étincelle illustrée.

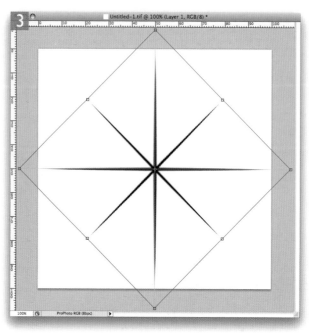

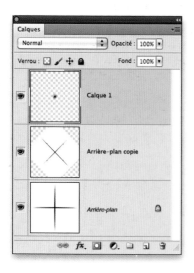

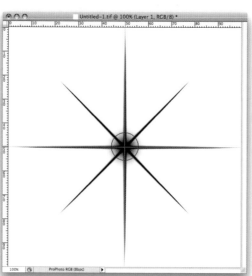

3 Ensuite, copiez le calque d'Arrière-plan (⌘ J ctrl J) et définissez le mode de fusion Produit pour le nouveau calque. Choisissez Transformation manuelle dans le menu Édition. Faites pivoter le calque de 45°, redimensionnez la transformation pour réduire le calque et appuyez sur *Enter*. Ensuite, cliquez une fois sur le point central après avoir augmenté le diamètre de l'outil à 70 pixels et défini l'Opacité et le Flux à 100 % dans les Options du Pinceau.

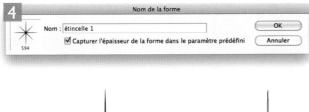

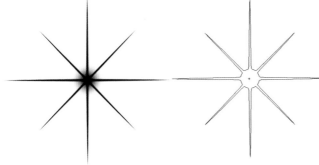

4 Avant de créer une nouvelle forme prédéfinie, pensez à effacer ou masquer les repères. C'est important car vous ne pourrez pas créer de nouveau pinceau si les guides sont visibles. Dans le menu Édition, choisissez Définir une forme prédéfinie. La boîte de dialogue illustrée apparaît. Nommez la forme, puis cliquez sur OK. Ci-dessus, à droite, vous pouvez voir le curseur de la nouvelle forme étincelle 1.

Figure 4.7 Éclairage de studio mis en place pour photographier la bague en diamant illustrée à l'étape 5. L'appareil photo est monté sur un pied de type cinéma pour faciliter la mise au point : la bague et le réglage de la mise au point sur l'objectif ne bougent pas, tandis qu'il est possible d'ajuster délicatement la distance de l'appareil par rapport à la bague.

5 Voici un exemple d'application de la nouvelle forme prédéfinie : j'ai ajouté un nouveau calque à cette photo d'une bague surmontée d'un diamant, puis j'ai défini le mode de fusion Superposition avec une Opacité de 62 %. La **figure 4.7** montre l'éclairage mis en place pour ce cliché.

Angles inclinés

Avec la fonction Point de fuite, vous pouvez créer de nouveaux plans avec un angle personnalisé. Tant que la description du plan initial est précise, les plans consécutifs suivront les autres plans en perspective de la scène.

Point de fuite

Le filtre Point de fuite offre une boîte de dialogue modale dans laquelle il est possible de d'effectuer différentes opérations. On peut définir les plans en perspective contenus dans une image avant de se servir des outils proposés pour effectuer des retouches basiques conformes à la perspective de la photo. On peut également définir une sélection dans l'aperçu et dupliquer le contenu de la sélection sur un ou plusieurs plans prédéfinis. On peut également coller le contenu d'une sélection et l'aligner en perspective avec l'image de destination, appliquer le Tampon avec le mode Correction activé ou désactivé, ou encore peindre avec le Pinceau en perspective.

1 Copiez tout d'abord le haut de l'immeuble à l'aide du raccourci ⌘ J ctrl J sur un nouveau calque. Puis, faites disparaître les grues en haut de l'immeuble à l'aide du Tampon de duplication et de l'outil Pièce.

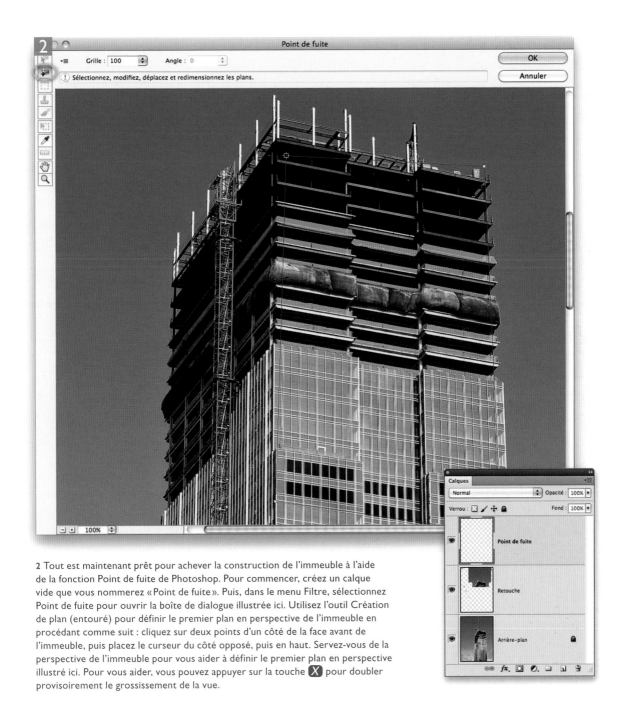

2 Tout est maintenant prêt pour achever la construction de l'immeuble à l'aide de la fonction Point de fuite de Photoshop. Pour commencer, créez un calque vide que vous nommerez «Point de fuite». Puis, dans le menu Filtre, sélectionnez Point de fuite pour ouvrir la boîte de dialogue illustrée ici. Utilisez l'outil Création de plan (entouré) pour définir le premier plan en perspective de l'immeuble en procédant comme suit : cliquez sur deux points d'un côté de la face avant de l'immeuble, puis placez le curseur du côté opposé, puis en haut. Servez-vous de la perspective de l'immeuble pour vous aider à définir le premier plan en perspective illustré ici. Pour vous aider, vous pouvez appuyer sur la touche **X** pour doubler provisoirement le grossissement de la vue.

3 Après avoir défini le premier plan en perspective, utilisez l'outil Modification du plan (entouré) pour peaufiner l'emplacement des poignées de redimensionnement du plan. En général, il est nécessaire de modifier les sommets du plan en fonction de la perspective ; c'est d'autant plus important que la définition du premier plan détermine la création des autres plans, qui sont définis par rapport au premier. Dans cette illustration, par exemple, j'ai maintenu la touche ⌘ *ctrl* enfoncée tout en faisant glisser la poignée centrale (entourée en rouge) et j'ai créé un nouveau plan à partir du premier. Quand on crée un plan comme décrit ici, il ne correspond pas toujours exactement à la perspective du second plan. Dans ce cas, on peut modifier les poignées d'angle. Toutefois, lorsque le second plan dépasse certaines limites, le contour du plan devient jaune, puis rouge, en guise d'avertissement.

4 Cette illustration montre la progression de la retouche effectuée à l'aide de la fonction Point de fuite. Ici, j'ai utilisé l'outil Rectangle de sélection du filtre pour sélectionner la façade de l'immeuble. J'ai fait glisser la souris en maintenant la touche ⌥ *alt* enfoncée pour déplacer une copie de la zone sélectionnée vers le haut de la façade (en respectant la perspective). Ensuite, j'ai sélectionné le Tampon en choisissant une forme aux bords durs, et après avoir Désactivé le mode Correction, j'ai dupliqué des parties de l'immeuble pour recouvrir le pied de la grue et les parties en construction. Le Tampon du Point de fuite fonctionne exactement comme son homologue dans Photoshop : il faut maintenir la touche ⌥ *alt* enfoncée pour échantillonner l'extrait à reproduire et un aperçu s'affiche alors.

5 La photo est presque terminée. Il ne reste plus qu'à peaufiner les contours extérieurs. Utilisez la Plume pour tracer le contour du haut de l'immeuble, puis utilisez le Tampon en copiant le ciel pour produire un contour bien net.

6 Voici la photo terminée. J'ai ouvert une dernière fois la photo avec le filtre Point de fuite pour nettoyer les jointures de quelques parties de l'immeuble. À cette fin, j'ai utilisé un petit Tampon en mode Correction désactivé.

Options de rendu

Les utilisateurs ont longtemps réclamé des aides au tracé d'angles dans Photoshop. Vous pouvez maintenant créer un nouveau calque, ouvrir le filtre Point de fuite et créer un plan en perspective avec l'outil Création de plan. Puis, dans le menu des options du Point de fuite (entouré à l'étape 2), choisissez Rendu des Grilles vers Photoshop. Les repères affichés dans l'aperçu sont tracés sur un calque vide. De même, l'option de Rendu des mesures procède de façon identique pour les mesures enregistrées.

Plans et mesures

Les étapes suivantes présentent l'utilisation du filtre Point de fuite pour modifier une photo en se basant sur des plans en perspective préalablement créés à l'aide de l'outil Création de plan. Si vous disposez de la version Photoshop Extended, vous pouvez réaliser une mesure de référence le long d'une droite de l'un des plans, puis effectuer d'autres mesures d'objets sur des plans associés. Ainsi, à l'étape 2, j'ai pris une mesure de référence basée sur la hauteur connue d'une pièce. Partant de là, j'ai pu évaluer les distances et les dimensions d'autres objets dans la pièce, comme la largeur de l'encadrement de la porte (voir l'étape 3). La précision des plans du Point de fuite et des mesures suivantes varie beaucoup en fonction du niveau de déformation géométrique de la photo originale. Toutefois, il est possible de corriger la déformation géométrique à l'aide du filtre Correction de l'objectif qui a été entièrement révisé dans Photoshop CS5. Mieux encore, si vous utilisez Camera Raw 6.1 ou une version ultérieure, vous pouvez réaliser ces corrections au cours de la phase de développement (voir pages 58-61).

1 Comme nous l'avons vu dans l'exemple précédent, l'outil Création de plan du filtre Point de fuite peut servir à définir les plans en perspective d'une photo, comme celle présentée ici. Dans cet exemple, j'ai maintenu la touche ⌘ ctrl enfoncée en faisant glisser la poignée centrale pour tracer de nouveaux plans en suivant la perspective du plafond, du sol et de l'autre mur.

2 L'outil Mesure du filtre Point de fuite est utile pour comparer les mesures d'un plan en perspective. Comme la hauteur de la pièce (du sol au plafond) est connue, on peut sélectionner l'outil Mesure pour tracer un segment de droite le long de l'axe vertical en indiquant une valeur de Longueur (2,5 m) qui correspond à la hauteur connue de la pièce.

3 Ensuite, on peut utiliser l'outil Mesure pour calculer d'autres mesures à partir decelles déjà relevées (comme la largeur de l'encadrement de la porte).

4 Une fois les plans en perspective définis, sélectionnez le Rectangle de sélection pour délimiter une zone et la dupliquer dans l'image en respectant la perspective.

5 Après avoir défini Luminance comme option de Correction, maintenez la touche [⌥] alt enfoncée, ainsi que la touche Shift, et déplacez la zone sélectionnée vers la droite. Lorsque les cadres et l'applique sont positionnés correctement, relâchez les touches pour placer la sélection dupliquée et cliquez sur OK pour valider les modifications effectuées dans le filtre Point de fuite.

6 De retour dans Photoshop, dessinez un masque pour le mur du fond, en excluant les appliques, les tableaux et les éléments au premier plan, puis chargez ce masque comme sélection.

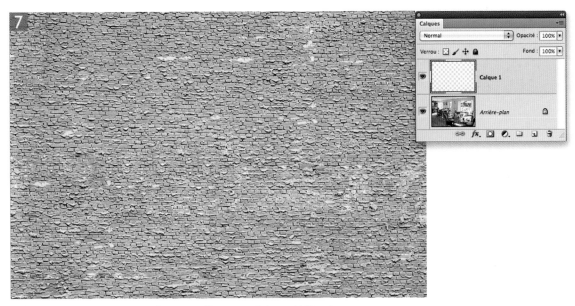

7 Ouvrez une image représentant la texture d'un mur en briques. Utilisez les raccourcis ⌘ A ctrl A pour tout sélectionner, puis ⌘ C ctrl C pour copier le contenu sélectionné. Ensuite, fermez cette image pour revenir à la photo de l'intérieur. Ajoutez un nouveau calque qui servira aux nouvelles corrections effectuées avec le filtre Point de fuite.

8 Ouvrez de nouveau le filtre Point de fuite et utilisez le raccourci ⌘ V ctrl V pour coller le mur en briques préalablement copié dans l'image. Faites glisser la sélection collée pour aligner le contenu sur les plans en perspective définis dans le filtre Point de fuite. Appuyez au besoin sur la touche T pour activer l'outil de Transformation et redimensionner la sélection collée.

9 Pour prolonger le mur, maintenez les touches ⌥ alt et Shift enfoncées et faites glisser plusieurs fois la sélection jusqu'à ce que la totalité du mur du fond soit recouverte de briques.

Photo : © Martin Evening

10 Pour créer la version finale illustrée ici, choisissez le mode de fusion Produit afin que la brique se fonde de manière plus réaliste dans le décor, et réduisez également l'Opacité du calque à 70 %.

Édition d'objets 3D

Si vous êtes un utilisateur de longue date de Photoshop, vous vous souvenez sans doute du plug-in de Photoshop intitulé « 3D Transform ». Il est apparu dans Photoshop 5 et permettait essentiellement de définir des objets (de préférence de forme cubique) et de les transformer en objets tridimensionnels. C'était un outil assez rudimentaire, mais à l'époque, il représentait déjà un gros progrès. Plus récemment, il est devenu possible de corriger des photos en perspective à l'aide du filtre Point de fuite. Mais savez-vous que les plans qui ont été définis dans le filtre peuvent être exportés en tant que calques 3D ?

Ce tutoriel explique l'utilisation du filtre Point de fuite pour préparer une image en tant qu'objet 3D avant de la placer dans une autre photo. La transformation en perspective appliquée ici est assez forte, mais en effectuant des ajustements minutieux à l'aide des éléments de contrôle 3D et en procédant à des retouches après la mise en place, on obtient des résultats assez convaincants.

1 Les étapes illustrées ici visent à placer la photo du meuble dans la pièce vide en résolvant le problème de la perspective qui est différente dans les deux clichés.

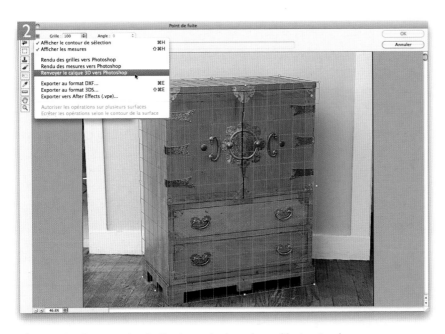

2 La première étape consiste à sélectionner la photo du meuble, à activer la commande Filtre>Point de fuite et à définir les trois plans en perspective. Ensuite, dans les options du filtre Point de fuite, sélectionnez Renvoyer le calque 3D vers Photoshop. Cliquez sur OK pour transformer les plans sélectionnés en calque 3D.

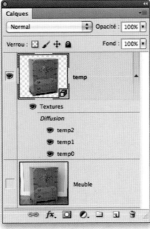

3 Le nouveau calque 3D a été ajouté à la pile de calques. Notez que les plans définis à l'étape précédente doivent avoir été suffisamment dimensionnés pour inclure la totalité du meuble. En outre, lorsque l'un des outils 3D, comme l'outil de rotation 3D, est sélectionné dans la barre d'outils, le système de coordonnées tridimensionnelles apparaît.

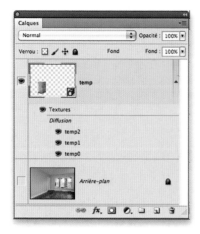

4 Sélectionnez l'outil de déplacement pour glisser-déplacer le calque 3D dans la photo de la pièce.

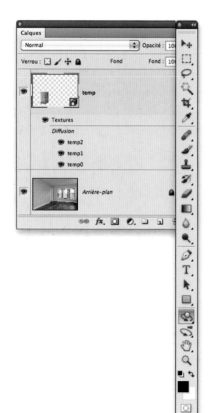

5 Il est maintenant possible de mettre en place le calque 3D du meuble. Commencez par vous servir de l'outil de déplacement pour positionner approximativement le meuble contre le mur, puis sélectionnez l'un des outils 3D dans la barre d'outils pour afficher le système de coordonnées 3D. En examinant ce dernier de près, vous identifierez une icône de loupe que vous pouvez faire glisser afin d'agrandir le système de coordonnées (comme illustré ici). Nous en arrivons au passage difficile de l'alignement de la perspective du meuble avec celle de la pièce. On peut utiliser les différents outils 3D pour sélectionner l'un des plans 3D et le manipuler. L'autre possibilité consiste à cliquer sur le système de coordonnées 3D pour modifier l'échelle, la rotation et le panoramique de chacun des trois plans.

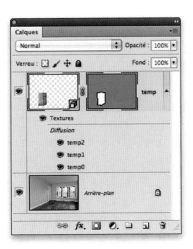

6 Le meuble a été positionné aussi précisément que possible contre le mur à l'aide des contrôles 3D. Une fois en place, je me suis servi du Crayon pour définir un tracé vectoriel sur le contour, puis j'ai cliqué sur le bouton Ajouter un masque vectoriel dans le panneau Masques pour convertir le tracé en masque.

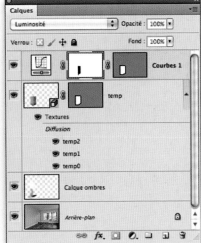

7 Dans cette version finale, j'ai fait quelques retouches pour rendre la mise en place du meuble plus réaliste. Pour commencer, j'ai ajouté un calque au-dessous du calque du meuble 3D, j'ai défini le mode de fusion Produit et j'ai peint avec des couleurs sombres pour créer une ombre au-dessous et derrière le meuble. Ensuite, j'ai ajouté un calque de réglage Courbes au-dessus du calque du meuble 3D afin d'assombrir le côté gauche du meuble. J'ai également utilisé le masque vectoriel créé à l'étape 6 pour limiter l'ajustement au calque du meuble et j'ai peint en noir sur le masque de fusion pixellisé pour empêcher le réglage Courbes de modifier la façade du meuble.

Photographe : Jeff Schewe

Chambre Sinar 20 × 25 avec film Ektachrome 100 ISO | Objectif 300 mm Fuji APO à f/45 | Torche Balcar | Scanner Epson V750

Chapitre 5

Tours de magie

Quelques retouches simples pour vos photos

Depuis que la retouche de photos existe (avec ou sans ordinateur), les photographes ont cherché à manipuler leurs œuvres. Même si Photoshop est un programme très complexe, ce chapitre vous montre quelques astuces de retouche aisées, qui n'exigent pas que vous soyez un retoucheur accompli. Les tutoriels présentés dans ce chapitre sont tous assez faciles à suivre et expliquent différentes manières de supprimer rapidement des éléments dans une photo, sans faire appel aux outils de retouche standards, comme le Tampon ou le Correcteur.

Suppression d'objets

Suppression d'objets au premier plan

Quoi de plus pénible qu'un panneau signalétique ou un poteau électrique qui se dresse au beau milieu d'un paysage magnifique ? Nous allons voir comment se débarrasser des objets gênants. Pour cela, vous devrez avoir pris plusieurs photos du sujet en vous déplaçant légèrement à gauche ou à droite entre chaque exposition. Il n'est pas nécessaire d'utiliser un trépied, essayez simplement de ne pas trop changer le cadrage du sujet en arrière-plan. Ensuite, dans Photoshop, il vous suffit de choisir les deux meilleures photos, c'est-à-dire celles qui présentent un décalage suffisant pour qu'à elles deux, elles permettent de reconstituer une vue dégagée du sujet principal derrière l'objet qui en obstrue partiellement la vue.

1 Voici deux photos montrant le même sujet, mais prises avec deux angles légèrement différents. Dans cet exemple, j'ai photographié le bas-relief depuis l'autre côté de la rue et je me suis écarté de quelques pas à droite pour prendre le second cliché. La vue de la frise est plus ou moins la même, mais ce léger décalage de l'appareil photo est suffisant pour déplacer les panneaux signalétiques dans les deux photos.

2 Ouvrez les deux photos illustrées à l'étape 1, et avec l'outil Déplacement, faites-en glisser une au-dessus de l'autre en tant que nouveau calque. Maintenez la touche **Shift** enfoncée pendant l'opération pour superposer précisément les deux photos.

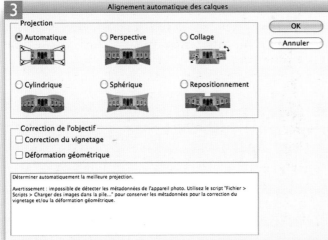

3 Pour aligner le contenu des photos, maintenez la touche **Shift** enfoncée en cliquant sur les deux calques pour les sélectionner et choisissez Édition> Alignement automatique des calques. La boîte de dialogue illustrée apparaît. Cliquez sur l'option Automatique pour aligner automatiquement les deux calques.

4 La retouche est assez simple. Pour l'étape finale, sélectionnez le calque supérieur et cliquez sur le bouton Ajouter un masque de fusion. Sélectionnez le Pinceau et choisissez du noir comme couleur de premier plan pour recouvrir le panneau signalétique. Cette technique fonctionne bien ici, car l'alignement automatique a réussi à caler correctement les deux calques.

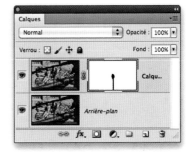

Technique du souffleur de feuilles

La nouvelle option de Contenu pris en compte peut se révéler utile dans bien des situations, comme celle illustrée ici. Les souffleurs de feuilles produisent de réelles nuisances auditives et leur utilisation est probablement interdite dans certaines parties de la Californie, mais leur homologue numérique constitue une excellente alternative, respectueuse de l'environnement, qui plus est.

1 Voici une photo de pelouse parsemée de pétales. Nous allons les supprimer rapidement, sans l'aide laborieuse du Tampon ni du Correcteur.

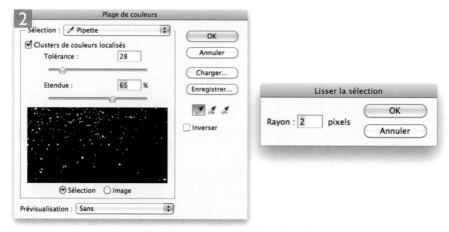

2 Dans le menu Sélection, choisissez Plage de couleurs. Utilisez la Pipette pour sélectionner toutes les couleurs des pétales, puis étendez la sélection à l'aide de l'outil Pipette Ajouter. Ajustez les curseurs de Tolérance et d'Étendue pour améliorer la sélection initiale, activez ensuite Sélection>Modifier>Lisser et saisissez la valeur de Rayon illustrée pour lisser la sélection.

3 Toujours dans le menu Sélection>Modifier, choisissez Dilater la sélection et saisissez une valeur de 1 pixel. Une valeur supérieure est parfois nécessaire, mais 1 pixel suffit ici.

4 Ensuite, masquez la sélection et appuyez sur la touche *Delete*. La boîte de dialogue Remplir apparaît. Conservez les réglages par défaut avec l'option Contenu pris en compte. Le remplissage tenant compte du contenu calcule un remplissage optimal pour la zone sélectionnée et produit le résultat affiché ici: tous les pétales disparaissent comme par enchantement.

Remplissage tenant compte du contenu

Dans Photoshop CS5, le remplissage tenant compte du contenu est une innovation majeure qui a de nombreuses applications, dont quelques-unes sont illustrées ici. Dans cet exemple, j'ai activé le mode Masque de façon à pouvoir utiliser le Pinceau pour peindre sur les zones à supprimer, comme si je marquais une épreuve pour signaler les parties à retoucher. La différence ici est qu'il est très facile de transformer ces passes de pinceau en sélection et d'activer l'option Contenu pris en compte afin de remplir automatiquement les zones sélectionnées. À l'étape 1, vous remarquerez que j'ai choisi du vert, au lieu du rouge comme couleur d'affichage du masque pour une meilleure visibilité par rapport à la roche rouge de la photo.

Remplissages multiples tenant compte du contenu

Il faut bien comprendre que le remplissage tenant compte du contenu fournit le plus souvent des résultats satisfaisants, car il calcule assez bien comment la zone sélectionnée doit être remplie. Il procède par échantillonnage des détails à l'extérieur de la zone sélectionnée et détermine automatiquement comment reproduire au mieux les données échantillonnées lors de la reconstruction de la zone située à l'intérieur de la sélection. Pour un processus automatisé, les résultats sont assez étonnants, mais il ne faut pas s'attendre à ce qu'ils soient parfaits à tous les coups. Je suppose qu'une partie du problème tient au fait que tous les auteurs, dont nous sommes, choisissent le type d'images adapté à la présentation du fonctionnement du mode Contenu pris en compte, et font des promesses difficiles à tenir. Nous avons constaté qu'il faut parfois « aider la nature » pour obtenir les résultats attendus. Il faut notamment vérifier que la zone à remplir est correctement sélectionnée et que les limites de la sélection ne présentent pas d'intersections avec des contours. Si le remplissage en mode Contenu pris en compte produit un résultat décevant au premier essai (ce qui arrive souvent), appliquez le remplissage une seconde fois, voire une troisième. Les résultats s'améliorent à chaque nouvelle passe. En outre, concentrez-vous sur les zones où le remplissage n'est pas parfait ; sélectionnez uniquement ces zones et appliquez à nouveau le remplissage aux nouvelles zones sélectionnées toujours avec le même mode.

1 Appuyez sur la touche **Q** pour passer en mode Masque et définissez les Options de masque illustrées. Sélectionnez le Pinceau et peignez sur les zones à remplir en mode Contenu pris en compte.

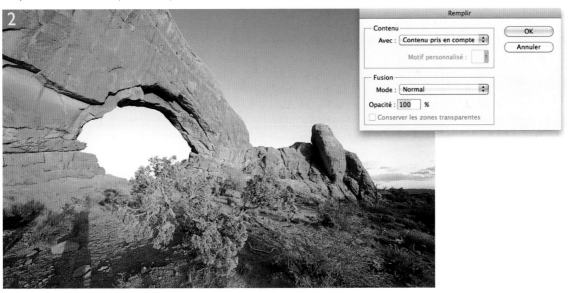

2 Appuyez à nouveau sur la touche **Q** pour repasser en mode Sélection et choisissez Sélection>Intervertir pour inverser la sélection. Ensuite, choisissez Affichage>Extras pour masquer la bordure de la sélection, et appuyez sur la touche *Delete* pour ouvrir la boîte de dialogue Remplir, l'option Contenu pris en compte étant automatiquement sélectionnée. Comme vous pouvez le constater, les zones masquées à l'étape 1 sont maintenant remplies avec les détails voisins de l'image.

Applications spécialisées

Certains utilisateurs trouveront la fonction de piles de rendu très utile. Les scientifiques peuvent s'en servir pour détecter les petites différences entre les images. En médecine légale, certains types de piles de rendu peuvent servir à amplifier des changements infimes dans une série d'images, tandis qu'en astronomie, le rendu Médiane peut éliminer le bruit présent sur les photos individuelles. Certains utilisateurs aimeraient que la méthode de rendu Médiane soit également disponible dans la version standard de Photoshop, mais pour l'instant, cette technique est uniquement accessible aux utilisateurs de la version Extended de Photoshop CS3 et aux suivantes.

Fusion de calques pour éliminer des touristes

Les piles de rendu s'appuient sur des formules pour déterminer la manière dont des images multicalques sont fondues les unes dans les autres. En résumé, la méthode d'application est la suivante : on ouvre une image multicalque, on sélectionne deux calques ou davantage que l'on convertit en un objet dynamique auquel on applique un mode d'empilement. À l'origine, cette fonction a été conçue comme un outil d'analyse dans les domaines de la médecine légale, de l'imagerie médicale et de la photographie astronomique (voir note ci-contre). C'est en raison de ces applications assez spécialisées que, jusqu'ici, la fonction des piles de rendu a été limitée à la version Extended de Photoshop, ce qui est dommage car le mode d'empilement Médiane peut également être appliqué à des tâches créatives comme la suppression de touristes dans une scène très animée (c'est encore un moyen efficace pour réduire le bruit dans une série de clichés pris avec l'appareil tenu à la main, comme nous le verrons au chapitre 8).

Rendu Médiane

De toutes les méthodes de rendu pouvant être appliquées à la série de calques d'un objet dynamique, le rendu Médiane est probablement le plus intéressant. Il analyse tous les pixels d'une pile d'images et sélectionne la valeur la plus répandue sur tous les calques en un point donné. Un rendu Médiane peut donc être utilisé pour lisser les différences constatées entre les différentes expositions d'une pile et il se montre particulièrement efficace pour le traitement d'une série de photos prises sous le même angle. Comme nous allons le voir, cette technique permet d'effacer des personnes qui se déplacent dans la scène capturée par l'appareil photo. La technique suivante se prête donc plus particulièrement aux photos prises avec un trépied. Cela dit, le jour où nous avons pris ces photos, un jeune photographe est venu nous voir et nous lui avons expliqué la technique. Un peu plus tard, il nous a envoyé le résultat qu'il avait obtenu avec une demi-douzaine de clichés pris en tenant son appareil à la main et sur une très courte période. La photo était plutôt réussie pour une première expérience. Cette technique peut donc fonctionner avec un appareil tenu à la main, mais pour de meilleurs résultats, nous vous conseillons d'utiliser un trépied.

1 Vous pouvez voir ici un échantillon de photos de la sculpture «Cloud Gate» (Porte des nuages), surnommée le «Bean» (Haricot) par les habitants de Chicago. Nous avons pris ces photos en début d'après-midi, sur une période d'une heure, à un moment de forte affluence. Comme les curieux se massaient surtout sous la sculpture, Jeff et moi, à tour de rôle, avons pris plus d'une centaine de photos afin d'être sûrs d'en avoir suffisamment pour permettre à une pile de rendu Médiane de supprimer toutes les personnes présentes dans la scène.

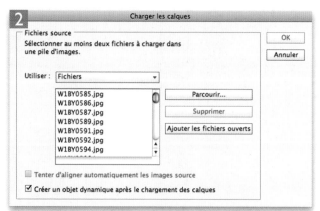

Figure 5.1 La technique de pile de rendu Médiane fonctionne bien si, comme nous, vous utilisez un trépied et un déclencheur souple.

2 La première étape du traitement dans Photoshop consiste à activer le Chargement des fichiers dans une pile dans le menu Fichier>Scripts. La boîte de dialogue illustrée ici apparaît. Cliquez sur le bouton Parcourir et sélectionnez le dossier contenant toutes les photos que vous voulez empiler. Cochez également l'option Créer un objet dynamique après le chargement des calques (même si la conversion peut être faite ultérieurement dans Photoshop). Si les photos sont prises en tenant l'appareil à la main, cochez également l'option Tenter d'aligner automatiquement les images source. Dans cet exemple, elles ont toutes été prises avec un trépied (voir la figure 5.1), il n'est donc pas nécessaire de cocher l'option. Cliquez sur OK pour lancer le chargement des calques.

3 L'ouverture de toutes les images, leur ajout en tant que calques et la création d'un objet dynamique peut prendre un certain temps. 128 images ont été ajoutées ici, et comme vous pouvez vous y attendre, le délai nécessaire à l'exécution de toutes ces opérations dépend de la taille des photos et de leur quantité. Vous obtenez ainsi un nouveau document composé d'un calque d'objet dynamique qui contient tous les documents regroupés en tant que calques. Quand vous double-cliquez sur le calque de l'objet dynamique, vous pouvez d'ailleurs voir tous les calques qui y sont réunis.

4 Passons maintenant aux choses sérieuses. Vérifiez tout d'abord que l'objet dynamique (illustré à l'étape 3) est fermé, de façon à ce que le panneau Calques ait la même apparence qu'ici, montrant un seul calque d'objet dynamique. Dans le menu Calque, nous avons choisi Objets dynamiques>Mode d'empilement>Médiane. Le rendu de la pile prend encore un peu de temps, mais une fois terminé, on constate que le rendu Médiane a réussi à faire disparaître la majorité des gens présents sur la photo fusionnée.

5 Même si la pile de rendu Médiane parvient à supprimer les gens de la scène, elle élimine également tous les nuages dans le ciel. Nous avons sélectionné l'une des photos originales qui contenait des nuages intéressants, nous l'avons ajoutée en tant que nouveau calque, puis nous avons appliqué un dégradé linéaire au masque de fusion pour remplacer la moitié supérieure de la photo.

Correction d'une coiffure sur un fond à motifs

Voici un défi intéressant auquel j'ai été confronté récemment. J'ai photographié le modèle que vous voyez ici pour une campagne publicitaire, le client m'ayant expressément demandé que la peau et les ongles soient parfaits. Après avoir vu le travail de retouche initial, le client m'a également demandé d'éliminer les cheveux épars sur le contour de la chevelure. De prime abord, cela semblait impossible à réaliser. En effet, il est impossible de se servir du Tampon ou du Correcteur pour éliminer des cheveux sur un fond quand il s'agit d'un papier peint à motifs. Pourtant, la solution n'est pas aussi compliquée qu'il y paraît !

I J'ai déjà retouché la peau, les yeux et les ongles, mais le client aimerait que la coiffure du modèle soit plus soignée. Comme vous pouvez le constater, des cheveux épars sont visibles devant le papier peint.

2 Dans l'espoir de trouver la solution, j'ai ouvert Bridge pour vérifier les autres photos que j'avais prises ce jour-là. Heureusement, je ne m'étais pas débarrassé des clichés tests pris au début de la séance et j'ai trouvé une photo du papier peint. La morale de cette histoire est que l'on ne sait jamais quand on peut avoir besoin d'une photo particulière ; il est donc recommandé de toujours tout garder.

3 J'ai ouvert les deux images préalablement sélectionnées dans Bridge et j'ai fait glisser celle du papier peint sur la photo du modèle pour l'ajouter en tant que nouveau calque.

Mode de fusion Différence

Comme vous pouvez le constater ici, le mode de fusion Différence est sans égal quand il s'agit de positionner les calques en alignant leur contenu. Ce mode peut également servir dans des analyses, pour révéler des différences infimes dans le traitement d'une image. Vous pouvez notamment vous servir de cette technique pour comparer les résultats obtenus avec les différents niveaux de compression JPEG.

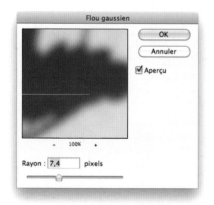

4 Ensuite, il faut aligner le calque d'arrière-plan avec l'image principale sous-jacente. J'ai défini le mode de fusion du calque papier peint sur Différence pour l'aligner plus facilement (voir note ci-contre) à l'aide de l'outil Déplacement.

5 À l'étape 4, j'ai réussi à caler approximativement les deux calques. Toutefois, dans la photo du modèle, le papier peint est flou, tandis que le motif du Calque 1 (papier peint seul) est net. Pour que les deux calques correspondent, j'ai conservé le calque du papier peint en mode Différence et j'ai appliqué un filtre de Flou gaussien jusqu'à ce que le mode de fusion Différence montre que les deux calques se superposent parfaitement.

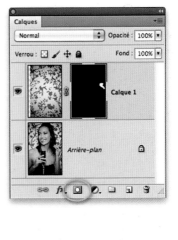

6 J'ai réactivé le mode de fusion Normal pour le calque du papier peint, puis j'ai cliqué sur le bouton Ajouter un masque de fusion (entouré) en maintenant la touche ⌥ *alt* enfoncée afin de créer un masque de fusion rempli en noir dans le panneau Calques. Ensuite, j'ai peint en blanc avec un Pinceau aux bords durs sur le masque de fusion. Cela m'a permis de peindre sur le calque du papier peint pour y éliminer les cheveux égarés.

7 Voici une vue grossie du contour de la chevelure sur la version finale. Si je n'avais pas pris de photo du fond, j'aurais pu prélever des échantillons des détails du fond dans d'autres photos réalisées au cours de la même séance. Mais dans cet exemple, ma tâche a été grandement simplifiée du fait que je disposais de la photo test du fond.

Coloration des racines

En tant que photographe de beauté spécialisé en coiffure, on me demande souvent d'éclaircir les racines des cheveux du modèle de façon à en uniformiser la couleur. Voici une méthode assez simple, en deux étapes, qui peut servir à éclaircir des racines.

Cette technique consiste essentiellement à ajouter deux calques vierges, l'un en mode de fusion Lumière tamisée et l'autre en mode de fusion Couleur. Ensuite, en peignant sur le calque Lumière tamisée, je peux ajouter progressivement de la lumière d'appoint aux zones sombres des cheveux. En peignant sur le calque Couleur, je peux coloriser les cheveux afin d'en uniformiser la teinte. Quand je peins avec le Pinceau, je maintiens simultanément la touche ⎇ alt enfoncée pour activer le mode Pipette et échantillonner une nouvelle couleur de cheveux plus claire dans l'image : je m'en sers comme couleur d'arrière-plan pour la peinture. Ici, l'astuce consiste à utiliser un Pinceau aux bords doux, avec une faible Opacité, et à rééchantillonner de nouvelles couleurs au fil de la retouche. Le mode Lumière tamisée parvient bien à éclaircir les cheveux, mais on peut également utiliser le mode de fusion Incrustation pour la retouche de photos de coiffure.

1 Pour camoufler les racines visibles sur cette photo, ajoutez un nouveau calque vide défini en mode de fusion Lumière tamisée et placez ce calque à l'intérieur d'un groupe de calques.

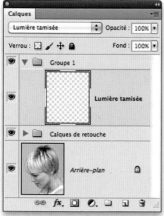

2 Sélectionnez le Pinceau et maintenez la touche alt enfoncée pour échantillonner une couleur dans la zone de cheveux clairs, puis peignez délicatement sur les zones sombres, là où les racines sont visibles. Cette étape colorise les cheveux, tout en éclaircissant les zones foncées, mais sans détruire les détails dans les tons foncés. L'opération est identique à un débouchage des ombres.

3 Ajoutez un nouveau calque dans le groupe de calques et définissez son mode de fusion sur Couleur. Ensuite, servez-vous du Pinceau pour échantillonner davantage de couleurs (en maintenant la touche alt enfoncée) et peindre sur le calque qui est en mode Couleur. Au moment de créer ce calque et celui qui est en mode Lumière tamisée, il peut être utile de faire appel à la Gomme (au lieu d'un masque de fusion) afin de supprimer de la peinture sur ces deux calques. L'activation successive du Pinceau et de la Gomme permet de travailler assez rapidement.

Photo : © Martin Evening

Historique de l'Historique
Mark Hamburg a introduit dans Photoshop 5 la fonction Historique qui devait proposer des annulations multiples dans le programme. L'informaticien s'est inspiré d'une démonstration que j'avais faite de «Globe Hands». Il a déposé un brevet en son nom et a été nommé «Silicon Valley Software Inventor of the Year» (en 1999). En échange, j'ai eu droit à une fonction spécialement conçue pour moi. C'était équitable!

Peindre avec l'Historique

Autre méthode de composition

Winston Churchill a dit : « Un peuple qui oublie son passé se condamne à le revivre. » Cette citation peut être adaptée à l'environnement de Photoshop : quand on oublie l'Historique, on est condamné à utiliser des calques. L'Historique de Photoshop est un outil puissant, mais sous-employé, qui est en mesure de modifier radicalement les habitudes de retouche des images numériques.

La photo «Globe Hands», réalisée en 1994 avec la version 2.5 de Photoshop – bien avant l'introduction des calques dans le programme –, est la preuve que des effets radicaux peuvent être obtenus avec l'Historique. La méthode de travail est très différente, mais il est impossible de parvenir aux mêmes résultats avec des calques. Se familiariser avec le mode d'emploi de l'Historique exige un peu de connaissances théoriques et pratiques, mais une fois les principes acquis, ils peuvent être mis en œuvre dans des situations variées.

La photo «Globe Hands» (**figure 5.3**) est un composite réalisé à partir de deux plans-films 4 × 5 pouces numérisés (**figure 5.2**), enrichi de retouches substantielles visant à appliquer le globe sur les mains. Mais avant d'en venir aux aspects techniques, je tiens à préciser que cette image a été réalisée à une époque où la mémoire vive des ordinateurs se comptait en mégaoctets, et non en gigaoctets. À cause des limites auxquelles les ordinateurs étaient soumis, j'employais une méthode qui consistait à sélectionner une plus petite portion de l'image et je la découpais pour effectuer l'essentiel du travail. Je remplaçais uniquement cette sous-section quand les retouches étaient terminées.

Figure 5.2 Numérisation originale des mains, du globe et le calque retouché du globe

Figure 5.3 Image finale après montage, retouches, ajustements des tons et des couleurs, et ajout d'une bordure aux bords irréguliers

Souvenirs de la belle époque

Autrefois, le principal facteur déterminant pour la vitesse de traitement de Photoshop était l'accès à la RAM. Dans sa version 64 bits, Photoshop CS5 a accès à toutes les ressources gérées par la carte mère. Quand j'ai débuté avec Photoshop, il fallait se battre pour utiliser 64 Mo de RAM, et le développement de techniques pour réduire la taille des images ouvertes dans Photoshop était nécessaire.

Découpage d'une image

Photoshop comportait autrefois un module complémentaire intitulé « Quick Edit » qui permettait de n'ouvrir qu'une sous-partie d'une image, puis d'enregistrer la sous-image manipulée dans le fichier complet de l'image. Nous allons voir ici une méthode manuelle permettant d'effectuer le même type d'opération, en profitant au passage de quelques avantages. Notez qu'il faut de l'entraînement et une grande minutie pour placer tous les éléments. Mais cette technique présente toujours un intérêt.

La première étape consiste à choisir l'extrait de l'image qui sera utilisé comme sous-section d'image. Tracez un rectangle de sélection (étape 1), puis convertissez-le en tracé. Pensez à mémoriser le tracé dans l'image complète avant de continuer. Pour l'image des Globe Hands, le tracé Détail centre sera récupéré en tant que sélection avant son détourage, puis on enregistrera le fichier détouré en tant que Détail centre (étape 2). Ce nouveau fichier sera ensuite utilisé pour la transformation et la peinture avec un instantané.

Transformation d'image

Avant de commencer la peinture avec l'instantané, j'ai modifié la forme des deux mains (voir les étapes 3 et 4). Même si les modèles avaient placé leurs mains autour d'une balle, la forme des mains n'était pas assez ronde. Pour y remédier, j'ai utilisé le filtre Fluidité.

Après avoir copié l'arrière-plan sur un nouveau calque et l'avoir renommé, j'ai créé un nouveau calque nommé « circle » qui avait les dimensions et la forme que devaient avoir les mains (étape 2). J'ai transformé les mains avec le filtre Fluidité en laissant le calque du cercle visible afin de m'y référer, comme vous pouvez le voir à l'étape 3. L'option Afficher le fond était activée afin que le calque du cercle soit visible.

À l'aide de l'outil de Transformation illustré à l'étape 4, j'ai doucement poussé des parties dans un sens ou dans l'autre pour arrondir la forme. J'ai réduit la Pression de l'outil à 24 et j'ai défini sa Densité sur 100 car la transformation exigeait une grande précision. Les mains ne devaient pas nécessairement être parfaitement rondes – cela n'aurait pas été du meilleur effet. L'objectif était de les arrondir davantage sans qu'elles donnent l'impression d'avoir été retouchées. C'est l'un des secrets de la manipulation d'image : faire en sorte que le résultat final soit naturel !

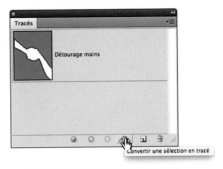

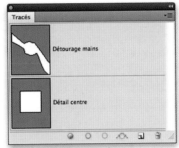

I Un rectangle de sélection a été tracé au centre de l'image de gauche pour définir la zone qui sera utilisée dans la principale manipulation de l'image. Dans le panneau Tracés, cliquez sur le bouton Convertir une sélection en tracé. Il est conseillé d'attribuer des noms cohérents et explicites aux tracés afin de se souvenir de leur rôle.

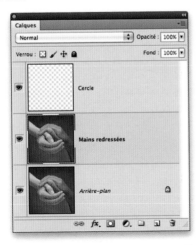

2 Après avoir enregistré l'image recadrée, nommez-la «HAND detail»; dupliquez le calque d'Arrière-plan et renommez-le «Mains redressées». Le nom n'a pas vraiment d'importance, mais mieux vaut qu'il soit clair afin de savoir à quoi il correspond, surtout quand il apparaît dans des listes déroulantes (comme celles du filtre Fluidité).

3 Choisissez Fluidité dans le menu Filtre et activez le calque Cercle de façon à pouvoir vous y référer pour la déformation des mains.

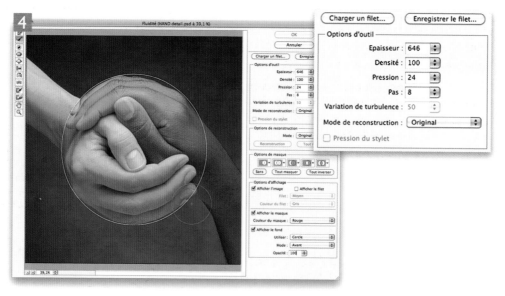

4 Le reste de la transformation est effectué à l'aide de pinceaux de différentes tailles pour arrondir la forme des mains. Une déformation réussie dans le filtre Fluidité repose sur le choix d'une image ayant une définition suffisamment élevée et sur la modération des corrections. Ici, la quantité de transformation est suffisante pour arrondir les mains en forme de globe.

Bases de l'Historique

Avant d'utiliser l'Historique comme outil créatif, vous devez connaître ses principes fondamentaux et le rôle des différentes options. Dans cet exemple précis, un peu de travail préparatoire a aussi été nécessaire avant de peindre avec l'instantané. Pour commencer, il faut bien comprendre qu'il y a une relation entre les calques et leur utilisation dans les instantanés. Pour l'image finale des Globe Hands, j'ai préparé l'image HAND detail pour placer les calques avant de prendre les instantanés (**figure 5.4**).

Commençons par examiner les différentes options réunies dans les Options d'historique ; elles jouent un rôle important dans l'utilisation efficace de l'Historique. Sélectionnez la commande Options d'historique dans le menu du panneau (**figure 5.5**).

La commande Accepter un historique non linéaire permet de remonter dans le temps en utilisant un événement de l'Historique sans effacer des opérations qui ont été appliquées par la suite (**figure 5.6**). Cela revient à remonter dans le temps pour tuer l'un de vos ancêtres, sans cesser d'exister pour autant. Si vous ne comprenez pas ce principe, ne cochez pas l'option (pour ma part, j'aime bien l'utiliser et je vous la conseille). L'option suivante prévoit que si vous cliquez sur le bouton de création d'un nouvel instantané, la boîte de dialogue Nouvel instantané apparaît (ce qui est primordial).

Vous pouvez choisir de créer un nouvel instantané au moment de l'enregistrement (ce qui n'est pas indispensable). Cette option crée un instantané du document complet lors de l'enregistrement. La dernière option, Rendre les modifications de visibilité des calques permanentes, est source de confusion, donc je ne l'utilise pas.

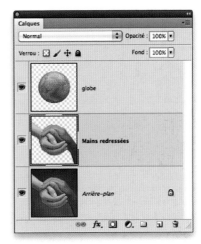

Figure 5.4 L'image HANDS detail (qui est une sous-partie de l'image principale) compte trois calques : l'image d'Arrière-plan des mains transformées, les mains détourées sur un nouveau calque et le calque du globe redimensionné et repositionné en vue de sa mise en place.

Figure 5.5 Dans le panneau Historique, j'ai sélectionné la commande Options d'historique qui affiche une boîte de dialogue contenant diverses options.

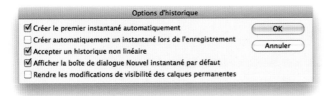

Figure 5.6 Par défaut, l'option de création automatique du premier instantané est activée. Je vous conseille de cocher les autres options affichées ici. La création d'un instantané au moment de l'enregistrement ne me paraît pas utile – comme j'enregistre souvent, le panneau Historique serait vite encombré. Je ne conserve pas non plus de trace de la visibilité des calques. Cela complique l'Historique et oblige à activer un calque pour voir ce qui précède et ce qui suit dans l'Historique.

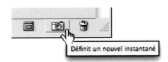

Figure 5.7 À moins de cocher l'option Afficher la boîte de dialogue Nouvel instantané par défaut, un clic sur ce bouton crée simplement un nouvel instantané de la totalité du document, ce qui ne nous sert à rien.

Figure 5.8 Si tout a été fait correctement, on devrait trouver un instantané nommé «Globe» qui contient tous les calques fusionnés en tant que calque unique, ainsi qu'un instantané distinct, nommé «Mains», qui représente uniquement les mains détourées sur un calque. L'instantané qui sera utilisé pour une fonction quelconque de l'Historique est sélectionné par un clic dans la colonne des instantanés actifs. Ici, l'instantané Globe a été défini comme source de l'Historique (entouré) et sera utilisé pour le remplissage et la peinture depuis l'Historique.

Instantanés

Afin de pouvoir utiliser des instantanés, vous devez d'abord en créer et être certain de leur contenu. Tous les instantanés ne se valent pas et ils ne peuvent pas non plus être utilisés indistinctement pour peindre. Il en existe trois types : Document entier, Calques fusionnés et Calque sélectionné. J'utiliserai uniquement les instantanés de types Calques fusionnés et Calque sélectionné. Ils ne fonctionnent pas de la même manière et produisent des résultats très différents. Avec l'option Calque sélectionné (**figure 5.9**), seul le calque actuellement sélectionné dans Photoshop est conservé. Ce mode est pratique pour les remplissages ou la peinture avec l'Historique car il est possible de revenir à l'état qu'avait le calque au moment de la création de l'instantané.

Le type d'instantané Calques fusionnés (**figure 5.10**) est surtout utile à des fins créatives ; c'est la seule option qui permette de peindre ou d'appliquer des remplissages depuis différents calques. Vous noterez qu'à la **figure 5.4**, les trois calques sont visibles. Dans cet exemple, un instantané Calques fusionnés sert à reprendre les informations d'image du calque du globe afin de les fusionner avec le calque des mains transformées. Ceux qui n'ont encore jamais utilisé cette option d'instantané pourront découvrir une fonction importante qui consiste à fusionner le résultat obtenu par la fusion de plusieurs calques avec le calque sélectionné à l'aide de l'Historique.

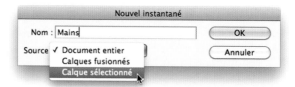

Figure 5.9 Pour l'instantané Mains, je devais m'assurer que le calque des mains transformées était bien le calque sélectionné. Cet instantané représente les mains avant une quelconque fusion.

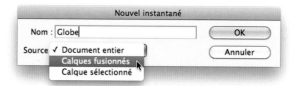

Figure 5.10 Pour l'instantané Globe, j'ai créé l'instantané avec l'option Calques fusionnés. Le calque actif n'avait pas d'importance car tous les calques visibles sont inclus dans cet instantané.

Couches

Je n'épiloguerai pas sur la manière dont j'ai effectué les sélections pour les transformer en couches. La **figure 5.11** montre le panneau Couches et les diverses couches créées avant de commencer la peinture avec un instantané. Comme j'avais évidemment besoin d'une surface à remplir, j'ai créé la couche Collage globe à cette fin. Il me fallait aussi traiter différemment les tons clairs et les tons foncés des mains.

La couche Collage globe a été obtenue en combinant la couche Détourage mains avec une sélection circulaire. Les couches Mains hautes lumières et Mains ombres sont le résultat de sélections de type Plage de couleurs sur le calque des mains. La sélection Doigts détails a été produite en traçant le contour des doigts avec la Plume, puis en inversant la couche obtenue après avoir récupéré le tracé comme sélection.

La technique de peinture avec un instantané est différente en ce sens qu'on ne se sert pas d'un masque de fusion, mais d'une sélection pour délimiter la zone dans laquelle est fusionnée la peinture. Par conséquent, il est primordial de préparer minutieusement les sélections avant de commencer la fusion. En revanche, la peinture avec un instantané est très tolérante car il est toujours possible de revenir au point de départ en utilisant simplement les instantanés préparés. La définition précise de la zone dans laquelle le remplissage ou la peinture est appliquée s'effectue au moyen de masques.

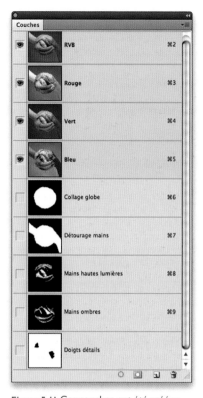

Figure 5.11 Ces couches ont été créées à l'aide de différentes techniques. Les couches Collage globe et Détourage mains ont été obtenues par des tracés. Les couches Mains hautes lumières et Mains ombres ont été réalisées grâce à la fonction Plage de couleurs. La couche Doigts détails a également été produite avec des tracés qui ont ensuite été inversés.

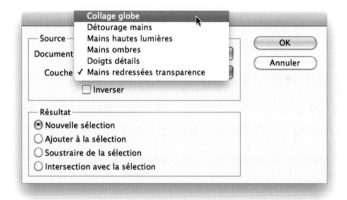

Figure 5.12 Ici, j'ai utilisé la boîte de dialogue Récupérer la sélection. En général, je clique simplement sur l'icône de la couche en maintenant la touche ⌘ *ctrl* enfoncée pour récupérer la sélection. Dans cette figure, j'ai récupéré la couche principale (Collage globe) comme sélection. C'est la sélection active pour les premières étapes de la peinture avec un instantané.

Liste déroulante de choix du Contenu

Liste déroulante du Mode de fusion

Figure 5.13 Les commandes Remplir sont définies de façon à utiliser l'Historique comme contenu ainsi que divers modes de fusion.

Fusion

Si vous n'avez jamais employé cette technique, elle peut vous paraître compliquée de prime abord. Mais n'ayez crainte, ce n'est pas si difficile une fois que l'on a compris les fonctions des instantanés et le mode d'emploi de l'Historique. Il est important de se rappeler qu'à partir du moment où les instantanés des calques sélectionnés et fusionnés ont été correctement préparés, vous pouvez les fusionner interactivement pour obtenir les résultats souhaités. Vous ne risquez pas non plus de commettre d'erreurs irréparables, car vous pouvez toujours recommencer en utilisant l'instantané de l'Historique qui permet de revenir en arrière.

Au départ, le calque sélectionné est celui des mains transformées et le calque du globe n'est pas visible. Il a joué son rôle lorsque l'instantané Calques fusionnés a été créé, mais mieux vaut le conserver au cas où vous ayez besoin de refaire un instantané. Dans un premier temps, nous utiliserons la commande Remplir du menu Édition, même si le raccourci clavier *Shift* *F5* permet d'accéder directement à la commande Remplir. Une fois les divers remplissages effectués, nous commencerons à peindre avec la forme d'Historique.

Il est crucial de s'assurer que l'option Historique est bien définie dans la liste déroulante Contenu de la boîte de dialogue Remplir, comme illustré à la **figure 5.13**. Toute l'opération de fusion sera effectuée avec cette option activée ou à l'aide de la forme d'historique quand il s'agit d'effectuer le travail de peinture.

Rappelez-vous également que divers modes de fusion (**figure 5.13**) seront utilisés pour parvenir au résultat final. Les modes essentiels sont Couleur, Produit, Superposition, Incrustation et Luminosité. Le mode Normal sert à revenir à un état antérieur. Les modes Produit, Superposition et Incrustation sont les plus couramment employés à des fins créatives. Le mode Produit ajoute des informations aux données d'image existantes en effectuant un assombrissement basé sur le contenu du remplissage. Le mode Superposition éclaircit l'image en déduisant le contenu du remplissage. Le mode Incrustation est un hybride des deux précédents dans la mesure où il éclaircit le contenu du remplissage au-delà de la valeur de niveau 127 et l'éclaircit en deçà. Par conséquent, il éclaircit les tons clairs et assombrit les tons foncés.

Notez également que les valeurs d'Opacité sont toujours assez faibles et qu'elles ne sont jamais de 100 %. La fusion doit être subtile. Je préfère procéder progressivement pour créer l'effet recherché plutôt que de risquer d'en faire trop et de devoir faire marche arrière.

1 La sélection étant active, utilisez la commande Remplir avec le mode de fusion Couleur. Choisissez une Opacité de 50 %.

2 Voici l'image après l'application du remplissage fusionné en mode Couleur. Ensuite, utilisez le mode de fusion Produit avec une Opacité de 33 %. La détermination du facteur d'opacité n'est pas une science exacte. La fusion est surtout une question d'appréciation (donc d'expérience). Gardez en tête que vous pouvez annuler plusieurs opérations (ce qui est le rôle principal de la fonction d'Historique) et que vous pouvez toujours recommencer la fusion à partir de l'autre instantané.

3 Suite à l'application du mode Produit, toute la surface du calque Collage globe s'est assombrie (comme on s'y attendait). Pour récupérer la luminosité, utilisez le mode de fusion Incrustation qui éclaircit au-dessus de la valeur de niveau 127 et multiplie en deçà. Il en résulte un éclaircissement des tons clairs et un obscurcissement des tons foncés.

4 À ce stade, la couleur et la texture se rapprochent de l'effet recherché, mais la luminosité a continué à diminuer. Pour récupérer la luminosité originale, définissez l'instantané Mains comme source de l'Historique et remplissez la sélection en mode Luminosité avec une Opacité de 33 %.

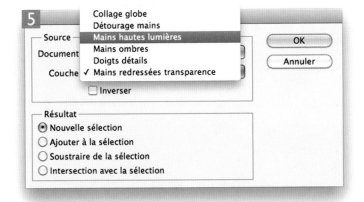

5 Une fois le remplissage effectué depuis l'instantané Mains, l'instantané Globe est à nouveau défini comme source d'Historique.

6 Après avoir récupéré la couche Mains hautes lumières comme sélection, remplissez la sélection avec l'instantané Globe en mode Superposition (pour éclaircir), à nouveau avec une Opacité de 33 %.

7 Ensuite, récupérez la couche Mains ombres comme sélection et définissez le mode de fusion Produit pour assombrir les zones sombres par un remplissage depuis l'instantané Globe.

8 L'apparence globale commence à être finalisée, mais une zone située au niveau des deux poignets nécessite une retouche. Avant de vous intéresser à ces zones, il est temps d'immortaliser l'état actuel de l'image en créant un autre instantané du Calque sélectionné, ce qui en ajoute un quatrième dans le panneau Historique. Cet instantané servira à refusionner l'état courant au cas où la prochaine étape supprime trop de détails.

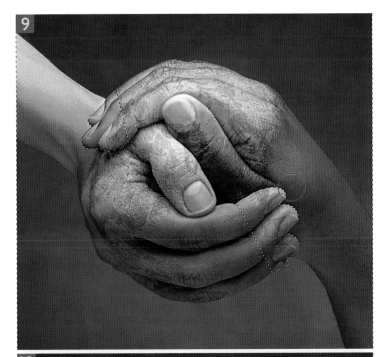

9 Travaillons au pinceau. Récupérez la sélection Doigts détail et activez le pinceau Forme d'historique en mode de fusion Normal avec une Opacité de 25 %. Pour retrouver la couleur et la fusion initiales de la peau sur le contour extérieur de la fusion du Globe, l'instantané Mains a été défini source de l'Historique. La sélection Doigts détail autorise donc uniquement la peinture avec l'instantané dans les zones situées à distance des doigts.

10 Sélectionnez l'instantané Combo comme source d'historique et repassez sur les zones qui ont été trop remplies depuis l'instantané Mains. La nature interactive de la peinture avec un instantané permet de passer d'un état de fusion à un autre en utilisant différents instantanés comme source. Une fois l'apparence générale de l'image est convenable, la dernière étape consiste à grossir la vue pour faire quelques retouches précises visant à renforcer le contraste et les détails de l'image.

11 Dans les étapes finales, il n'est pas rare de passer d'un instantané à l'autre et de fusionner le résultat final de la couleur et de la texture. Si l'on sélectionne l'instantané Mains, la zone se rapproche davantage de l'instantané Mains, tandis que le contenu de l'instantané Globe fait ressortir davantage le globe dans l'image. Si les deux résultats ne nous conviennent pas, vous pouvez retourner au stade de l'image auquel l'instantané Combo a été créé. Dans les deux dernières figures, vous voyez la progression de l'extraction des détails fins. Nous tenons à vous mettre en garde contre le fait que ce procédé peut devenir obsessionnel. Il faut aussi savoir s'arrêter.

Touches finales

Comme vous avez pu le constater dans les étapes précédentes, cette technique n'est pas faite pour les cœurs tendres. Toutefois, le potentiel créatif est trop important pour être ignoré. L'Historique et les instantanés ont aussi leurs limites ; par exemple, ils existent uniquement tant que l'image est ouverte dans Photoshop. Dès que vous enregistrez et fermez l'image, toutes les étapes de l'Historique et tous les instantanés disparaissent. Vous pouvez les reproduire au besoin (tant que les éléments requis sont enregistrés sur des calques). Il est également possible d'enregistrer les instantanés sous forme de fichiers d'images distincts qui peuvent être rouverts et ajoutés dans le fichier final en tant que calques provisoires afin de reconstituer les instantanés au besoin. L'étape finale de l'image HAND detail consiste à récupérer le résultat dans l'image principale.

12 Après l'enregistrement de l'image HAND detail, l'image entière originale est rouverte et le tracé Détail centre est récupéré en tant que sélection (⌘ *ctrl* + clic pour récupérer le tracé en tant que sélection). L'image HAND detail finale est aplatie (et fermée sans enregistrer pour conserver le fichier de l'image multicalque) puis, la sélection étant active, choisissez Édition>Copier et collez le contenu du Presse-papiers dans la sélection. Le comportement par défaut de Photoshop place l'extrait collé au centre de la sélection active. Tant que le contenu collé et la sélection sont de mêmes dimensions, ils s'assemblent parfaitement.

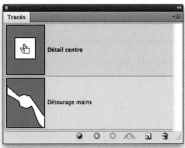

13 Le collage dans l'image HAND detail aboutit à une correspondance exacte au pixel près. D'ultimes réglages d'image viennent alors doper globalement les couleurs et le contraste et ajoutent le cadre aux contours irréguliers. Le résultat final donne l'impression que le globe a été peint sur les mains.

Le régime Photoshop

Vous avez sans doute déjà entendu dire que l'appareil photo ajoutait cinq kilos ? Eh bien, Photoshop permet de maigrir facilement (sans même faire de régime).

1 La première étape est si facile que vous vous en voudrez de ne pas y avoir pensé vous-même : il s'agit du redimensionnement non proportionnel. Il suffit de désactiver l'option Conserver les proportions (entourée) dans la boîte de dialogue Taille de l'image et de réduire le pourcentage de la Largeur. Cela produit l'effet d'une cure d'amaigrissement invisible (tant que vous ne dépassez pas 4 à 8 % au maximum).

2 Si la première étape ne suffit pas, vous pouvez aller encore plus loin. Sachez que, contrairement à la plupart des filtres, Sphérisation fonctionne bien avec les sélections progressives. Pour cette étape, tracez une ellipse de sélection autour du ventre de la danseuse, puis choisissez Sélection>Modifier>Contour progressif et estompez la sélection de 50 pixels.

3

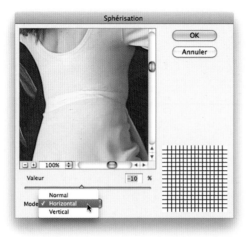

Résultat avec une seule passe de Sphérisation.

3 La sélection estompée étant active, choisissez Filtre>Déformation>Sphérisation, saisissez une valeur de -10 et limitez l'effet à l'axe horizontal uniquement. Vous pouvez tester une Sphérisation normale, mais l'effet risque d'être trop marqué et de montrer un aspect de coussinet. La modération est de rigueur ici (comme pour un vrai régime).

4

Photo : © Jeff Schewe

4 Nous avons appliqué un redimensionnement non proportionnel et deux passes de Sphérisation horizontale d'une valeur de -10 (j'ai ajouté une seconde passe à l'aide du raccourci clavier ⌘ F ctrl F). Toutefois, permettez-moi de vous mettre en garde contre une utilisation excessive de cet effet qui donnerait l'impression d'une taille corsetée.

Portrait du coauteur de Photoshop, Thomas Knoll, par Jeff Schewe
Hasselblad 500 ELX | 150 mm | 120 Ektachrome 100 ISO | Scanner Imacon Flextight

Chapitre 6

Retouche
de modèles vivants

Astuces
pour le photographe portraitiste

Ce chapitre est consacré à la retouche de portraits et dévoile quelques astuces que nous utilisons dans Photoshop. Le secret d'une bonne retouche est de faire en sorte qu'elle passe inaperçue dans l'image finale. En nous basant sur quelques exemples, nous allons vous expliquer comment camoufler les corrections pour rendre vos interventions moins visibles, la subtilité étant de mise.

Photos de mode et de beauté

Renforcement de la luminosité et du contraste des yeux

Des yeux trop éclaircis manquent de naturel. Pire, si vous blanchissez trop le blanc, tous les détails disparaîtront et le globe oculaire aura la blancheur du papier. J'utilise pour cela une méthode assez simple pour l'éclaircissement des yeux. Certes, on pourrait se contenter de sélectionner les blancs des yeux pour éclaircir ces zones sélectivement. Mais, en appliquant un réglage Courbes à toute la région oculaire, on peut définir la courbe de façon à éclaircir le blanc des yeux tout en gardant la luminosité de l'iris grâce à un tracé adapté des points de la courbe. Cette méthode est aussi efficace que la sélection des blancs uniquement, mais elle présente l'avantage de contrôler simultanément la luminosité des pupilles et le blanc des yeux.

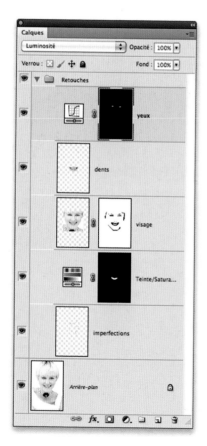

1 Pour renforcer le contraste des yeux dans la photo, sélectionnez le Lasso et tracez une sélection autour de l'œil gauche. Ensuite, maintenez la touche *Shift* enfoncée pour délimiter l'œil droit et l'ajouter à la sélection.

2 Vous pouvez alors appliquer directement un réglage Courbes (ou ajouter un calque de réglage Courbes) en définissant une courbe éclaircissante pour renforcer la luminosité des yeux, sans modifier les tons foncés des pupilles. Si vous examinez la courbe illustrée ici, vous constaterez que j'ai placé un point d'ancrage vers le bas pour bloquer la luminosité des pupilles, puis j'ai ajouté des points supplémentaires pour éclaircir la pupille et le blanc des yeux. Une fois le réglage appliqué, il faut atténuer le contour de la sélection. Pour cela, définissez un Contour progressif de 2 pixels dans le panneau Masques.

Réparation à l'aide d'une sélection copiée

On utilise généralement le Tampon de duplication et le Correcteur pour effectuer des réparations, mais il existe une autre méthode qui consiste à copier une sélection de pixels échantillonnés dans une autre partie de l'image (voire dans une autre image). À l'époque où il n'y avait pas encore de calques dans Photoshop, on pouvait dupliquer une sélection pour la transformer en calque provisoire : on opérait alors un cliquer-glisser avec l'outil Déplacement à l'intérieur de la sélection en maintenant la touche ⌥ *alt* enfoncée. C'est encore possible aujourd'hui, mais il est plus pratique de copier le contenu de la sélection sur un nouveau calque. Pour ce faire, créez une sélection, puis utilisez la commande Calque>Nouveau>Calque par Copier ou activez le raccourci clavier ⌘ *J* *ctrl* *J*. Quand le contenu de la sélection a été dupliqué sur un nouveau calque, vous pouvez utiliser le calque copié pour recouvrir une autre partie de l'image en le faisant glisser à l'aide de l'outil Déplacement et en transformant le calque au besoin.

Dans l'exemple illustré ici, je voulais couvrir les vaisseaux sanguins éclatés qui étaient visibles dans l'œil droit du modèle. J'ai donc tracé une simple sélection rectangulaire autour de l'œil gauche, puis j'ai copié le contenu de la sélection sur un nouveau calque que j'ai transformé par symétrie horizontale. L'étape de l'ajout du masque de fusion est importante, car lorsqu'on ajoute un masque de fusion rempli en noir, on ne supprime pas d'informations de l'image, mais on cache simplement le contenu du calque. Dans cet exemple, le masque de fusion sert à cacher tout le calque copié pour ensuite faire réapparaître sélectivement certaines zones en peignant dessus (avec du blanc comme couleur de premier plan). Cette méthode de peinture au Pinceau permet de remplacer les zones injectées de sang par la sélection copiée à partir de l'œil gauche. Quand vous utilisez cette méthode de retouche, pensez à conserver le reflet de la lumière dans les yeux, car si vous inversez aussi le reflet, le modèle paraîtra loucher.

L'alignement est également très important. Pour qu'il soit correct, vous pouvez réduire provisoirement l'Opacité du calque quand vous le mettez en place. Sinon, vous pouvez activer le mode de fusion Différence pour le calque. Cela a pour effet d'annuler toutes les zones qui sont identiques et de les afficher en noir. Le mode de fusion Différence est idéal quand un alignement exact est requis lors du déplacement d'un calque.

1 Dans cette vue grossie, vous pouvez voir que l'œil droit du modèle est un peu rouge. Heureusement, le modèle regarde l'objectif, ce qui permet de réparer facilement le défaut en copiant les pixels depuis l'autre œil.

2 Sélectionnez l'œil gauche et utilisez ⌘ J ctrl J pour copier la sélection sur un nouveau calque, puis utilisez Édition>Transformation>Symétrie axe horizontal et adaptez la sélection à l'œil rougi (en réduisant temporairement l'Opacité à 70 %).

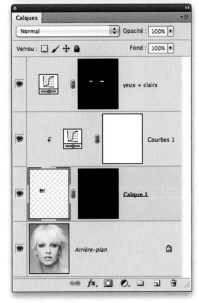

Photo : © Martin Evening

3 Ensuite, pour ajouter un masque de fusion uni qui masquera tout le calque, maintenez la touche ⌥ alt enfoncée et cliquez sur le bouton idoine. Sélectionnez le Pinceau et peignez progressivement avec du blanc comme couleur de premier plan pour réparer la zone rougie en faisant réapparaître le calque de l'œil gauche. Enfin, appliquez un calque Courbes pour éclaircir les yeux comme décrit précédemment.

Verrouiller les propriétés du Pinceau
Si vous cliquez sur les verrous qui se trouvent dans le panneau Forme à côté des proprié-tés des formes, comme pour Dynamique de forme, vous verrouillez ces réglages de façon à les conserver quand vous choisissez une nouvelle forme prédéfinie.

Suppression des cheveux épars

Quand je travaille pour des clients du secteur de la mode ou de la beauté, je fais de mon mieux pour que le modèle soit bien coiffé au moment de la prise de vue. Malgré mes efforts, il reste toujours des cheveux épars qui doivent être éliminés dans Photoshop. Le Correcteur est parfaitement adapté à la majorité des opérations de retouche, mais il n'est pas idéal pour retravailler des zones qui présen-tent un brusque changement tonal. Par conséquent, dans la majorité des cas, je préfère retoucher les cheveux avant d'utiliser le Tampon de duplication ou le Pinceau. Dans Photoshop CS5, on peut également se servir du Correcteur localisé en mode Contenu pris en compte afin de supprimer plus efficacement les cheveux décoiffés situés au-dessus d'autres mèches de cheveux que vous voulez conserver. Toutefois, la fonction ne peut pas savoir de quels cheveux vous voulez vous débarrasser et lesquels conserver. Par conséquent, même si cet outil est plutôt efficace, on ne peut pas s'y fier aveuglément.

J'utilise toujours un stylet Wacom et une forme prédéfinie ronde de 10 pixels environ, sa taille et son opacité étant liées à la pression appliquée avec le stylet. D'après mon expérience, cette forme convient bien pour la duplication et la peinture de mèches de cheveux (voir la **figure 6.1**). La taille de la forme peut ensuite être modifiée, agrandie et rétrécie à l'aide du clavier (touches **[** et **]**). Associée au Tampon de duplication et au Pinceau, cette forme permet d'éliminer des épis ou des cheveux emmêlés, et de peindre de nouvelles mèches ayant la texture et la couleur de la chevelure.

Quand vous retouchez de fines mèches de cheveux, faites très atten-tion à leur implantation, à leur direction et au fait qu'elles se mêlent ou croisent d'autres mèches. Un retoucheur maladroit se contente de retailler les mèches égarées, ce qui n'est pas discret, comme vous pouvez le constater à la **figure 6.2**. Quand on me demande d'éliminer des cheveux ébouriffés, je procède généralement par étapes success-ives – en désépaississant progressivement les cheveux, au lieu de tout couper d'un coup. L'effet de la retouche manque de naturel quand une coiffure dégradée s'arrête net. Afin que la chevelure paraisse plus naturelle, je laisse quelques cheveux épars dans la photo. Je commence parfois par gommer les cheveux ébouriffés sur le contour de la chevelure, puis je rajoute quelques mèches folles après coup (avec la configuration illustrée à la **figure 6.1** pour le Tampon de dupli-cation). Quand on procède ainsi, la coiffure garde tout son naturel.

Figure 6.1 Quand j'utilise le Tampon de duplication pour retoucher des mèches de cheveux, je me sers d'une forme prédéfinie particulière. Sa taille est de 10 pixels. En outre, la Dynamique de forme et le Transfert (Opacité) sont liés à la pression exercée sur le stylet Wacom. Cette combinaison de réglages du Tampon de duplication et du Pinceau est mémorisée comme forme prédéfinie « Retouche cheveux ».

Figure 6.2 Vous pouvez observer à gauche la photo originale non retouchée, et au centre, une version grossièrement retouchée où je me suis contenté de nettoyer le contour de la chevelure. La version à droite montre le résultat d'une retouche plus poussée où j'ai retiré le moindre cheveu épars et où j'ai comblé quelques vides, toujours en utilisant le Pinceau et le Tampon de duplication avec les réglages illustrés à la **figure 6.1**.

Je réalise une grande partie des retouches de beauté en travaillant au Pinceau sur un calque dupliqué. Je préfère utiliser un stylet et une tablette sensibles à la pression, comme le modèle Intuos de Wacom, car cela autorise un niveau de contrôle bien plus précis qu'avec la souris. Quand vous sélectionnez l'un des outils de peinture, vous pouvez choisir différentes options dans le panneau Forme pour définir les aspects du comportement de l'outil qui seront contrôlés par la manipulation du stylet sensible à la pression. Photoshop ne tient pas seulement compte de la pression exercée avec le stylet : si vous utilisez la tablette Intuos de Wacom, Photoshop peut réagir à la rotation du corps du stylet, à son inclinaison ou à la rotation de sa molette (le cas échéant).

Retouche de la peau

Il existe différents types de peau et la texture, ou grain de peau, varie beaucoup en fonction des parties du corps. Par exemple, la peau qui se trouve sous les yeux a souvent une texture irrégulière, tandis que les joues peuvent être plus crevassées que le reste du visage et présenter des pores ouverts. Chez les jeunes sujets, la peau du front est généralement lisse, mais présente de fines lignes horizontales, et la texture de peau la plus lisse se trouve sur les tempes et les arêtes du nez. Plus on descend vers le cou, plus le grain de la peau devient irrégulier. En outre, on remarque parfois la présence d'un fin duvet sur le visage, surtout au-dessus des lèvres. Il est important de prêter attention à ces changements de texture quand on retouche une photo de beauté. Avec le Tampon de duplication ou le Correcteur, vous devez choisir attentivement la source d'échantillonnage avant de copier la texture de la peau d'une partie du visage ou du corps sur une autre zone.

Camoufler les retouches

La règle de base de la retouche est de camoufler son travail de façon à ce que l'intervention ne soit pas visible, quelles que soient les corrections apportées à une photo. Si vous travaillez pour un client dans la mode, il s'attend probablement à ce que la photo soit parfaite. Même si vous devez déployer tout l'arsenal des outils Photoshop pour satisfaire le client, il est important que les retouches restent discrètes. C'est pourquoi je conserve toujours quelques défauts originaux et une partie du grain de la peau. Ma méthode de prédilection consiste à retoucher la peau à l'aide du Tampon de duplication et du Correcteur afin d'éliminer toutes les imperfections. Ensuite, j'ajoute un calque sur lequel je peins avec un gros Pinceau en recouvrant la peau afin d'atténuer les détails et les ombres indésirables. Comme vous pourrez le voir dans le tutoriel qui suit, je réduis toujours l'Opacité du calque qui contient les retouches effectuées au Pinceau pour laisser transparaître une grande partie de la texture originale de la peau. À mon avis, le résultat est plus naturel car la peau du modèle est lissée, sans paraître pour autant artificielle.

Modes de fusion du Pinceau

Les outils de peinture et les autres outils employant une forme peuvent être appliqués avec divers modes de fusion, identiques à ceux disponibles dans le panneau Calques et les boîtes de dialogue Appliquer l'image et Calculs. Parmi les nombreux modes de fusion disponibles, les modes suivants sont probablement les plus utilisés avec les outils de peinture ou de dégradé.

Le mode de fusion Superposition peut être utilisé pour éclaircir ; je m'en sers souvent notamment pour les yeux ou pour ajouter des éclats, comme aux pages 110-113. Le mode de fusion Produit assombrit l'image et peut être utilisé pour obscurcir sélectivement certains traits en échantillonnant des couleurs dans la photo au fil de la peinture. Par exemple, j'utilise parfois une grande forme aux bords doux avec une faible Opacité pour renforcer progressivement la densité des sourcils.

Quand j'étais assistant, je travaillais pour un photographe nommé James Wedge qui, à l'époque, était connu pour ses photos en noir et blanc colorisées à la main. Il masquait soigneusement des zones de la photo et peignait directement sur le tirage avec des encres colorées translucides. Dans Photoshop, le mode de fusion Couleur permet d'obtenir des résultats similaires. Le plus souvent, ce mode est idéal pour corriger de légères dominantes colorées. Par exemple, j'utilise parfois le Pinceau en mode Couleur pour unifier la couleur de la peau de différentes parties du visage ou du corps, ou pour éliminer les marques de bronzage. Les peaux de type caucasien sont souvent trop rouges ou magenta dans les ombres et mes clients me demandent de les uniformiser en fonction de la couleur de la peau du reste du corps. C'est une autre situation dans laquelle le mode de fusion Couleur peut se révéler utile.

Les modes de fusion Incrustation et Lumière crue peuvent servir à renforcer le contraste, tandis que le mode de fusion Lumière tamisée l'adoucit (voir l'exemple « Coloration des racines » aux pages 146-147). Au chapitre 7, je vous expliquerai comment utiliser le Pinceau en mode de fusion Incrustation pour peaufiner un masque de détourage tout en conservant d'importants détails de contours.

Comme vous le verrez dans les étapes de retouche de beauté présentées dans les pages suivantes, je me sers également des modes de fusion Éclaircir et Obscurcir dès que j'utilise le Pinceau pour uniformiser les tons de la peau sur une photo de beauté.

Retouche de beauté et de mode

La nature des retouches de mode et de beauté est généralement motivée par les exigences commerciales des clients qui, étant donné les conditions actuelles du marché, veulent généralement que la moindre photo publiée ait bénéficié d'un certain niveau de retouche. Photoshop a joué un rôle majeur en donnant aux photographes les outils numériques nécessaires pour qu'ils retouchent eux-mêmes leurs photos. Mais quand ces outils sont placés entre de mauvaises mains, les résultats peuvent être déplorables ! Dans les pages suivantes, je présente toutes les étapes que j'utilise pour un travail de retouche ordinaire, dont l'objectif est de nettoyer les cheveux épars, tout en préservant le naturel du modèle.

1 Vous voyez ici la version de la photo avant les retouches. Comme vous pouvez le constater, il y a beaucoup de cheveux épars à supprimer, ainsi que des imperfections localisées à éliminer sur le vêtement noir. En outre, les tons chair doivent être lissés.

2 Avant de commencer, créez un calque vide au-dessus du calque d'Arrière-plan et définissez l'option Actif et inférieurs pour le Tampon de duplication et le Correcteur. Les principales corrections localisées seront ainsi effectuées sur un calque distinct, ce qui permet de gommer facilement les retouches au cas où le directeur artistique changerait d'avis ou en jugerait certaines superflues. Cette méthode présente un autre avantage : il est possible de cliquer sur l'icône en forme d'œil du calque des corrections localisées pour afficher uniquement le calque des retouches et vérifier ce qu'il reste encore à faire (dans l'illustration du bas, les corrections localisées sont affichées sur un fond transparent). Cela peut être utile si le client vous demande de justifier le prix de votre intervention !

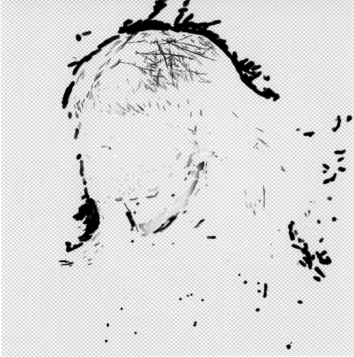

3 Concentrez-vous maintenant sur la retouche du visage. Tracez un rectangle de sélection autour du visage et du cou, et activez le raccourci ⌘ ⌥ *Shift* E *ctrl* *alt* *Shift* E pour créer un calque fusionné au-dessus du calque des corrections localisées. Puis, inversez la sélection (⌘ *Shift* I *ctrl* *Shift* I) et appuyez sur la touche *Delete* pour supprimer la zone sélectionnée. On obtient ainsi une copie fusionnée de la zone sélectionnée en tant que nouveau calque, que l'on nomme «Retouches visage».

4 Peignez au Pinceau sur les pixels du calque «Retouches visage». Travaillez en mode de fusion Éclaircir avec une faible Opacité du Pinceau (ou, dans l'idéal, avec une tablette et un stylet sensibles à la pression). Prélevez un échantillon chair clair en maintenant la touche ⌥ *alt* enfoncée, puis procédez par passes légères sur les zones sombres du visage, sous les yeux; quand le mode de fusion Éclaircir est activé, seuls les pixels qui sont plus sombres que la couleur prélevée sont remplacés. Activez le mode Obscurcir et prélevez un ton chair foncé afin de rendre plus foncés les pixels clairs (il est conseillé de rééchantillonner constamment de nouvelles couleurs). Si vous trouvez que les retouches sont exagérées à ce stade, vous pourrez les atténuer après. Le principal objectif ici est de lisser les tons chair et de remodeler au besoin la lumière et les ombres sur le visage.

5 Certains photographes de mode aiment l'effet hyper retouché. D'autres lui reprochent de transformer les modèles en poupées de cire. À vous de choisir, mais je préfère généralement atténuer l'Opacité du calque des retouches. Dans cet exemple, l'Opacité du calque a été réduite à 60 %. Cela permet de faire ressortir davantage le grain original de la peau à travers les calques inférieurs, de façon à rendre le résultat final plus réaliste. Vous remarquerez que j'ai également ajouté au calque un masque de fusion que j'ai peint en noir afin de masquer les zones où les passes de Pinceau recouvraient des caractéristiques importantes du visage (n'oubliez pas de revenir au mode de fusion Normal du Pinceau).

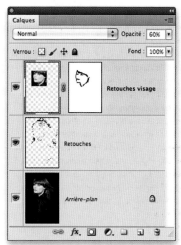

6 Maintenant, il faut parfaire les lèvres. Utilisez la technique présentée à l'étape 3. Effectuez une sélection approximative de la région des lèvres et effectuez le raccourci clavier ⌘ ⌥ Shift E ctrl alt Shift E pour créer un calque fusionné au-dessus du calque « Retouches visage ». Inversez la sélection par ⌘ Shift I ctrl Shift I et appuyez sur la touche Delete pour supprimer la zone sélectionnée (cette illustration montre le calque Lèvres isolé). Vous pouvez ensuite vous servir de la Plume pour tracer le contour des lèvres.

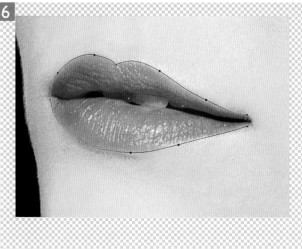

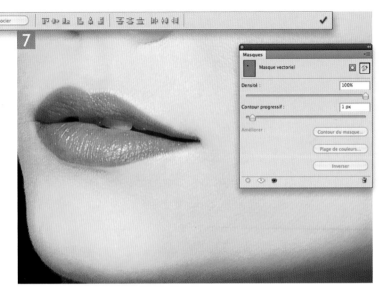

7 Dans le menu Calques, choisissez Masque vectoriel>Tracé sélectionné pour appliquer le tracé en tant que masque vectoriel (notez que le tracé doit être en mode Ajouter à la zone du tracé [entouré]). Réglez un contour progressif de 1 pixel dans le panneau Masques. Ensuite, utilisez une forme de Pinceau aux bords doux, en mode Produit, avec une faible Opacité, pour assombrir le contour extérieur des lèvres, puis passez en mode Couleur pour ajouter du maquillage à l'intérieur de la bouche.

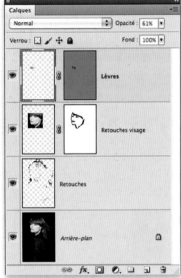

8 Reprenez l'outil de sélection afin de sélectionner le visage et activez le raccourci clavier ⌘ ⌥ Shift E ctrl alt Shift E pour créer un calque fusionné au-dessus du calque Lèvres, inversez la sélection et appuyez sur la touche Delete. Maintenez la touche ⌘ ctrl enfoncée et cliquez sur le nouveau calque (que j'ai nommé « Fluidité »), puis choisissez Fluidité dans le menu Filtre. Appliquez quelques passes légères, comme illustré, à l'aide de l'outil Déformation avant pour agrandir légèrement les yeux, rendre les lèvres un peu plus symétriques et égaliser la frange.

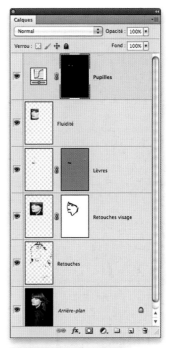

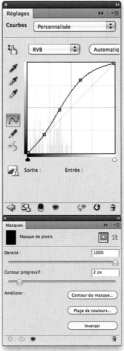

9 Voici la version finale montrant les résultats du filtre Fluidité qui a été appliqué à l'étape 8. J'ai également effectué une sélection des pupilles au Lasso et ajouté un réglage Courbes pour renforcer uniquement le contraste et la luminosité des pupilles. De plus, j'ai ajouté un Contour progressif de 2 pixels dans le panneau Masques afin d'atténuer le contour du masque de sélection. Il est important de noter ici que malgré les retouches apportées au visage, les tons chair montrent néanmoins la texture de la peau. En outre, la structure multicalque de l'image permet d'en modifier certaines parties au besoin. Au bas de la pile, le calque Arrière-plan demeure intact.

Retouche de portraits

La retouche beauté comprend essentiellement l'amélioration du maquillage et l'uniformisation de l'éclairage du visage. La retouche de portraits en est assez proche et fait appel à des techniques de suppression des défauts et d'amélioration de la texture de la peau du sujet. En règle générale, je trouve que la retouche de portraits nécessite une approche plus subtile, car on ne cherche pas à réduire autant les rides. Tous les défauts ne doivent pas obligatoirement être supprimés. Prenons l'exemple du top-modèle Cindy Crawford. Au début de sa carrière, beaucoup de magazines voulaient faire disparaître son grain de beauté. Plus tard, quand elle est devenue célèbre, plus personne ne songeait à le gommer car c'était sa marque de fabrique !

Il est intéressant de constater qu'il y a eu un retour de bâton ces dernières années : de nombreuses célébrités s'indignent de voir des photos où leur visage et leur corps sont retouchés au point de devenir méconnaissables. Notre ami Greg Gorman, un photographe mondain réputé, nous a raconté qu'il s'efforce désormais de réduire la quantité de retouches appliquées à ses portraits, tout en sachant bien que de nombreuses personnalités préfèrent se voir retouchées et aiment croire qu'il s'agit de leur apparence naturelle. En outre, de nombreux magazines ne publient tout bonnement pas les photos de modèles ou de célébrités si les clichés n'ont pas été au moins un peu retouchés. Au moment de la sortie de Photoshop, on pouvait voir de nombreuses photos de magazines où les yeux et les dents étaient aussi blancs que le papier. En tant que photographe de mode, je vois souvent des photos mal retouchées dans les books des modèles. Au fond de moi, je pense que les éditeurs de magazines, comme le grand public, se sont lassés du look très artificiel. Et, ces derniers temps, il semblerait que les magazines aient la main plus légère sur les retouches, à moins qu'ils ne fassent appel à de meilleurs retoucheurs. Dans les pages suivantes, nous allons étudier un exemple typique de portrait où la retouche est plus modérée. Cela exige plus de savoir-faire que dans l'exemple de retouche de beauté précédent.

1 Voici un portrait d'Alex fait par Jeff. Alex est l'un des modèles que nous avons utilisé pour notre livre sur Photoshop. Nous allons voir les étapes qui sont généralement appliquées pour la retouche d'un portrait. Elles sont légèrement différentes de la méthode de retouche beauté décrite précédemment car leur objectif est de produire un résultat aussi naturel que possible.

Photo : © Jeff Schewe

2 Commencez par ajouter un calque vide pour le travail initial de correction localisée à l'aide du Tampon de duplication et du Correcteur. Si vous comparez cette version à la précédente, vous remarquerez que tous les petits défauts ont été retouchés et que les sourcils ont été épilés et la barbe taillée. Le grain de beauté sur la joue n'a pas été supprimé, mais beaucoup d'autres imperfections qui me semblaient valoir la peine d'être retouchées ont été effacées.

3 Ensuite, attaquez-vous aux poches sous les yeux. Même si un réflecteur a été utilisé pour réfléchir une partie de l'éclairage d'ambiance sur le visage, il me paraît préférable de les estomper davantage. Créez un calque fusionné, comme dans l'exemple de retouche précédent. Servez-vous du Rectangle de sélection pour isoler les yeux et activez le raccourci ⌘ ⌥ Shift E ctrl alt Shift E pour créer un calque fusionné au-dessus du calque Retouches. Inversez la sélection (⌘ Shift I ctrl Shift I) et appuyez sur la touche *Delete*. Un calque fusionné des yeux se trouve maintenant au sommet de la pile de calques. Sélectionnez le Correcteur et supprimez la poche. L'astuce ici consiste à bien choisir la zone d'échantillonnage. Dans cet exemple, il faut s'assurer que la texture appliquée par le Correcteur est en harmonie avec la texture de la peau voisine. Une fois la correction terminée, atténuez l'Opacité du calque à 70 % pour faire réapparaître une partie des poches et des rides. Ainsi, le visage ne donne pas l'impression d'avoir été traité au Botox.

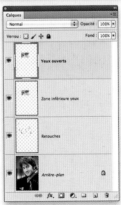

4 Nous allons maintenant agrandir les yeux du modèle. Un examen attentif révèle le reflet du réflecteur de l'éclairage d'ambiance utilisé pour renvoyer davantage de lumière vers le visage d'Alex. L'inconvénient de cette technique d'éclairage est qu'elle fait légèrement plisser les yeux. Pour y remédier, recommencez l'étape du calque fusionné en sélectionnant à nouveau les yeux. Activez le raccourci ⌘ ⌥ *Shift* E *ctrl* *alt* *Shift* E pour créer un calque fusionné au-dessus du calque Zone inférieure yeux, inversez la sélection (⌘ *Shift* I *ctrl* *Shift* I) et appuyez sur la touche *Delete*. Ensuite, ouvrez le menu Filtre et choisissez Fluidité. Dans la boîte de dialogue Fluidité illustrée ici, je me suis servi de l'outil Déformation avant avec une faible Pression pour écarquiller davantage la paupière inférieure. C'est un ajustement subtil qui suffit à rendre les yeux plus naturels.

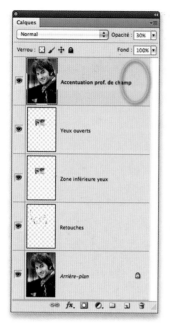

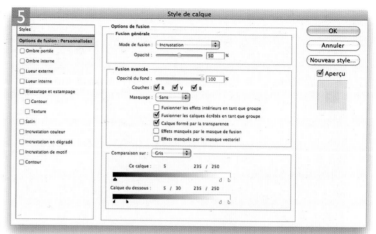

5 Ensuite, nous allons renforcer légèrement la netteté de l'œil droit en appliquant une technique mise au point par Bruce Fraser pour créer un calque d'accentuation de type profondeur de champ. La première étape consiste à créer un nouveau calque fusionné à l'aide du raccourci ⌘⌥Shift E ctrl alt Shift E. Puis, double-cliquez sur un espace vide dans le calque (entouré) pour ouvrir la boîte de dialogue Style de calque, illustrée ici. Définissez une Opacité de 50 %, le Mode de fusion Incrustation et ajustez les curseurs de «Comparaison sur» comme illustré.

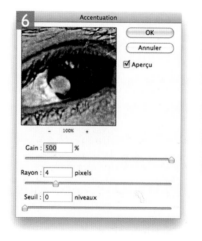

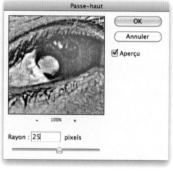

6 Dans le menu Filtre>Renforcement, choisissez Accentuation pour appliquer le filtre au calque fusionné avec les réglages illustrés ici, suivi du Filtre>Divers> Passe-haut avec un Rayon de 25 pixels.

7 Voici la photo terminée. Vous pouvez constater que j'ai ajouté un calque de réglage Courbes pour éclaircir les pupilles. J'ai commencé par ajouter le calque de réglage, puis j'ai rempli le masque de fusion en noir pour masquer l'effet. J'ai ensuite peint en blanc sur le masque pour révéler uniquement les réglages sur les pupilles. Ce faisant, j'ai également pris soin de ne pas éclaircir davantage le reflet dans l'œil. Si vous comparez cette version avec l'original, vous constaterez que nous avons appliqué des changements importants, tout en réussissant à préserver le grain de la peau et à garder un aspect assez naturel.

Figure 6.3 Vous voyez ici la disposition de l'éclairage utilisé pour prendre la photo illustrée sur cette page.

I Sur cette photo qui a été prise avec une installation classique d'éclairage beauté (**figure 6.3**), la couleur des cheveux du modèle est naturelle. Dans les étapes suivantes, nous allons voir comment la changer en nous servant d'un échantillon de couleur mesuré avec précision.

Colorisation d'une photo

Pour coloriser une photo, vous pouvez définir le Pinceau en mode de fusion Couleur et choisir une couleur de premier plan comme couleur de peinture. Cette technique de colorisation à la main a été élaborée par Jim Divitale comme un moyen très flexible pour peindre des éléments dans une couleur spécifique. Elle consiste à choisir une couleur de premier plan, puis à ajouter trois calques remplis avec cette même couleur, mais utilisant trois modes de fusion différents : Couleur, Incrustation et Produit. Le mode Couleur colorise basiquement l'image, le mode Incrustation applique aussi la couleur à l'image, mais en renforçant le contraste, et enfin, le mode Produit accentue la profondeur de la couleur par ajout de couleur et assombrissement simultanés.

2 Pour cette première étape, je me suis servi d'un spectrophotomètre X-Rite Eye-One pour mesurer plusieurs échantillons de couleur de cheveux dans un nuancier.

3 J'ai utilisé le logiciel X-Rite Eye Share pour enregistrer les mesures effectuées avec l'appareil Eye-One. J'ai pris plusieurs mesures de l'échantillon de couleur voulu et j'ai cliqué sur les échantillons présentés dans l'interface d'Eye Share pour calculer la moyenne des valeurs mesurées (indiquées en valeurs Lab [entourées]).

4 Ensuite, j'ai ouvert le Sélecteur de couleurs dans Photoshop et j'ai saisi les valeurs Lab (arrondies) dans les champs correspondants (entourés). Il n'est pas indispensable de passer par l'étape préliminaire de mesure des valeurs des échantillons de couleur avec un spectrophotomètre. Les étapes suivantes fonctionnent aussi bien par une estimation des valeurs de couleur. Une fois satisfait des réglages, cliquez sur OK pour définir la nouvelle couleur de premier plan.

5 Ensuite, quand vous pointez les échantillons dans le panneau Nuancier, le pointeur se transforme en pot de peinture. Cliquez pour ajouter la couleur de premier plan comme nouvelle nuance. Nommez-la en vous basant sur sa référence dans le nuancier utilisé à l'étape 2. L'enregistrement de couleurs spéciales dans le panneau Nuancier peut vous faire gagner du temps si vous devez à nouveau vous servir de ces nuances.

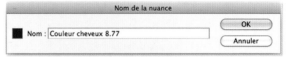

6 À ce stade, vous jugerez peut-être utile de mémoriser les étapes suivantes dans un script Photoshop. Cela accélérera la mise en place des calques en vous évitant de recommencer toutes ces opérations à l'avenir. La première étape consiste à cliquer sur le bouton Créer un calque de remplissage ou de réglage dans le panneau Calques (entouré) puis à ajouter un calque Remplissage couleur en utilisant la couleur de premier plan courante.

7 Ensuite, faites glisser le calque Remplissage couleur sur le bouton Créer un calque dans le panneau Calques afin de créer une copie et recommencez pour créer une seconde copie. Définissez la copie supérieure du calque Remplissage couleur en mode de fusion Couleur avec une Opacité de 50 %. Cliquez sur le calque du milieu et définissez le mode de fusion Incrustation avec une Opacité de 25 % et enfin, définissez le mode de fusion Produit avec une Opacité de 10 % pour le calque original, en bas. Dans l'illustration présentée ici, j'ai renommé les calques en précisant leur mode de fusion et le pourcentage d'opacité. Il n'est pas essentiel de le faire, mais si vous mémorisez ces étapes dans un script, mieux vaut identifier clairement les calques.

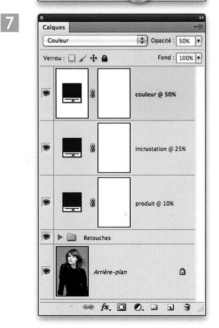

8 Maintenez la touche *Shift* enfoncée et sélectionnez les trois calques de remplissage. Choisissez Nouveau groupe d'après des calques dans le menu déroulant du panneau Calques (ou utilisez le raccourci clavier ⌘ *G* *ctrl* *G*). Ensuite, maintenez la touche ⌥ *alt* enfoncée et cliquez sur le bouton Ajouter un masque de fusion dans le panneau Calques pour ajouter un masque de fusion noir qui cache le contenu du groupe de calques (si vous avez mémorisé ces étapes dans un script, vous pouvez maintenant appuyer sur le bouton d'arrêt pour terminer l'enregistrement). Une fois ces étapes terminées, il est possible de peindre en blanc sur le masque de fusion du groupe de calques pour afficher simultanément les trois calques contenus dans le groupe.

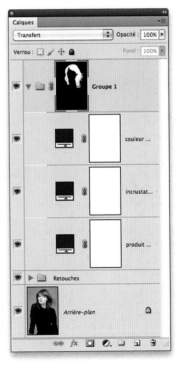

9 Vous pouvez voir ici le résultat obtenu après la peinture sur le masque de pixels pour définir le contour des cheveux. Les modes de fusion et les pourcentages d'opacité suggérés pour les trois calques sont un bon point de départ. Lorsque vous testez cette méthode sur vos propres photos, vous devrez ajuster les réglages d'Opacité en fonction du sujet que vous voulez coloriser.

Fluidité

Utilisé pour la déformation des photos, le filtre Fluidité est un outil de création de formes libres qui exige une phase d'apprentissage, mais les résultats obtenus ne sauraient pas être réalisés autrement. Martin Evening préfère utiliser l'outil de manière assez subtile. Quant à moi, je m'en sers plutôt pour appliquer des transformations plus radicales. **Figure 6.4**, vous pouvez comparer les versions avant et après transformation d'une photo avec le filtre Fluidité.

Figure 6.4 À gauche, vous pouvez voir la numérisation d'un original inversible 120. L'image à droite montre la déformation et le recadrage réalisés à l'aide du filtre Fluidité.

1 La première étape consiste à dupliquer le calque d'Arrière-plan de façon à ce que la transformation puisse être effectuée sur un calque distinct. Ensuite, ouvrez le calque copié dans le filtre Fluidité. Utilisez l'outil Transformation avant pour commencer à repousser des parties de l'image. Vous pouvez observer que j'ai déformé la mallette par mégarde. Pour y remédier, je me sers de l'outil Reconstruction à l'étape suivante.

2

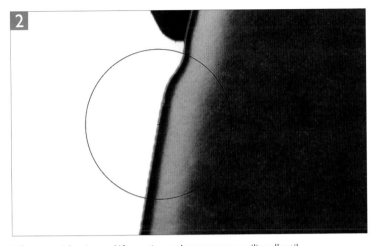

2 Pour remédier à une déformation malencontreuse, utilisez l'outil Reconstruction pour revenir à l'image non transformée. Pour éviter de transformer la mallette, nous allons créer un masque.

3

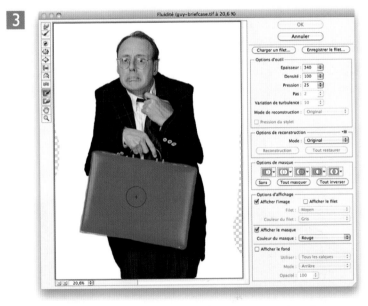

3 Utilisez l'outil Blocage de masque pour peindre un masque sur la mallette. Ainsi, quelles que soient les transformations futures, la mallette sera épargnée. Choisissez d'Afficher le masque quand vous peignez. Définissez aussi du Rouge comme Couleur du masque pour faciliter son identification. Au-dessous de l'outil Blocage de masque se trouve l'outil Libération de masque qui permet de gommer certaines parties du masque. Le plus simple est de conserver l'outil Blocage de masque activé et d'utiliser la touche ⌥ *alt* pour activer provisoirement l'outil Libération de masque pendant la peinture.

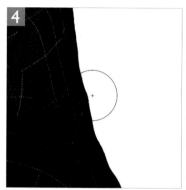

4 Ensuite, grossissez l'image pour retoucher des détails précis. Je me suis servi de l'outil Transformation avant (à gauche) pour lisser des zones dans la veste et j'ai utilisé l'outil Dilatation (à droite) pour grossir ses yeux. L'objectif est de créer un personnage de style bande dessinée tout en conservant une apparence réaliste.

5 La dernière étape, avant de cliquer sur OK, consiste à enregistrer le filet de transformation dans un fichier séparé. Cela permet de rouvrir le filtre Fluidité pour modifier au besoin la transformation (ce qui est toujours utile quand on travaille avec des directeurs artistiques).

Suppression des reflets dans des lunettes

Quand vous photographiez des sujets qui portent des lunettes, il faut prendre garde aux reflets. Ceux-ci ne constituent pas systématiquement un défaut, car des reflets peuvent aussi contribuer à l'effet produit par un portrait. En revanche, il faut les éviter quand ils révèlent l'éclairage de studio ou quand ils détournent l'attention. Dans le tutoriel présenté ici, les reflets ne sont pas gênants, mais je pense qu'il serait utile de vous montrer comment les estomper dans Photoshop. Avec la technique décrite ici, il est possible d'atténuer les réglages effectués pour parvenir au juste équilibre entre les versions avant et après correction.

1 Voici une photo prise par Jeff, de Rod Wynne-Powell, qui est l'éditeur technique de ce livre. Commencez par ajouter un nouveau calque sur lequel vous ferez les principales corrections localisées. Ensuite, sélectionnez la Plume en mode Tracés et définissez le contour des reflets qui sont enregistrés en tant que tracés dans le panneau du même nom.

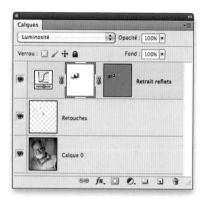

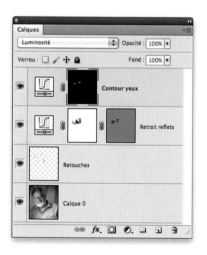

2 Appliquez un calque de réglage Courbes assombrissant et, le tracé étant toujours actif, cliquez sur le bouton Ajouter un masque vectoriel dans le panneau Masques (entouré). Cela applique un masque vectoriel au masque de réglage Courbes en se basant sur le tracé créé à l'étape 1 (si le masque vectoriel est inversé, suivez les étapes décrites à la page 180 pour définir le mode de tracé Ajouter). Le masque vectoriel étant sélectionné, appliquez un Contour progressif de 2 pixels via le panneau Masques afin d'atténuer le contour du masque. Ensuite, cliquez sur le masque de pixels et peignez-le en noir avec le Pinceau. Cela permet de peaufiner le masquage du réglage Courbes.

3 Les yeux paraissaient assez ternes à la fin de l'étape précédente. Pour y remédier, ajoutez un autre réglage Courbes, mais cette fois, pour éclaircir l'image. Remplissez le masque de fusion en noir et peignez dessus avec un Pinceau blanc comme couleur de premier plan, pour réduire la densité des zones qui se trouvent sous les verres.

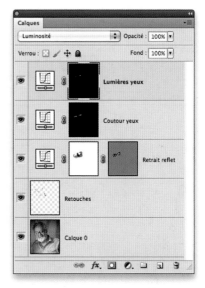

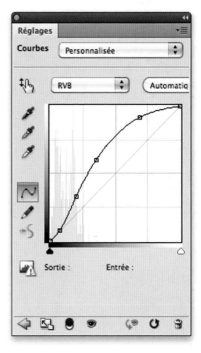

4 L'étape 3 a amélioré la photo, mais les yeux manquent de contraste. Pour terminer la retouche, ajoutez un autre calque de réglage Courbes afin d'éclaircir les yeux. Remplissez le masque de fusion en noir et peignez dessus avec un Pinceau blanc pour éclaircir le blanc des yeux tout en préservant les pupilles sombres.

Photographe : Martin Evening. Retouche : Martin Evening & Jeff Schewe. Modèle : Daniel Bennett. Maquillage : Camilla Pascucci.
Canon EOS 1Ds Mk III | 100 ISO | f/13 à 1/125 s | Objectif 24-70 mm : 70 mm

Chapitre 7

Masques et montage

Comment combiner des photos et résoudre d'épineux problèmes ?

D ans ce chapitre, nous allons étudier quelques techniques de masquage et de montage auxquelles nous faisons appel depuis quelques années déjà. C'est l'un des domaines dans lesquels Photoshop a le plus évolué pour vous offrir une vaste palette d'outils qui vous aideront à réussir tous vos composites. Tout ne dépend évidemment pas de Photoshop ; la qualité de photo initiale est déterminante. Les techniques illustrées ici sont autant de sources d'inspiration pour maîtriser la retouche dans Photoshop.

Figure 7.1 Les deux photos du haut ont été prises chez le concessionnaire Case. L'enseigne a été créée dans Photoshop et le coucher de soleil est une photo d'archive du studio.

Réalisation de composites

Création d'un composite réaliste

Dans un monde parfait, où les couchers de soleil surgissent à la demande et où les clients lisent les mémos (et en envoient), il n'est pas nécessaire de reconstituer tant bien que mal des mises en scène compliquées ; tout se met en place comme par magie. C'est malheureusement rarement vrai dans le monde réel. Nous allons voir que même les projets les mieux ficelés ne se déroulent pas toujours comme prévu. Il faut alors utiliser Photoshop pour construire l'image voulue, malgré les problèmes de communication avec le client et la météo qui n'est pas toujours de la partie.

Pour ce projet, le directeur artistique m'avait juré qu'il avait vu les photos de repérage du revendeur Case IH, que la photo serait particulièrement réussie au crépuscule et que des arbustes avaient même été plantés devant le bâtiment (pour une raison quelconque, il tenait particulièrement à ces arbustes). Toutefois, le revendeur n'a pas reçu le mémo lui demandant de vider l'aire de stationnement sur laquelle se trouvait une moissonneuse-batteuse Case IH entièrement démontée. Nous avons donc dû photographier la machine à l'arrière du bâtiment tout en préparant la photo en extérieur, au crépuscule, à l'avant du bâtiment, là où se trouvaient les fameux buissons. En outre, l'enseigne n'avait semble-t-il pas encore été livrée, donc je n'ai pas pu la photographier. Était-il possible de l'ajouter dans Photoshop ? Oui, bien sûr…

Finalement, le composite s'est révélé bien plus complexe qu'initialement prévu. La **figure 7.1** montre les deux clichés originaux et l'enseigne créée de toutes pièces dans Photoshop. Le secret de la réussite est de prendre les photos de l'intérieur et de l'extérieur, sous le même angle et à la même hauteur, en mesurant les distances et les angles pour une précision accrue.

Une photo a tout d'abord été prise au crépuscule, en extérieur, de façon à obtenir l'éclairage désiré. Le directeur artistique voulait un beau coucher de soleil. Visuellement, le coucher de soleil était sans intérêt, donc le DA a accepté d'utiliser une photo d'archive. Cette année-là, j'avais fait quelques très belles photos de couchers de soleil, dans le Montana, au cours d'un autre projet pour Case. Même s'ils ne se sont pas servis de la photo pour le projet précédent, ils ont choisi le crépuscule pour celui-là. La zone de stationnement couverte à l'arrière du bâtiment était éclairée pendant que nous attendions la lumière extérieure adaptée. La nuit a été longue avant d'obtenir le cliché voulu !

Panneau Tracés montrant le contour
du bâtiment

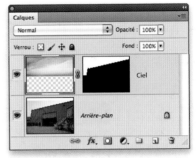

Calques montrant le ciel et le masque
de fusion

1 La première étape consiste à dessiner à l'aide de la Plume un tracé précis autour
de l'extérieur du bâtiment, afin de le récupérer comme sélection, de l'enregistrer
en tant que couche, puis comme masque de fusion pour le calque du ciel. Après
son ajout, redimensionnez le calque du ciel pour qu'il occupe toute la largeur de
l'image. Vous noterez que j'ai dû agrandir la partie supérieure de la zone de travail
du calque d'Arrière-plan pour l'adapter à la présentation. Le ciel remplit l'espace
supplémentaire.

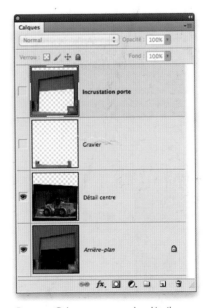

Panneau Calques montrant les détails
des deux calques

2 Pour éviter de travailler sur tout le document lors la réalisation du composite
au centre de l'image, employez la technique décrite aux pages 150-151 pour
travailler sur cette partie de l'image. Même si j'ai pris la précaution de tout
mesurer au moment de la prise de vue, une Transformation manuelle est tout de
même nécessaire pour redimensionner et mettre en place la photo de l'intérieur
du garage. Au lieu d'appliquer un masque de fusion à ce calque, dupliquez le calque
d'Arrière-plan et placez-le au sommet de la pile de calques avant de le masquer
(comme expliqué à l'étape suivante).

Couche du contour de la porte

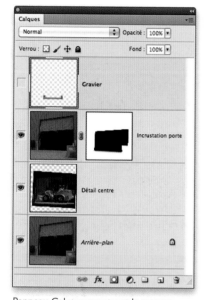

Panneau Calques montrant le masque de la porte

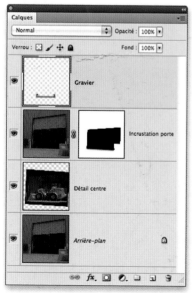

3 Même si cela peut paraître rétrograde, je préfère souvent incruster un calque, puis utiliser un masque de fusion pour révéler ce qui se trouve au-dessous. Cette méthode me paraît plus simple. Le masque de fusion a été réalisé en utilisant la Plume pour tracer le contour de la porte, avec une légère atténuation au premier plan pour laisser sortir un peu d'éclairage. Comme cela ne suffit pas, nous y remédions à l'étape suivante.

4 Pour faire sortir davantage de lumière par la porte, ajoutez un calque dupliqué de l'arrière-plan, puis éclaircissez-le et ajoutez une balance des couleurs plus chaude.

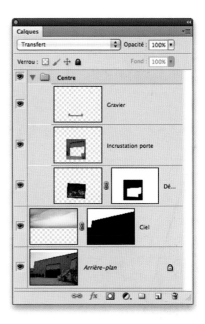

5 Revenez à l'image principale et faites glisser les trois sous-calques (sans vous soucier du calque d'Arrière-plan) pour les placer dans un groupe de calques nommé «Centre». Comme nous avons ajouté un nouveau ciel à la photo, il faut corriger les reflets originaux dans les vitres du tracteur car ce sont ceux du ciel de la photo originale.

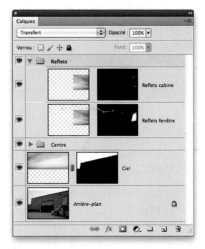

Panneau Calques montrant le groupe de deux calques des reflets

La couche de la vitre

6 Copiez la partie supérieure gauche du ciel et placez-la sur un nouveau calque. Activez Édition>Transformation>Symétrie Axe Horizontal (car le reflet est une image en miroir de cette partie du ciel). Pour la couche de la vitre, dessinez le contour précis du verre à l'aide de la Plume et récupérez la couche comme sélection afin de créer le masque de fusion. Vous noterez que nous avons ajouté un second reflet. Comme les parties brillantes de la cabine réfléchissent également le ciel original, répétez l'opération en dupliquant le ciel inversé et utilisez un autre masque de fusion créé par la commande Plage de couleurs.

Logo Case dans Illustrator

Options de collage de Photoshop
pour les tracés

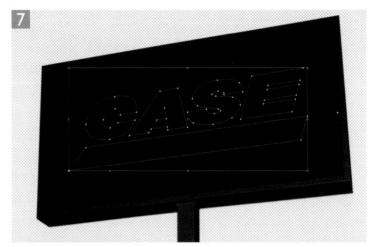

7 C'est là que les choses se compliquent. Le directeur artistique m'a transmis un fichier Illustrator du logo Case. Dans Illustrator, sélectionnez et copiez les tracés. De retour dans Photoshop, collez-les en tant que tracés (voir les options de collage). Transformez les tracés en fonction du fond de l'enseigne précédemment créée (d'après une description sommaire du client). Ensuite, récupérez les tracés en tant que sélection et créez une couche de masque. Trois couches sont nécessaires : la première pour le texte, la deuxième pour la barre orange et la troisième qui est floutée pour rendre son contour lumineux, comme si l'enseigne était éclairée par derrière. Vous noterez que j'ai réparti le logo Case sur deux couches distinctes car il a différentes couleurs de remplissage.

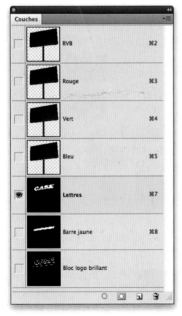

Les trois couches

8 Voici l'enseigne terminée et détourée, prête à être montée dans l'image principale.

9 Avant de pouvoir mettre en place et redimensionner l'enseigne, il faut déterminer la perspective adaptée. Pour y parvenir, tracez deux lignes de fuite passant par deux points en vous référant au bâtiment pour les fuyantes. Tracez les droites à l'aide de la Plume (qui peut sortir des limites de la zone de travail) en réduisant le facteur de zoom de l'image. En théorie, il faudrait également tracer des lignes de fuite verticales, mais ce réglage final peut aussi bien être fait à l'œil nu.

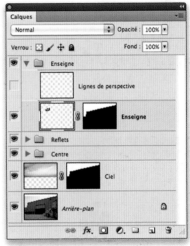

Le calque de l'enseigne est sélectionné et le calque des droites de la perspective est également visible.

10 Dessinez le Contour du tracé avec le Pinceau pour peindre des lignes blanches sur un calque distinct ; vous vous y référerez pour le redimensionnement et la mise en place. Ensuite, sélectionnez le calque de l'enseigne et activez Édition> Transformation manuelle pour redimensionner et mettre en place l'enseigne.

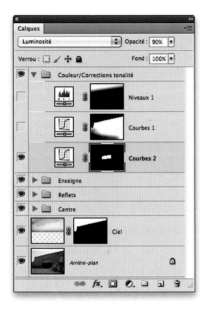

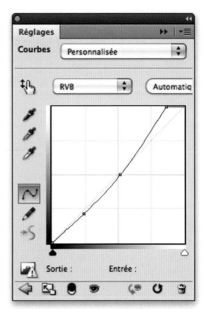

11 Trois calques de réglage sont requis pour effectuer les dernières corrections des tons et des couleurs du composite. Le premier réglage consiste à obscurcir le rideau métallique qui paraît plus clair que la façade. J'utilise un réglage Courbes pour assombrir uniquement la porte.

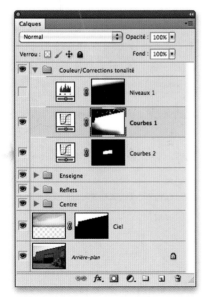

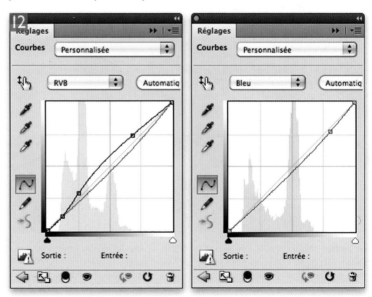

12 Le deuxième réglage consiste à éclaircir la façade ainsi que le tracteur. Utilisez un masque de réglage pour éviter que le réglage ne modifie le ciel et les graviers. En plus du réglage des tons (à gauche), sélectionnez aussi la couche bleue pour réduire le bleu et réchauffer la balance des couleurs. Comme le bâtiment a été photographié avec un ciel blanc, il paraît très froid.

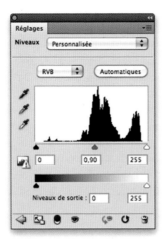

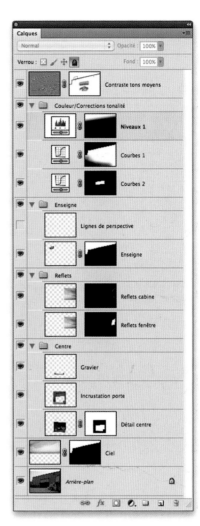

13 Le dernier réglage consiste à assombrir le ciel avec un dégradé à partir du coin supérieur gauche. Une toute petite partie du ciel a besoin d'être obscurcie ; un léger décalage à 0,9 du curseur de gamma des Niveaux suffit.

14 Voici le composite final : il a nécessité huit calques de pixels, trois calques de réglage, et enfin, un renforcement global du contraste dans les tons moyens. En fin de compte, la réalisation de ce travail m'a pris trois jours en comptant la numérisation du film original (35 mm), la création de l'enseigne, la recherche de la photo d'archive du ciel et le montage des différents calques. Le directeur artistique a été satisfait (et assez surpris). Je n'avais pas mentionné que ce travail aboutirait à deux versions de l'image finale. Il a fallu faire exactement la même image avec les engins Case Construction (illustrés ici) et les tracteurs Case ordinaires. Cela impliquait de créer deux enseignes, de prendre deux photos d'extérieur et deux de l'intérieur. Deux fois plus de travail et deux factures (même si cela n'a pas pris deux fois plus de temps car certains éléments pouvaient être réutilisés).

Modules externes d'autres éditeurs
Le montage s'effectue généralement sur un fond uni. Avec le logiciel Ultimatte AdvantEdge (www.ultimatte-software.com), vous devez photographier le sujet devant un fond bleu ou vert. En revanche, Vertus Fluid Mask (www.vertustech.com) est très efficace pour détourer des images sur des arrière-plans chargés.

Masquage des cheveux

Lorsque vous photographiez des personnes et que vous vous servez de Photoshop pour créer des montages, vous savez à quel point il est difficile de masquer correctement les cheveux. On peut lire différentes discussions sur les forums Internet car le sujet intéresse les photographes et les artistes qui utilisent Photoshop. En effet, il est difficile de se débarrasser des pixels résiduels qui subsistent à la limite de la chevelure et qui sont autant d'indices d'une image composite ratée. Dans les pages suivantes, nous allons voir une technique de masquage de la chevelure qui m'a bien servie au fil des années et qui peut être appliquée avec Photoshop sans plug-ins supplémentaires.

Je me permets d'insister sur le fait que pour que cette méthode fonctionne, le modèle ou le sujet doit être photographié sur un fond blanc ou de couleur claire. On vient souvent me voir pendant mes séminaires pour me demander comment adapter cette technique à des images ordinaires prises sur un fond chargé. Ça ne marche pas aussi bien. Dans ce cas, mieux vaut employer la technique présentée aux pages 217-220 ou utiliser un module externe comme Vertus Fluid Mask (voir note ci-dessus). Si vous savez que vous allez créer une image composite basée sur un détourage, alors mieux vaut photographier le sujet en gardant cette contrainte à l'esprit. Certains plug-ins, comme Ultimatte AdvantEdge, exigent que vous photographiiez le sujet qui sera détouré devant un écran bleu ou vert. Cette technique fonctionne aussi très bien quand la photo a été prise avec un fond blanc. Rien n'interdit d'utiliser un fond de couleur différente, mais cela ne simplifie pas la tâche.

Mode de fonctionnement

Cette méthode exploite le contenu de la couche de couleur et donc les informations déjà présentes dans l'image pour produire une nouvelle couche qui servira pour un futur masque. Donc, au lieu d'essayer de tracer la moindre mèche de cheveux sur un masque avec un pinceau fin, vous gagnerez beaucoup de temps en utilisant les informations qui se trouvent déjà dans les couches de couleurs et en vous en servant pour définir les contours fins. Toutefois, vous aurez toujours besoin de la Plume pour peaufiner le contour plus large du cou, des épaules et des bras du modèle. Je ne vous explique pas comment procéder ici car je ne veux pas compliquer davantage la procédure. Si vous devez vous servir de la Plume, définissez les zones à inclure dans le masque, puis convertissez le tracé vectoriel en sélection remplie avec du noir.

J'insiste ici sur l'exploitation maximale du contenu des couches, car cela vous permet de créer rapidement un masque précis basé sur l'image. Comme nous allons le voir dans le tutoriel suivant, parmi les fonctionnalités les plus utiles dans ce contexte, on compte notamment la commande Appliquer une image qui tire profit du contraste initial en fusionnant une couche avec elle-même ou avec une autre couche. Pensez également à choisir le mode Incrustation comme mode de fusion du Pinceau pour la conception d'une couche de masque en noir et en blanc. Plus récemment, j'ai également constaté que le réglage Tons foncés/Tons clairs, et plus particulièrement, les curseurs Luminosité et Contraste permettent d'améliorer le contraste du masque.

Harmonisation des différents éléments

Il va sans dire que pour réussir un composite, vous devez vous assurer que les photos que vous allez assembler concordent en termes d'angle de prise de vue, de hauteur de l'appareil photo, de focale de l'objectif, et surtout, d'éclairage. Quelle que soit la dextérité dont vous faites preuve dans votre maniement de Photoshop, si ces aspects ne concordent pas dès le départ, vous ne pourrez jamais parvenir à un composite réaliste. L'angle de prise de vue et la focale de l'objectif sont primordiaux pour les photos prises au grand-angle. Si vous assemblez des photos qui ont été prises avec un objectif ayant une focale plus longue, il y a davantage de risques d'erreurs. L'éclairage ne doit pas nécessairement être identique, mais si vous voulez fusionner une photo prise en studio avec une scène en extérieur, vous devrez probablement utiliser beaucoup d'éclairage zénithal et ajouter au besoin un éclairage direct pour imiter la lumière du soleil. Reportez-vous à la note ci-dessus sur le logiciel Matchlight qui aide les photographes à calculer la disposition optimale de l'éclairage.

Atténuation des contours du masque

Les photos retouchées ne sont pas réalistes quand elles contiennent des contours très nets. Un masque obtenu à partir d'un tracé vectoriel sera toujours trop net, même s'il a été lissé. Pour un résultat plus naturel, préférez des masques aux contours progressifs. C'est là que la boîte de dialogue Améliorer le masque prend tout son sens, avec ses curseurs Rayon, Contraste et Contour progressif pour contrôler l'atténuation ou le renforcement des contours du masque.

Système Matchlight

Les photographes de studio seront peut-être intéressés par le système Matchlight. Il permet de placer un disque spécial dans la scène photographiée en extérieur afin que le logiciel interprète l'angle de l'appareil photo et l'éclairage devant être mis en place en studio pour reproduire les conditions rencontrées en extérieur. Pour plus d'informations, consultez le site Internet www.gomatchlight.com/products.html.

1 En général, je prépare la séance de prise de vue de façon à photographier sur un fond blanc le modèle qui sera détouré, car c'est le meilleur moyen de détecter les détails de la chevelure. Dans cet exemple, le fond n'est pas complètement blanc, mais le contraste avec les cheveux est suffisant et adapté à la technique abordée ici pour créer un détourage du modèle et le placer sur un nouveau fond.

2 Commencez par examiner les différentes couches de couleurs et dupliquez la plus contrastée ; ici, la couche bleue présente le plus de contraste entre les cheveux et le fond. Copiez-la en la faisant glisser sur le bouton Créer une couche dans le panneau Couches. Vous créez ainsi la couche Bleu copie, qui est la couche active ici.

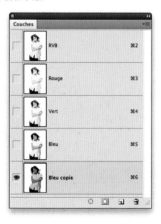

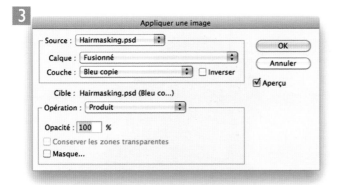

3

Appliquer une image

Source : Hairmasking.psd

Calque : Fusionné

Couche : Bleu copie ☐ Inverser

OK

Annuler

☑ Aperçu

Cible : Hairmasking.psd (Bleu co...)

Opération : Produit

Opacité : 100 %

☐ Conserver les zones transparentes

☐ Masque...

3 Pour renforcer le contraste dans la couche Bleu copie, choisissez la commande Appliquer une image dans le menu Image. Fusionnez la couche Bleu copie avec elle-même en mode de fusion Produit afin de l'assombrir. À ce stade, j'aurais parfaitement pu me servir du réglage Courbes, mais je préfère utiliser Appliquer une image car on peut alors choisir de fusionner d'autres couches de couleurs avec la couche copiée. Essayez, par exemple, de fusionner la couche Vert avec la couche Bleu copie. Hormis le mode de fusion Produit, testez également le mode Incrustation.

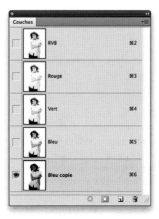

Astuce avec le réglage Noir et blanc

J'ai récemment appris une excellente astuce de Gregg Wilensky, l'un des développeurs de Photoshop, qui conseille d'appliquer le réglage Noir et blanc à une copie d'un calque pour accroître et/ou diminuer le contraste des tons, selon les besoins, de façon à préparer un masque basé sur le contenu coloré d'une image. Ensuite, vous pouvez copier le contenu du calque et le coller sur une nouvelle couche.

4 Il faut maintenant renforcer le contraste pour créer un masque de détourage. Servez-vous du Pinceau en mode Incrustation et activez alternativement du noir et du blanc comme couleur de premier plan. Avec le mode Incrustation, quand vous peignez en blanc, le blanc est uniquement appliqué aux pixels de couleur claire. Au contraire, quand vous peignez en noir, la peinture est seulement appliquée aux pixels foncés.

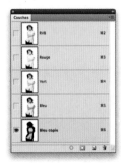

5 Le mode de fusion Incrustation convient bien pour peindre sur un masque, car vous pouvez utiliser une forme en pixels assez large pour accroître la densité du masque sur le contour du sujet, sans risquer de recouvrir accidentellement des zones claires. Continuez à peindre en faisant attention à ne pas trop renforcer la densité des mèches (passez au besoin en mode de fusion Normal pour finir le masque). Je préfère me servir d'un stylet et d'une tablette Wacom sensible à la pression, en définissant la Variation de l'Opacité avec la Pression de la plume parmi les options de Transfert du panneau Forme. Enfin, appliquez directement un réglage de Niveaux pour renforcer légèrement le contraste.

6 Il est temps d'ajouter une photo de fond. Ouvrez une nouvelle image d'une scène en extérieur, sélectionnez l'outil Déplacement et glissez l'image du fond dans la fenêtre de la photo du modèle. La photo prise en extérieur est ajoutée comme nouveau calque. Le Calque 1 (le nouveau fond importé) étant toujours activé, sélectionnez la commande Édition> Transformation manuelle et glissez les poignées pour redimensionner le nouveau calque de façon à l'ajuster aux dimensions du calque sous-jacent. Une fois satisfait du redimensionnement, cliquez sur OK.

7 Glissez la couche Bleu copie sur le bouton Récupérer la couche comme sélection dans le panneau Couches, puis cliquez sur le bouton Ajouter un masque de fusion (entouré) dans le panneau Calques afin de convertir la sélection active en masque de pixels.

8 À l'étape précédente, nous avons appliqué un masque de fusion au calque du fond. Cela revient à percer un trou dans le Calque 1 pour laisser apparaître la photo du modèle.

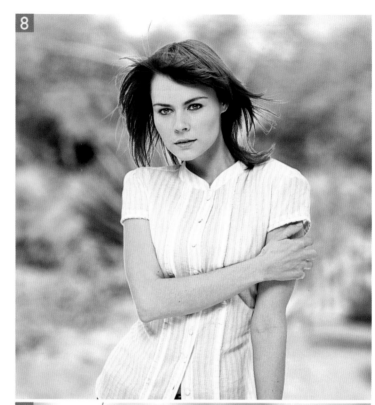

9 Pour cette étape, définissez le mode de fusion Produit pour «projeter» le Calque 1 sur le calque d'Arrière-plan. Comme vous pouvez le constater, le masque est plutôt réussi, mais il reste des zones dans lesquelles des contours blancs sont visibles autour des cheveux. Même si le masque de fusion a assez bien fonctionné, il peut encore être amélioré.

10 Assurez-vous que le masque de fusion (et non la vignette de l'image) est activé et cliquez sur le bouton Contour du masque, dans le panneau Masques, pour ouvrir la boîte de dialogue Améliorer le masque, illustrée ici. Sélectionnez le mode d'affichage Sur calques pour afficher la transparence du masque. J'ai commencé par définir le curseur Décalage du contour sur +40 %, ce qui dilate la partie blanche du masque. Je sais que cela peut paraître contre-productif, mais souvenez-vous que le masque utilisé ici cache le calque sélectionné et il est donc nécessaire de dilater les parties blanches du masque pour réduire la silhouette noire. Il suffit de faire glisser le curseur Décalage du contour vers la gauche ou vers la droite pour définir le réglage qui fonctionne le mieux. Dans cet exemple réalisé avec la version CS5, je n'ai pas voulu ajuster l'option du Rayon, mais j'ai réglé le curseur de Contour progressif pour contribuer à l'aspect estompé du masque et j'ai augmenté légèrement le Contraste à +15.

À ce stade, les contours du masque sont plus efficients et la fusion des mèches avec l'image de fond est plus réussie.

Améliorer le contour/Améliorer le masque/Contour du masque

Tous ces termes vous paraissent peut-être un peu confus. En fait, ils correspondent tous à la même chose. Quand une sélection est active, le menu Sélection contient la commande Améliorer le contour qui permet d'utiliser la boîte de dialogue illustrée ici pour parfaire une sélection avant de corriger quoi que ce soit. Ce n'est pas particulièrement utile, car dans la majorité des cas, vous vous contentez d'ajuster des curseurs lorsque la sélection a déjà été convertie et appliquée en tant que masque, ce qui permet de visualiser l'effet produit par les curseurs sur le masque de fusion en situation. Quand un masque de fusion actif est sélectionné, le menu Sélection propose la commande Améliorer le masque. Le bouton Contour du masque, qui se trouve dans le panneau Masques, ouvre la boîte de dialogue Améliorer le masque.

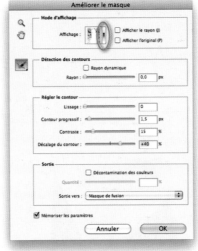

11 Voici l'image terminée qui montre le modèle sur un nouveau fond, après quelques modifications de l'image. J'ai notamment effectué quelques retouches beauté basiques sur le visage et j'ai ajouté un réglage Courbes éclaircissant limité à l'arrière-plan.

Pour la photo illustrée ici, j'ai utiliser la commande Améliorer le masque (une fois) pour parvenir à la meilleure modification du masque. Globalement, le masque est plutôt satisfaisant, mais il pourrait encore être amélioré le long du bras droit du modèle.

Pour atteindre un niveau de précision supérieur, on peut améliorer les contours du masque par deux applications de la commande Améliorer le masque. Pour cela, ouvrez le panneau Historique et créez un instantané de l'état actuel de l'amélioration du masque. Ensuite, annulez la dernière étape Améliorer le masque, puis réappliquez cette étape, mais cette fois, ajustez les curseurs en fonction des contours du bras et créez un autre instantané. Sélectionnez alors l'outil Forme d'historique et prélevez des extraits des deux instantanés des états d'historique pour peindre le long des contours du sujet. Il n'est pas toujours indispensable d'en faire autant, mais sachez qu'au besoin, il est possible de fusionner deux traitements différents de la commande Améliorer le masque.

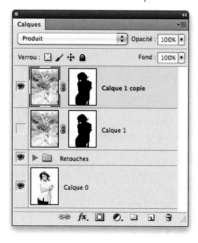

Photo : © Martin Evening

Masquage des cheveux avec Améliorer le masque

Dans Photoshop CS5, il est désormais possible d'utiliser la commande Améliorer le masque pour dissimuler plus facilement des objets complexes, comme les cheveux.

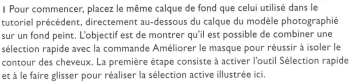

I Pour commencer, placez le même calque de fond que celui utilisé dans le tutoriel précédent, directement au-dessous du calque du modèle photographié sur un fond peint. L'objectif est de montrer qu'il est possible de combiner une sélection rapide avec la commande Améliorer le masque pour réussir à isoler le contour des cheveux. La première étape consiste à activer l'outil Sélection rapide et à le faire glisser pour réaliser la sélection active illustrée ici.

2 Ensuite, dans le panneau Calques, cliquez sur le bouton Ajouter un masque de fusion (entouré) pour convertir la sélection en masque de fusion détourant le modèle au-dessus de l'arrière-plan qui se trouve sur le calque sous-jacent. Comme vous pouvez le voir ici, ce masque basé sur une sélection est parfait autour du corps du modèle, mais le contour de la chevelure est trop net.

3 Pour améliorer le masque de la chevelure, ouvrez la boîte de dialogue Améliorer le masque via la commande Améliorer le masque du menu Sélection, ou le bouton Contour du masque dans le panneau Masques (entouré en rouge), ou encore le raccourci clavier ⌘ ⌥ R ctrl alt R. Commencez par activer l'outil Amélioration du rayon (entouré en vert) et tracez le contour de la chevelure. Cela permet d'améliorer notablement le masque de la chevelure. Ensuite, peaufinez le masque à l'aide des curseurs. Activez l'option Rayon dynamique et réglez un Rayon de 9 pixels. Appliquez un Contour progressif de 1 pixel et renforcez le Contraste à +15. Resserrez légèrement le masque par un Décalage du contour de -5 % et enfin, cochez l'option Décontamination des couleurs puis réglez une Quantité de 20 %. Une fois satisfait des réglages, cliquez sur OK pour appliquer l'amélioration du masque.

Client : Mack Hairdressing
Modèle : Ruth Bright

4 Si vous examinez les options de la boîte de dialogue Améliorer le masque à l'étape 3, vous constaterez que dans la rubrique Sortie, l'option Nouveau calque avec masque de fusion est définie dans la liste déroulante Sortie vers. Souvenez-vous que les modifications appliquées dans la boîte de dialogue Améliorer le masque sont définitives et transforment le masque de fusion de manière permanente. Par conséquent, il est préférable que l'opération crée une copie du calque en activant le masque de fusion révisé.

Curseurs de la boîte de dialogue Améliorer le masque

La boîte de dialogue Améliorer le masque permet de modifier le contour d'un masque de fusion. Vous pouvez l'ouvrir à tout moment, quand un masque de fusion est sélectionné, via Améliorer le masque dans le menu Sélection, en cliquant sur le bouton Contour du masque dans le panneau Masques (**figure 7.2**) ou encore, à l'aide du raccourci clavier ⌘ ⌥ R ctrl alt R. L'aperçu initial peut prêter à confusion parce qu'il utilise le mode d'affichage Sur blanc. Cliquez sur le bouton entouré à la **figure 7.3** pour afficher toutes les options du mode d'affichage. Ici, je vous conseille de sélectionner le mode Sur calques (raccourci **L**), puis de cocher la case Mémoriser les paramètres, avant de cliquer sur OK pour enregistrer ces nouveaux paramètres par défaut.

Figure 7.2 Panneau Masques avec le bouton Contour du masque

La boîte de dialogue Améliorer le masque/Améliorer le contour a été mise à jour dans la version CS5 de Photoshop. Notez que l'option Rayon dynamique peut servir à calculer automatiquement le rayon optimal basé sur une analyse de la largeur des contours dans une image. En présence d'étroites zones contrastées (comme le long des bras du modèle dans l'exemple précédent), un rayon étroit est appliqué. Quand les contours sont atténués (celui de la chevelure), l'option Rayon dynamique applique un rayon large. Sur le DVD d'accompagnement, vous trouverez un PDF (en anglais) qui présente les nouvelles fonctions de la boîte de dialogue Améliorer le masque. Celles-ci sont également présentées de manière sommaire dans les pages suivantes.

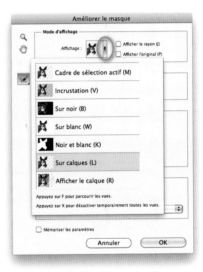

Figure 7.3 Boîte de dialogue Améliorer le masque avec les différents modes d'affichage

Figure 7.4 Voici l'image utilisée dans le tutoriel suivant consacré aux étapes d'amélioration d'un masque.

1 La **figure 7.4** a été dotée d'un masque de fusion basé sur une simple sélection rapide. Les étapes sont identiques à celles présentées aux pages 217-218.

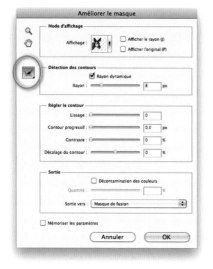

2 Effectuez le raccourci clavier ⌘ ⌥ R ctrl alt R pour ouvrir la boîte de dialogue Améliorer le masque. Ensuite, activez l'outil Amélioration du rayon (entouré) et peignez autour des oreilles et du menton pour ajouter les poils au contour du masque. Ensuite, cochez l'option Rayon dynamique et définissez un Rayon de 4 pixels. Évitez de définir un rayon trop élevé, sous peine de faire apparaître l'arrière-plan de la photo originale.

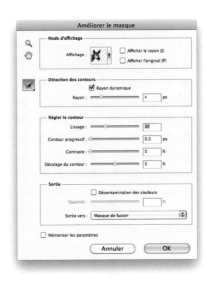

3 Le curseur Lissage peut servir à gommer les contours irréguliers d'une sélection. En général, il est préférable de ne pas régler un Lissage trop élevé, mais quand c'est indispensable, l'augmentation du Rayon permet de récupérer des détails dans le contour. Dans cet exemple, la valeur de Lissage a été augmentée à 30 pour exagérer l'effet.

4 Une augmentation du Contour progressif estompe uniformément les contours et contribue à produire un masque aux contours atténués. Vous pouvez parfois utiliser le curseur Contour progressif avec le curseur Contraste pour peaufiner l'apparence du contour du masque.

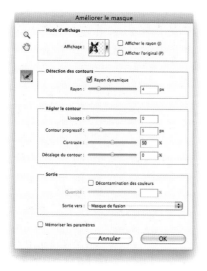

5 Le curseur de Contraste permet de renforcer les contours atténués des masques et contribue à éliminer les artéfacts le long des contours d'une sélection. Ici, un réglage de Contraste de 50 % a été appliqué pour durcir le contour progressif créé à l'étape 4.

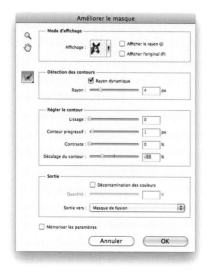

6 Pour cette étape, j'ai défini un Contour progressif de 1 pixel et j'ai remis le curseur de Contraste à zéro. Le curseur Décalage du contour modifie le masque en le réduisant ou en l'agrandissant. Dans cet exemple, le curseur de Décalage du contour a été défini sur -50 % de façon à produire un masque de fusion d'action plus étroite.

7 Pour ce nouvel exemple, le curseur Décalage du contour a été réglé sur +50 % pour agrandir les parties blanches du masque, sans cacher trop étroitement le contour. Très souvent, vous préférerez ajuster d'abord le curseur Décalage du contour, avant les autres curseurs.

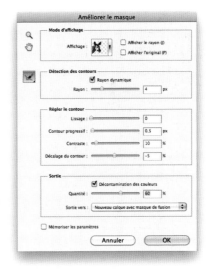

8 Dans cette dernière étape, tous les curseurs ont été ajustés pour produire un contour de masque optimal. Le curseur Contour progressif a été défini sur 0,5 pixel, le Contraste sur 10 % et le Décalage du contour sur -5 %. Enfin, cochez l'option Décontamination des couleurs et réglez la Quantité sur 60 %. Ce curseur peut servir à éliminer les traces résiduelles des couleurs de l'arrière-plan de l'image originale, de façon à ce que l'image se fonde mieux avec les couleurs de l'image située sur le calque sous-jacent.

Simili masque

Faut-il vraiment passer des heures à créer un masque dans Photoshop ? Si vous êtes spécialisé dans la nature morte en studio, la réponse est toute trouvée. Nous allons examiner une situation type dans laquelle une installation de studio permet d'anticiper la création d'un masque en éteignant tout simplement l'éclairage du premier plan, en réalisant un cliché supplémentaire avec un appareil photo numérique et en utilisant la silhouette ainsi obtenue comme base pour le masque. Si votre appareil photo numérique est monté sur un trépied pour capturer les deux expositions, le masque obtenu est précis au pixel près. Croyez-moi, la perspective de devoir se servir de la Plume pour détourer un sujet comme celui-là découragera même les plus grands fans de cet outil.

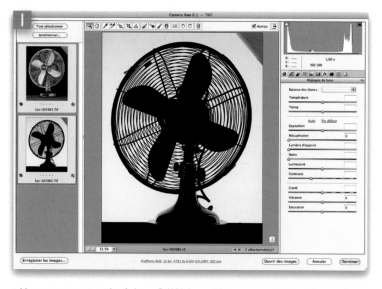

I Vous pouvez voir ici les fichiers RAW du ventilateur ouverts dans Camera Raw. Pour réussir à préserver la correspondance exacte, pixel par pixel, de ces deux clichés, il est crucial de s'assurer que le recadrage de toutes les images développées est absolument identique. Sélectionnez les deux images et cliquez sur le bouton Synchroniser. Dans la boîte de dialogue qui apparaît, activez uniquement l'option Recadrer, puis cliquez sur OK.

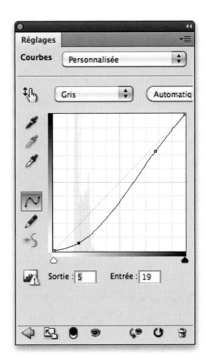

2 Ici, vous pouvez voir la photo qui a été prise sans éclairage de premier plan, avec le seul éclairage du fond, après sa conversion en niveaux de gris. Comme cette image va uniquement servir à créer une couche, la couleur ne présente aucun intérêt ici. Un réglage Courbes est nécessaire pour éclaircir le fond en évitant de trop éclaircir les tons foncés.

3 Ensuite, grossissez légèrement la vue et récupérez la couche Gris de l'image comme sélection, puis peignez sur le contour du ventilateur pour améliorer le masque et éliminer autant de tons que possible dans les zones blanches. Vous remarquerez qu'avant de récupérer la sélection, j'ai commencé par éliminer le réflecteur qui était visible dans le coin supérieur droit. Comme cette zone assez large est suffisamment éloignée du ventilateur, une sélection n'est pas nécessaire. Vous noterez aussi qu'il reste des tons à éliminer au niveau du pied du ventilateur, à l'intérieur de la grille. Nous n'essayerons pas de les peindre à la main.

4 Pour retoucher le pied du ventilateur, créez un tracé qui en suit précisément le contour. Le tracé est récupéré sur une couche (en haut à gauche) et la couche originale est récupérée comme sélection. Ensuite, récupérez la couche Détourage base, inversez-la et activez l'option Intersection avec la sélection. Cette opération de «détourage par couche» aboutit à la figure illustrée à droite. Vous pouvez également vous servir de la couche Détourage base pour effacer l'horizon et détourer le pied du ventilateur. À l'étape suivante, nous allons copier la couche modifiée dans l'image RVB du ventilateur.

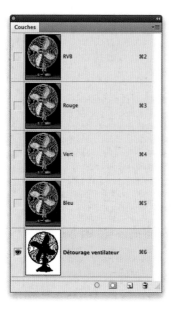

5 Avec l'outil Déplacement, glissez l'image en niveaux de gris (à droite) sur l'image RVB (à gauche). Maintenez la touche **Shift** enfoncée après avoir commencé le déplacement, de façon à ce que Photoshop aligne précisément les pixels des deux images. Dans le panneau Couches, vous pouvez observer que la couche Détourage ventilateur a été ajoutée dans l'image en couleurs et que l'alignement est parfait. Avant de vous en servir comme masque de fusion, vous devez inverser le masque de la couche à l'aide du raccourci clavier **⌘ I** **ctrl I**.

6 Une fois la couche inversée, grossissez la vue pour vous concentrer sur les quelques zones qui doivent encore être retouchées. Des interventions localisées sont souvent nécessaires pour les objets brillants qui présentent des reflets (cela reste moins fastidieux que l'utilisation de la Plume).

Photo : © Jeff Schewe

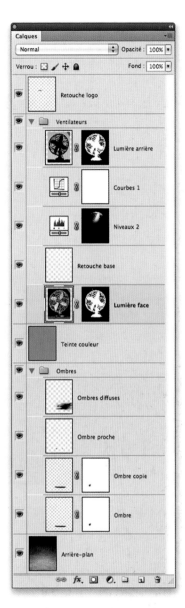

7 Dans ce composite final, vous constatez que le calque principal du ventilateur utilise le contour du ventilateur comme masque de fusion (après l'ajout du pied dans la couche). J'ai également ajouté un second calque du ventilateur dans le composite ; il s'agit de la photo originale en contre-jour (en couleurs) à partir de laquelle j'ai créé le masque. Cette seconde photo du ventilateur ajoute quelques tonalités au niveau du pied du ventilateur. Les autres calques contiennent des réglages d'image, des ombres et un calque de couleur qui colorise l'arrière-plan.

Masquage d'un objet avec un tracé

Martin Evening et moi souhaitons ardemment qu'il existe un outil magique, capable de produire des masques parfaits en quelques clics seulement, mais nous les avons tous essayés et quand une extrême précision est indispensable, rien ne saurait remplacer la Plume pour la création d'un tracé. En termes de précision, aucune sélection basée sur les pixels ne peut rivaliser avec le travail à la Plume. Nous excellons donc tous les deux dans l'art de la création de tracés dans Photoshop. Cette parfaite maîtrise garantit presque à 100 % la perfection du masque obtenu.

Le montage suivant est le résultat d'un travail que je n'aurais pas dû accepter ; il s'agit d'un composite réalisé à partir d'une photo prise en studio. À Chicago, le mois de février ne se prête pas vraiment à une séance de prise de vue sur un bateau de croisière. Hélas, le budget n'étant pas suffisant pour une destination exotique, j'ai imaginé à quoi ressemblerait le cliché s'il avait été pris dans des conditions idéales. La **figure 7.5** est le pur produit de mon imagination.

Figure 7.5 La photo du ciel est une photo d'archive personnelle (et facturée comme telle au client) et celle à droite a été prise en studio (en février) avec un éclairage reproduisant la lumière extérieure. Je me suis efforcé d'imiter un effet d'écran bleu en neutralisant le fond bleu, mais j'ai échoué.

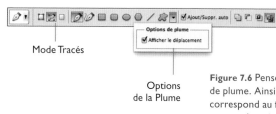

Mode Tracés

Options
de la Plume

Figure 7.6 Pensez à activer le mode Afficher le déplacement dans les Options de plume. Ainsi, quand vous placez un point, le curseur est suivi d'un trait qui correspond au futur tracé, tel qu'il sera créé en cas de nouveau clic. Cela vous permet de prévoir l'apparence du tracé avant la mise en place du point suivant. Assurez-vous aussi que le mode Tracés de la Plume est bien activé. Ainsi, la Plume produit un tracé et non une forme.

I La première étape consiste à créer un nouveau tracé, puis à zoomer dessus. Je préfère travailler avec un facteur de zoom au moins égal à 200 % pour bénéficier d'une vue plus précise sur le résultat obtenu. Cela permet aussi d'estimer plus facilement ce qui sera inclus ou non dans le contour. Ici, j'ai commencé par placer des points au niveau de la boisson que l'homme tient à la main. Le pointeur désigne l'emplacement du point et le trait qui le suit (à condition que l'option Afficher le déplacement soit activée) indique l'emplacement du tracé après le clic (**figure 7.6**).

2 Avance rapide jusqu'au dernier point qui referme le tracé. Même si le tracé est terminé, il doit être peaufiné à certains endroits. La **figure 7.7** explique comment grossir la vue et ajuster le tracé. La Plume autorise une extrême précision dans la mise en place de ce qui deviendra une couche, avant qu'elle soit à son tour convertie en sélection pour être utilisée comme masque de fusion. Nous en arrivons à ces étapes, ainsi qu'à l'utilisation du Tracé mise au point illustré à la **figure 7.8**.

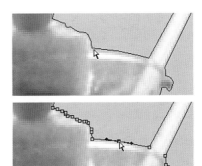

Figure 7.7 J'ai cliqué sur le tracé avec l'outil Sélection directe (illustré en haut). Notez que la touche ⌘ ctrl permet d'activer directement cet outil quand la Plume est sélectionnée. Ensuite, j'ai cliqué sur le tracé (en bas) pour déplacer légèrement le point afin d'améliorer le contour du tracé final. Notez qu'il est possible d'ajuster le point d'ancrage sélectionné à l'aide des touches fléchées.

Figure 7.8 Voici les deux tracés créés. Le tracé Détourage a servi à réaliser un éventuel masque de fusion et Focus path a été créé pour modifier le masque du contour final de façon à ajouter un effet de profondeur de champ au masque de fusion Tracé mise au point à l'étape 4.

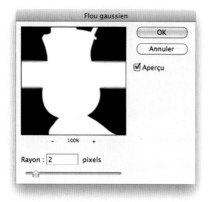

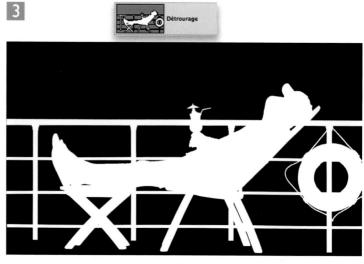

3 Ici, j'ai activé le tracé Détourage, et dans le panneau Tracés, j'ai choisi Définir une sélection avec un Rayon de 0,8 pixel pour le contour progressif. Par expérience, je sais que même s'il est toujours possible d'estomper la netteté d'une couche, il est très difficile d'accentuer un contour progressif. J'ai donc tendance à définir un contour progressif assez réduit pour l'ajuster ensuite, comme je l'ai fait à l'étape suivante.

4 Après le tracé Détourage, j'ai créé un nouveau tracé de façon à définir des zones auxquelles je pourrai appliquer un floutage supplémentaire pour imiter l'effet de profondeur de champ. J'ai récupéré le Tracé mise au point (qui contient toutes les zones situées derrière l'homme sur sa chaise longue) en tant que sélection et j'ai appliqué un Flou gaussien avec un rayon de 2 pixels pour atténuer légèrement la netteté de la couche.

5 Après avoir récupéré la couche finale en tant que sélection pour créer un masque de fusion, j'ai fait glisser le calque Homme dans sa chaise sur le calque d'Arrière-plan du ciel et j'en ai ajusté l'emplacement et la dimension.

6 Tandis que le composite est presque terminé à l'étape 5, il me manque encore un élément pour compléter l'ambiance du cliché et intégrer le premier plan à l'arrière-plan. Comme de la lumière parasite était déjà présente, j'ai décidé d'abonder dans ce sens. J'ai créé un nouveau calque rempli de noir et l'ai défini en mode de fusion Superposition. Je voulais placer la lumière parasite sur un calque distinct. Le mode de fusion Superposition a pour effet d'éclaircir uniquement le composite dans les zones plus claires que le noir. Toutefois, le filtre Halo pose problème pour la prévisualisation d'un calque noir : il n'est pas possible de voir les calques sous-jacents. J'ai donc eu recours à une astuce. J'ai d'abord appliqué le filtre sur un calque en m'aidant de l'aperçu ; j'ai validé mon choix, puis je l'ai immédiatement annulé. Ensuite, j'ai à nouveau sélectionné le calque auquel je voulais appliquer l'effet et j'ai utilisé le raccourci ⌘ F ctrl F pour appliquer à nouveau le dernier filtre utilisé. On obtient ainsi un halo lumineux sur un calque noir (avec une Opacité de 50 %).

Halo appliqué au calque d'Arrière-plan

Halo réappliqué au calque noir

233

Objets dynamiques

Il est possible de produire des objets dynamiques à partir de pixels (comme ici), de dessins vectoriels ou encore d'une image Camera Raw ouverte en tant qu'objet dynamique. N'importe quel objet dont la taille ou la rotation peut être ajustée sans être soumise aux limites habituellement imposées aux images multicalques est un candidat idéal pour la transformation en objet dynamique.

Utilisation d'objets dynamiques

Lorsque l'on réalise un composite multicalque, le redimensionnement et la rotation d'un calque provoquent une dégradation de l'image. Si vous changez d'avis après le redimensionnement d'un calque par Transformation manuelle, il est impossible de faire marche arrière : il faut tout recommencer. Pour éviter de se retrouver dans cette situation quand on réalise un composite complexe, il faut transformer les calques en objets dynamiques. Les objets dynamiques peuvent être redimensionnés ou pivotés, ou subir d'autres opérations exigeant une sélection, sans que les pixels de l'objet n'en soient altérés. Les calques de l'image sont traités comme des fichiers distincts, intégrés au fichier principal. Cependant, un objet dynamique n'est pas la meilleure solution, car toutes les corrections ne peuvent pas y être appliquées. Pour contourner le problème, le calque original peut être ouvert en tant que fichier temporaire par un double-clic. On peut alors y appliquer des corrections au niveau des pixels, puis enregistrer les modifications dans l'objet dynamique qui seront automatiquement répercutées dans l'image dans laquelle l'objet dynamique est intégré. Le procédé est plus facile à démontrer par un tutoriel qu'à expliquer par un long discours. À la **figure 7.9**, vous pouvez voir des photos de composants électroniques qui ont été détourés et placés sur un arrière-plan coloré et texturé.

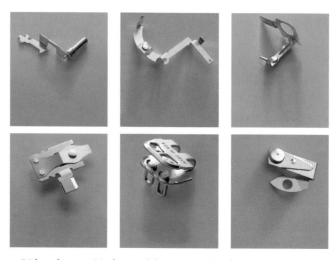

Figure 7.9 Les photos originales ont été prises sur plans-films couleur 4 × 5 pouces, puis numérisées. Chaque composant a été photographié séparément afin de pouvoir en peaufiner l'éclairage. Pour la photo du fond, nous avons photographié une sorte de crépis peint à l'aérographe.

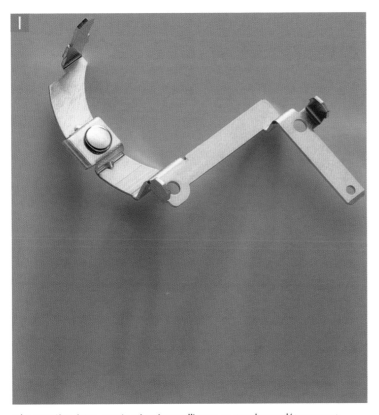

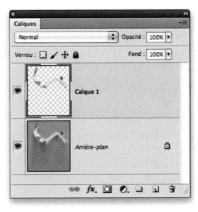

1 La première étape consiste à préparer l'image en vue de son détourage et de l'ajout d'ombres portées. L'image ci-dessus a été retouchée par corrections localisées et par duplication. La couleur globale (de l'objet) est satisfaisante. Vous noterez que le détourage est suffisamment large pour montrer la position de l'ombre originale qui servira de référence pour l'ombre ajoutée dans Photoshop. Créez un contour par un tracé, récupérez le tracé comme sélection et utilisez le raccourci ⌘ J ctrl J pour transformer la sélection en nouveau calque.

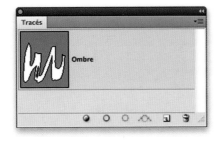

2 Après avoir créé un tracé autour des ombres originales avec la Plume, récupérez le tracé comme sélection, puis ajoutez un nouveau calque sous l'objet détouré, comme illustré dans le panneau Calques.

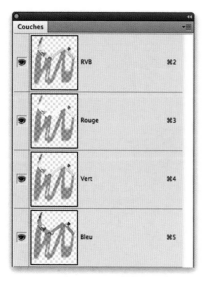

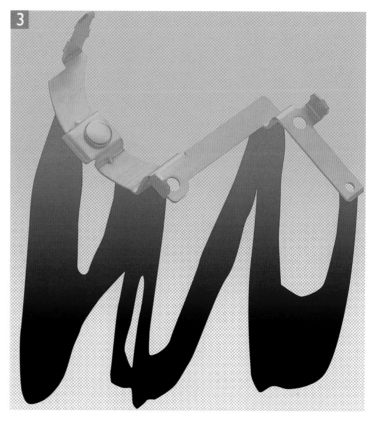

3 Le Flou de l'objectif employé comme floutage initial doit être progressif. Après avoir rempli la sélection avec du noir, ajoutez un dégradé en mode Masque pour créer un masque en vue du floutage. Ensuite, récupérez le masque en tant que sélection et enregistrez-le sur une nouvelle couche.

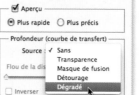

4 Appliquez alors le filtre de Flou de l'objectif sur la couche alpha de l'ombre en réglant la valeur maximale pour le Rayon. Sélectionnez le dégradé illustré comme courbe de transfert de Profondeur. Ainsi, le filtre est appliqué en imitant l'effet de flou naturel d'une ombre portée, le dégradé étant utilisé pour le flou progressif.

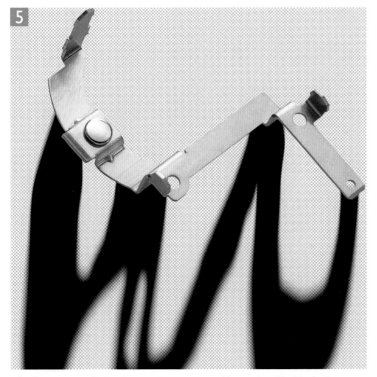

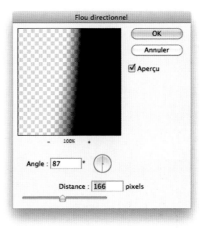

5 Le flou progressif nécessite un ajustement supplémentaire. Choisissez de préférence le filtre Flou directionnel pour estomper davantage les ombres de ce tracé qui est loin d'être parfait. L'Angle est défini de façon à imiter la direction naturelle de l'éclairage et la Distance est ajustée pour produire un flou directionnel. Après avoir appliqué le flou, réduisez l'Opacité à 50 %.

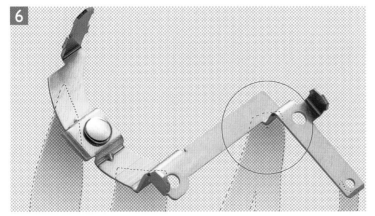

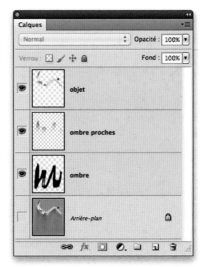

6 Récupérez l'ombre principale en tant que sélection (pour limiter la peinture à l'ombre principale floutée) et ajoutez un second calque d'ombre pour y peindre l'ombre près de l'objet. Ainsi, l'objet ne donne pas l'impression de flotter.

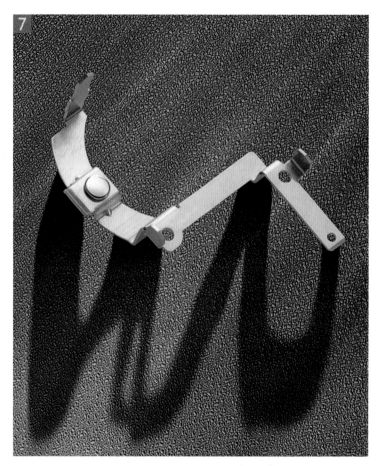

7 Sélectionnez le calque de l'objet et les deux calques des ombres. Ensuite, dans le panneau Calques, choisissez Convertir en objet dynamique. Vous obtenez ainsi un seul calque d'objet dynamique. Sélectionnez l'objet et glissez-le sur l'image d'arrière-plan (voir le panneau Calques, en bas). Comme vous pouvez le constater, l'échelle ne convient pas. Mais, s'agissant d'un objet dynamique, il est possible de le redimensionner, le pivoter et le déplacer librement (au gré des désirs du directeur artistique). Pour redimensionner l'objet dynamique, sélectionnez-le et appliquez une commande de Transformation manuelle. Quelles que soient les transformations appliquées à l'objet, ses pixels ne sont pas modifiés.

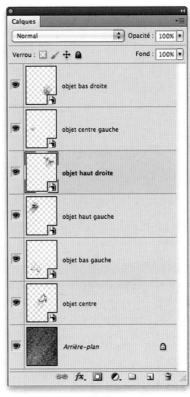

8 Voici à quoi ressemble le composite final après la mise en place des six objets sur le fond. La pile de calques des différents objets dynamiques est présentée à droite. Dans un monde parfait, ce travail serait considéré comme terminé, mais le directeur artistique a trouvé que le composant qui se trouve en haut à droite avait besoin d'être retouché. Comme c'est un objet dynamique, il suffit de double-cliquer dessus pour le modifier.

9 Ce message apparaît quand vous ouvrez un objet dynamique pour le modifier. Lisez-le attentivement avant de continuer. Il vous informe que Photoshop va ouvrir l'objet intégré dans une nouvelle fenêtre pour vous permettre d'y apporter toutes les modifications souhaitées. Quand vous avez terminé, vous devez enregistrer le document sans utiliser la commande Enregistrer sous, sinon le lien sera brisé (avec des conséquences fâcheuses).

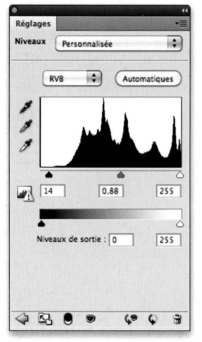

10 L'image de l'assemblage étant toujours ouverte, ouvrez l'objet dynamique, situé dans le coin supérieur droit, en tant que fichier distinct avec ses propres calques, afin de réaliser un ajustement des tons du composant électronique. Servez-vous du masque de transparence de l'objet pour créer un masque de fusion et y appliquer un réglage des Niveaux. Une fois le réglage effectué, enregistrez le fichier sans recourir à la commande Enregistrer sous.

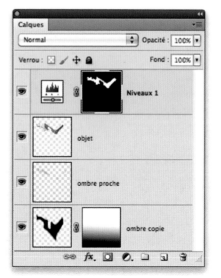

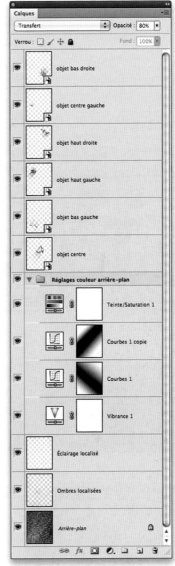

11 Après l'enregistrement de l'objet dynamique modifié, les corrections sont répercutées dans l'image principale. Une fois tous les objets dynamiques modifiés, j'ai procédé à d'autres ajustements globaux. J'ai ajouté des calques de réglage Vibrance et Teinte/Saturation, ainsi que deux calques de réglage Courbes d'un impact progressif. Sur d'autres calques, j'ai ajusté les tons au-dessus du calque d'Arrière-plan pour éclaircir ou obscurcir des zones selon un motif zébré. Pour produire ce motif, j'ai créé une nouvelle couche. Pour cela, j'ai choisi la commande Filtre>Rendu>Nuages, puis j'ai ajusté la densité et appliqué un filtre Atténuation>Flou directionnel. J'ai récupéré la couche en tant que sélection et j'ai rempli un calque avec du blanc pour obtenir un calque éclaircissant, puis j'ai inversé la sélection et je l'ai remplie de noir pour créer un calque obscurcissant.

Complément d'ambiance

J'ai beaucoup photographié de tracteurs pour le constructeur Case. Cette campagne publicitaire devait vanter les mérites de leurs tracteurs par rapport aux modèles concurrents. La marque organisait différentes manifestations à travers le pays et je devais assister à l'une d'elles, en Arizona, pour photographier un duel entre deux tracteurs. Les manifestations étaient filmées et les films distribués auprès des concessionnaires et des clients – d'où la publicité en vidéo.

Nous avions décidé de photograpier tôt le matin, peu après le lever du soleil. Les pilotes étaient équipés de radios de façon à ce que le directeur artistique et moi-même puissions leur donner des instructions sur leur position et leur vitesse. Je ne sais pas si vous avez déjà conduit un tracteur (moi si), mais ils ne sont ni très manœuvrables, ni très rapides. Ce sont plutôt des tortues, mais la publicité devait laisser supposer que les tracteurs faisaient la course et que le tracteur Case était le vainqueur. Malgré tous nos efforts, nous n'avons jamais réussi à réunir les deux tracteurs au bon endroit, à la bonne vitesse et avec le bon nuage de poussière. Ce travail nécessitait indubitablement l'aide de Photoshop (ce qui n'était une surprise ni pour le directeur artistique, ni pour moi).

Figure 7.10 En haut à gauche, vous pouvez voir le brief initial, et au-dessous, les deux photos choisies parmi plusieurs centaines de clichés sur film 35 mm. Ci-dessus, l'image finale telle qu'elle a été utilisée dans la publicité.

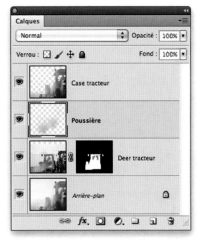

Figure 7.11 Le composite avec et sans ajout de poussière. La poussière complète l'ambiance et achève l'intégration des deux images.

1 La première étape consiste à examiner le nuage de poussière soulevé par le tracteur dans la photo qui en contient le plus. Elle est importante parce que avant d'ajouter quoi que ce soit, il est nécessaire de bien en comprendre le principe. Le nuage de poussière dégage une impression de mouvement et réagit à l'environnement. Si l'on s'était contenté de le peindre à l'aérographe, il aurait plus ressemblé à de la fumée qu'à de la poussière soulevée par le tracteur. Un examen minutieux m'a permis de déterminer l'outil le mieux adapté, à savoir le filtre Nuages. Par conséquent, au lieu de délimiter la zone au Pinceau, il faut recourir à une sélection.

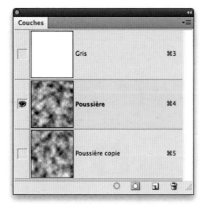

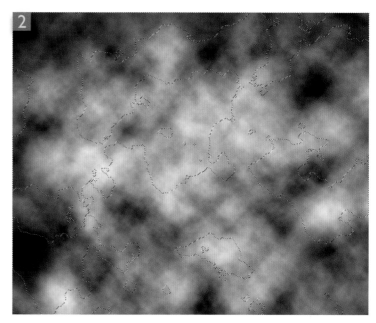

2 Créez un document en niveaux de gris, ajoutez une couche nommée «Poussière» et activez la commande Filtre>Rendu> Nuages pour produire un motif aléatoire de nuages. Dupliquez le calque Poussière et appliquez une seconde fois le filtre (chaque résultat est unique). Récupérez la copie comme sélection et servez-vous-en pour modifier la première couche Poussière. Cela permet d'éclaircir ou d'obscurcir certaines zones par le biais des effets de la sélection basée sur le résultat du filtre Nuages.

3 Continuez à peaufiner le nuage avec le Filtre>Bruit>Ajout de bruit pour fragmenter le motif, puis ajoutez un léger Flou gaussien pour adoucir le bruit.

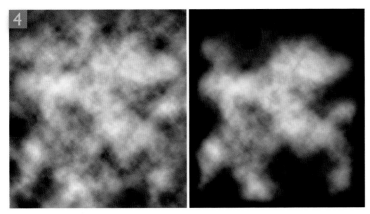

4 Avant d'introduire la couche de poussière dans l'image principale, il faut modifier le périmètre de la couche afin de s'assurer qu'elle ne présentera pas d'intersections marquées au moment de la peinture à travers le masque. Peignez sur tout le contour et obscurcissez sélectivement certaines zones pour renforcer l'impression de traînées de poussière.

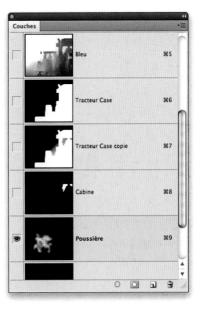

5 Copiez la couche de poussière sur une nouvelle couche dans le composite des deux tracteurs et cliquez pour la rendre visible ainsi que la couche Vert de l'image RVB. On voit ainsi la couche de poussière sur l'image, ce qui facilite sa mise en place et son redimensionnement. Faites pivoter la zone de poussière sur la couche et redimensionnez-la de façon à la placer là où le composite doit montrer le plus de poussière.

6 La couche de poussière étant récupérée en tant que sélection, peignez avec une Opacité plus ou moins réduite pour créer progressivement l'ambiance. Au besoin, servez-vous de la Gomme pour atténuer l'effet.

7 Avec l'outil de Sélection, déplacez la sélection active dans une autre zone. Une fois la poussière déplacée, continuez à peindre pour amasser de la poussière à d'autres endroits.

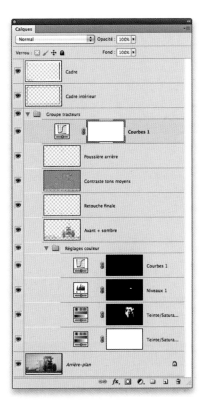

8 La prochaine étape consiste à sélectionner la Gomme pour estomper les zones où la poussière est trop forte. On pourrait également utiliser un masque de fusion et peindre en noir pour supprimer l'excédent de poussière. Souvenez-vous qu'un masque est utile pour peindre, mais aussi pour gommer.

9 Voici le composite final, avec les tons, les couleurs et les retouches, complété par une bordure stylisée qui imite l'effet d'un passe-vue. Notez également l'ajout d'un calque de renforcement du contraste dans les tons moyens pour doper le contraste des tracteurs.

Impression de mouvement

On demande souvent à la photographie de donner une impression de mouvement. À part envoyer le sujet valser dans les airs, parvenir à produire cet effet exige généralement un gros travail dans Photoshop. Dans cet exemple, il n'était pas envisageable de photographier le verre en train de se briser. La **figure 7.12** montre les deux clichés de départ et le résultat final du verre qui se brise sous le coup de marteau. Certes, il a fallu casser du verre pour réaliser cet effet, mais au lieu de me contenter de photographier le résultat, j'ai essayé de restituer l'impression de mouvement.

La photo de l'arrière-plan montre un marteau statique, visible à travers du verre cassé, recouvert d'un film adhésif satiné. La vitre était enchâssée dans un cadre en bois. Des éclats de verre de cette vitre (et de quelques autres) ont été collés à du fil de fer et photographiés sous le même éclairage que la photo principale. Il est primordial de photographier les différents éléments d'un composite dans les mêmes conditions d'éclairage pour aboutir à un montage final plausible.

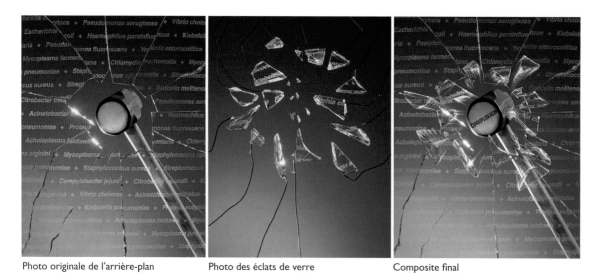

Photo originale de l'arrière-plan · · · Photo des éclats de verre · · · Composite final

Figure 7.12 Les photos originales ont été prises sur plans-films couleur 4 × 5 pouces et numérisées. La photo principale a été prise la première et les éclats de verre ont été disposés de façon à ce que l'éclairage du montage final corresponde à celui de la photo principale.

Estampage du mot

Avant de créer l'impression de mouvement, la première partie du travail consiste à graver le mot CIPROFLOXACIN sur la tête du marteau. Ne me demandez pas ce que ce mot signifie car je n'en ai pas la moindre idée. L'image est destinée à une société pharmaceutique, donc je suppose qu'il s'agit du nom d'un médicament. Les lettres ont été importées sous forme de tracés dans Photoshop et placées sur la tête du marteau, puis elles ont été sélectionnées et la sélection mémorisée sur une couche. Ensuite, diverses opérations ont été appliquées aux couches (fragments) pour les décaler et créer l'effet d'estampage.

Estampage ou extrusion ?

Notez que les étapes suivantes expliquent comment produire un estampage. Ces mêmes étapes peuvent servir à produire une extrusion, la différence essentielle étant la direction du décalage et l'inversion de la direction de l'éclairage.

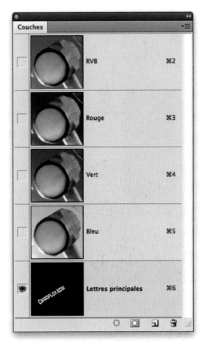

I La première étape consiste à créer une couche de base dont le contenu détouré servira à créer des sélections décalées. Plusieurs sélections sont nécessaires pour élaborer l'estampage final. Le panneau Couches montre la position du mot par rapport à la tête du marteau. Tous les détourages ont été réalisés en reproduisant cette couche principale, en décalant les copies, puis en choisissant la Source et le Résultat adéquats dans la boîte de dialogue Récupérer la sélection. Il est important que tous les détourages soient réalisés sur des copies des couches et non sur la couche principale, car cette dernière doit être conservée à titre de référence pour les autres couches.

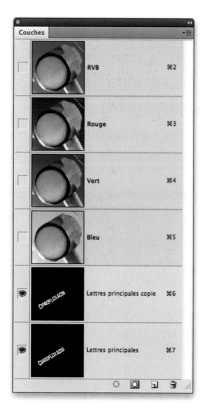

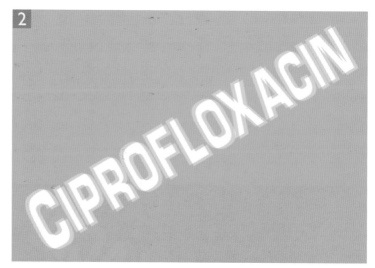

2 Ensuite, copiez la couche principale et, après avoir sélectionné l'outil Déplacement, décalez-la à l'aide des touches fléchées. Pensez à cliquer sur l'icône de l'œil des deux couches pour mieux estimer leur position respective. La copie de la couche a été décalée vers le bas et vers la droite, et elle deviendra bientôt l'ombre de l'estampage.

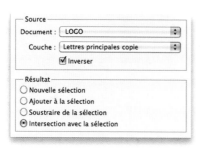

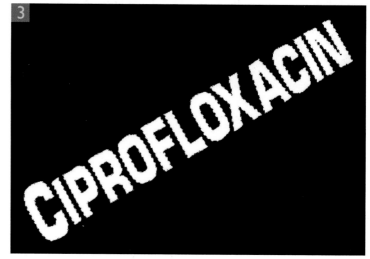

3 Activez à nouveau la couche principale et récupérez-la comme sélection. Ensuite, dans la boîte de dialogue Récupérer la sélection, définissez la sélection récupérée comme étant la copie de la couche principales des lettres, cochez l'option Inverser (car la sélection doit être inversée avant l'opération), puis définissez le Résultat comme présentant une Intersection avec la sélection.

4 Voici le résultat de l'intersection de la sélection décalée avec la couche principale originale. C'est le but visé par ces opérations sur les couches. Une fois ce résultat atteint (il dépend entièrement des choix effectués dans la boîte de dialogue Récupérer la sélection), mémorisez-le sur une nouvelle couche.

5 Voici la couche mémorisée servant à créer l'ombre qui donne sa forme à l'estampage. Comme variantes de cette opération, on pourrait imaginer un léger flou sur la couche copiée pour donner l'impression d'une lumière douce, ou un décalage variable pour indiquer un estampage plus ou moins profond. La couche principale sert à produire une impression d'obscurité globale, la couche de l'ombre à créer une impression de profondeur et les touches finales apportées sous la forme de hautes lumières renforcent le réalisme et ajoutent de la lumière. Les étapes employées pour créer les couches de hautes lumières sont identiques à celles présentées ici, mais la couche est décalée vers le haut et vers la gauche.

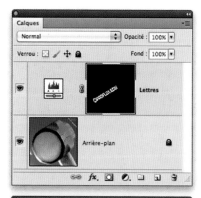

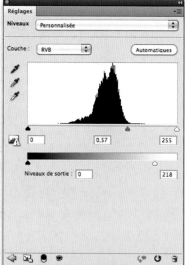

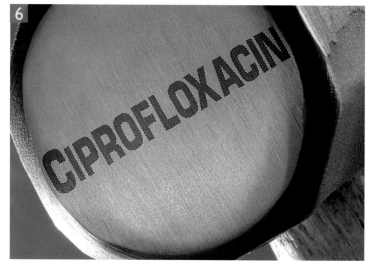

6 Récupérez la couche de texte en tant que sélection et ajoutez un réglage Niveaux pour assombrir la zone de la tête du marteau destinée à recevoir le texte. Assombrissez aussi les niveaux de sortie. Comme la texture de métal brossé est suffisamment régulière, il n'est pas nécessaire de la retoucher davantage. Si un motif avait été visible, il aurait fallu copier-coller le motif décalé pour suggérer la profondeur.

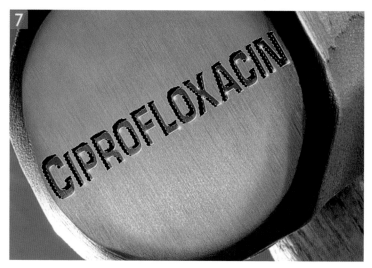

7 Ensuite, récupérez la couche de l'ombre du texte en tant que sélection et appliquez un autre ajustement des tons pour assombrir davantage les ombres. Le niveau d'obscurcissement choisi est une question de goût et d'expérience personnelle. Il n'y a pas de valeur universelle.

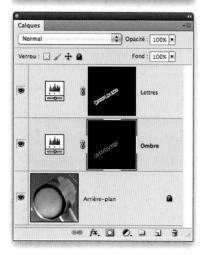

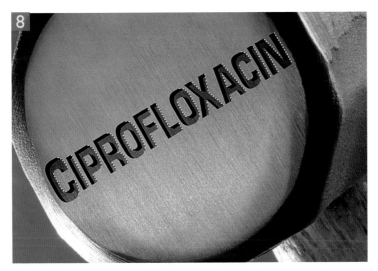

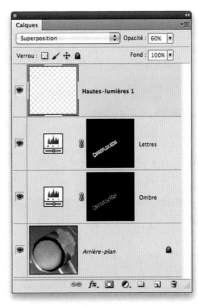

8 Au lieu d'appliquer un autre calque de réglage, ajoutez un nouveau calque en mode Superposition, puis récupérez l'une des couches de hautes lumières en tant que sélection et remplissez-la de blanc. Vous obtenez ainsi deux couches de hautes lumières dont l'atténuation des contours est légèrement différente pour produire à la fois une impression de lumière douce et de lumière dure éclairant la tête du marteau. Aidez-vous de l'éclairage du marteau pour vous guider pour la création des couches de hautes lumières.

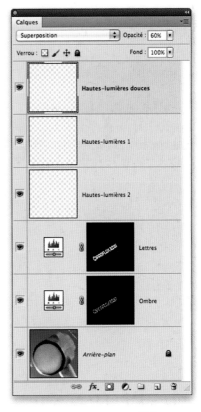

9 Voici le résultat de l'ajout des hautes lumières créées précédemment. Mais la dernière étape exige un peu de travail manuel. Créez un nouveau calque (également défini en mode de fusion Superposition), définissez un fort grossissement et appliquez de légères passes de Pinceau dans les coins, là où les hautes lumières devraient logiquement se concentrer. Ce travail manuel renforce le réalisme de l'estampage en ajoutant de la spontanéité ; le résultat est donc plus crédible. Le panneau Calques montre la pile créée pour l'estampage.

Ajout de mouvement

Pour produire le composite final, la photo des éclats de verre a été laborieusement détourée pour créer plusieurs éclats. La meilleure solution (même si ce n'est pas la plus rapide) consiste à utiliser la Plume pour créer différents tracés qui sont ensuite récupérés en tant que sélections. Ces fastidieux détails vous sont épargnés ici !

Pour créer une impression de mouvement dans une image fixe, il faut procéder par répétition d'étapes successives, puis ajouter des lignes de fuite afin d'indiquer la direction du mouvement. L'opération n'est pas difficile, mais elle est fastidieuse, il ne faut donc pas être pressé.

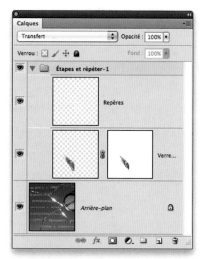

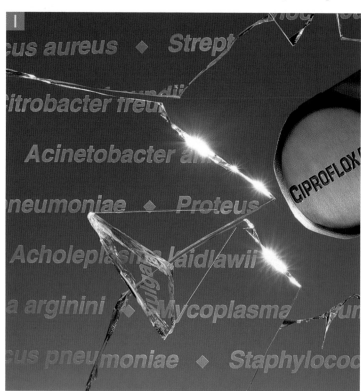

1 Choisissez un éclat de verre dans l'image des éclats de verre détourés et placez-le par copier-coller sur un nouveau calque dans l'image principale. Servez-vous d'un masque de fusion pour éliminer la partie unie de l'intérieur bleu du verre de façon à ce que l'arrière-plan soit visible par transparence. Sans le masque, l'arrière-plan ne serait pas visible en transparence et l'éclat semblerait opaque. Une fois l'éclat mis en place, créez des tracés pour avoir une idée de la direction du mouvement et du redimensionnement. Ces tracés serviront pour la peinture des lignes de fuite.

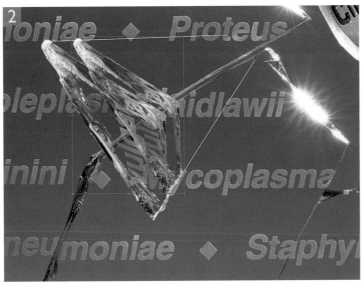

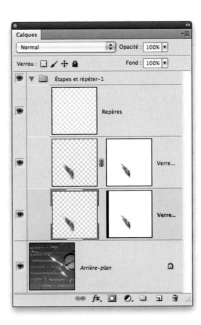

2 Copiez le calque de l'éclat de verre et placez-le au-dessous du calque original. Ensuite, utilisez Édition>Transformation manuelle pour déplacer le calque et réduire sa taille en vous aidant des repères. Quand tous les calques auront été mis en place, vous aurez probablement besoin d'ajuster leur position, mais les repères constituent déjà un bon point de départ.

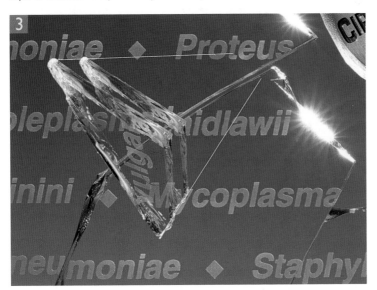

3 Après le redimensionnement et la mise en place, il faut encore ajuster le masque de fusion pour empêcher le second calque d'être visible à travers le calque original. Vous pouvez voir qu'ici, il reste encore une partie à peindre sur le masque du second calque.

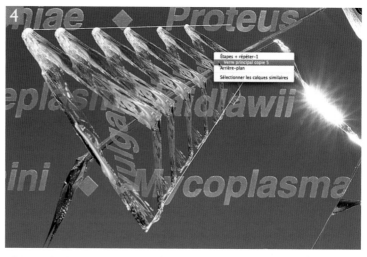

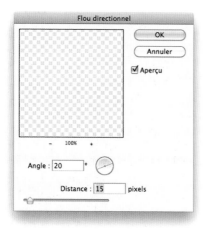

Suppression du lien du masque de fusion.

4 Répétez les étapes précédentes pour ajouter cinq copies supplémentaires du calque original. Vous pouvez commencer à ajuster leur position, mais au lieu de passer par le panneau Calques, servez-vous des raccourcis clavier pour sélectionner le calque voulu. L'outil Déplacement étant activé, la touche *ctrl* (sur Mac) ou un clic droit sur la zone affiche un menu contextuel présentant le nom des calques situés sous le pointeur et contenant des informations. Il est alors très facile de sélectionner le calque désiré.

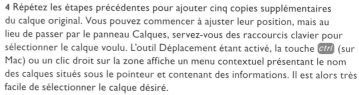

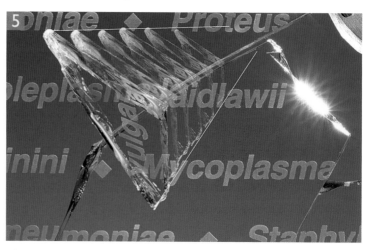

5 Pour faciliter la création de l'impression de mouvement, ajoutez un soupçon de Flou directionnel à chaque calque. Mais il subsiste un problème : pour une raison inconnue, lorsqu'un masque de fusion est lié au calque, on ne peut plus atténuer le filtre. Pour contourner le problème, désolidarisez le calque de pixels du masque de fusion de façon à pouvoir appliquer le filtre, puis atténuez-le. Définissez une Distance de Flou directionnel de 15 pixels avec un angle adapté à la direction du mouvement du calque. Définissez ensuite une Opacité de 40 % dans la boîte de dialogue Atténuer. Procédez de la même manière pour flouter et atténuer les quatre copies de calque restantes.

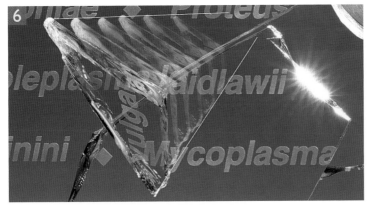

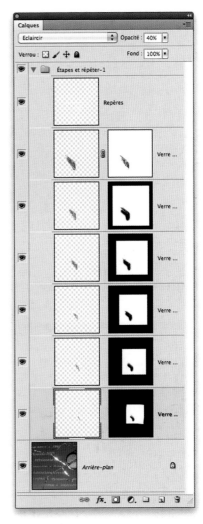

6 Avant de peindre les lignes de fuite, ajustez l'Opacité de chacun des calques copiés de façon à ce qu'elle diminue progressivement en fonction de l'éloignement du calque. L'Opacité du deuxième calque s'élève à 80 %, tandis que celle du dernier chute à 40 %. Cela donne l'impression que les calques suivants s'éloignent et que le calque principal avance.

7 Ensuite, il faut peindre les lignes de fuite, ce qui demande quelques préparatifs. En effet, la forme de l'outil doit rétrécir au fil de la passe. Il faut donc changer la Dynamique de forme. Définissez Fondu comme mode de Contrôle de la Variation de la taille avec un Diamètre minimal de 27 % de la taille initiale. Puis, définissez Fondu comme mode de Contrôle de la Variation de l'Opacité avec un taux de 25 % comme Opacité initiale. Réglez l'Opacité globale de la forme sur 10 % seulement, de façon à faire progressivement apparaître l'effet. La dernière étape consiste à sélectionner le tracé correct pour la passe. Si, comme moi, vous n'êtes pas un bon dessinateur, utilisez un tracé pour vous assurer de dessiner des traits droits.

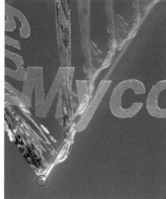

8 En fait, le tracé des repères consiste surtout en une accumulation de passes de faible opacité effectuées en commençant avec une grande forme d'outil, puis en réduisant la taille après la passe et ainsi de suite, jusqu'à parvenir à l'effet désiré. Comme l'Opacité initiale est de 10 %, le choix du mode de contrôle Fondu pour la Variation de la taille et de l'Opacité de l'outil impose de procéder par passes successives pour produire l'effet recherché.

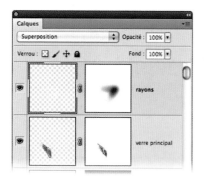

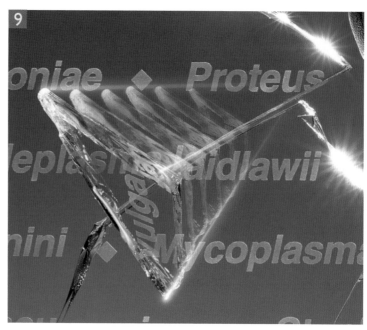

9 Pour finir, répétez les mêmes étapes pour tracer la ligne de fuite centrale, puis appliquez un masque de fusion pour ajuster l'effet global des lignes de fuite. Toutes les étapes successives doivent être reproduites pour chaque éclat de verre (il y en a 18 au total).

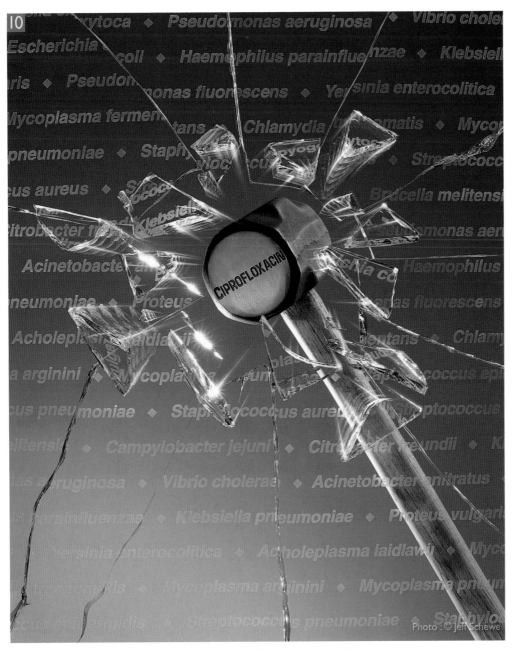

10 Le composite final a exigé de longues heures de travail (je ne sais pas combien exactement, mais nous avons facturé 12 heures de retouche) et la création de près de 90 calques (en comptant l'estampage).

Activation du Flou de l'objectif comme Filtre dynamique

Seuls des filtres basés sur le réglage de valeurs peuvent être convertis en filtres dynamiques. Ce n'est pas le cas du filtre Flou de l'objectif. Une astuce permet toutefois d'activer la prise en charge du filtre Flou de l'objectif par les Filtres dynamiques. Sélectionnez la commande Fichier>Scripts dans Photoshop CS5 et choisissez Parcourir. Allez jusqu'au dossier Adobe Photoshop CS5/Scripting/ Sample Scripts/Javascript et sélectionnez EnableAllPluginsforSmartFilters.jsx. Cliquez sur Ouvrir ou double-cliquez sur le script pour l'exécuter, ce qui affiche une Alerte de Script. Si vous voulez continuer, cliquez sur Oui. Le Flou de l'objectif, ainsi que tous les autres filtres peuvent désormais être appliqués en tant que Filtres dynamiques.

Flou de l'objectif

L'un des inconvénients de l'utilisation d'un appareil photo numérique de petit format est la profondeur de champ souvent bien plus grande qu'avec un appareil de type chambre grand format comme la Sinar 4 × 5 pouces. Comme nous savons que les photographes de nature morte apprécient généralement les proportions du grand format, nous allons vous expliquer comment utiliser le filtre Flou de l'objectif pour imiter un effet de faible profondeur de champ par lequel seul le sujet principal est parfaitement net.

Le filtre Flou de l'objectif est très utile quand on cherche à ajouter un effet de flou réaliste à ses photos. Au lieu de se contenter de flouter les pixels (comme le fait le filtre Flou gaussien), ce filtre applique un flou réglable, en forme de diaphragme, et il permet également de contrôler la façon dont les hautes lumières sont brûlées.

1 Voici la photo de départ à laquelle nous avons déjà ajouté quelques calques de retouche pour améliorer son apparence.

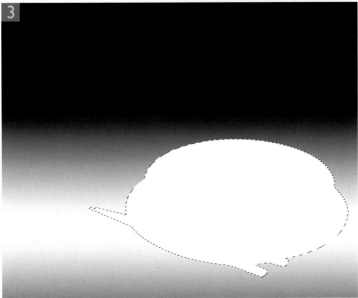

2 Ajoutez une nouvelle couche Alpha 1 via le panneau Couches, activez la visibilité de la couche et sélectionnez l'outil Dégradé en mode Inverser. Avec du blanc comme couleur de premier plan, cliquez approximativement au centre du bol de soupe et faites glisser l'outil Dégradé jusqu'en bas de la photo. Cela ajoute le masque en dégradé inversé illustré ici sous forme de couche de masque rouge.

3 Utilisez la Plume pour tracer le contour du bol et des baguettes (remarque: activez le mode Tracés de la Plume). Une fois le tracé de travail terminé, convertissez-le en nouveau tracé, puis faites-le glisser sur le bouton Récupérer le tracé comme sélection (entouré). Ensuite, sélectionnez la couche Alpha 1 pour l'activer et choisissez Édition>Remplir pour remplir de blanc la zone sélectionnée. Il ne vous reste plus qu'à désélectionner la sélection et à éclaircir légèrement le masque à l'aide d'un réglage Courbes.

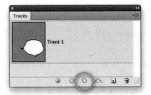

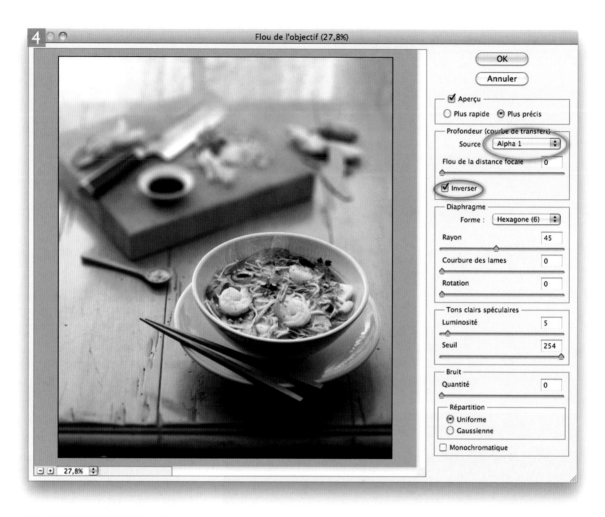

4 Tout est quasiment prêt pour l'application de l'effet de Flou de l'objectif. Commencez par choisir tous les calques dans le panneau Calques et choisissez Filtre>Convertir pour les filtres dynamiques. L'image multicalque est alors convertie en objet dynamique et se présente désormais sous la forme d'un unique calque avec une icône d'objet dynamique dans le coin inférieur droit de sa vignette. La boîte de dialogue Flou de l'objectif contient de nombreux curseurs de réglages, dont les plus importants sont le curseur de Rayon (qui régit la quantité de flou de l'objectif) et les curseurs de Tons clairs spéculaires qui déterminent la manière dont les hautes lumières sont brûlées dans les parties les plus claires de la photo. Vous allez utiliser le masque qui a été créé aux étapes 2 et 3. Sélectionnez la couche Alpha 1 comme Source de la courbe de transfert de la Profondeur (entourée en vert) et conservez une valeur nulle pour le Flou de la distance focale. Vous obtenez ainsi l'effet de faible profondeur de champ, tel qu'il est illustré ici dans la fenêtre d'aperçu du filtre. Inversez également le masque (case à cocher entourée en rouge) de façon à ce que les zones blanches du masque de la couche Alpha 1 empêchent le floutage de l'image. Les parties noires du masque correspondent aux zones les plus floutées, tandis que les dégradés de gris autorisent divers niveaux de floutage de la photo.

Photo : © Jeff Schewe

5 Voici la photo finie avec l'effet de filtre de Flou de l'objectif appliqué sous forme de filtre dynamique, comme l'indique le panneau Calques. Les réglages du filtre peuvent être modifiés par un double-clic sur son nom (entouré), ce qui ouvre à nouveau la boîte de dialogue du filtre Flou de l'objectif illustrée à l'étape 4.

Loi de Scheimpflug

Ce principe géométrique qui doit son nom à Théodore Scheimpflug, capitaine dans l'armée autrichienne, décrit un plan de netteté optimal obtenu par inclinaison intentionnelle du plan de l'objectif et du plan du film dans l'appareil photo.

Extension de la profondeur de champ

Les photographes se sont toujours heurtés aux limites de la profondeur de champ. Pour s'en affranchir, on peut refermer le diaphragme, mais dans ce cas, il faut soit davantage de lumière, soit régler une vitesse d'obturation plus lente. On peut encore utiliser une chambre photographique et exploiter la loi de Scheimpflug, ou encore profiter des fonctionnalités de Photoshop CS5 pour assembler plusieurs clichés et les fusioner afin d'obtenir une profondeur de champ irréalisable photographiquement.

1 Les photos ont toutes été prises avec un objectif macro 100 mm f/2,8 monté sur un appareil Canon EOS 1Ds Mk III, lui-même fixé sur un trépied. Elles ont été importées dans Camera Raw pour une optimisation des réglages qui consiste essentiellement en un éclaircissement des tons moyens et une récupération des détails dans les hautes lumières. Une fois tous les réglages synchronisés, cliquez sur Terminer. Dans Bridge, les images étant toujours sélectionnées, activez la commande Outils>Photoshop et choisissez Chargement des fichiers dans les calques Photoshop.

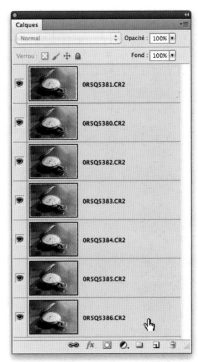

2 Quand tous les fichiers RAW ont été ouverts en tant que calques dans Photoshop, un premier alignement doit être effectué avant la fusion des calques. Sélectionnez-les tous dans le panneau Calques.

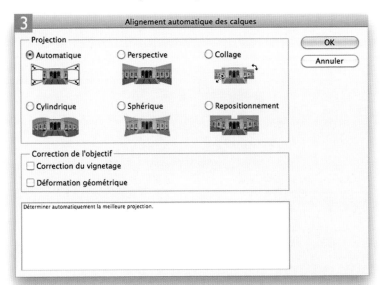

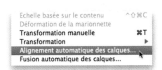

3 Choisissez ensuite Alignement automatique des calques dans le menu Édition de Photoshop. Comme les photos ont été prises avec des plans de netteté différents, la taille de la montre varie légèrement sur chaque calque. La commande Alignement automatique redimensionne les images et les aligne en fonction de leur contenu. Cette étape est indispensable avant la fusion des calques.

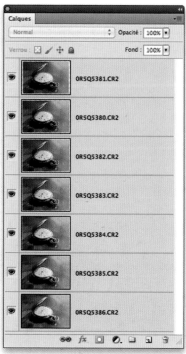

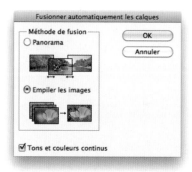

4 Le panneau Calques, à gauche, montre le résultat de l'Alignement automatique. Vous pouvez constater que les images du haut ont été redimensionnées et que leurs contours sont partiellement transparents. Après l'alignement, l'étape suivante consiste à utiliser la commande Fusion automatique des calques (qui se trouve aussi dans le menu Édition de Photoshop). La boîte de dialogue illustrée ici apparaît. Choisissez la Méthode de fusion Empiler les images et cochez l'option Tons et couleurs continus qui augmentera vos chances de parvenir à une fusion optimale. Le résultat est très satisfaisant, mais une intervention de votre part reste habituellement nécessaire après la fusion.

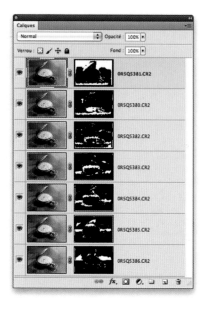

5 La Fusion automatique produit des masques de fusion qui sélectionnent les parties les plus nettes des images superposées. Il subsiste généralement deux erreurs. Tout d'abord, comme les calques ont été redimensionnés, la fusion est généralement irrégulière sur les contours. Il est possible d'y remédier par un recadrage, mais le second problème exige une intervention de votre part.

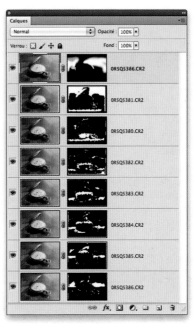

6 Pour corriger manuellement le manque de netteté illustré ci-dessus (l'autre problème fréquent), copiez le calque qui se trouve en bas, placez-le au sommet de la pile et peignez sur son masque de fusion pour atténuer la transition. L'image finale a subi quelques retouches localisées pour corriger certaines imperfections de la montre (j'en ai laissées quelques-unes pour l'effet patiné) et j'ai appliqué un soupçon d'augmentation de contraste dans les tons moyens.

Figure 7.13 Cette photo de l'installation de studio réalisée pour le cliché du vin versé dans le verre a été prise au même moment que le cliché principal employé dans ce tutoriel.

Fusion de photos de studio

Un jour, Martin m'a demandé si je savais réaliser une photo de liquide qui coule. J'ai ri et je lui ai répondu par l'affirmative (c'est ce que je faisais à une époque pour gagner ma vie). Donc, quand Martin est venu à Chicago pour faire des photos pour ce livre, nous avons décidé de faire une photo de vin qui serait assemblée de manière à créer une « photo irréaliste ». Nous l'avons prise avec un dos Phase One P45+ monté sur une chambre Sinar 4 × 5, avec un flash électronique ProPhoto pour figer le mouvement (**figure 7.13**). La durée de l'éclair du flash était d'environ 1/10 000e de seconde. Nous avons utilisé un déclencheur laser de façon à ce que ce soit le fait de verser le vin qui déclenche le flash.

L'aspect « irréaliste » de l'image finale est lié à l'apparence du liquide. À sa sortie de la bouteille, le vin ne forme qu'un mince filet. Par conséquent, la difficulté consiste non seulement à verser correctement le liquide, mais encore à réunir suffisamment d'éléments pour constituer le composite final. La **figure 7.14** à la page 273 montre le composite final avec les 13 calques.

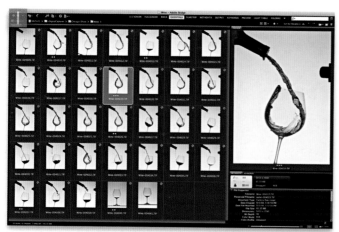

1 J'ai ouvert la série de clichés, préalablement triés dans Bridge, en mode pellicule dans Camera Raw pour ajuster les réglages de base des fichiers RAW. Les Options d'enregistrement de Camera Raw permettent d'enregistrer toutes les photos RAW sous forme de fichiers PSD. C'est important car le format RAW de Phase One crée des fichiers portant l'extension .tif. Donc, lorsque vous ouvrez un fichier brut créé par Phase One et que vous l'enregistrez en conservant le format TIFF, vous écrasez le fichier brut si ce dernier se trouve dans le même dossier. Même si vous avez l'habitude d'utiliser des fichiers TIFF, mieux vaut passer au format PSD dans le cadre de ce projet. Notez que j'ai également choisi d'enregistrer les fichiers dans un dossier nommé « Images traitées » pour éviter tout risque de confusion.

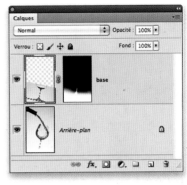

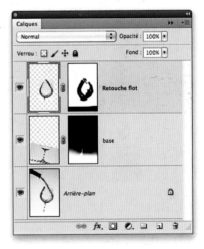

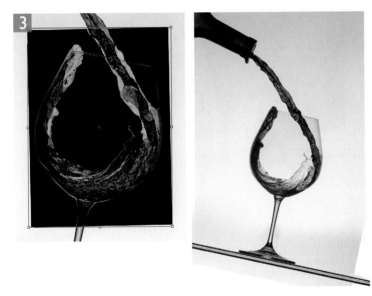

2 Après avoir ouvert l'image de base, j'ai agrandi la zone de travail et j'ai ajouté l'image du verre recadré en ne conservant qu'une partie de l'image. La base a été photographiée séparément, car le verre devait être tenu en place à l'aide d'une pince qui n'est évidemment pas très photogénique.

3 J'ai ajouté une seconde photo du vin versé, car la première présentait une mince zone peu esthétique à l'intérieur du verre. Au lieu d'essayer de la retoucher, mieux valait utiliser un second cliché. Le mode de fusion Différence permet de voir la position des deux calques lors de la transformation du second cliché. À droite, vous pouvez voir le calque avec un masque de fusion.

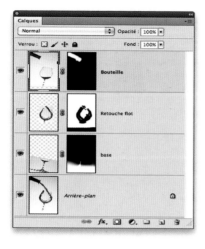

4 J'ai choisi un cliché sans vin versé de la bouteille (la photo était une erreur mais elle m'a néanmoins rendu service) et je l'ai placée de façon à couvrir la bouteille dans l'image de base.

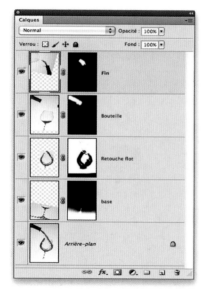

5 Si vous examinez la vue de toutes les images dans Bridge, vous constatez que j'avais pris des photos avec différents délais de déclenchement pour capter différents stades de l'écoulement du vin. Au départ, je voulais montrer le vin figé dans les airs, mais cela ne traduit pas bien l'idée qu'on se fait du remplissage d'un verre de vin. J'ai donc choisi une photo dans laquelle le vin sort juste de la bouteille, et je l'ai déplacée pour donner l'impression que le vin est complètement versé. Le mode de fusion Différence a facilité aussi le positionnement.

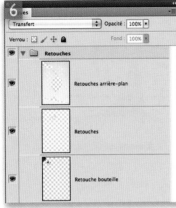

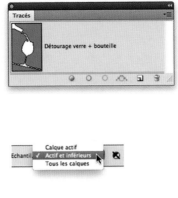

6 Trois calques sont nécessaires pour les différentes étapes de retouche. Un calque de retouche spécifique au remplacement de la bouteille vient en premier. Toutes les autres retouches liées au vin et au verre ont été effectuées sur des calques séparés. Certaines ont été réalisées avec le Correcteur, et d'autres avec le Tampon de duplication. Dans les deux cas, l'option Actif et inférieurs est activée pour l'échantillonnage (dans la barre d'options de l'outil). La dernière partie de la retouche concerne le fond. Un masquage des contours est ajouté pour protéger le verre et la bouteille. Le contour du vin, du verre et de la bouteille est tracé à l'aide de l'outil Plume. Ce contour est aussi utilisé pour les masques de fusion des calques de réglage.

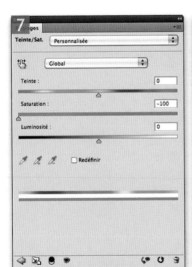

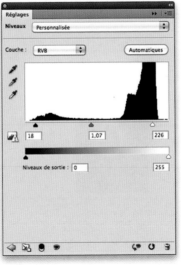

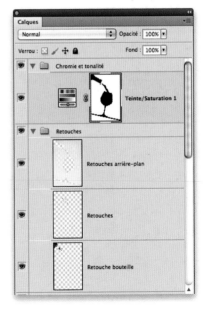

7 Après l'inversion de la sélection du contour du verre et de la bouteille, un calque de réglage Teinte/Saturation élimine toute couleur du fond. Il est bien plus facile d'utiliser un léger ajustement de la saturation que d'essayer de neutraliser la couleur par un réglage des Niveaux ou des Courbes. Le réglage Niveaux illustré ici sert à éclaircir le centre grâce à un dégradé circulaire ajouté sur le masque de fusion.

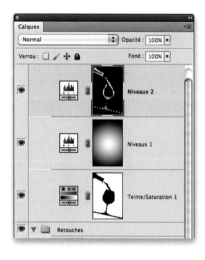

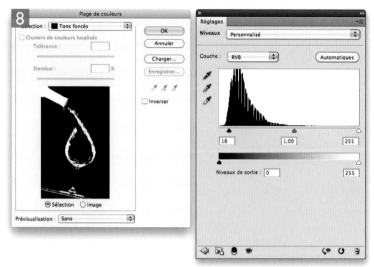

8 L'ajustement suivant sert à transformer le noir en noir pur. Au moment du traitement des images originales dans Camera Raw, il était impossible de connaître le résultat final obtenu par la fusion des images. Le traitement les a donc légèrement afadies, mais il est facile d'y remédier dans Photoshop. Ici, j'ai utilisé la commande Plage de couleurs en choisissant l'option de Sélection des Tons foncés pour créer le masque.

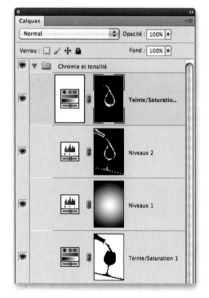

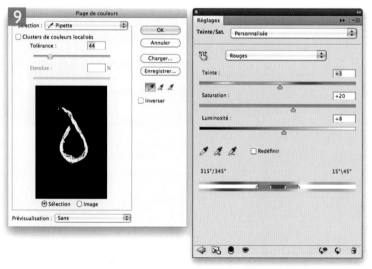

9 La dernière étape consiste à ajuster à la fois la couleur et la densité du vin. Pour être tout à fait honnête, nous ne nous sommes pas servis d'un bon vin. Nous avons utilisé un mélange de différentes bouteilles bon marché que nous avons réutilisées pour chaque prise. Nous avons fait appel à un œnologue pour nous aider à ajuster la couleur afin d'obtenir celle d'un bon Pinot noir qui convenait bien à la forme du verre photographié.

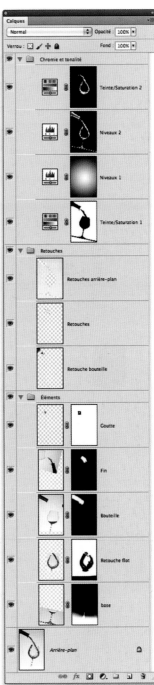

Figure 7.14 Le composite final réunit six clichés, trois calques de retouche et quatre calques de réglage. L'image finale mesurait 50 × 75 cm à 300 dpi. Le fichier multicalque occupe 1,29 Go d'espace disque, tandis que le fichier TIFF aplati compte 378 Mo avant rééchantillonnage. Ce fichier est parfaitement adapté pour un tirage agrandi ou une affiche.

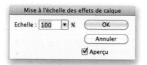

Figure 7.15 Lorsque vous redimensionnez, les styles de calques ne sont pas ajustés proportionnellement. Pour préserver des proportions exactes, choisissez Calque>Style de calque>Mise à l'échelle des effets et saisissez un pourcentage d'échelle qui corresponde le plus précisément possible au redimensionnement de l'image.

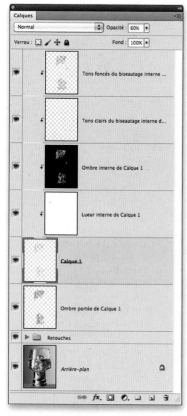

Figure 7.16 De nombreux styles de calques peuvent être traduits en calques successifs. Choisissez Calque>Style de calque>Créer un calque. Vous pouvez voir ici le résultat de la décomposition en calques pixellisés du style de calque appliqué à la page 279.

Styles de calques

Les styles de calques servent à lier divers effets aux types de calques suivants : calques de texte, calques d'image ou calques de remplissage munis d'un masque vectoriel ou d'un masque de fusion. Un style de calque peut englober plusieurs effets de calques accessibles via le menu Calque ou par un clic sur le bouton Ajouter un style de calque qui se trouve en bas du panneau Calques. Les styles de calques peuvent être appliqués séparément ou sous forme de combinaison d'effets pour créer un style de calque qui peut être enregistré par un clic sur un espace vide dans le panneau Styles. Comme les calques de réglage, les styles de calques restent modifiables à tout moment.

Quand vous ajoutez un style de calque, la boîte de dialogue Style de calque s'ouvre pour vous permettre d'ajuster les réglages afin de créer l'effet voulu. Le symbole *fx* suivi d'un triangle apparaît dans la zone de titre du calque. Quand vous cliquez sur le triangle, un calque d'effets apparaît et présente, en décalé, la liste des différents styles de calques qui ont servi à créer le style de calque principal. Cela permet de contrôler la visibilité des différents effets.

Les styles de calques ne sont pas directement redimensionnables. Par conséquent, lorsque vous redimensionnez une image, les réglages de l'effet de calque ne sont pas modifiés en fonction des nouvelles dimensions de l'image ; ils restent constants. Toutefois, si vous sélectionnez la commande Style de calque>Mise à l'échelle des effets dans le menu Calque, vous constaterez qu'il est possible de réduire ou d'agrandir la taille des effets (**figure 7.15**).

Lorsque vous devez travailler sur des calques ordinaires, il est possible de pixelliser un style de calque via la commande Créer un calque du menu Calque>Style de calque. Cette opération décompose le style de calque en divers éléments, en plaçant le nouveau calque ainsi créé sur un masque d'écrêtage placé au-dessus du calque visé (**figure 7.16**). La majorité des effets des styles de calques peuvent être décomposés de cette manière, mais l'effet produit par ces calques pixellisés n'est pas toujours identique à celui du style de calque originel.

Nous allons voir comment utiliser un style de calque « gouttelettes » pour ajouter des gouttes d'eau sur la photo d'un verre d'eau. À la **figure 7.17**, vous pouvez voir quelques photos des coulisses de la prise de vue.

Comment ajouter des gouttelettes sur un verre

Je voudrais ajouter plus de gouttes d'eau identiques à celles déjà présentes sur le verre. Nous allons donc ajouter un calque vide avec les réglages de Style de calque présentés à la double page suivante et appliqués au calque avec une Opacité nulle du Fond. À l'origine, les réglages de Style de calque employés ici ont été élaborés par Greg Van der Houwen, mais nous en avons modifiés certains pour les adapter aux besoins de la photo.

Figure 7.17 Voici l'installation réalisée en studio pour la photo du verre d'eau. J'ai utilisé un appareil photo monorail avec un dos Phase One pour prendre la photo principale. Vous pouvez aussi voir l'aérographe utilisé pour ajouter de vraies gouttes d'eau sur le verre.

1 Les styles de calques peuvent être employés dans Photoshop (entre autres) pour ajouter des effets de texture dans une image. Vous trouverez le style de calque des gouttelettes sur le DVD d'accompagnement. Pour le charger dans votre ordinateur, double-cliquez dessus ; Photoshop l'ajoute automatiquement dans le panneau Styles (figure 7.18).

Figure 7.18 Le panneau Styles

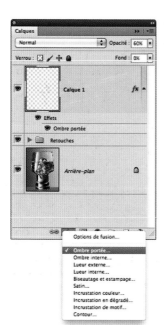

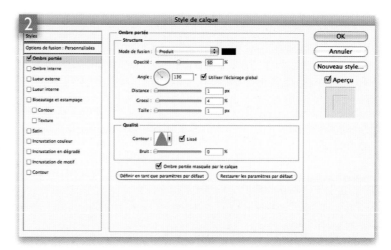

2 La première étape consiste à créer l'effet du style de calque des gouttelettes. Commencez par ajouter un calque vide dont le Fond est de 0 %. Puis, depuis le menu Style de calque, ajoutez une Ombre portée. Définissez d'abord l'Opacité de l'ombre portée sur 50 % avec une Distance de 1 pixel, un Grossi de 4 pixels et une Taille de 1 pixel. Appliquez un Angle d'éclairage global de 130° et sélectionnez un Contour conique pour le bord de l'ombre portée.

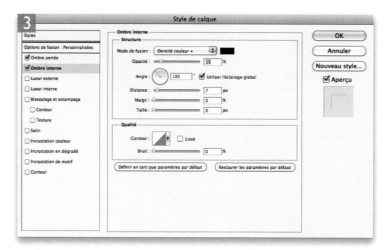

3 Cliquez maintenant sur le style Ombre interne, définissez le Mode de fusion Densité couleur + à 15 % avec une Distance de 7 pixels, un Maigri de 0% et une Taille de 11 pixels.

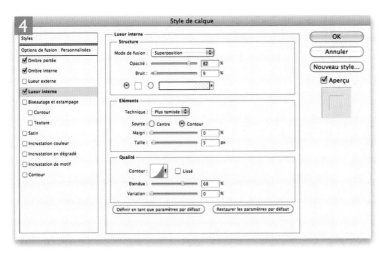

Définir des paramètres personnalisés pour les styles de calques

Dans Photoshop CS5, il est désormais possible de personnaliser les réglages proposés dans les différentes rubriques de la boîte de dialogue Style de calque. Si les paramètres par défaut de Photoshop ne vous conviennent pas, vous pouvez définir des paramètres personnalisés mieux adaptés à vos besoins, puis cliquer sur le bouton Définir en tant que paramètres par défaut pour retrouver à l'avenir ces réglages dans cette rubrique particulière de la boîte de dialogue Style de calque. Ensuite, lorsque vous cliquez sur le bouton Restaurer les paramètres par défaut, les réglages définis à l'origine dans cette rubrique ou les paramètres par défaut (selon le cas) sont rétablis. Pour effectuer une restauration globale, il faut réinitialiser les Préférences de Photoshop au démarrage du programme.

4 Cliquez sur le style Lueur interne, conservez le Mode de fusion Superposition, poussez l'Opacité à 82 % et cliquez sur l'échantillon de couleur pour définir le blanc comme couleur de lueur interne. Dans la rubrique Éléments, sélectionnez l'option Plus tamisée, avec la Source Contour, un Maigri de 0 % et une Taille de 5 pixels. Dans la section Qualité, créez une forme de Contour personnalisé comme illustré ici et définissez une Étendue de 68 % et une Variation de 0 %.

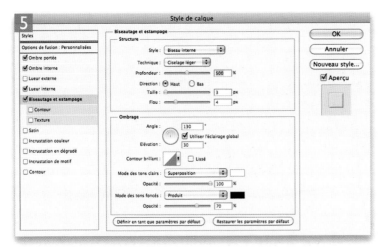

5 Enfin, cliquez sur le style Biseautage et estampage. Sélectionnez le style Biseau interne avec une Technique de Ciselage léger et une Profondeur de 500 %. Choisissez la Direction Haut avec une Taille de 3 pixels et un Flou de 4 pixels. Pour l'Ombrage, tenez-vous en à la forme de Contour brillant et aux modes de fusion par défaut, mais réglez l'Opacité des tons clairs sur 100 % et l'Opacité des tons foncés sur 70 %.

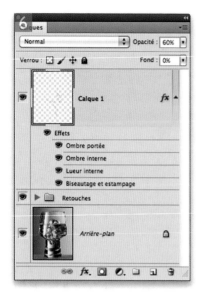

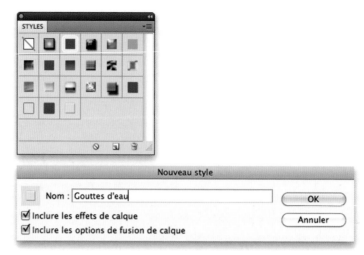

6 Vous pouvez voir ici le panneau Calques après l'ajout de toutes les options du style de calque. Pour enregistrer ce style, cliquez sur le bouton Créer un nouveau style dans le panneau Styles et nommez-le « Gouttes d'eau ».

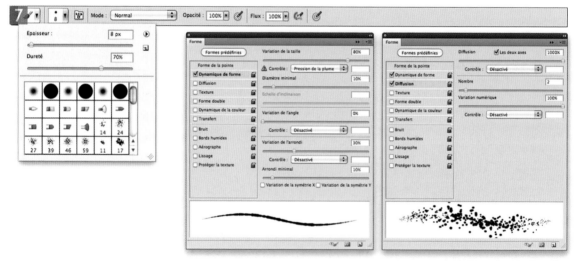

7 Une fois le style de calque créé, il reste encore à définir une forme d'outil personnalisée qui servira à peindre les gouttelettes. Sélectionnez une petite forme arrondie standard avec un bord dur. Ensuite, dans le panneau Forme, cliquez sur la section Dynamique de forme, liez la Variation de la taille à la pression du stylet et augmentez-la à 80 %. Cliquez sur l'option Diffusion et définissez la valeur maximale autorisée pour la Diffusion et la Variation numérique. Cette combinaison de réglages permet de produire un effet de gouttelettes aléatoires lors des passes de Pinceau.

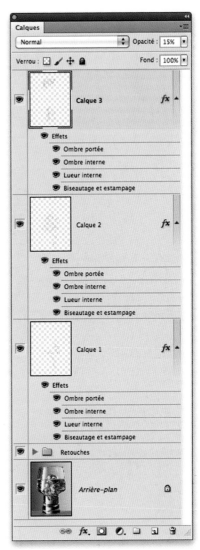

Photo : © Jeff Schewe

8 Tout est prêt pour commencer à peindre sur le nouveau calque vide. L'effet du style de calque qui est appliqué par les passes successives du Pinceau permet de produire les fines gouttelettes d'eau que vous pouvez voir ici. Ajustez l'Opacité du calque pour peaufiner la densité des gouttelettes. Notez qu'à l'étape 2, nous avons réduit l'Opacité du calque à 60 % afin d'atténuer les gouttelettes. Pour produire des gouttelettes de densité variable, nous avons ajouté deux calques supplémentaires, l'un ayant une Opacité de 40 % et l'autre de 15 % ; nous avons peint dessus séparément afin de parvenir à une répartition plus réaliste des gouttelettes.

Édition des styles de calques

Un double-clic sur le calque ou à un emplacement quelconque dans la liste de styles de calques ouvre à nouveau la boîte de dialogue Style de calque.

Effet de calque ou style de calque?

Dans l'Aide de Photoshop et dans son manuel, les différents styles de calques sont parfois décrits comme étant des effets de calques, même si dans le menu Calque, le panneau Calques et la boîte de dialogue Style de calque, ce sont des Styles de calques. Malgré ces confusions terminologiques, les styles de calques et les effets de calques désignent une seule et même fonction.

Copie des styles de calques

Les styles de calques peuvent être partagés avec d'autres calques ou fichiers. Sélectionnez un calque auquel un style a déjà été appliqué ; dans le sous-menu Calque>Style de calque, choisissez Copier le style de calque, puis sélectionnez un autre calque et choisissez Coller le style de calque dans le même sous-menu. Vous pouvez également maintenir la touche ⌥ *alt* enfoncée et faire glisser l'icône *fx* pour copier tout le style de calque d'un calque sur un autre. Si vous ne voulez pas copier tout le style de calque, vous pouvez simplement glisser un seul effet de style sur un autre calque de l'image en maintenant la touche ⌥ *alt* enfoncée.

Suppression des halos sur les contours

Les styles de calques servent surtout à créer des effets spéciaux pour les logos et les textes. Toutefois, dans les étapes suivantes, nous allons explorer une application photographique du style de calque Ombre interne qui permet de corriger le halo visible sur les contours d'un objet qui a été isolé du fond. Souvenez-vous simplement que le sujet doit être détouré avant que le style de calque ne soit appliqué.

1 Un style de calque peut être appliqué à un calque d'image, de forme ou de texte, par un clic sur le bouton Ajouter un style de calque dans le panneau Calques. Lorsqu'un nouvel effet de calque a été ajouté, une icône *fx* apparaît à côté du nom du calque dans le panneau Calques.

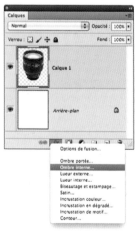

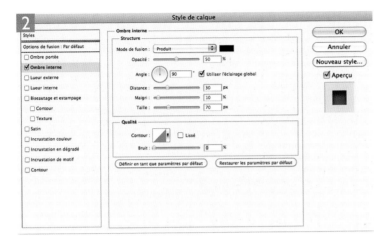

2 Dans cet exemple, le style de calque Ombre interne permet de compenser le halo visible sur les contours de l'objet. Définissez tout d'abord un Angle de 90° (conformément à l'orientation de l'éclairage zénithal utilisé dans la photo). Réglez ensuite l'Opacité du Mode de fusion Produit sur 50 %, la Distance sur 30 pixels, le Maigri sur 10 % et la Taille sur 70 pixels.

Photo : © Martin Evening

3 Cette combinaison de réglages s'avère suffisante pour réduire la majorité des halos présents dans la photo. Dans le panneau Calques ci-dessous, vous pouvez constater que le style de calque est en retrait dans la liste des Effets associés au calque actif. Pour modifier les réglages, il suffit de double-cliquer sur le style de calque dans la liste. Vous pouvez aussi afficher et masquer séparément les effets en cliquant sur l'icône de l'œil à côté de chaque effet.

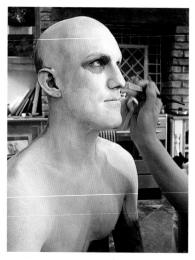

Figure 7.19 Daniel, notre modèle, en cours de maquillage. De la peinture corporelle blanche est appliquée en préparation de la photo de couverture.

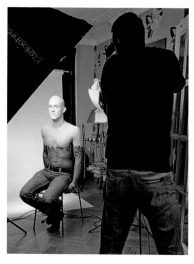

Figure 7.20 Daniel, notre modèle, est photographié par Martin à Londres, avec une installation d'éclairage assez simple et un fond uni.

Réalisation de l'image de couverture[1]

Pour tout livre, il est important que l'image de couverture interpelle le lecteur et l'informe sur le contenu de l'ouvrage. Dans le cas présent, comme le sous-titre du livre original est « The Ultimate Workshop », nous voulions que la couverture illustre ce concept en montrant un modèle imitant un buste en porcelaine sur lequel serait tracée la carte du cerveau d'un utilisateur averti de Photoshop. Nous avons eu cette idée en examinant des bustes phrénologiques sur lesquels est tracée une carte qui est censée illustrer les traits de caractère d'une personne en fonction de la forme de son crâne. Au XIXe siècle, la phrénologie exerçait une forte influence sur la neuroscience et la psychologie, même si, déjà à cette époque, elle était considérée comme une pseudo-doscience. Nous nous en sommes néanmoins inspirés pour créer la tête d'un utilisateur de Photoshop. Peut-être cette science pourrait-elle se nommer la « Photoshopologie » ?

Comme vous devez l'avoir compris, Martin est basé à Londres et Jeff à Chicago ; la majorité de la communication requise dans le cadre de ce livre s'effectue via Internet, notamment à l'aide de Skype et d'iChat. L'un des avantages du service iChat d'Apple est qu'il offre désormais une fonctionnalité de partage d'écran grâce à laquelle un utilisateur d'iChat peut autoriser d'autres utilisateurs d'iChat à partager des vues de son bureau. Il faut évidemment avoir toute confiance en son interlocuteur car cela revient à laisser autrui s'asseoir devant votre ordinateur et à lui donner accès à tout son contenu. C'est bien notre cas, donc cela ne posait aucun problème. Le gros avantage du partage d'écrans est que Jeff pouvait superviser les séances de photos de Martin à Londres grâce au transfert quasi immédiat des photos dans Lightroom, à la manière d'un directeur artistique (Jeff a plutôt apprécié ce changement de rôle provisoire).

Martin a commencé par faire un casting pour trouver un beau modèle chauve. Nous avons choisi Daniel, que vous pouvez voir à la **figure 7.19**, pendant qu'il se fait maquiller par Camilla, l'épouse de Martin. Daniel devait ressembler à un buste en porcelaine, donc plusieurs couches de peinture corporelle blanche ont été appliquées, surtout quand il fallait couvrir les tatouages qui ornaient son torse et ses épaules. Comme éclairage, Martin souhaitait un fond gris clair avec un éclairage latéral doux venant de la droite, complété par deux

---

1. Il s'agit de la couverture de l'édition originale en langue anglaise (NdT).

torches munies de filtres bleus et placées de part et d'autre pour ajouter une légère touche de couleur sur les côtés de la tête et des épaules. Les premiers essais étaient assez proches de ce que nous recherchions, même si, comme vous pouvez le voir à l'étape 3, dans la version retouchée dans Photoshop, Martin a ajouté davantage de bleu au niveau du corps pour plus d'homogénéité avec la couleur de la tête. Dans ce tutoriel, vous allez découvrir comment Jeff a pu surveiller le déroulement de la séance photo, via iChat, et donner son avis sur les images dignes d'être sélectionnées pour la retouche finale. De même, quand Jeff a photographié le buste en porcelaine dans son studio à Chicago, Martin pouvait voir ce qu'il se passait depuis son bureau à Londres, et faire des commentaires sur la prise de vue. Ensuite, il ne restait plus qu'à assembler les éléments. Jeff a fait appel à David Willett, un directeur artistique avec lequel il avait déjà souvent travaillé, afin qu'il le conseille sur les polices les mieux adaptées au lettrage. Nous voulions que le résultat soit proche du lettrage original du buste, tout en étant lisible.

Figure 7.21 Pendant la séance de prise de vue, Martin communique en direct avec Jeff basé à Chicago.

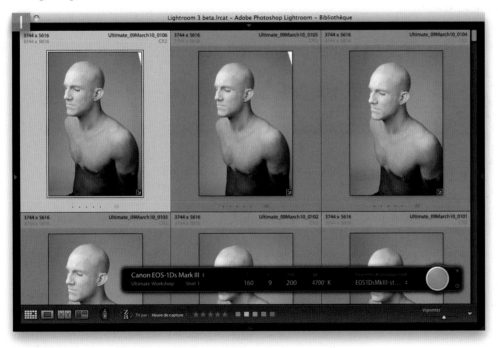

1 La séance photo a commencé à Londres. Martin photographie Daniel, le modèle (figure 7.20), en utilisant la nouvelle fonctionnalité de prise de vue en mode connecté de Lightroom 3. Pendant ce temps, Jeff, qui est à Chicago, visionne les photos au fur et à mesure qu'elles sont téléchargées via une session de partage d'écran Apple iChat.

2 Une fois la séance photo terminée, Martin et Jeff visionnent les clichés ensemble dans Lightroom et sélectionnent les deux images illustrées, ici en mode Loupe. Le cliché de gauche présente la meilleure forme du corps, tandis que celui de droite présente la meilleure position de la tête.

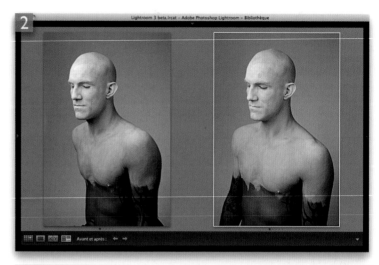

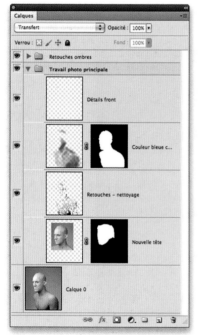

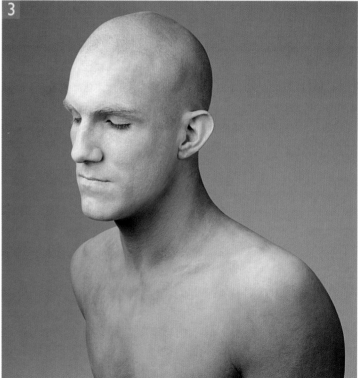

3 La prochaine étape consiste à fusionner la tête de l'une des photos sélectionnées à l'étape 2 avec le corps de l'autre. Ensuite, Martin ajoute des couches supplémentaires pour peaufiner le maquillage du corps et uniformiser les couleurs de la tête et du buste du modèle.

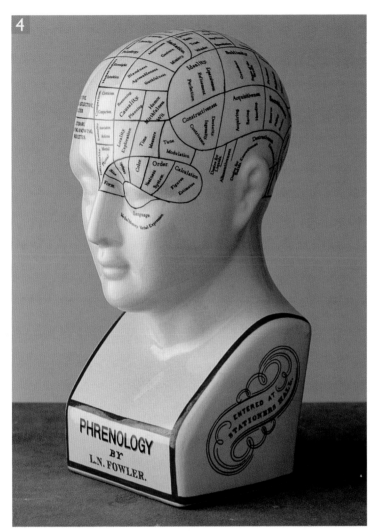

Figure 7.22 Jeff photographie le crâne phrénologique dans son studio de Chicago. Il travaille en mode connecté et a monté un dos P 65+ sur un appareil Phase One 4,5 × 6 .

Figure 7.23 Vue de l'écran de Jeff partagé avec celui de Martin à Londres. Vous pouvez voir le buste phrénologique dans le logiciel Capture One, à gauche, et la photo de Daniel dans Lightroom, à droite.

4 Comme nous l'avons mentionné précédemment, Jeff surveille la séance de prise de vue qui a lieu à Londres et a trouvé un crâne phrénologique en porcelaine chez un accessoiriste local. Comme la retouche de la photo de Daniel a déjà commencé, Jeff connaît l'angle exact requis pour la photo du buste phrénologique (**figure 7.22**). Jeff et Martin établissent un nouveau partage d'écran via iChat pendant la prise de vue de façon à ce que Martin puisse voir ce que Jeff photographie et lui donne des indications sur l'angle et l'éclairage requis pour cette photo (**figure 7.23**).

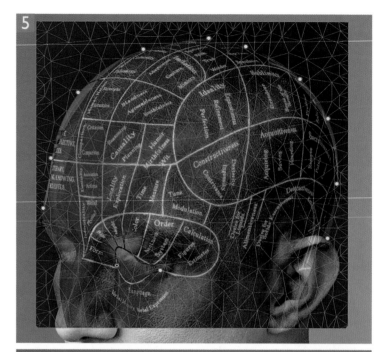

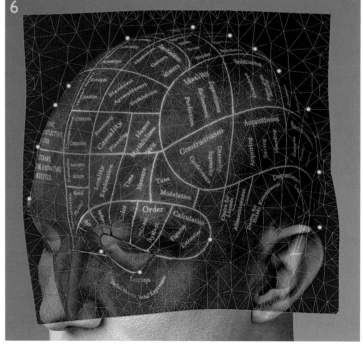

5 On en arrive à la partie la plus difficile qui consiste à aligner l'image du buste phrénologique avec la photo de Daniel. Au départ, Martin place le crâne phrénologique sur un nouveau calque et le redimensionne pour qu'il ait approximativement la taille de la tête du modèle. Le mode de fusion Différence avec une Opacité de 80 % est défini pour le crâne, ce qui permet à Martin de positionner plus facilement ce nouveau calque d'image par rapport aux contours des calques inférieurs. Martin choisit alors d'appliquer une Déformation de la marionnette depuis le menu Edition. Le maillage illustré ici apparaît. Martin place des épingles sur le contour de la tête.

6 Après avoir ajouté quelques épingles, Martin les glisse pour peaufiner la forme du calque du crâne phrénologique de façon à ce qu'elle corresponde le mieux possible aux calques de l'image principale. Même si la nouvelle fonction de Déformation de la marionnette est assez performante, cette étape n'est pas facile à réaliser car l'opération a tendance à être assez gourmande en ressources du processeur. Quand Martin est satisfait de la nouvelle forme du calque, il appuie sur la touche *Enter* pour appliquer la déformation.

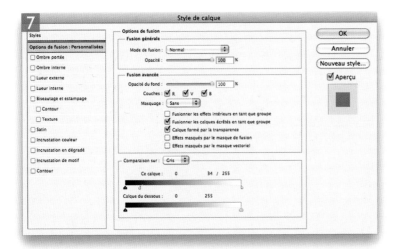

7 Martin redéfinit le mode de fusion Normal avec une Opacité de 100 % pour le calque du crâne phrénologique et double-clique dessus pour ouvrir la boîte de dialogue Style de calque ci-contre. Il ajuste les curseurs de la rubrique inférieure indiqués ici.

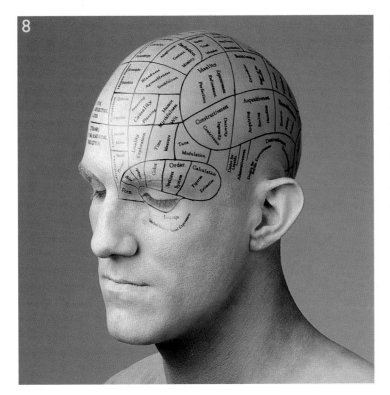

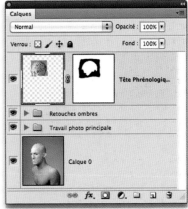

8 L'ajustement décrit à l'étape 7 a pour effet d'atténuer les zones de hautes lumières sur le calque du crâne phrénologique et de fusionner le lettrage avec la photo de Daniel. La fusion entre ces deux images avance bien. Au départ, nous voulions nous servir du résultat obtenu à ce stade pour créer des tracés en suivant les lignes visibles ici. Finalement, nous décidons d'utiliser les vraies lignes car elles nous semblent plus intéressantes.

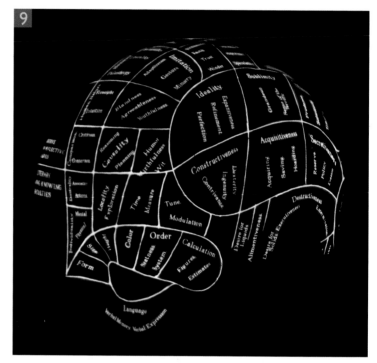

9 Martin crée une nouvelle couche alpha basée sur la vue de l'image illustrée à l'étape 8 et modifie la couche pour créer un masque très contrasté. Ensuite, après avoir récupéré la couche illustrée, il crée un nouveau calque et remplit la sélection en noir. Martin transmet alors le fichier à Jeff pour l'ajout du nouveau texte et les traitements numériques complémentaires.

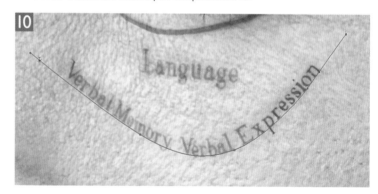

10 Martin, David Willett et Jeff échangent des messages électroniques à propos du choix de la police de caractères qui correspond le mieux à la police originale, tout en offrant une lisibilité optimale. David suggère la police Lucida Bright, développée par Charles Bigelow et Kris Holmes, et initialement employée dans le magazine Scientific American. Jeff décide de placer le texte le long d'un tracé. Comme vous pouvez le voir ici, il crée un tracé en suivant l'arc de cercle des mots originaux écrits sur le crâne.

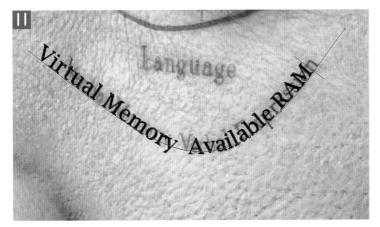

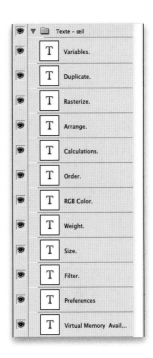

11 Les mots saisis apparaissent le long du tracé et cette fonctionnalité contribue à la précision de la mise en place. Jeff peut également modifier le tracé à l'aide de l'outil de Sélection directe accessible dans la barre d'outils de Photoshop. Pour veiller à la bonne organisation des calques de texte, Jeff réunit les différentes zones de texte du crâne dans des groupes de calques. Vous pouvez voir ici le premier groupe de calques réunissant les mots qui sont tous situés autour de l'œil.

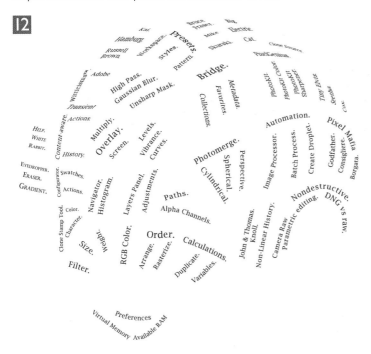

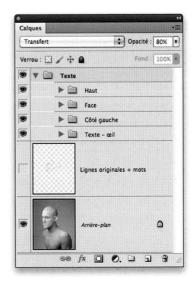

12 Comme vous pouvez le voir ci-dessus, Jeff écrit beaucoup de mots qui représentent un total de 89 calques. Le texte reste modifiable, de sorte que Jeff et Martin peuvent réfléchir ensemble à la disposition des mots. Certains de ces mots désignent des fonctionnalités ou des outils, d'autres sont des noms propres, le fil conducteur étant Photoshop.

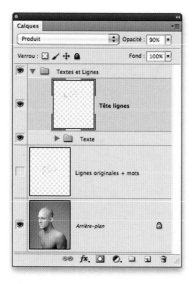

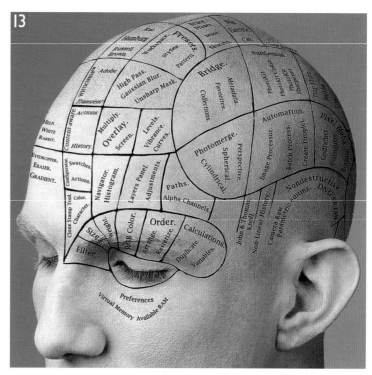

13 Une fois tous les mots mis en place, Jeff utilise une couche modifiée dans laquelle les mots originaux sont obscurcis, de façon à ne montrer que les lignes qui sont récupérées en tant que sélection. Après avoir créé un nouveau calque défini en mode de fusion Produit, il remplit la sélection avec du noir. Il crée un autre groupe de calques intitulé Textes et Lignes de façon à harmoniser le traitement de ces derniers.

14 Jeff est confronté à une petite complication concernant la netteté de la police vectorielle comparée aux lignes de nature plus photographique. Pour y remédier, il crée une version plus floue des calques de texte. Il duplique le groupe de calques de texte et sélectionne la commande Fusionner le groupe dans le menu contextuel du panneau Calques.

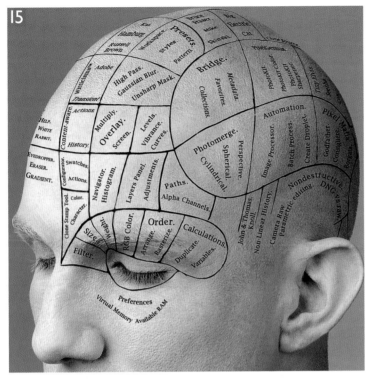

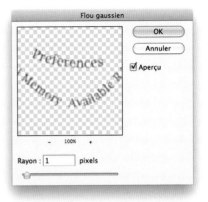

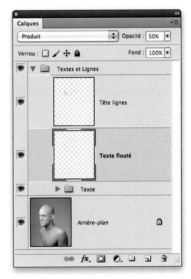

15 Jeff applique le Filtre>Atténuation>Flou gaussien avec un rayon de 1 pixel pour ajouter un soupçon de flou au texte. Le calque Texte flouté est défini en mode de fusion Produit avec une Opacité de 50 % pour réduire l'intensité de l'effet. L'atténuation a aussi pour effet d'améliorer la lisibilité du texte.

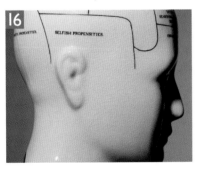

16 Jeff souhaite renforcer la texture de la peau blanche de Daniel en la faisant davantage ressembler aux craquelures visibles dans le vernis du crâne en céramique. Pour échantillonner la texture, il photographie la tête en vue latérale pour obtenir une vaste étendue de texture. Il peut ensuite compléter la zone de texture à l'aide de la nouvelle fonction de remplissage tenant compte du contenu. La vue grossie montre un détail de l'image de la texture créée par Jeff.

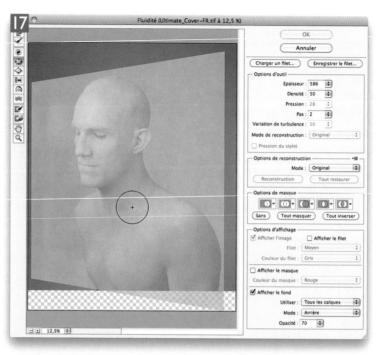

17 Jeff opère un copier-coller de la texture craquelée sur un nouveau calque et utilise la commande Transformation libre du menu Édition, à la fois pour réduire la taille de l'image de la texture et pour ajouter une impression de perspective cohérente avec l'image du buste. Ensuite, il utilise le Filtre>Fluidité pour déformer la texture en l'enveloppant autour du corps. Notez que Jeff a activé l'option Afficher le fond, de façon à ce que l'image de Daniel (le calque d'Arrière-plan) soit visible en dessous de l'image de la texture qui est définie avec une Opacité de 70 %.

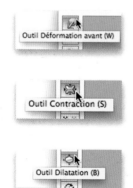

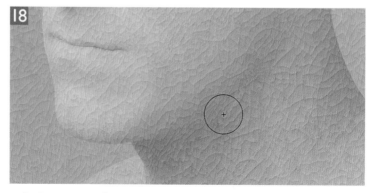

18 Après avoir grossi l'image de Daniel, Jeff déforme celle de la texture de façon à ce qu'elle suive le contour du corps. Il utilise une combinaison des outils Transformation avant, Contraction et Dilatation. Ensuite, il appuie sur la touche *Enter* pour appliquer la déformation réalisée à l'aide du filtre Fluidité.

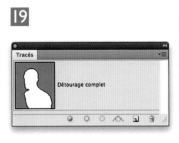

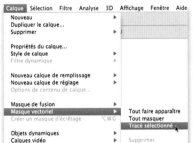

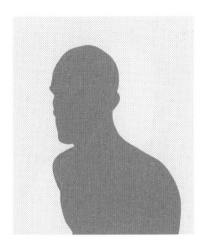

19 Une fois l'image de la texture appliquée à l'aide du filtre Fluidité, l'étape suivante consiste à créer un tracé autour du contour du corps afin d'obtenir un masque vectoriel. Ce masque sert uniquement à ajuster la texture autour du corps. Au lieu d'utiliser un masque de fusion ordinaire basé sur des pixels, Jeff choisit de créer un masque vectoriel de façon à pouvoir encore ajouter un masque de fusion dans la prochaine étape.

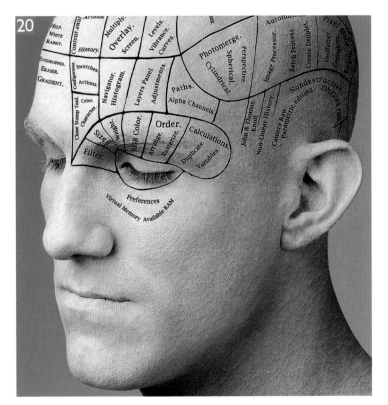

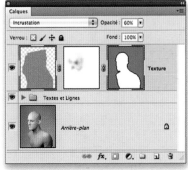

20 Le masque vectoriel permet d'ajuster la texture autour du torse, mais Martin veut que Jeff réduise l'Opacité de la texture autour du visage de Daniel. Par conséquent, Jeff peint légèrement en noir sur le masque de fusion au niveau des yeux, des joues et des lèvres pour réduire l'Opacité de la texture. Vous pourriez croire que l'image est terminée, mais, hélas, pas encore. Jeff veut améliorer la manière dont les lignes et les mots sont superposés sur le visage.

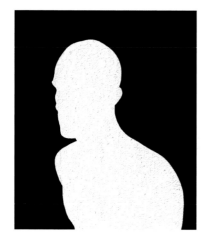

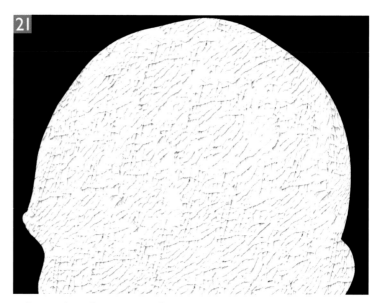

21 Pour appliquer la même craquelure au texte et aux lignes, Jeff copie la texture sur une nouvelle couche (à gauche) et active la commande Image>Réglages> Niveaux pour éclaircir substantiellement la couche et conserver uniquement les lignes foncées. Le texte et les lignes sont partout visibles dans les zones claires. Là où la texture est foncée, le texte et les lignes sont interrompus.

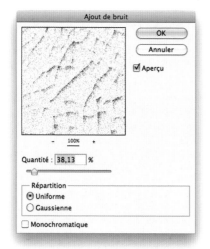

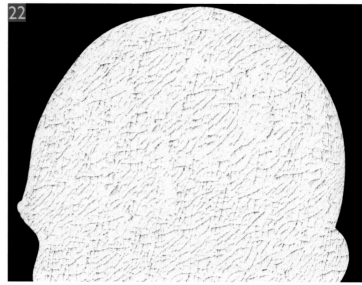

22 Pour modifier davantage l'Opacité du texte et des lignes, Jeff applique le Filtre> Bruit>Ajout de bruit pour rompre l'homogénéité des grands aplats dans le masque de la couche. Il récupère ensuite la couche comme sélection et s'en sert pour créer un masque de fusion qui est appliqué au groupe de calques Textes et Lignes.

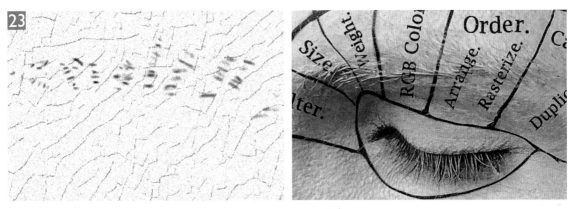

23 En plus de la texture et du bruit, Jeff peint directement sur le masque de fusion Textes et Lignes pour laisser transparaître la texture des sourcils.

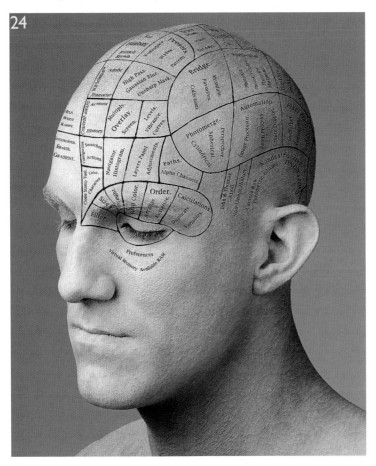

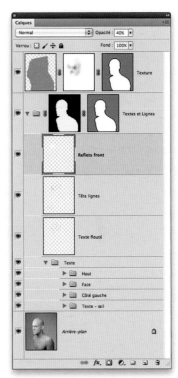

24 La dernière étape (c'est promis) consiste à ajouter un autre calque ayant une Opacité de 40 % à l'intérieur du groupe de calques Textes et Lignes pour peindre très légèrement un effet éclaircissant à l'aide de blanc. L'objectif est de reproduire les hautes lumières qui étaient présentes sur le crâne original en céramique.

Photographe : Martin Evening
Canon EOS 1Ds Mk III | Objectif Sigma 12-24 mm : 12 mm | 200 ISO | f/5,6 à 36 minutes

Chapitre 8

Photoshop
à la nuit tombée

Traitement des photos nocturnes
dans Photoshop

L a photographie numérique présente des avantages dans de
nombreux domaines, mais la photographie nocturne ou sous
faible éclairage pose des problèmes particuliers qui peuvent
être résolus par le recours à un matériel spécifique au moment de
la prise de vue, ou par le biais de Photoshop. Ce chapitre explore
diverses voies d'amélioration de la qualité des photos prises en basse
lumière, ainsi que quelques effets spéciaux pouvant être réalisés dans
Photoshop.

Plus d'infos sur les Piles

En tant que photographe, les Piles de rendu comptent parmi mes fonctions préférées. Je ne peux donc que déplorer qu'elles soient uniquement disponibles dans la version Extended de Photoshop. Reportez-vous au tutoriel présenté aux pages 138-141 dans lequel nous expliquons comment éliminer des touristes d'une scène animée.

Combinaison d'images

Suppression du bruit par des expositions multiples

Voici une technique de réduction du bruit qui fait appel aux Piles de rendu dans Photoshop. Cette fonctionnalité permet de fusionner des séries de photos identiques pour produire une seule image dans laquelle tous les artéfacts du bruit ont été gommés. La méthode fonctionne très bien pour toutes les situations de prise de vue de sujets immobiles, du type nature morte, sous faible éclairage mais sans trépied. Toutefois, cette technique n'est utilisable qu'à la condition d'avoir installé la version Extended de Photoshop CS3 ou une version ultérieure. Une fois les photos alignées à l'aide de la méthode d'alignement automatique décrite ici, le mode de rendu Médiane calcule la moyenne des pixels au niveau de chaque point de l'image. L'image résultante ne comportera plus de bruit, mais elle paraîtra probablement plus lisse et plus nette que chacune des captures individuelles. Cela s'explique par le fait que l'algorithme lisse les clichés qui contenaient un léger flou. Il existe une autre technique de Piles de rendu décrite aux pages 138-141, mais elle aussi ne fonctionne qu'à la condition de disposer de la version Extended de Photoshop.

1 Pour commencer, sélectionnez dans Bridge les photos que vous voulez traiter sous forme de pile d'images. Les neuf photos choisies ici ont été prises de nuit, en mode rafale, en tenant l'appareil photo à la main.

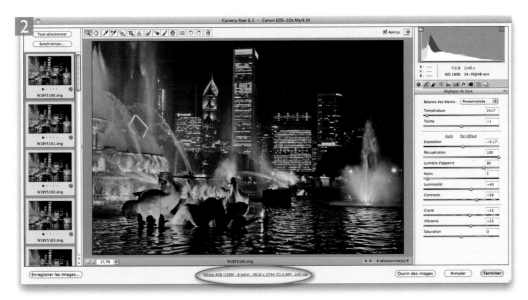

2 La première étape consiste à ouvrir ces photos dans Camera Raw (à l'aide du raccourci ⌘ R ctrl R). Ajustez la Balance des blancs et les autres Réglages de base, puis synchronisez ces paramètres avec ceux des autres photos sélectionnées en cliquant sur Tout sélectionner dans la boîte de dialogue Camera Raw, avant de cliquer sur le bouton Synchroniser. Ensuite, cliquez sur le bouton Terminer pour fermer la boîte de dialogue Camera Raw et appliquer les réglages.

3 Dans le menu Outils de Bridge, choisissez Photoshop>Chargement des fichiers dans des calques Photoshop. Les photos sélectionnées sont ouvertes dans Photoshop et ajoutées sous forme de calques dans un même document. La manière dont les images sont ouvertes dépend des Options de flux de production définies à l'étape 2 (champ entouré). Ici, les photos ont toutes été traitées avec leur définition initiale, en mode ProPhoto RGB, à 16 bits/couche.

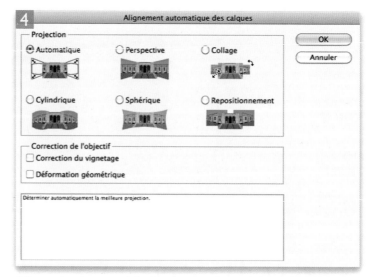

4 Comme les photos ont été prises en tenant l'appareil photo à la main, il est important de vérifier que les calques sont correctement alignés. Sélectionnez tous les calques dans le panneau Calques, puis choisissez Alignement automatique des calques dans le menu Édition. La boîte de dialogue illustrée apparaît. Sélectionnez l'option Automatique et cliquez sur OK.

5 Voici l'image obtenue par l'alignement automatique. Il ne reste plus qu'à choisir la commande Objets dynamiques>Convertir en objet dynamique dans le menu Calque. Vous obtenez ainsi un seul calque d'objet dynamique, comme celui illustré ci-contre. Mais si vous double-cliquez sur la vignette du calque, vous pouvez voir les calques originaux qui composent l'objet dynamique. Ensuite, dans le menu Calque, choisissez Objets dynamiques>Mode d'empilement>Médiane. La durée du traitement de la pile de rendu varie évidemment en fonction de la taille et du nombre de calques, mais également de la profondeur de codage des images.

6 **Une seule exposition**

Version obtenue par empilement

Photo © Martin Evening

6 Quand le traitement est terminé, vous constatez que le calque de l'objet dynamique est muni d'une icône d'empilement (ici, entourée en vert) indiquant que l'objet dynamique a été généré à l'aide de la fonction d'empilement. Vous pouvez observer ici un extrait grossi qui montre une seule exposition, à gauche, et la version obtenue avec la pile de rendu, à droite, dans laquelle neuf expositions ont été fusionnées pour produire une image plus lisse et dépourvue de bruit. Dans cet exemple, nous avons choisi le rendu Médiane, car il analyse les valeurs de chaque pixel et choisit la valeur moyenne, en éliminant presque tous les pixels de bruit qui sont présents sur chacun des calques.

Calques

Normal ◆ Opacité : 100% ▾

Verrou : ☐ ✎ ✦ Fond : 100% ▾

👁 W1BY5160.dng

Si vous n'avez pas la version Extended
Comme pour les techniques de suppression des touristes ou du bruit par des piles de calques, nous allons voir une technique uniquement disponible à partir de l'édition Extended de Photoshop versions CS3 ou suivantes. Si ce n'est pas votre cas, vous pouvez reproduire l'effet du mode d'empilement Maximum en définissant manuellement le mode de fusion Éclaircir pour chaque calque.

Combinaison de photos de feux d'artifice

Diverses techniques de prises de vue classiques se fondent sur des expositions multiples qui sont fusionnées pour produire une image. Beaucoup de natures mortes réalisées en studio sont créées par le biais d'expositions multiples, par exemple. De même, les photographes d'architecture emploient des techniques similaires pour fusionner une vue d'un édifice au crépuscule avec une autre vue nocturne prise quand toutes les lumières sont allumées à l'intérieur du bâtiment. Dans la majorité des cas, les modes de fusion Normal ou Superposition permettent d'obtenir de bons résultats. Sinon, vous pouvez tester la méthode décrite ici qui consiste à employer le mode d'empilement Maximum pour réunir 10 expositions d'un feu d'artifice, sans perdre le contraste ni la définition des clichés originaux. Le mode d'empilement Maximum produit de bons résultats pour la fusion de cette série de photos, mais vous pouvez également essayer le mode Portée qui conserve légèrement plus de détails dans les très hautes lumières.

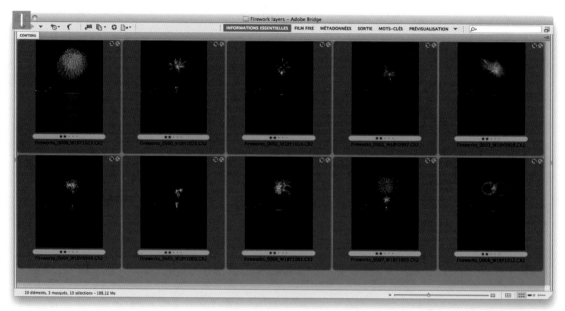

1 Cette vue de Bridge montre une sélection de photos que nous allons fusionner pour produire une seule photo de feu d'artifice. Commencez par sélectionner toutes les images affichées, puis, dans le menu Outils, choisissez Photoshop> Chargement des fichiers dans des calques Photoshop.

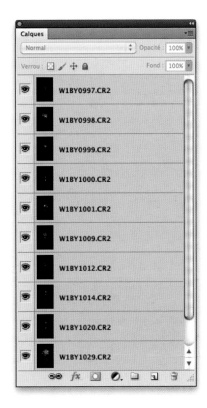

2 L'étape précédente crée un seul document dans lequel toutes les photos sélectionnées ont été réparties sur des calques séparés dans la pile de calques. Le calque supérieur est visible ici. Dans notre cas, il n'est pas nécessaire d'aligner les calques car les photos ont été prises avec un trépied. On peut donc convertir directement la pile de calques en objet dynamique. Commencez par sélectionner tous les calques à l'aide du raccourci ⌘⌥A ctrl alt A.

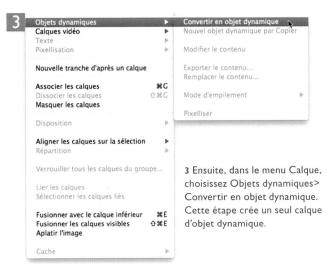

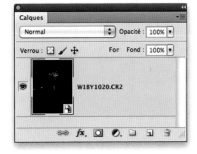

3 Ensuite, dans le menu Calque, choisissez Objets dynamiques> Convertir en objet dynamique. Cette étape crée un seul calque d'objet dynamique.

303

4 Une fois l'image multicalque convertie en objet dynamique, choisissez dans le menu Calque la commande Objets dynamiques>Mode d'empilement>Maximum.

5 Vous pouvez voir ici le résultat initialement obtenu avec le mode d'empilement Maximum. Comme vous pouvez le constater, cette méthode produit une image composite fusionnée.

Photo : © Martin Evening

6 Comme l'eau paraît maintenant un peu trop sombre, sélectionnez deux calques originaux et réunissez-les dans un groupe de calques placé au-dessus du calque de l'objet dynamique. Fusionnez le calque supérieur avec le calque sous-jacent en employant le mode Superposition. Ensuite, définissez également le mode de fusion Superposition pour le groupe de calques. Cela permet à la fois d'éclaircir les reflets sur l'eau et d'y révéler davantage de détails, mais ce n'est pas du meilleur effet sur le ciel. Pour y remédier, ajoutez un masque de fusion au groupe de calques et appliquez un dégradé allant du noir au blanc afin de cacher la moitié supérieure du groupe de calques.

Photos de traînées d'étoiles

Les photos de traînées d'étoiles montrent le ciel nocturne en captant la rotation de la terre autour de son axe. Pour y parvenir, l'appareil photo doit être fixé sur un trépied, braqué vers le ciel et réglé sur un long temps de pose. Comparé à l'argentique, cette technique est des plus difficiles à réussir en numérique. Commençons par examiner les problèmes généraux associés à la photographie de traînées d'étoiles.

Avant toute chose, il faut trouver un lieu propice, offrant une vue dégagée sur le ciel nocturne et suffisamment isolé pour éviter toute pollution lumineuse. Si vous habitez en ville, vous avez rarement l'occasion de voir le ciel nocturne sans pollution lumineuse, ce qui empêche de voir les étoiles les plus pâles et la Voie lactée. Pour un citadin comme moi, ce n'est qu'en s'aventurant à la campagne que l'on peut admirer le ciel nocturne dans toute sa splendeur. Il faut également s'assurer que la zone du ciel que l'on veut photographier n'est pas traversée par un couloir aérien ou par le passage de la Lune. Ensuite, il faut choisir un soir où le ciel est entièrement dégagé et où l'atmosphère n'est pas chargée d'humidité. En cas de forte humidité ambiante, l'objectif risque d'être couvert de condensation. J'ai essayé à plusieurs reprises de prendre des photos de traînées d'étoiles, mais j'y suis uniquement parvenu en posant mon matériel dans un lieu isolé et en bénéficiant de conditions atmosphériques idéales. Enfin, il faut réussir à trouver des lieux qui présentent un premier plan intéressant. Quand j'étais en vacances à Majorque, j'ai profité de la villa que nous avions louée pour prendre la photo qui illustre le tutoriel suivant.

Nous sommes nombreux à affirmer qu'il est plus facile de travailler en numérique qu'en argentique. Mais pour ce type de photographie, le numérique pose des problèmes spécifiques qui compromettent la réussite de l'entreprise. Il faut donc tenir compte de quelques conseils avant de photographier les traînées d'étoiles en numérique. Pour commencer, il est nécessaire d'envisager une durée totale d'exposition d'au moins une demi-heure, pouvant même aller jusqu'à deux heures afin que les traînées soient suffisantes. Quand je me suis lancé dans la photographie de traînées d'étoiles, j'ai essayé d'y parvenir en une seule exposition. Le problème de cette méthode est que l'obturateur reste ouvert très longtemps et que le capteur a alors tendance à générer beaucoup de bruit : celui-ci se cumule sur toute la durée d'exposition et devient surtout visible dans les zones sombres de l'image. En argentique, le bruit est uniquement problématique en termes de grain de la pellicule. Si l'on utilise un film ayant une sensibilité de 100 ISO ou de 200 ISO, la photo des traînées d'étoiles peut être totalement dépourvue de bruit, quel que soit le temps de pose. En numérique, la génération aléatoire du bruit est problématique. Sur les premiers modèles de boîtiers numériques, une durée d'exposition de quelques secondes suffisait à perturber l'équilibre et à détériorer considérablement la qualité de la capture. Aujourd'hui, il est possible d'atteindre de longs temps de pose avant de voir apparaître ces effets néfastes. Mais quand des temps de pose prolongés sont inévitables, la technologie actuellement embarquée dans les appareils numériques impose de limiter la durée maximale de l'exposition à 2 minutes environ. Il faut alors prendre autant de clichés que nécessaire, puis les combiner. Nous verrons comment procéder dans le tutoriel suivant. Pour l'essentiel, vous pouvez utiliser le logiciel qui accompagne l'appareil pour photographier en mode connecté en configurant le logiciel afin de réaliser un nombre prédéfini de prises de vue pendant une période donnée. Le menu de votre appareil photo comporte peut-être aussi une option dans ce but. Les appareils photo ont souvent une sensibilité optimale qui est légèrement plus élevée que la sensibilité la plus faible. Les photos présentées ici ont été prises en mode RAW, avec un appareil Canon EOS 1Ds Mk III, avec une sensibilité de 200 ISO et une ouverture de f/5,6.

L'autonomie de la batterie est également un facteur à prendre en compte. Tant que l'obturateur est ouvert, la batterie de l'appareil est sollicitée pour l'alimentation du capteur. Les capteurs CCD sont très gourmands en énergie, tandis que les capteurs CMOS modernes sont beaucoup plus économes. Si vous prévoyez de faire une série de photos avec de longs temps de pose, vérifiez que la batterie est bien chargée. Certains photographes résolvent ce problème en branchant l'appareil sur le réseau électrique ou sur une batterie de voiture. Si, comme ici, l'appareil est connecté à un ordinateur portable, vérifiez également que l'ordinateur dispose d'une autonomie suffisante pour la durée totale de la prise de vue.

Si vous n'avez pas la version Extended
La technique décrite dans les pages suivantes nécessite aussi l'édition Extended de Photoshop versions CS3 ou suivantes. Comme pour l'image composite du feu d'artifice décrite au début de ce chapitre, vous pouvez reproduire l'effet du mode d'empilement Maximum en définissant manuellement le mode de fusion Éclaircir pour chaque calque. Je préfère employer la méthode de la pile de rendu pour les raisons suivantes : a) c'est plus rapide, et b) on peut aussi essayer le mode d'empilement Portée qui produit un résultat légèrement différent (qui ne peut pas être imité par les modes de fusion des calques). Le mode d'empilement Portée produit un effet plus contrasté et plus foncé. Le résultat n'est pas aussi réussi avec l'image utilisée ici. En revanche, de bons résultats peuvent être obtenus avec d'autres types de photos de traînées d'étoiles, surtout lorsque les expositions combinées sont trop claires.

Éclairage du premier plan

Il est judicieux de cadrer l'image en plaçant des éléments au premier plan, tels que des constructions ou des arbres. Mais ces derniers ne doivent pas se découper comme des silhouettes, ils doivent donc être éclairés. Comme nous l'avons mentionné dans le texte, vous pouvez vous servir d'une lampe de poche ou d'un flash. La technique présentée ici se basant sur une séquence de prise de vue, il est vivement conseillé de prendre ces photos supplémentaires au début ou à la fin. Cela vous laisse la possibilité de faire des essais et de choisir les meilleures expositions pour le premier plan.

Pour photographier le ciel étoilé, choisissez l'emplacement de la prise de vue pendant la journée, fixez votre appareil photo sur un trépied bien stable et composez la scène en plaçant des éléments au premier plan. Il vaut mieux s'abstenir de photographier uniquement le ciel. Recherchez des arbres ou des constructions intéressantes que vous pourriez inclure dans la photo. Notez le positionnement de l'appareil photo de façon à pouvoir régler l'exposition de la scène quand il fera nuit, en vous aidant d'une lampe torche ou d'un flash portable (voir note ci-contre).

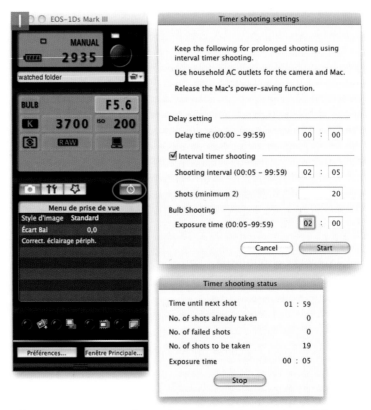

Figure 8.1 Vous pouvez voir ici l'installation que j'utilise habituellement pour les photographies de traînées d'étoiles. L'appareil photo est contrôlé par un ordinateur portable sur lequel est exécuté le programme de capture en mode connecté fourni avec l'appareil photo.

1 Pour commencer, montez l'appareil photo sur un trépied pendant qu'il fait encore jour (figure 8.1) en choisissant l'angle idéal pour la prise de vue. Dans cet exemple, comme j'utilisais un appareil Canon EOS, j'ai donc configuré le logiciel EOS Utility de façon à prendre une série de photos. J'ai réglé l'appareil en activant le mode de prise de vue Bulb, puis j'ai cliqué sur le bouton de prise de vue en mode Retardateur afin d'ouvrir la boîte de dialogue illustrée à droite. J'ai défini un temps de pose de 2 minutes (auquel cas, l'intervalle de prise de vue doit être de 2 minutes et 5 secondes au minimum) pour 20 expositions. Ensuite, quand vous cliquez sur le bouton Démarrer, la fenêtre qui apparaît affiche la progression de la prise de vue.

2 Une fois la prise de vue terminée, ouvrez les photos dans Bridge et préparez-les en vue de leur retouche dans Photoshop. Sélectionnez tous les clichés et choisissez la commande Outils>Photoshop>Chargement des fichiers dans des calques Photoshop.

3 L'image qui s'ouvre alors dans Photoshop se compose d'une pile de calques (18, ici). Utilisez le raccourci ⌘ ⌥ A ctrl alt A pour sélectionner tous les calques, puis dans le menu Calque, choisissez Objets dynamiques>Convertir en objet dynamique.

4 Une fois le calque de l'objet dynamique créé, ouvrez le sous-menu Calque> Objets>Mode d'empilement et sélectionnez la méthode de rendu Maximum. Toutes les images sont traitées en un clin d'œil et vous pouvez voir l'image cumulée des traînées d'étoiles qui est illustrée ici. Le résultat est plutôt satisfaisant et produit une image quasiment finalisée. Toutefois, les lampes qui se trouvent sur la façade «brûlent» tous les détails de la maison.

5 Il aurait fallu photographier la scène avec un temps de pose plus court, juste avant de réaliser la séquence de prises de vue. J'avais bien pris une photo plus tôt dans la journée, ce qui n'était pas plus mal, car j'ai pu m'en servir pour récupérer une partie des détails perdus dans l'image. J'ai donc ajouté la photo illustrée ici en tant que nouveau calque, au-dessus de l'image des traînées d'étoiles, et j'ai défini le mode de fusion Obscurcir pour le calque. Ensuite, j'ai ajouté un masque de fusion rempli en noir et j'ai peint en blanc sur le masque pour soigneusement réparer les zones brûlées.

6

6 Voici le résultat final. Il me restait encore quelques retouches à apporter pour que la photo soit parfaite. Tout d'abord, j'ai ajouté un nouveau calque vide, défini en mode Couleur, et j'ai travaillé au Pinceau avec des couleurs échantillonnées. Cela m'a permis de peaufiner certaines des zones de la façade, notamment là où les couleurs étaient inégales, et de gommer le léger halo visible dans la partie inférieure du ciel. Vous souvenez-vous de ma remarque précédente sur le fait d'éviter les couloirs aériens ? Même si l'appareil photo n'était pas braqué vers un couloir aérien présentant beaucoup de trafic, quelques traînées lumineuses laissées par des avions ont néanmoins été capturées dans l'image (certaines sont visibles à l'étape 4). À l'époque où ces photos ont été prises, j'utilisais Photoshop CS4 et il était particulièrement difficile d'éliminer ces traces à l'aide du Correcteur. Aujourd'hui, dans Photoshop CS5, cette tâche est grandement facilitée par le Correcteur localisé en mode Contenu pris en compte.

Préservation des pixels

Cette technique illustre également l'utilisation des modes de fusion Couleur pour fusionner des calques de réglage des couleurs, comme le calque de réglage Courbes qui applique un virage bleu à l'étape 5, page 315. Ces opérations produisent un histogramme plus propre, comparativement à un calque de réglage de la couleur qui serait resté en mode de fusion Normal.

Script

Les étapes présentées ici ont été enregistrées dans le script CS5 E2IK9 Nocturnal qui est disponible sur le DVD.

Nuit américaine

Vous avez peut-être vu le film de François Truffaut, *La Nuit américaine*, dont le titre fait référence à l'emploi d'un filtre photographique conçu pour donner l'impression que des séquences filmées de jour sont éclairées par le clair de lune. Dans toute ma carrière de photographe, je n'ai encore jamais réussi à reconstituer la mystérieuse combinaison de filtres qui produit cet effet.

Récemment, j'ai eu l'idée d'essayer de reproduire directement cet effet dans Photoshop, en essayant de déterminer ce qui fait qu'une scène donne l'impression d'avoir été photographiée de nuit et non de jour. Cela ne se résume pas à une diminution de l'exposition. Tout d'abord, il faut tenir compte de la diminution de notre acuité visuelle dans la pénombre. L'œil humain a plus de mal à percevoir les couleurs et tout paraît plus monochrome. On croit généralement que le clair de lune produit une lumière bleue, mais sa température de couleur est de l'ordre de 4 125 K. C'est légèrement plus froid qu'un éclairage halogène au tungstène, mais c'est plus chaud que la lumière du jour ordinaire. Le fait que l'œil humain voie le clair de lune comme étant bleu s'explique par le phénomène de Purkinje : à faible éclairage ambiant, les couleurs rouge et jaune paraissent moins lumineuses, et les couleurs vertes et bleues semblent plus vives. Ce sont ces décalages de perception de la vision humaine combinés au faible éclairage qui contribuent à nous faire percevoir différemment les scènes nocturnes et les scènes diurnes.

Mode ProPhoto RGB

L'espace RVB de l'image originale exerce toujours une influence sur le résultat obtenu avec toutes les techniques qui impliquent des réglages des tons et des couleurs. Les écarts sont souvent si infimes qu'on ne les remarque pas, mais il n'en va pas de même quand des changements radicaux sont apportés à l'image. La technique présentée ici a été conçue pour être utilisée dans l'espace ProPhoto RGB, car c'est le seul autorisant des virages colorés aussi radicaux que ceux appliqués à l'étape 2, avant leur conversion en ajustements plus subtils de la luminosité tonale à l'étape 3. En mode sRGB ou Adobe RGB, l'étape 2 entraînerait la perte d'une grande quantité d'informations de couleurs. Vous pourriez modifier les réglages employés ici pour parvenir à un résultat similaire dans des espaces RVB au gamut plus réduit, mais pour des résultats optimaux, je vous conseille de vous en tenir au mode ProPhoto RGB.

1 Commencez par une photo aux couleurs normales, en mode ProPhoto RGB, à laquelle vous ajoutez un calque de réglage Mélangeur de couches. N'importe quelle photo peut faire l'affaire, mais l'image nocturne obtenue ne sera pas nécessairement aussi intéressante. En revanche, utilisez de préférence une image en mode 16 bits/couche car cette technique implique un grand étirement des valeurs de pixels.

2 Définissez les réglages du Mélangeur de couches comme suit: dans la couche de sortie Rouge, définissez le Rouge sur 0, le Vert sur +100 et le Bleu sur 0. Dans la couche de sortie Vert, définissez le Rouge sur 0, le Vert sur +200 et le Bleu sur -100. Dans la couche de sortie Bleu, définissez le Rouge sur 0, le Vert sur 0 et le Bleu sur +200. Cette combinaison de réglages produit les couleurs irréelles illustrées ici.

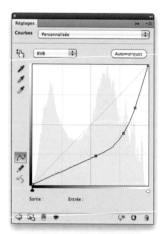

3 L'étape de réglage du Mélangeur de couches est destinée à renforcer la luminance des verts dans la scène. La coloration est intéressante, mais ce n'est pas vraiment l'effet recherché. Définissez le mode de fusion Luminosité pour le calque du Mélangeur de couches. Ensuite, ajoutez un calque de réglage Courbes en mode Normal pour obscurcir la scène et ainsi donner l'impression que la photo a été prise de nuit.

4 L'étape suivante consiste à réduire la saturation du jaune. Ajoutez un calque de réglage Teinte/Saturation. Définissez une Saturation des Jaunes de -60 et le mode de fusion Couleur pour le calque. Maintenez la touche *Shift* enfoncée, cliquez sur le calque Mélangeur de couches pour sélectionner les trois calques de réglage et choisissez Calque>Associer les calques (⌘ G ctrl G)

Photo : © Martin Evening

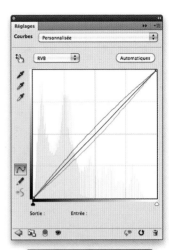

5 Enfin, ajoutez un calque de réglage Courbes au sommet de la pile de calques (au-dessus du groupe de calques) et ajustez les courbes du rouge et du bleu (comme illustré ici) pour créer le virage bleu/cyan. Réglez le mode de fusion Couleur pour ce calque et réduisez l'Opacité du calque à 50 %. On dispose ainsi du maximum de latitude pour peaufiner l'intensité du virage coloré. Les différences ne sautent pas aux yeux, mais vous comprendrez l'importance de ce réglage à l'étape suivante.

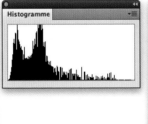

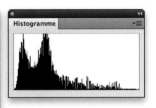

6 Plusieurs calques de réglage successifs entraînent un étirement cumulé des valeurs de pixels de l'image d'origine, ce qui fait surgir des pics et des creux dans l'histogramme. Toutefois, il existe des moyens de limiter ces pertes. À gauche, vous pouvez voir une pile de calques dans laquelle j'ai suivi toutes les étapes, jusqu'à l'étape 5, mais j'ai conservé le mode de fusion Normal pour le dernier calque Courbes. Comme vous pouvez le constater, l'histogramme de l'image en 8 bits/couche est assez haché. À droite, j'ai défini Couleur comme mode de fusion. L'affichage de l'histogramme correspond aux deux modes superposés, les différences étant matérialisées en vert. Vous pouvez constater qu'en mode Couleur, l'histogramme présente beaucoup moins de pics. Si vous appliquez ces étapes à une photo en mode 16 bits, vous observerez encore moins de pics et de creux dans l'histogramme final.

Assombrissement des couleurs vives
Cette technique fonctionne bien avec l'image utilisée ici. Pour les photos qui contiennent des couleurs vives, comme un taxi jaune ou un bus rouge, vous devrez éventuellement ajouter un autre réglage pour atténuer ces couleurs en les désaturant.

Protection des couleurs en mode ProPhoto RGB

Depuis ces dix dernières années, l'espace colorimétrique RVB recommandé pour les retouches n'est plus le même. Auparavant, la plupart des experts conseillaient le mode Adobe RGB, mais aujourd'hui, nous recommandons le mode ProPhoto RGB comme espace de travail.

Cela s'explique par deux raisons. D'une part, de nombreuses imprimantes à jet d'encre actuelles ont une plage de couleurs imprimables beaucoup plus vaste que celle de l'espace Adobe RGB. Par conséquent, en choisissant le mode ProPhoto RGB comme espace de travail, vous pouvez profiter pleinement de la plage de couleurs imprimables de votre imprimante, la différence étant particulièrement notable pour la reproduction des couleurs dans les ombres sur du papier brillant. D'autre part, comme l'espace colorimétrique ProPhoto est plus vaste, il convient mieux pour l'exécution de calculs sur les pixels, notamment quand les valeurs calculées risquent de franchir les limites imposées par un espace chromatique réduit. En nous servant de l'image utilisée dans le tutoriel précédent, nous allons démontrer que l'espace ProPhoto RGB offre davantage de marge de manœuvre pour de plus grands décalages des valeurs de pixels, tandis qu'un espace couleur plus petit se contente d'écrêter les pixels qui dépassent les limites de son gamut.

1   ProPhoto RGB   Adobe RGB

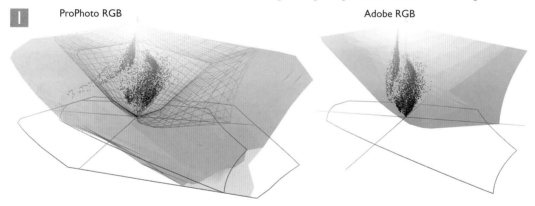

1 Ces schemas 3D permettent de comparer les espaces de travail ProPhoto RGB et Adobe RGB. Les valeurs des pixels de la photographie ci-contre sont transposées dans un système de coordonnées RVB dans chaque espace colorimétrique. Vous pouvez constater que l'espace ProPhoto RGB ne limite nullement les valeurs et que les couleurs des pixels de l'image ProPhoto RGB originale s'étendent au-delà des limites de l'espace Adobe RGB qui est représenté ici (à titre de comparaison) sous forme de diagramme filaire à l'intérieur de l'espace ProPhoto RGB.

2 ProPhoto RGB
Adobe RGB

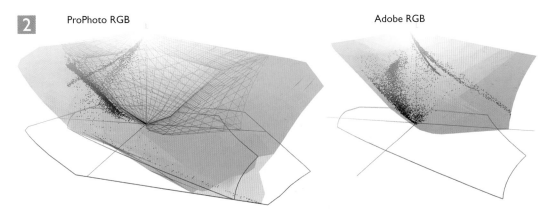

2 L'une des étapes initiales de l'effet de nuit américaine (décrit à la page 313) impose d'appliquer un ajustement extrême dans le Mélangeur de couches. Ce réglage d'image étire au maximum les valeurs des pixels. Il est donc heureux que l'énorme espace ProPhoto RGB autorise ce type de réglage en préservant les couleurs et les relations tonales entre les différents pixels. Si l'espace chromatique Adobe RGB avait été utilisé pour la retouche de l'image, le réglage du Mélangeur de couches aurait écrêté la majorité des couleurs, car le gamut n'aurait pas été suffisant pour permettre à Photoshop de calculer un ajustement aussi extrême.

3 ProPhoto RGB
Adobe RGB

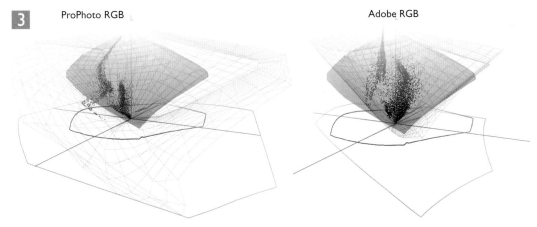

3 Même si, au départ, l'effet de nuit américaine applique un ajustement extrême des couleurs, les valeurs des pixels sont ensuite à nouveau comprimées pour produire des couleurs plus atténuées dans l'image finale. Les différences ne sont pas très visibles dans ces représentations 2D de formes d'espaces couleur 3D, mais l'on constate un net décalage du bleu dans la version retouchée en mode Adobe RGB. Reste à savoir quelle version produira le meilleur résultat à l'impression. Pour cette dernière étape, j'ai affiché les profils sous forme de schémas filaires auxquels j'ai superposé en forme pleine l'enveloppe des couleurs imprimables avec un profil d'impression sur papier brillant. Vous pouvez constater que bien que certains bleus dépassent les limites des couleurs reproductibles de l'espace ProPhoto RGB, davantage de détails colorés sont préservés dans les ombres.

Parc national de Zion, Utah, États-Unis. Photographe: Martin Evening
Canon EOS 1Ds Mk III | Objectif Sigma 12-24 mm: 13 mm | 200 ISO | f/11.0 à 1/25-1/400 s.

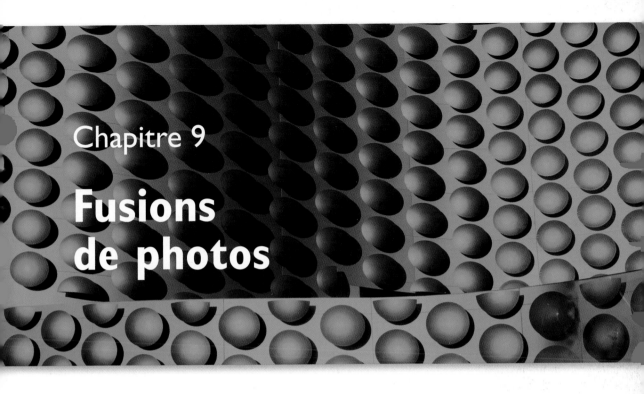

Chapitre 9

Fusions de photos

Montage d'images dans Photoshop

Comme nous l'avons déjà fait remarquer précédemment, l'utilisation de Photoshop peut vous inciter à revoir votre manière de photographier certains sujets. Ce chapitre est consacré à deux fonctionnalités phares de Photoshop, Fusion HDR Pro et Photomerge, qui permettent de combiner plusieurs clichés pour respectivement étendre la plage dynamique du sujet photographié et agrandir le champ de vision. En associant ces deux techniques, vous pouvez même en combiner les effets.

Virage HDR

Quand vous appliquez un réglage d'image Virage HDR à une photo standard, elle est immédiatement convertie en mode 32 bits par couche, ce qui revient à réaliser une fausse conversion HDR/LDR. Même s'il ne s'agit pas d'une véritable conversion en HDR, cette fonction constitue une bonne alternative au réglage d'image Tons foncés/Tons clairs.

Fusion HDR Pro

La fonction Fusion HDR Pro a été mise à jour dans Photoshop CS5 afin d'améliorer le mixage des différentes expositions et produire des images 32 bits qui bénéficient d'une plage dynamique étendue (HDR). La conversion des tons sur 16 bits ou 8 bits pour produire une image à plage dynamique réduite (LDR) a été revue et incorpore désormais une meilleure suppression des effets fantomatiques et un contrôle plus poussé de la conversion des tons. Même s'il est maintenant possible de reproduire l'effet HDR « classique » dans Photoshop, rien ne vous empêche de produire des conversions HDR/LDR beaucoup plus subtiles. Dans le chapitre 7 d'*Adobe Photoshop CS5 pour les photographes*, vous trouverez une description détaillée des nouveaux réglages de la fonction Fusion HDR Pro. Si vous n'avez pas le manuel, un fichier PDF de ce chapitre vous est proposé sur le DVD d'accompagnement de ce livre.

La fonction Fusion HDR Pro est utile par bien des aspects. Ses réglages peuvent servir à produire l'effet HDR tant apprécié des amateurs de photographie HDR. Un virage HDR peut être appliqué lors de la conversion à l'aide de la fonction Fusion HDR Pro d'une image 32 bits en 16 bits ou 8 bits par couche. Ou bien, il peut être appliqué sous forme de réglage d'image à des images ordinaires. La principale raison incitant à utiliser la fonction Fusion HDR Pro est la réalisation de la fusion d'une fourchette d'expositions en une seule image 32 bits. Cette image renferme toute la plage tonale de la scène et vous pouvez alors utiliser les réglages proposés dans la boîte de dialogue Fusion HDR Pro (illustrée ci-contre) pour réaliser la conversion en mode 16 bits ou 8 bits et revenir à une plage dynamique réduite. C'est la première possibilité. La seconde, qui est aussi ma préférée, consiste à utiliser la Fusion HDR Pro pour créer une image 32 bits, l'enregistrer, puis passer par le menu Image> Mode pour réaliser la conversion en 16 bits ou 8 bits dans une étape séparée. Cela permet de conserver la version originale et de passer par le menu Image>Mode pour produire différents rendus, tout en conservant la version 32 bits. Quelle que soit la méthode utilisée, il est préférable d'appliquer la Fusion HDR Pro à des fichiers RAW, plutôt qu'à des images développées (même si celles-ci sont en mode 16 bits par couche). À mon avis, le virage HDR a tendance à produire des couleurs irréelles. Le tutoriel suivant explique comment ajouter un calque supplémentaire en mode de fusion Couleur pour améliorer l'apparence de l'image. Un autre avantage de la fonction Fusion HDR Pro est que même si vous vous efforcez de produire une conversion aussi normale que possible (comme expliqué ici), les détails dans les ombres sont toujours plus estompés. Vous trouverez l'explication de ce phénomène sur l'extrait au format PDF qui est disponible sur le DVD.

1 Il est préférable d'utiliser la fonction Fusion HDR Pro avec des originaux. Ici, j'ai sélectionné trois fichiers bruts dont les réglages de développement par défaut ont tous été synchronisés.

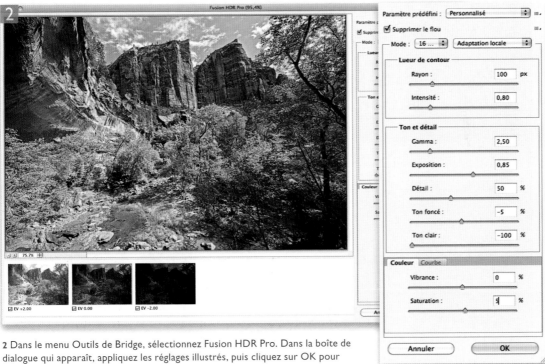

2 Dans le menu Outils de Bridge, sélectionnez Fusion HDR Pro. Dans la boîte de dialogue qui apparaît, appliquez les réglages illustrés, puis cliquez sur OK pour créer une nouvelle image par Fusion HDR Pro.

3 Retournez dans Bridge, ouvrez la photo ayant l'exposition intermédiaire et ajustez les réglages de développement pour vous rapprocher autant que possible de la version Fusion HDR Pro.

4 Ouvrez cette photo dans un nouveau document et glissez-la à l'aide de l'outil Déplacement, tout en maintenant la touche *Shift* enfoncée, pour placer l'image en tant que nouveau calque au-dessus du calque Fusion HDR Pro ; activez le mode de fusion Couleur.

5 Cette étape supplémentaire contribue à produire des couleurs plus homogènes et plus naturelles dans une image obtenue par Fusion HDR Pro. Par exemple, sur cette image, le bleu du ciel est trop soutenu. L'ajout d'un calque en mode de fusion Couleur améliore l'apparence du ciel en désaturant le bleu et en rendant les nuages moins bleus. Les roches sur les rives du torrent présentent une nuance jaune pâle dans les hautes lumières. Le calque en mode de fusion Couleur permet également d'éliminer cette dominante en appliquant une couleur plus naturelle.

Réglages de l'appareil photo

Avant de réaliser une série de clichés pour un panorama, je vous conseille de passer en mode d'exposition Manuel de façon à produire des expositions cohérentes : l'ouverture reste la même et la balance des blancs demeure cohérente (si vous travaillez en mode RAW, vous pouvez appliquer ultérieurement un réglage uniforme de la balance des blancs dans Camera Raw).

Fusion des images

Quand l'option Fusion des images est sélectionnée, Photomerge détecte les bordures optimales entre chaque calque d'image, les couleurs des calques sont uniformisées et un masque de fusion est appliqué. Quand l'option Fusion des images est désactivée, seule l'uniformisation de l'alignement est appliquée. Cela permet de modifier les calques séparément avant d'appliquer la commande Édition>Fusion automatique des calques.

Photomerge

Photomerge sert surtout à assembler des photos pour créer des panoramas. D'autres programmes remplissent la même fonction, mais avec des résultats plus ou moins heureux. Il faut dire que la fonction Photomerge de Photoshop a su évoluer pour devenir l'un des meilleurs outils de création de panoramas. La boîte de dialogue interactive, assez complexe, de l'ancienne version a disparu. À la place, vous avez le choix entre différentes options de disposition, parmi lesquelles Auto est généralement la meilleure.

Photomerge fonctionne de quatre façons différentes. Vous pouvez ouvrir le menu Fichier>Automatisation de Photoshop et cliquer sur le bouton Parcourir dans la boîte de dialogue Photomerge (entourée à la **figure 9.1**). Sélectionnez un dossier d'images ou parcourez les dossiers sur votre ordinateur pour ajouter des photos. Si les images que vous voulez fusionner sont déjà ouvertes dans Photoshop, sélectionnez l'option Ajouter les fichiers ouverts. Toutefois, la méthode la plus simple consiste à sélectionner les images que vous voulez fusionner dans Bridge, puis à choisir la commande Outils>Photoshop>Photomerge. La boîte de dialogue Photomerge illustrée à la **figure 9.1** apparaît également. Vous pouvez y choisir la présentation et les options de fusion souhaitées pour créer un composite Photomerge en une seule étape.

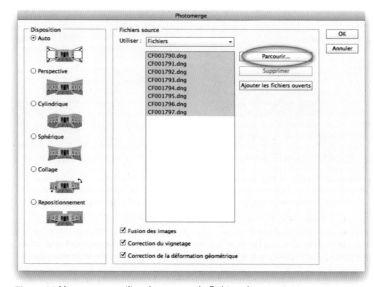

Figure 9.1 Vous pouvez utiliser la commande Fichier>Automatisation> Photomerge, dans Photoshop, ou Outils>Photoshop>Photomerge, dans Bridge, pour afficher la boîte de dialogue Photomerge.

Sinon, dans Photoshop, vous pouvez choisir Fichier>Scripts>Chargement des fichiers dans une pile. La boîte de dialogue Charger les calques, illustrée à la **figure 9.2**, apparaît. Vous pouvez aussi y sélectionner manuellement les photos que vous voulez traiter. Quand vous cliquez sur OK, cela crée une seule image dans laquelle toutes les photos sélectionnées sont ajoutées en tant que calques. Ou bien, dans Bridge, vous pouvez simplement ouvrir le menu Outils et choisir Photoshop>Chargement des fichiers dans les calques Photoshop. Cela crée encore une seule image multicalque, mais sans afficher la boîte de dialogue Charger les calques. Quelle que soit la méthode utilisée, quand l'image multicalque est ouverte dans Photoshop, vous pouvez choisir la commande Édition>Alignement automatique des calques pour préciser la disposition des images fusionnées (**figure 9.3**), suivie de la commande Édition>Fusion automatique des calques pour effectuer la fusion. Le découpage du traitement Photomerge en étapes distinctes permet de tester plus facilement les diverses options de mise en page et d'alignement avant de valider la fusion des calques.

Conseil pour le choix des photos traitées avec Photomerge

Pour des résultats optimaux, prévoyez un chevauchement de 25 à 40 % entre chaque photo. La distance focale et la distance de mise au point doivent être constantes ; n'essayez pas de zoomer. Lorsque vous prenez la série de vues, faites pivoter progressivement l'appareil photo, en vous référant au centre de la lentille comme pivot de la rotation et en évitant autant que possible de décaler l'appareil par rapport à cet axe. Ces opérations peuvent être effectuées en tenant l'appareil à la main, mais pour de meilleurs résultats, envisagez d'utiliser une tête de trépied, comme la tête panoramique de Manfrotto™ qui, lorsqu'elle est utilisée avec une fixation d'angle, permet de contrôler précisément la rotation autour du centre optique. Cela facilitera l'alignement des photos dans Photomerge.

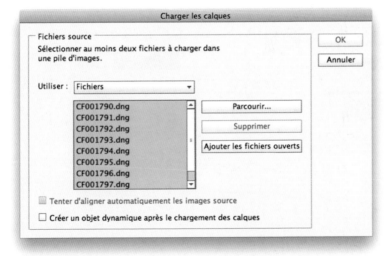

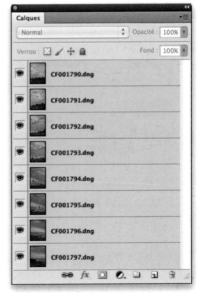

Figure 9.2 Si vous choisissez, dans Photoshop, Fichier>Scripts>Chargement des fichiers dans une pile, ou, dans Bridge, Photoshop>Chargement des fichiers dans des calques Photoshop, la boîte de dialogue Charger les calques apparaît. Sélectionnez les fichiers que vous voulez charger en tant que calques et cliquez sur OK. Cette boîte de dialogue vous permet aussi d'aligner automatiquement les photos originales, mais si vous optez pour cette option, mieux vaut appliquer séparément la commande Édition>Alignement automatique des calques dans Photoshop.

Options de Correction de l'objectif

Dans la majorité des cas, les options de Correction de l'objectif améliorent les panoramas. La Correction du vignetage compense l'exposition sur les bords des images présentant des coins sombres. Ce problème se pose fréquemment avec certains grands-angulaires. Notez que ce défaut peut également être corrigé directement dans Camera Raw avant d'exécuter la fonction Photomerge ou un quelconque alignement automatique. La Déformation géométrique peut compenser les déformations en barillet ou en coussinet, mais cela ralentit considérablement le traitement par Photomerge. Si les images fusionnées ont été prises avec une optique fish-eye « reconnue », Photomerge active automatiquement cette option.

En résumé, si vous savez quelle présentation Photomerge vous souhaitez utiliser, il est plus simple et plus rapide d'appliquer directement la fonction Photomerge exposée à la **figure 9.1**. Si vous hésitez, il est préférable d'utiliser la méthode indirecte via la commande Chargement des fichiers dans une pile (ou Chargement des fichiers dans les calques Photoshop depuis Bridge) car elle permet d'ouvrir les images avant de choisir une méthode d'alignement automatique. Par exemple, vous pouvez utiliser la méthode Photoshop ou Bridge pour ouvrir un certain nombre de fichiers en tant que calques Photoshop dans une seule image. Ensuite, dans Photoshop, vous pouvez choisir Édition>Alignement automatique des calques (**figure 9.3**) et sélectionner une présentation et une option de Correction de l'objectif. Si le panorama obtenu ne vous convient pas, il vous suffit d'annuler la commande, de la sélectionner à nouveau et de choisir une autre présentation. Quand vous pensez être sur la bonne voie, sélectionnez la commande Édition>Fusion automatique des calques (**figure 9.3**) pour appliquer la Méthode de fusion Panorama. Vous finalisez ainsi l'alignement et la fusion Photomerge.

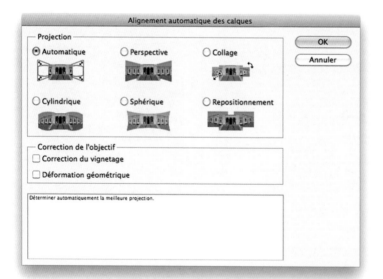

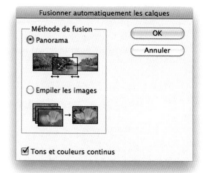

Figure 9.3 Pour aligner les calques d'une image multicalque, vous pouvez choisir la commande Édition>Alignement automatique des calques. La boîte de dialogue illustrée à gauche apparaît. Les options de Projection/Disposition et de Correction de l'objectif sont identiques à celles réunies dans la boîte de dialogue Photomerge, présentée à la figure 9.1. Vous pouvez choisir une combinaison de réglages et cliquer sur OK pour appliquer l'alignement voulu. Ensuite, vous pouvez choisir Édition>Fusion automatique des calques et sélectionner la Méthode de fusion Panorama.

Redimensionnement des originaux

Quand vous créez un panorama, vous obtenez une image beaucoup plus grande que les photos qui la composent. Ce n'était pas vraiment problématique quand les appareils photo numériques prenaient de petites photos, mais aujourd'hui, il est souvent nécessaire de redimensionner les différentes images sources afin d'éviter que le panorama obtenu ne soit trop grand. Si vous travaillez à partir d'originaux au format RAW, l'une des façons de procéder consiste à passer par les Options de flux de production de Camera Raw (**figure 9.4**), de changer la Taille d'ouverture des fichiers et de cliquer sur Terminer pour appliquer la nouvelle taille aux photos sélectionnées. Les différentes photos s'ouvrent ensuite dans un format plus petit, ce qui accélère le traitement Photomerge. Il est aussi beaucoup plus rapide de réaliser des essais de fusion sur des images déjà redimensionnées dans Camera Raw, surtout si vous travaillez à partir de captures originales de 60 Mpix, comme à la **figure 9.4**.

Fusion automatique des calques

La fonction Fusion automatique des calques analyse tous les calques sélectionnés et masque les calques de telle façon que chaque zone du composite final est définie par un seul extrait de chaque calque. Les calques eux-mêmes sont découpés selon un tracé irrégulier qui masque les contours de chaque élément du calque. On obtient généralement un composite ne présentant ni éléments qui se chevauchent ni fragments isolés. Nous activons toujours l'option Tons et couleurs continus (voir la figure 9.3) car cela améliore le lissage de la fusion entre les calques.

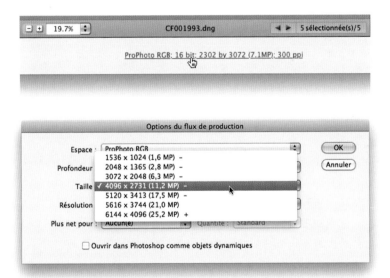

Figure 9.4 Les Options de flux de production de Camera Raw sont accessibles en bas de la boîte de dialogue de Camera Raw. Cliquez sur le texte bleu souligné pour ouvrir une boîte de dialogue dans laquelle vous pouvez grossir ou réduire les dimensions (Taille d'ouverture) du fichier. N'oubliez pas de cliquer sur le bouton Terminer de Camera Raw pour appliquer ce nouveau réglage aux photos sélectionnées.

Limites de taille de fichier

Si Photomerge cale en cours de traitement, cela est probablement dû à la taille excessive des différents fichiers. Vous devez soit installer davantage de RAM, soit utiliser des fichiers moins volumineux. Le blocage peut également être dû à l'activation de la Correction de la déformation géométrique qui peut être très gourmande en capacités de calcul.

Un traitement Photomerge en une seule étape

Je vais commencer par vous présenter un exemple simple de création d'une image Photomerge. L'option de disposition Automatique est généralement le meilleur choix, car elle analyse d'abord les images originales, puis elle essaye de déterminer quelle méthode de disposition (Perspective, Cylindrique ou Sphérique) est susceptible de produire le panorama le plus réussi. Toutefois, l'option Automatique ne gagne pas toujours au jeu de la devinette. Donc, voici une astuce. Si vous assemblez une série d'images pour produire un panorama de paysage, la méthode de disposition Cylindrique conserve généralement la ligne d'horizon dans la photo (même s'il n'est pas toujours droit). C'est la méthode de disposition que je choisis lorsque je sais que c'est la mieux adaptée.

1 Commencez par ouvrir Bridge et sélectionnez les photos que vous voulez fusionner dans un panorama. Si vous travaillez à partir de fichiers RAW, vous pouvez les ouvrir dans Camera Raw pour vous assurer que leurs réglages sont synchronisés. En outre, il peut être judicieux de vérifier les Options de flux de production (comme expliqué à la page 327), pour définir une taille d'ouverture adaptée à chaque fichier (si vous essayez de fusionner une série de photos numériques plein format, vous risquez de vous retrouver avec un fichier panoramique extrêmement volumineux). Une fois ces réglages effectués, ouvrez le menu Outils de Bridge et choisissez Photoshop>Photomerge.

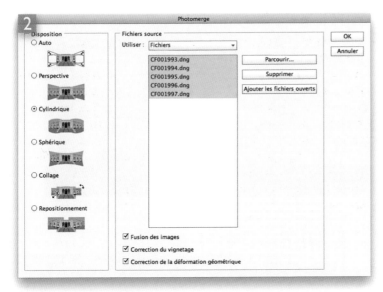

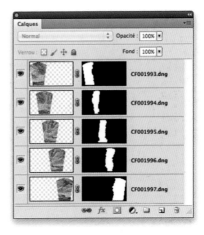

2 La boîte de dialogue Photomerge présente les photos préalablement sélectionnées dans Bridge. Sélectionnez l'option de disposition Cylindrique et cochez toutes les options proposées en bas de la boîte de dialogue : Fusion des images, Correction du vignetage et Correction de la déformation géométrique, puis cliquez sur OK pour construire le panorama. Les calques et les masques de fusion ainsi obtenus sont visibles dans le panneau Calques.

3 Voici le panorama dans lequel toutes les images sélectionnées ont été fusionnées, mais pas encore corrigées par Transformation manuelle.

4 L'image de l'étape 3 montre la présence de déformations dans la fusion résultante. Le ciel est trop large et le premier plan trop étroit. Après avoir fusionné les calques (comme illustré dans le panneau Calques), activez l'outil Transformation manuelle depuis le menu Édition (⌘ T ctrl T). Maintenez les touches ⌘ ⌥ ctrl alt enfoncées (plus la touche Shift pour une transformation horizontale) et faites glisser les coins supérieurs vers l'intérieur et les coins inférieurs vers l'extérieur. Heureusement, l'horizon était bien droit (c'est l'avantage d'utiliser la disposition Cylindrique et non Automatique dans la boîte de dialogue Photomerge).

5 Malgré les corrections effectuées par transformation manuelle, des zones complètement transparentes sont visibles dans les coins supérieurs gauche et droit de l'image. Autrefois, il n'était pas facile d'y remédier. Essayez donc de reproduire un dégradé naturel et des détails réalistes, même s'il s'agit de simples nuages, à l'aide du Tampon ou des outils de correction. L'amélioration phare de Photoshop CS5 est indubitablement le mode de remplissage avec le Contenu pris en compte qui parvient à faire des miracles dans ce type de situation. Je me suis servi de la Baguette magique (c'est rare mais cela m'arrive parfois) pour sélectionner les zones transparentes. Pour m'assurer que la sélection soit suffisamment grande pour l'application du dégradé et de la fusion du remplissage en mode Contenu pris en compte, j'ai profité de la fonction Dilater la sélection, accessible via le sous-menu Sélection>Modifier, et j'ai saisi une valeur de 6 pixels avant de cliquer sur OK.

6 Après avoir dilaté la sélection, j'ai utilisé la commande Édition>Remplir en activant l'option Contenu pris en compte dans la liste déroulante de la rubrique Contenu, ainsi que le mode de fusion Normal. Voici ici le résultat et l'image finale après le recadrage est illustrée à la figure 9.5.

Figure 9.5 Les cinq photos originales ont été prises avec un boîtier Phase One 4,5 × 6, équipé d'un objectif 45 mm et d'un dos P65+. L'appareil était tenu à la main. L'image finale mesure 90 × 170 cm pour une résolution de 300 dpi et un volume de 1,24 Go après l'aplatissement des calques.

Un traitement Photomerge en trois étapes

La commande Photomerge (activée depuis Bridge) a un excellent taux de réussite. Elle applique essentiellement un traitement en trois étapes : la première consiste à ajouter toutes les images en tant que calques dans un document Photoshop, la seconde aligne automatiquement les différents calques, et enfin, la troisième exécute une fusion automatique par laquelle un masque de fusion est apposé à tous les calques.

Le tutoriel suivant présente une méthode alternative dans laquelle les étapes de chargement des fichiers, d'alignement automatique et de fusion automatique des calques sont exécutées une par une, séparément. La décomposition du traitement Photomerge en étapes distinctes permet, au besoin, de mieux contrôler la manière dont les images sont fusionnées.

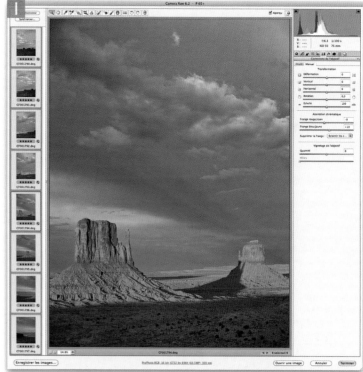

1 La première étape consiste à ouvrir plusieurs images dans Camera Raw via Photoshop. Les huit images sont sélectionnées et prêtes à être ouvertes dans Photoshop. Bien que la commande d'Alignement automatique appliquée ultérieurement contrôle à la fois le vignetage et la déformation optique, elle ne corrige pas les aberrations chromatiques. Ces imperfections doivent être éliminées dans Camera Raw. Appliquez les corrections requises et ajoutez également un réglage Supprimer la frange : Éclaircir les contours.

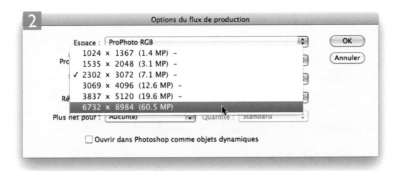

Essai en basse définition

Le traitement d'une vaste sélection d'images de taille moyenne ou de grande taille peut être assez long. Pour un aperçu rapide du résultat obtenu par le procédé Photomerge choisi, il est conseillé d'appliquer la commande Photomerge après avoir défini la plus petite Taille possible dans les Options de flux de production de Camera Raw. Quand vous êtes satisfait de l'apparence du panorama, appliquez à nouveau la commande, mais après avoir veillé à définir une taille supérieure.

2 Après avoir effectué les réglages pour les huit images dans Camera Raw, affichez les Options de flux de production pour modifier les valeurs. Avant d'effectuer une fusion pleine définition, faites un essai à basse définition (avec la valeur de 7,1 Mpix qui est cochée ici). Au moment de procéder à la fusion finale, sélectionnez la définition intégrale de 60 Mpix, en plus de l'espace ProPhoto RGB et de la profondeur de 16 bits. Cliquez sur OK pour ouvrir les huit images dans Photoshop.

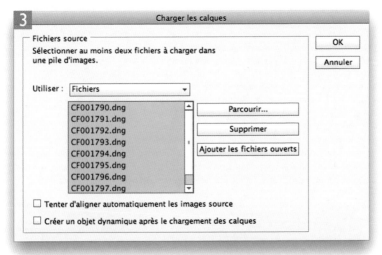

3 Lorsque les huit images s'ouvrent dans Photoshop, activez la fonction Charger les calques depuis le menu Fichier>Scripts>Chargement des fichiers dans une pile. La boîte de dialogue Charger les calques permet de sélectionner toutes les images ouvertes. À ce stade, ne tentez pas d'aligner les images sources ni de créer un objet dynamique. Ces deux étapes seront exécutées ultérieurement, l'important ici étant de conserver le maximum de flexibilité. Le panneau Calques, à droite, montre la pile des calques qui n'ont pas encore été alignés et fusionnés.

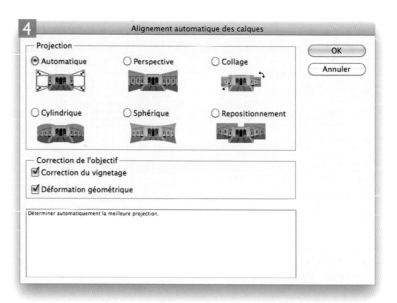

4 Lorsque les images sont chargées en tant que calques dans Photoshop (après la sélection de tous les calques comme illustré à l'étape 3), choisissez la commande Alignement automatique des calques dans le menu Édition. Comme l'aberration chromatique a déjà été corrigée, mais pas la déformation géométrique, ni le vignetage, cochez les deux options correspondantes. Choisissez également l'option de Projection Automatique (même si les essais préalables et mes préférences personnelles m'incitent plutôt à choisir l'option Cylindrique). Toutefois, j'ai pu constater que la projection automatique avait tendance à faire remonter les côtés (comme vous le verrez à l'étape 5). Ces photos ont été prises à l'aide d'un trépied pourvu d'un mécanisme de mise à niveau (pour une meilleure qualité d'image). Même en étant particulièrement méticuleux, ce qui est préférable pour les vastes panoramas, le résultat doit néanmoins être corrigé.

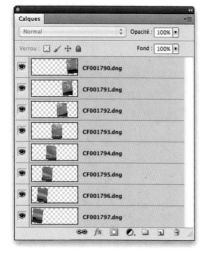

5 L'exécution de l'alignement automatique, à l'étape 4, met tous les calques d'image en place. L'alignement est plutôt satisfaisant (malgré l'apparition d'un arc qui devra être corrigé). La prochaine étape concerne la fusion et pas encore la correction de la déformation. Les huit calques étant sélectionnés, choisissez la commande Fusion automatique des calques dans le menu Édition.

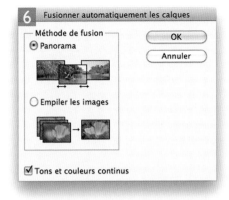

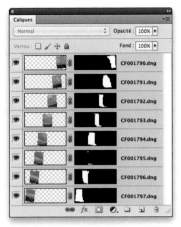

6 L'activation de la commande Fusion automatique des calques est la dernière opération manuelle du traitement Photomerge en trois étapes. Choisissez la Méthode de fusion Panorama et pensez à cocher Tons et couleurs continus (ce qui aboutit à une fusion optimisée). Des masques de fusion sont appliqués sur chacun des huit calques et produisent une excellente fusion des images. Comme l'ensemble des images assemblées présente un arc ascendant qui doit être corrigé, au lieu de fusionner les calques, il est préférable de transformer les huit calques et leurs masques en objets dynamiques. Ceci permet de conserver les différents calques et les masques, tout en offrant la possibilité de traiter les huit images comme si elles n'en formaient qu'une seule. Vérifiez que les huit calques sont sélectionnés et activez la commande Convertir en objet dynamique depuis le menu Calques>Objets dynamiques. Le panneau Calques ne contient maintenant plus qu'un seul objet dynamique réunissant tous les calques.

7 Même s'il n'est pas possible de transformer la perspective d'un objet dynamique (sans effectuer le rendu de l'objet), vous pouvez utiliser la commande Déformation accessible depuis le sous-menu Édition>Transformation. Ici, j'ai déplacé les poignées centrales de transformation vers le haut, tout en déplaçant les extrémités de l'image vers le bas. La commande Déformation supprime quasiment l'arc induit par la commande Alignement automatique des calques. La conversion des calques en un objet dynamique permet de continuer à modifier les calques et les masques à volonté.

8 Après la transformation par Déformation, vérifions la taille finale du panorama assemblé. Les images originales ont été prises juste avant le coucher du soleil, à Monument Valley dans l'Utah, avec un appareil Phase One 4,5 × 6, équipé d'un objectif 45 mm et d'un dos P 65+ 60 Mpix. À l'étape 2, nous avions choisi une résolution de 300 dpi, sans connaître les dimensions finales de l'image fusionnée. Sélectionnez la commande Taille d'image dans le menu Image pour modifier les dimensions de l'image. Désactivez l'option Rééchantillonnage car il n'est pas nécessaire d'interpoler l'image. Définissez une Largeur de 93 pouces, soit 236,28 cm (la longueur maximale autorisée pour l'impression par le pilote Epson pour Mac). Comme l'option Rééchantillonnage est décochée, la Résolution devient 315 pixels/pouces et la Hauteur atteint 30,18 pouces (soit 76 cm).

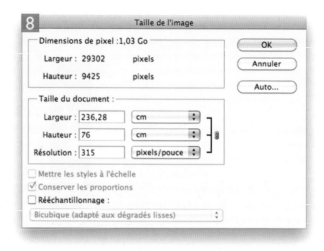

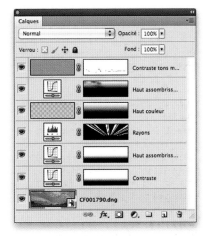

9 Une fois l'image redimensionnée, il reste encore à ajuster les tons et les couleurs de l'image finale. Dans le panneau Calques, vous constatez que j'ai ajouté quatre calques de réglage Dégradé. J'ai également ajouté un masque de fusion en dégradé pour refroidir la partie supérieure du ciel. Pour finir, un calque de correction du contraste des tons moyens, muni d'un masque, a été ajouté au sommet de la pile de calques pour éviter que le renforcement du contraste des tons moyens n'affecte le contour des cheminées. L'assemblage final est illustré ci-dessous. L'extrait grossi à 100 % montre des gens (que j'avais remarqués au moment de la prise de vue) venus admirer le coucher de soleil. Dans la vue de l'image entière, c'est à peine si l'on distingue le camping-car.

Photo : © Jeff Schewe

Choix de l'angle

Il n'est pas toujours facile de prédire le résultat obtenu par un traitement Photomerge sphérique, surtout lorsque l'on cherche à produire une projection équirectangulaire (ou cylindrique équidistante) comme celle présentée à la page 349. Il faut veiller à ce que les objets au premier plan ne paraissent pas trop gros, à moins que cela ne soit intentionnel. Quand vous photographiez un décor intérieur, il est préférable de conserver un point de vue en hauteur pour éviter de grossir les objets présents au premier plan.

Figure 9.6 Tête panoramique Absolute 360 Precision.

Figure 9.7 Un niveau est indispensable pour s'assurer que la tête panoramique est bien droite avant la prise de vue.

Assemblage d'un panorama sphérique à 360°

L'une des ambitions de la mise à jour de Photomerge pour Photoshop CS4 était l'amélioration du montage de photos prises avec des objectifs fish-eyes, comme le Canon 15 mm. Depuis l'arrivée de Photoshop CS5, il est désormais possible de créer des montages réussis avec la majorité des objectifs. Si aucun profil d'objectif n'est disponible pour un modèle particulier, il est assez simple d'en élaborer un à l'aide de l'utilitaire Adobe Lens Profile Creator. En outre, dans Photoshop CS5, il est possible de réaliser des montages plus réussis lors de la fusion de photos prises avec un objectif fish-eye en orientation portrait. Dans le tutoriel suivant, nous allons voir comment créer un panorama sphérique à 360° dans Photoshop. Ce n'est pas la seule méthode qui permette de réaliser cet exercice. Il existe notamment un programme nommé « PTGui » (www.ptgui.com) qui est le favori de la majorité des professionnels pour créer des panoramas de ce type. Ici, nous allons voir comment parvenir à un résultat similaire en utilisant Photoshop CS5 exclusivement, en nous basant sur une technique initialement présentée par Russell Brown.

Conseils de prise de vue pour un panorama

Il faut garder quelques considérations à l'esprit quand on prend des photos dans le but de réaliser un panorama. Tout d'abord, il faut utiliser une tête de trépied spéciale, comme le modèle Absolute 360 Precision dont je me suis servi pour ces photos (**figure 9.6**). Cette tête panoramique a été spécialement conçue pour le boîtier Canon EOS 1Ds Mk III équipé d'un objectif Canon 15 mm, de façon à ce que l'axe vertical passant par le point nodal émergeant de l'optique soit correctement dirigé, quel que soit le sens de rotation de l'appareil. Avec une combinaison boîtier-objectif de ce type, il faut prendre six clichés en suivant les repères espacés de 60° pour photographier un panoramique à 360°. Cette tête permet également d'incliner précisément l'appareil vers le haut et vers le bas pour capturer les vues supplémentaires vers le zénith et vers le nadir. Dans le cas d'un intérieur, comme celui photographié ici, j'ai également jugé utile de réaliser une fourchette d'exposition afin de pouvoir utiliser la fonction de Fusion HDR Pro pour optimiser les images préalablement à leur traitement dans Photomerge. Il est essentiel que la tête du trépied soit parfaitement de niveau de façon à ce que l'horizon soit correctement aligné à chaque extrémité du panorama. À cette fin, un système de mise à niveau, comme celui illustré aux **figures 9.6** et **9.7**, se révèle très utile.

1 Cette série de photos a été prise à l'intérieur d'une église, avec des intervalles de 60°, en utilisant un boîtier Canon EOS 1Ds Mk III, équipé d'un objectif fish-eye Canon 15 mm et monté sur une tête panoramique Absolute 360 Precision. Un cliché supplémentaire a été pris en braquant l'appareil vers le haut et trois autres en braquant directement l'appareil vers le bas pour capturer les vues du zénith et du nadir. Pour créer un panorama sphérique, il faut commencer par choisir les clichés du panorama principal.

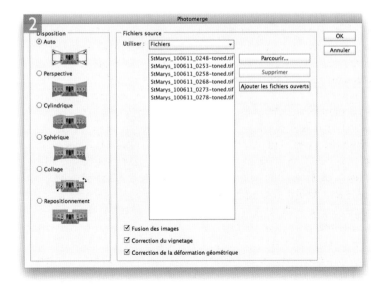

2 Les clichés ci-dessus étant sélectionnés, choisissez Outils>Photoshop> Photomerge pour ouvrir la boîte de dialogue Photomerge, illustrée ici. Sélectionnez l'option de Disposition Automatique. Cochez également les options Fusion des images, Correction du vignetage et Correction de la déformation géométrique, puis cliquez sur OK.

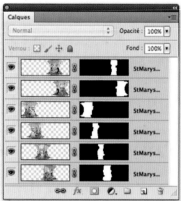

3 Comme les clichés sélectionnés à l'étape 1 sont traités dans leur taille originale, la création du panorama par Photomerge prend un certain temps. Vous pouvez voir ici que le panorama se compose de six calques automatiquement fusionnés et qu'il couvre une vue complète de l'intérieur de l'église avec un chevauchement assez important à chaque extrémité. À ce stade, il n'est pas encore nécessaire de se soucier de la position relative des éléments dans la composition. Cette technique offre la flexibilité maximale pour l'assemblage finalisé de l'image (voir l'étape 9).

4 Ensuite, dans le menu Calque, choisissez Aplatir l'image. Vous devez maintenant recadrer le panorama pour égaliser les bords des côtés gauche et droit. Vous pouvez vous servir de l'outil Recadrage, et si nécessaire, sélectionner la commande Image>Rognage pour vous assurer que l'image est recadrée au plus près.

5 Il faut maintenant préparer l'image de façon à ce qu'elle puisse être collée bord à bord. Dans le menu Filtre, choisissez Divers>Translation. Cela permet de décaler l'axe horizontal qui montre bien que les côtés gauche et droit ne se rejoignent pas encore parfaitement. Seul l'axe Horizontal a besoin d'être décalé ici ; l'option Reboucler doit être activée. La valeur saisie n'a pas grande importance, tant que l'image est suffisamment décalée pour corriger l'écart sur toute la zone de chevauchement.

6 Ensuite, activez le raccourci clavier ⌘R ctrl R pour afficher les règles et placer un guide pour faciliter l'alignement précis avec le point de chevauchement. Tracez une sélection rectangulaire de la partie droite de l'image jusqu'au repère. Ensuite, dans le menu Calque, choisissez Nouveau>Calque par Copier pour copier la zone sélectionnée. Le calque copié peut alors être déplacé horizontalement à l'aide de l'outil Déplacement ou en sélectionnant l'outil Déplacement et en décalant le calque à l'aide des touches fléchées du clavier.

7 L'objectif de cette étape est de placer le calque copié en l'alignant parfaitement avec le bord opposé du panorama fusionné. Il est essentiel de décaler uniquement le calque vers la gauche ou vers la droite. Si vous avez veillé à mettre la tête du trépied parfaitement de niveau au moment de la prise de vue, les deux extrémités devraient s'aligner parfaitement. Sinon, vous pouvez ajouter une étape supplémentaire consistant à déplacer l'outil Règle sur l'image pour tracer un segment ayant l'inclinaison correcte, puis cliquer sur le bouton Désincliner dans la barre d'options de l'outil.

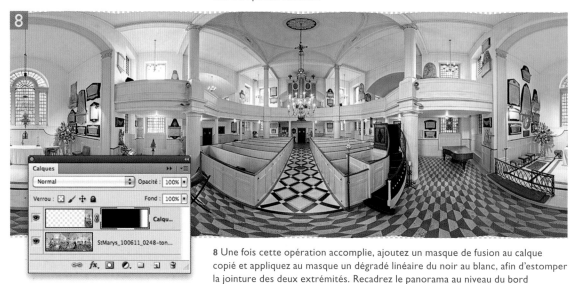

8 Une fois cette opération accomplie, ajoutez un masque de fusion au calque copié et appliquez au masque un dégradé linéaire du noir au blanc, afin d'estomper la jointure des deux extrémités. Recadrez le panorama au niveau du bord extérieur du calque copié et aplatissez à nouveau l'image pour produire la version illustrée ici.

9 On obtient ainsi un panorama parfait, sur 360°, réalisé avec Photomerge. Vous pouvez tester sa boucle parfaite depuis le menu Filtre, en choisissant à nouveau Divers>Translation. Si l'objectif final est une image 2D, et non un panorama sphérique Quicktime, la seconde étape d'application du filtre Translation est cruciale pour déterminer l'apparence du panorama. Ici, par exemple, il m'a semblé important de centrer l'autel dans la photo.

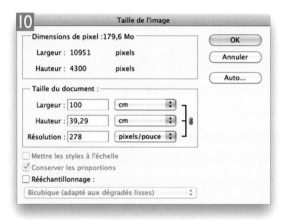

10 Les proportions de l'image doivent être exactement de 2:1. Pour vous en assurer, dans le menu Image, choisissez Taille de l'image et saisissez un nombre pair entier comme Largeur de l'image (et décochez l'option Rééchantillonnage pour permettre l'ajustement automatique de la définition en pixels). À nouveau dans le menu Image, choisissez Taille de la zone de travail. Saisissez une valeur de Hauteur égale à précisément la moitié de la largeur de l'image.

11 Vous disposez ainsi d'un panorama dont la Taille de la zone de travail a été ajustée en respectant des proportions de 2:1 et qui présente les conditions préalables à la réalisation d'un panorama sphérique. Pourtant, on a l'impression qu'il manque beaucoup d'éléments dans la scène. Si vous vous référez à l'étape 14, vous vous rendrez compte à quel point la projection cylindrique équidistante exagère les parties manquantes du panorama.

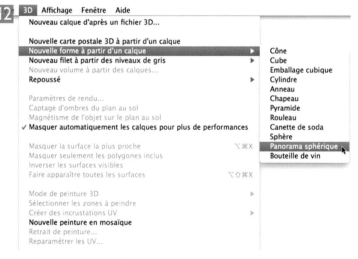

12 Vous allez pouvoir vérifier l'efficacité du panorama sphérique que vous venez de créer. Dans le menu 3D, choisissez Nouvelle forme à partir d'un calque et sélectionnez l'option Panorama sphérique.

13 Vous pouvez maintenant utiliser l'outil de zoom 3D pour réduire le grossissement de la vue et l'outil de rotation 3D pour explorer le panorama sphérique 3D dans Photoshop.

14 Reste à savoir comment remplir le plafond et le sol dans l'image. Comme vous pouvez le voir sur cette vue du plafond, il ne manque pas grand-chose. C'est là qu'apparaît toute l'utilité d'avoir pris des photos des vues du zénith et du nadir pour achever le panorama sphérique.

15 Si vous revenez à la vue du dossier dans Bridge, illustrée à l'étape 1, vous verrez que j'ai photographié une vue zénithale du plafond de l'église. Il est important de souligner ici que, même si la photo a été prise avec un objectif fish-eye, pour la placer dans la vue 3D, il est nécessaire de supprimer la déformation géométrique. Par conséquent, la photo que vous voyez ici a été développée dans Camera Raw avec les nouvelles fonctions de Corrections de l'objectif pour éliminer la déformation. Activez Sélection>Tout sélectionner pour sélectionner toute l'image, puis choisissez Édition>Copier pour copier la zone sélectionnée.

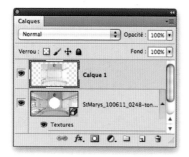

16 Ensuite, utilisez la commande Édition>Coller pour coller la sélection en tant que nouveau calque dans la vue du panorama sphérique 3D. Même si l'image originale a la même définition que toutes les autres photos utilisées pour le montage du panorama, il est nécessaire d'utiliser la commande Édition> Transformation>Homothétie pour agrandir l'image de 250 % environ. Ensuite, ajustez soigneusement la position du calque collé par rapport au reste de l'image.

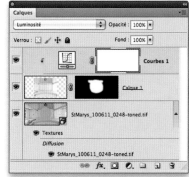

17 Une fois ce calque correctement dimensionné et positionné, ajoutez un masque de fusion rempli en noir, puis peignez dessus au Pinceau, avec du blanc comme couleur de premier plan, afin de révéler progressivement le contenu. Toutefois, le calque collé est plus clair que l'arrière-plan. Ajoutez un réglage Niveaux et cliquez sur la séparation entre le calque et le réglage Niveaux avec la touche 🖱 *alt* enfoncée pour constituer un groupe d'écrêtage. Ajustez ensuite le curseur de gamma de façon à obscurcir le calque (notez que j'utilise le mode de fusion Luminosité pour préserver la saturation). Ouvrez le menu déroulant du panneau Calques et choisissez Fusionner avec le calque inférieur, ce qui fusionne le calque en le transformant ici en objet 3D.

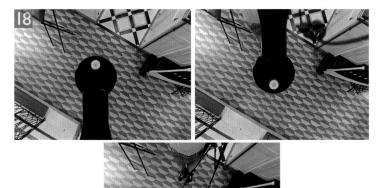

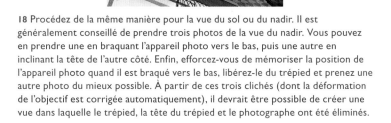

18 Procédez de la même manière pour la vue du sol ou du nadir. Il est généralement conseillé de prendre trois photos de la vue du nadir. Vous pouvez en prendre une en braquant l'appareil photo vers le bas, puis une autre en inclinant la tête de l'autre côté. Enfin, efforcez-vous de mémoriser la position de l'appareil photo quand il est braqué vers le bas, libérez-le du trépied et prenez une autre photo du mieux possible. À partir de ces trois clichés (dont la déformation de l'objectif est corrigée automatiquement), il devrait être possible de créer une vue dans laquelle le trépied, la tête du trépied et le photographe ont été éliminés.

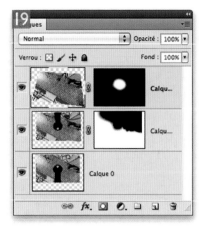

19 Placez les trois photos illustrées à l'étape 18 sur des calques distincts, sélectionnez tous les calques (⌘ A ctrl A), choisissez Édition>Alignement automatique des calques et cliquez sur OK pour valider l'option de Panorama. Les calques sont alignés avec précision. Appliquez ensuite des masques de fusion aux deux calques supérieurs, de façon à obtenir l'image illustrée ici, de laquelle les pieds et la tête du trépied ont été éliminés. Ensuite, aplatissez l'image, sélectionnez le sol et choisissez Édition>Copier pour copier le contenu de la sélection. Franchement, quand il s'agit de retoucher une photo comme celle-ci dans Photoshop, la photo faite en tenant l'appareil à la main aurait amplement suffi. Toutefois, si vous utilisez un programme comme PTGui, il est recommandé d'effectuer ces étapes supplémentaires.

20 Répétez les étapes 16 et 17 en collant la sélection du sol en tant que nouveau calque dans la vue du panorama sphérique 3D. J'ai à nouveau redimensionné et fait pivoter le calque collé de façon à ajuster le motif du carrelage. J'ai également appliqué un masque de fusion pour laisser uniquement apparaître le calque sur la partie centrale de l'image. Une fois satisfait de la mise en place, ajustez la luminosité du calque collé à l'aide d'un réglage Niveaux. Ensuite, dans le menu du panneau Calques, choisissez Fusionner avec le calque inférieur.

21 Vous obtenez ainsi un panorama sphérique 3D complet, entièrement créé dans Photoshop. Enfin, double-cliquez sur l'arrière-plan dans le panneau Calques (entouré) pour ouvrir à nouveau la version 2D de l'image. L'illustration en haut montre l'aperçu de l'image sous forme de panorama complet. Vous pouvez observer que le sol et le plafond ont été ajoutés en bas et en haut. Notez que Photoshop ajoute un bord en zigzag en haut et en bas. Cela ne pose pas de gros problème pour l'exportation du panorama sphérique en tant que clip Quicktime, mais le résultat n'est pas aussi parfait qu'une exportation depuis PTGui, par exemple. Si vous voulez présenter une vue 2D aplatie, il est préférable de recadrer l'image.

Exportation Quicktime

Pour tout préparer en vue d'une exportation en tant que clip Quicktime VR ou Flash, vous devez éditer la version de la vue 3D en appliquant un recadrage selon un nombre de pixels prédéfinis. Vous trouverez aussi une version Flash de cette image sur le DVD (réalisée avec l'aide de Rod Wynne-Powell).

Comment créer un effet d'objectif fish-eye aérien

Les amateurs de musique d'un certain âge (surtout les fans de rock progressif) se souviennent peut-être du groupe Yes, dont les couvertures d'albums reprenaient souvent les univers fantastiques imaginés par Roger Dean. Ce tutoriel montre un moyen simple de transformer une photo panoramique en scène aérienne fish-eye. Je considère cet effet comme novateur. C'est aussi une expérience plutôt amusante, et on ne sait jamais, peut-être qu'un jour, l'un de vos clients aura une démarche vraiment originale. Cette technique a été récemment employée dans une campagne publicitaire au Royaume-Uni.

1 Dans Bridge, commencez par sélectionner un groupe de photos qui, une fois fusionnées avec Photomerge, produisent un panorama 360°. Pour ce faire, dans le menu Outils de Bridge, choisissez Photoshop>Photomerge. Fusionnez ensuite les calques des photos en employant les méthodes décrites précédemment dans ce chapitre pour produire le panorama aplati illustré ici.

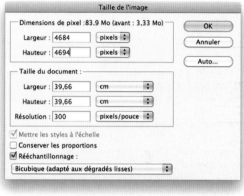

2 Aplatissez l'image, recadrez le ciel au plus juste et utilisez la boîte de dialogue Taille de l'image pour étirer la photo en lui donnant un format carré (notez que l'option Conserver les proportions n'est pas cochée). Ensuite, dans le menu Image, choisissez Rotation de l'image>180°. L'image est ainsi prête pour l'étape finale.

3 Dans le menu Filtre, choisissez Déformation>Coordonnées polaires et cliquez sur l'option Rectangulaire en polaire. On obtient le résultat final illustré ici. Je me suis contenté de recadrer légèrement la photo et d'utiliser le Correcteur et le Tampon pour retoucher la seule jointure allant du haut au centre de la photo.

Chapitre 10

Toujours plus loin avec Photoshop

Devenir un expert Photoshop

Vous êtes maintenant prêt à repousser encore plus loin les limites de votre créativité et à devenir un véritable expert ès Photoshop. Vous vous doutez bien que cela ne se limite pas à la retouche de photos dans le logiciel. Certains procédés décrits ici, comme les techniques Photomerge, nécessitent d'avoir été anticipés au moment de la prise de vue. Le principal objectif de ce chapitre est de vous présenter quelques moyens d'utiliser Photoshop comme une chambre noire numérique.

Échelle basée sur le contenu

La fonction Échelle basée sur le contenu est probablement l'une des nouveautés les plus intéressantes, mais aussi des plus controversées de Photoshop CS4. Comme ici, vous pouvez utiliser l'Échelle basée sur le contenu pour modifier radicalement les proportions des photos, sans déformer le sujet ou des contenus importants. Cet outil est controversé car il peut être employé à mauvais escient, sans l'autorisation du détenteur du copyright de l'image. Nous considérons toutefois qu'il peut se révéler très utile pour les photographes publicitaires. En effet, dans ce domaine, les photos doivent se conformer à des impératifs de composition qui imposent des proportions variées, comme des posters, des pages de magazines ou des bannières Internet. Cet outil permet donc de modifier facilement une photo pour l'adapter aux diverses contraintes de ratios d'images.

1 Voici la photo originale représentant l'entrée d'un port. Pour la préparer en vue d'un redimensionnement basé sur son contenu, commencez par choisir Sélection> Tout sélectionner (⌘ A ctrl A). L'image peut avoir été aplatie et se composer d'un seul calque d'Arrière-plan ou, comme ici, d'un seul calque ordinaire.

2 Ensuite, dans le menu Édition, choisissez Échelle basée sur le contenu (ou activez le raccourci clavier ⌘ ⌥ Shift C ctrl alt Shift C). Un cadre de délimitation apparaît autour de l'image. Vous pouvez glisser la poignée de droite vers l'intérieur pour compresser horizontalement la photo. Ici, la fonction Échelle basée sur le contenu a compressé toutes les zones détaillées, comme la jetée du port et la mer, tout en préservant les sujets détaillés, comme le phare et les bateaux.

3 Après avoir appliqué la première transformation, recadrez la photo via l'outil idoine et faites glisser la poignée supérieure du cadre de délimitation du recadrage vers le haut. Validez pour agrandir la zone de travail dans la partie supérieure de l'image. Choisissez à nouveau Édition> Échelle basée sur le contenu pour appliquer une seconde transformation à la photo.

4 Voici ici le résultat de la seconde transformation. J'ai glissé vers le haut la poignée supérieure du cadre de délimitation de la transformation afin que l'image occupe toute la hauteur de la photo. Cette fonction est intéressante, car elle détecte automatiquement les objets dont la forme doit être préservée, tandis qu'elle compresse ou étire les zones moins importantes. Dans cet exemple, la transformation de l'échelle basée sur le contenu préserve la position de l'horizon et étire uniquement le ciel.

Photo : © Martin Evening

Autre usage de l'Échelle basée sur le contenu

Même sans faire appel au masquage, la fonction Échelle basée sur le contenu peut opérer des transformations étonnantes. Toutefois, elle peut également servir à éliminer des éléments (ou des personnes) dans une scène. Dans le tutoriel suivant, une image en orientation paysage a été transformée en y appliquant des proportions verticales. Un masque est utilisé à la troisième étape pour effacer le sujet.

1 Pour préparer la photo, commencez par sélectionner tout le contenu du calque d'Arrière-plan (⌘ A / ctrl A). Ensuite, dans le menu Édition, choisissez Échelle basée sur le contenu (⌘ ⌥ Shift C / ctrl alt Shift C). Un simple redimensionnement basé sur le contenu suffit à transformer l'image horizontale en image verticale. Essayez ensuite d'élargir l'image. Les résultats sont satisfaisants dans les deux cas, même si les redimensionnements sont plutôt extrêmes.

2 Vérifions maintenant l'efficacité de l'option Protéger la coloration de la peau. Cliquez dessus. Comme dans la majorité des images en pied, l'option a bel et bien protégé la coloration de la peau du modèle, mais moins son corps. De meilleurs résultats sont obtenus lorsque l'option Protéger la coloration de la peau est activée (à gauche), plutôt que lorsqu'elle ne l'est pas (à droite).

3 Rétablissez l'image originale, activez le mode Masque et tracez autour du modèle un contour approximatif avec une forme de Pinceau aux bords durs. Ce masque peut servir à utiliser le redimensionnement basé sur le contenu pour compresser cette zone de l'image dans le but de la supprimer (plus ou moins). Sélectionnez de nouveau la couche RVB dans le panneau Masques, puis ouvrez le menu Édition et choisissez Échelle basée sur le contenu. Sélectionnez Masque dans la liste déroulante Protéger de la barre d'options avant d'appliquer la transformation.

4 Glissez les poignées de transformation gauche et droite vers le centre de la photo. Comme souvent lors de la suppression d'objets, il reste des traces qu'il faut encore effacer. C'est un jeu d'enfant grâce au nouveau Remplissage en mode Contenu pris en compte.

5 À l'aide de l'outil Sélection rectangulaire, choisissez la zone à laquelle doit être appliqué le Remplissage en mode Contenu pris en compte. Ensuite, activez la commande Remplir du menu Édition et sélectionnez Contenu pris en compte dans la liste déroulante.

6 Le grossissement de l'image révèle quelques détails oubliés par le Remplissage en mode Contenu pris en compte (à gauche). Le Correcteur et le Tampon de duplication permettent de se débarrasser des formes dupliquées et des autres artéfacts.

7 La dernière étape consiste à éliminer le bâtiment à droite par un recadrage, car il n'apporte rien à l'image.

Chambre noire numérique

Conversion avancée en noir et blanc

Étant donnée l'excellence des conversions en noir et blanc qui sont aujourd'hui effectuées par Camera Raw et Photoshop, vous pourriez considérer toute conversion manuelle comme anachronique. Mais parfois, une conversion globale de la couleur en noir et blanc est tout sauf optimale, et cette technique peut se révéler extrêmement efficace. Pour saisir la méthode suivante, il est important de bien comprendre que les images RVB (rouge, vert et bleu) sont en fait trois images noir et blanc combinées pour produire une seule image composite. La couche Rouge est l'équivalent du résultat obtenu avec un filtre Wratten Kodak 29 de séparation pour la trichromie. La couche Vert équivaut au filtre 61, et celle Bleu, au filtre 47. Donc, pour chaque image couleur RVB, vous disposez déjà de trois conversions potentielles en noir et blanc (sur lesquelles se base le réglage Noir et blanc de Photoshop). Une simple conversion des couleurs en mode Lab vous donne également accès à une couche de Luminosité, ce qui porte le total des couches directement utilisables à quatre (**figure 10.1**).

Figure 10.1 Vous pouvez observer ici l'image couleur RVB originale avec, ci-dessous, les couches Rouge, Vert, Bleu et Luminosité qui peuvent être utilisées pour une conversion en noir et blanc.

Couche Rouge

Couche Vert

Couche Bleu

Couche Luminosité

1 Dans cette première étape, sélectionnez la couche Rouge du document original en couleurs (à gauche) et choisissez Sélection>Tout sélectionner (⌘ A ctrl A). Ensuite, copiez la couche dans le Presse-papiers (⌘ C ctrl C). Pour récupérer les informations de la couche de couleur dans un document en niveaux de gris, dupliquez l'image originale (à gauche) et convertissez la copie (à droite) en niveaux de gris en utilisant la commande Image>Mode>Niveaux de gris.

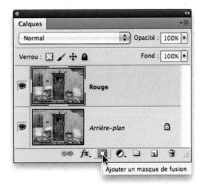

2 Ensuite, sélectionnez la copie de l'image en niveaux de gris et collez le contenu du Presse-papiers (⌘ V ctrl V). Ce qui constituait auparavant la couche Rouge se retrouve collé en tant que calque en niveaux de gris. Nommez ce calque «Rouge» (pour vous souvenir de l'origine de la couche). Ajoutez un masque de fusion Tout masquer en maintenant la touche ⌥ alt enfoncée au moment de cliquer sur le bouton d'ajout du masque de fusion. Répétez l'opération pour toutes les parties de couches et de calques suivantes, y compris la couche Luminosité. Pour obtenir la couche Luminosité, convertissez l'image RVB en mode Lab via la commande Image>Mode>Couleurs Lab. À ce stade, il ne reste plus qu'à choisir le calque comportant les meilleures informations d'images en noir et blanc, et à peindre en blanc sur le masque de fusion pour faire apparaître l'image. La pile de calques montre le calque d'Arrière-plan actif; c'est le résultat de la conversion en niveaux de gris appliquée par défaut par Photoshop. Pour ceux que cela intéresse, l'algorithme de conversion se base sur la fusion de 30 % environ de la couche Rouge, de 60 % de la couche Vert et de 10 % de la couche Bleu. Partant de là, il est possible de décider quelle part de chaque couche produira au final la conversion optimale. De plus, l'avantage de cette méthode est que ce choix peut être effectué localement au moyen de masques de fusion. Mais ce n'est pas tout !

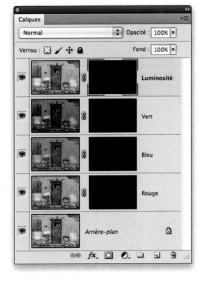

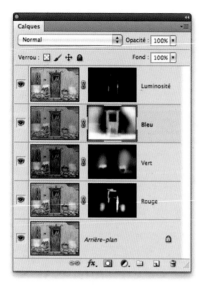

3 Pour cette image, la fusion finale des calques a été réalisée via les masques de fusion visibles dans la pile de calques. La seule zone dans laquelle la fusion des calques n'est pas parvenue à produire une conversion optimale est celle du numéro sur la porte. Comme l'image en couleurs est toujours ouverte, utilisez Sélection>Plage de couleurs pour sélectionner la couleur du numéro.

4 La fonction Plage de couleurs permet de sélectionner le numéro inscrit sur la porte. Définissez une valeur de Tolérance élevée et activez l'option Clusters de couleurs localisés (une nouveauté de Photoshop CS4). La sélection étant active (à gauche), choisissez l'outil Sélection rectangulaire et commencez à déplacer la sélection. Maintenez la touche *Shift* enfoncée avant de relâcher la sélection sur l'image en niveaux de gris (à droite). Lorsque la touche *Shift* enfoncée, Photoshop est contraint de respecter la position de la sélection. Comme les images en couleurs et en niveaux de gris ont exactement les mêmes dimensions en pixels, la sélection est déposée exactement au même endroit dans l'image en niveaux de gris.

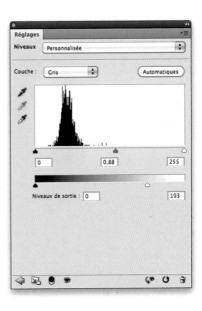

5 En vous servant de la sélection du numéro, ajoutez un calque de réglage Niveaux pour assombrir les numéros dans l'image. En ce qui concerne la conversion de la couleur en noir et blanc, le travail est terminé. Toutefois, quand cette conversion est faite en chambre noire, un virage coloré est souvent appliqué au tirage. L'étape finale intervient après la reconversion de l'image noir et blanc en RVB pour ajouter de la couleur.

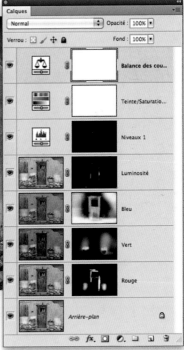

6 Voici le résultat final. J'ai ajouté un calque de réglage Teinte/Saturation en mode Redéfinir avec une valeur de Teinte de 49 (orangé) et une Saturation limitée à 5. Le réglage Balance des couleurs sert à ajouter un virage coloré à la photo. Après activation des Tons clairs, j'ai ajusté le curseur Jaune/Bleu à -7 (réchauffement), puis j'ai activé les Tons foncés pour déplacer le curseur Jaune/Bleu sur +7 (refroidissement). Le virage coloré ressemble à la teinte sépia obtenue par des procédés chimiques en chambre noire.

Traitement croisé

La technique du traitement croisé a longtemps été populaire parmi les photographes de mode et de portrait qui s'en servaient pour dénaturer les couleurs de leurs photos et délaver les détails de couleur chair. Il existe deux procédés essentiels de traitement croisé : traitement des films positifs E-6 dans les bains des films négatifs C-41, et inversement.

Il est facile d'imiter les effets du traitement croisé dans Photoshop, ce qui limite les risques d'exagération de l'effet ou de pertes de détails importants de l'image. La solution la plus simple pour appliquer un traitement croisé à une image consiste à utiliser les curseurs du panneau Virage partiel dans Camera Raw pour modifier une image RAW, JPEG ou TIFF aplatie (**figure 10.2**). C'est une méthode rapide et efficace. Le curseur Balance confère un niveau de contrôle supplémentaire en permettant de modifier l'équilibre de l'effet de coloration entre les tons foncés et les tons clairs.

Figure 10.2 Vous observez ici un exemple de réglage des curseurs du panneau Virage partiel de Camera Raw pour appliquer un traitement croisé à une image RAW ou TIFF aplatie.

L'objectif de la technique présentée sur la double page suivante est d'imiter l'effet obtenu en cas de développement d'un film C-41 avec les solutions chimiques du film E-6. Dans cet exemple, vous remarquerez que j'ai réussi à bleuter davantage les ombres et à donner une teinte jaune-rouge aux tons clairs. J'ai peaufiné cette technique au fil des années pour la rendre plus souple. Comme tous les autres effets de coloration décrits dans ce chapitre, les principaux réglages colorés sont appliqués sous forme de calques de réglage en mode de fusion Couleur. Cela contribue à préserver la luminosité originale, mais si vous voulez imiter l'aspect fortement contrasté du traitement croisé, utilisez plutôt le mode de fusion Normal. En outre, vous pouvez essayer de renforcer délibérément le contraste dans la couche composite RVB (cela accentue également la saturation des couleurs).

Préserver la luminosité

Pour préserver la luminosité d'une image, on peut également définir le mode de fusion Couleur pour le calque de réglage chargé de la coloration. Certaines des techniques décrites dans ce chapitre impliquent une série de réglages d'images extrêmes ou plusieurs calques de réglage. Par conséquent, si vous n'êtes pas assez prudent, vous risquez de perdre des détails importants dans les hautes lumières et dans les ombres. Pour l'éviter, vous pouvez créer une copie du calque d'Arrière-plan original que vous placez au sommet de la pile de calques, en définissant le mode de fusion Luminosité. Cela produit le même résultat que la définition d'un unique calque de réglage en mode Couleur, mais, en ajustant l'Opacité du calque copié en mode Luminosité, vous pouvez récupérer des parts variables de la luminance de l'image originale.

1 Voici les étapes requises pour créer un effet de traitement croisé qui imite le développement d'un film C-41 avec le procédé chimique du film E-6. Cette technique peut être adaptée en appliquant divers réglages Courbes aux couches et différentes couleurs de remplissage.

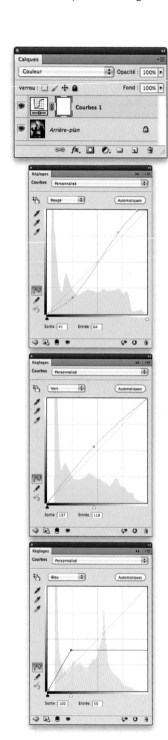

2 Ajoutez un calque de réglage en mode de fusion Couleur, puis ajustez les courbes dans les différentes couches de couleur, comme illustré à gauche. Les réglages Courbes produisent un virage bleu/cyan dans les tons foncés et un virage rouge/jaune dans les tons clairs. Comme le calque de réglage Courbes est en mode de fusion Couleur, la luminosité n'est pas modifiée.

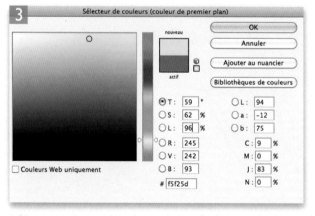

3 Ajoutez ensuite un calque de remplissage Couleur unie (également défini en mode Couleur), réglez une Opacité de 15 % et choisissez du jaune comme couleur de remplissage.

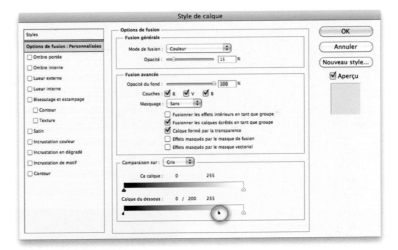

Double-cliquez dans cette zone du calque pour ouvrir la boîte de dialogue Style de calque.

4 Double-cliquez sur le calque de remplissage Couleur unie et ajustez les options de fusion du Calque du dessous. Maintenez la touche ⌥ *alt* enfoncée et cliquez sur le curseur triangulaire du point noir pour le faire glisser. Le curseur se divise en deux. Faites glisser le curseur noir (entouré) vers la droite.

5 Vous voyez ici le résultat final. J'ai créé ici une fusion de transition entre les calques sous-jacents et le calque de remplissage jaune Couleur uni qui se trouve au-dessus.

Effets de couleurs Lab

Voici un autre type d'effet de traitement croisé réalisé dans Photoshop. La déformation des couleurs de la photo s'effectue dans l'espace couleur Lab. Il ne s'agit pas d'un effet de traitement croisé à proprement parler, mais cette technique permet de jouer avec les couleurs de vos images en obtenant des résultats très intéressants. Il me semble que cet effet convient mieux aux images en moyenne ou haute définition ne présentant pas trop d'artéfacts. Comme vous le constaterez à la fin de ce tutoriel, à l'étape 7, il est également possible de créer des variations intéressantes en inversant les calques qui sont utilisés pour créer le virage partiel.

1 Pour commencer, ouvrez une image RVB et créez une copie en choisissant Image> Dupliquer. Convertissez la copie en mode Lab en choisissant Image>Mode> Couleurs Lab. L'image en mode Lab contient une couche Luminosité et des couches de couleurs a et b. Commencez par sélectionner la couche a dans le panneau Couches.

2 Choisissez alors Image>Réglages> Égaliser, ce qui a pour effet d'accroître le contraste sur la couche a. Ensuite, cliquez sur la couche composite Lab dans le panneau Couches (cette étape est essentielle pour sélectionner à nouveau les trois couches) et copiez l'image améliorée en tant que nouveau calque dans l'image originale. À cette fin, vous pouvez choisir Sélection>Tout sélectionner, puis copier-coller le contenu de l'image. Ou vous pouvez sélectionner l'outil Déplacement et glisser l'image Lab sur la version originale RVB de l'image. Pensez à maintenir la touche *Shift* enfoncée pendant le déplacement afin que le calque soit centré lorsque vous relâchez le bouton de la souris (inutile de vous soucier du problème d'homogénéité du mode chromatique: Photoshop convertit automatiquement les données d'image en mode RVB au moment de la copie). Définissez le mode de fusion Couleur pour le calque Lab copié et une Opacité de 30 %.

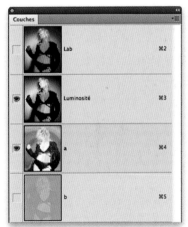

3 Comme cette technique de virage Lab fait parfois surgir d'affreux artéfacts, choisissez Filtre>Atténuation>Flou de surface et appliquez un Rayon de 5 pixels pour un Seuil de 100 niveaux. Ce traitement par un filtre de flou atténue évidemment l'image, mais comme le nouveau calque est ajouté avec le mode de fusion Couleur, le flou se contente de lisser les informations chromatiques contenues sur ce calque, sans effet secondaire sur les détails car la luminance n'est pas modifiée.

4 Tournez-vous à nouveau vers la copie Lab et remontez d'une étape dans l'Historique, juste après la conversion de la copie en mode Lab. Sélectionnez la couche b, appliquez à nouveau le réglage d'image Égaliser et copiez l'image Lab composite encore améliorée dans la version RVB originale de l'image.

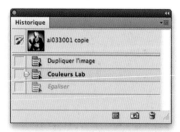

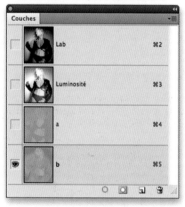

5 Le nouveau calque apparaît en tant que Calque 2 dans la pile de calques. Définissez à nouveau le mode de fusion Couleur et une Opacité de 30 %. Appliquez le même traitement avec un filtre Flou de surface au nouveau calque d'image.

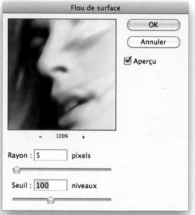

6 Voici le résultat obtenu. Comme vous pouvez le constater, quand on utilise la méthode de traitement croisé dans l'espace couleur Lab, on obtient deux calques semi-transparents, aux couleurs vives. L'exercice devient vraiment amusant quand on ajuste l'Opacité relative de chacun de ces deux calques pour obtenir différents effets de virage.

7 Pour la touche finale, j'ai appliqué un réglage Image>Réglages>Négatif aux deux calques de coloration afin de produire une variante intéressante.

Pellicule infrarouge noir et blanc

Les émulsions des films infrarouges noir et blanc sont principalement sensibles aux radiations infrarouges. La végétation, notamment, réfléchit beaucoup la lumière infrarouge qui n'est pas visible par l'œil humain. Le feuillage vert devient alors très vif, quasiment irisé, quand il est photographié avec une pellicule infrarouge noir et blanc.

Imitation de l'effet infrarouge noir et blanc

J'ai mis au point la technique infrarouge noir et blanc il y a une dizaine d'années, quand on m'a demandé d'imaginer différents moyens de convertir une image couleur en noir et blanc. J'ai commencé par une méthode employant un réglage dans le Mélangeur de couches pour renforcer la couche Vert dans l'image composite en niveaux de gris. Depuis, j'ai eu maintes occasions d'améliorer cette technique. Plus récemment, j'ai découvert que Lightroom et Camera Raw offrent une meilleure technique pour créer l'effet infrarouge noir et blanc, surtout depuis qu'il est possible d'appliquer un réglage de Clarté négatif qui imite la lueur douce, caractéristique de la photographie infrarouge noir et blanc. Pour le tutoriel suivant, nous utilisons un fichier RAW. Pour obtenir des résultats optimaux, il est conseillé de travailler à partir d'un fichier RAW, mais les étapes décrites ici peuvent également être appliquées pour le traitement d'une image JPEG ou TIFF aplatie.

1 J'ai choisi cette photo car elle contient beaucoup de feuillages verts ; c'est donc un sujet idéal pour le traitement infrarouge noir et blanc.

2 Commencez par régler la Balance des blancs. Ajustez le curseur de Température en le déplaçant à l'extrême droite afin de réchauffer l'image et faites glisser le curseur de Teinte à l'extrême gauche pour exagérer l'impact des verts.

3 Ensuite, dans le panneau TSI/Niveaux de gris, cochez la case Convertir en niveaux de gris. Appliquez un réglage manuel de Mélange des niveaux de gris en augmentant les Jaunes et les Verts à +100 et les Turquoises à +75. Le vert, le jaune et le turquoise sont éclaircis.

4 Revenez au panneau Réglages de base et corrigez l'Exposition, la Récupération, la Lumière d'appoint, les Noirs, la Luminosité et le Contraste. Mais surtout, appliquez un réglage de Clarté négatif pour créer l'effet de lueur douce qui est caractéristique des photos infrarouge en noir et blanc.

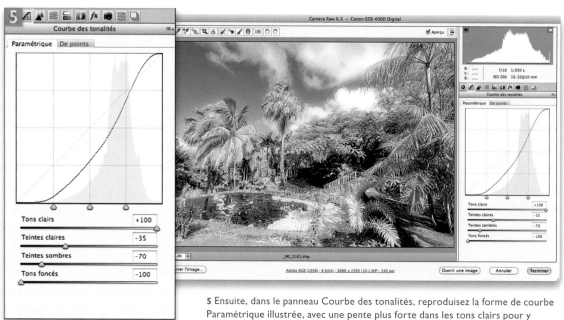

5 Ensuite, dans le panneau Courbe des tonalités, reproduisez la forme de courbe Paramétrique illustrée, avec une pente plus forte dans les tons clairs pour y augmenter le contraste.

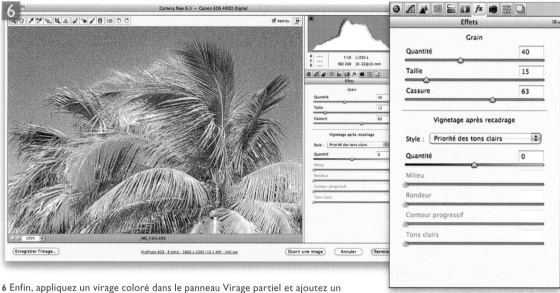

6 Enfin, appliquez un virage coloré dans le panneau Virage partiel et ajoutez un effet imitant le grain de la pellicule infrarouge au moyen des curseurs de Grain du panneau Effets.

7 Vous pouvez observer ici la photo finale qui a été légèrement recadrée dans Photoshop.

Origines de la solarisation
Cette technique originale, telle qu'elle est appliquée dans la chambre noire, doit ses lettres de noblesse à Man Ray. Le papier photo est légèrement exposé à la lumière quand il se trouve encore dans le bac du révélateur.

Solarisation noir et blanc

Nous allons voir une autre technique Photoshop qui peut désormais être réalisée dans Camera Raw. Idéalement, il est préférable d'utiliser cette méthode pour travailler sur des originaux RAW, mais elle fonctionne également avec des images JPEG ou des TIFF aplaties.

La méthode originale via Photoshop est assez simple. Elle consiste à appliquer un réglage Courbes, à cliquer sur le crayon pour passer en mode de dessin et à créer une courbe en forme de « V » inversé. La méthode Camera Raw est similaire. Dans l'exemple illustré ici, j'ai activé l'onglet De points de l'Éditeur de courbe du panneau Courbe des tonalités. J'ai placé trois points sur la courbe et déplacé le point supérieur droit vers le coin inférieur droit. On obtient ainsi le « V » inversé illustré à l'étape 4. L'avantage de la solarisation d'une image dans Camera Raw est que l'on peut revenir au panneau Réglages de base pour y ajuster les curseurs et modifier l'effet de solarisation. Vous remarquerez que j'ai ouvert l'image traitée dans Camera Raw en tant qu'objet dynamique, ce qui permet de produire deux versions du fichier original, puis de les fusionner à l'aide d'un masque de pixels.

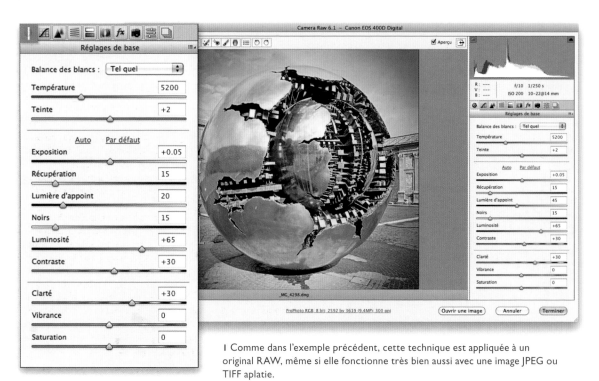

1 Comme dans l'exemple précédent, cette technique est appliquée à un original RAW, même si elle fonctionne très bien aussi avec une image JPEG ou TIFF aplatie.

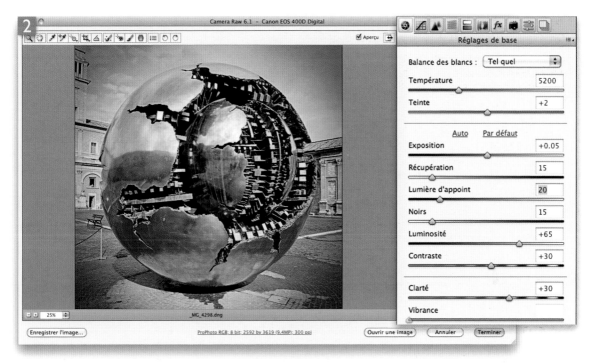

2 Commencez par convertir la photo en noir et blanc et ajustez les réglages disponibles dans les panneaux TSI/Niveaux de gris et Réglages de base afin d'optimiser l'image en niveaux de gris obtenue à partir d'un original en couleurs. Une fois satisfait des réglages, maintenez la touche *Shift* enfoncée pour transformer le bouton Ouvrir une image en Ouvrir un objet, et cliquez pour ouvrir la photo en tant qu'objet dynamique dans Photoshop.

3 À gauche, vous découvrez une vue du panneau Calques avec le calque de l'objet dynamique Camera Raw. Créez une copie de ce calque via le menu Calque, en choisissant Objets dynamiques>Nouvel objet dynamique par Copier. Notez que vous pouvez également accéder à cette fonction en cliquant droit sur le calque de l'objet dynamique et en sélectionnant Nouvel objet dynamique par Copier dans le menu contextuel (les utilisateurs Mac qui n'ont pas de souris à deux boutons doivent maintenir la touche *ctrl* enfoncée pour accéder à ce menu). Vérifiez que le calque de l'objet dynamique copié est bien sélectionné afin que les étapes suivantes s'appliquent uniquement à ce calque.

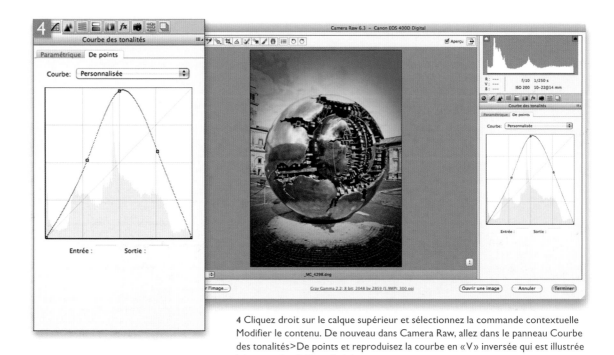

4 Cliquez droit sur le calque supérieur et sélectionnez la commande contextuelle Modifier le contenu. De nouveau dans Camera Raw, allez dans le panneau Courbe des tonalités>De points et reproduisez la courbe en «V» inversée qui est illustrée ici pour créer l'effet solarisé.

5 Ensuite, dans le panneau Réglages de base, ajustez les curseurs de contrôle des tons pour peaufiner l'effet. C'est là que vous pourrez apprécier les possibilités de Camera Raw, car l'ajustement des curseurs d'Exposition, de Récupération et de Lumière d'appoint peut faire une énorme différence dans le résultat de l'effet solarisé. Notez que ces curseurs se comportent différemment dans la version CS5.

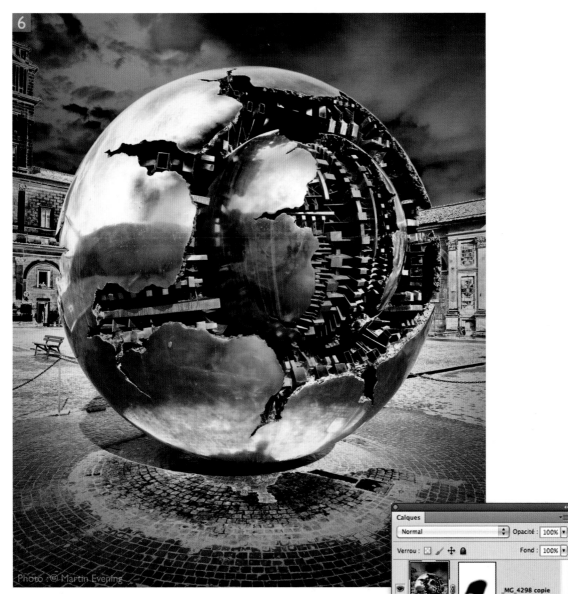

Photo : © Martin Evening

6 Vous disposez maintenant, dans la pile de calques, de deux calques d'objets dynamiques issus de la même image source. Le calque inférieur a été traité comme une conversion ordinaire en noir et blanc et le calque supérieur avec les réglages solarisants illustrés aux étapes 4 et 5. J'ai ajouté un masque de fusion vide au calque supérieur, en pixels, et j'ai peint sur le masque avec du noir comme couleur de premier plan afin de masquer des parties de la version solarisée et pour révéler la version non solarisée sur le calque inférieur. Un autre avantage de la méthode employant un objet dynamique Camera Raw est qu'il est possible de continuer à modifier les différents réglages Camera Raw sur chacun des calques d'objets dynamiques.

Colorisation d'un objet

Il n'est pas rare que des objets n'aient pas la couleur voulue ou que leur nuance ne soit pas exactement celle recherchée. Il est donc important de pouvoir modifier la couleur. Dans le cas que nous allons traiter ici, l'image était destinée à une marque de papier qui voulait se promouvoir en tant que «caméléons» dans ce secteur. On nous a demandé d'utiliser des échantillons de leurs papiers (papier blanc, carton et papier d'emballage) et un caméléon. J'ai donc engagé un dresseur de caméléons, j'ai construit un modèle en papier et j'ai photographié les scènes à assembler. Quand je travaille avec des animaux, je préfère que l'animal se comporte de façon naturelle (d'ailleurs, il est très difficile de l'empêcher de faire ce qu'il veut). Pour ce projet, j'ai d'abord photographié le caméléon, puis j'ai construit le décor en fonction de son emplacement, comme le montre la **figure 10.3**. La colorisation de l'animal sera appliquée dans Photoshop.

Figure 10.3 Voici les numérisations des clichés originaux réalisés sur plans-films 4 × 5 pouces. Quand Fred le caméléon a été placé dans le décor, il a pris la couleur du carton (ce qui était préférable à la couleur verte qu'il avait à la sortie de sa boîte, car la retouche aurait été plus difficile). L'illustration de droite montre le décor qui a été construit après la réalisation de l'image principale. Les «feuilles» ont été réparties stratégiquement pour pouvoir placer Fred sur la branche.

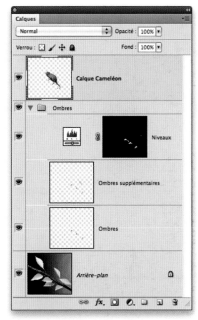

1 Dans la première étape, il a fallu réaliser le composite du caméléon avec le décor. En fait, de nombreuses étapes ont été nécessaires avant d'en arriver là (création d'un tracé autour de lui et retouche des deux scans, notamment). Nos explications commencent ici. La pile de calques montre les trois calques de l'ombre, et Fred.

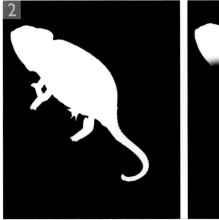 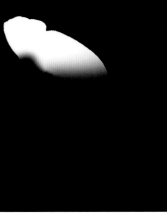

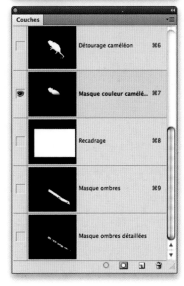

2 L'étape suivante consiste à créer les couches. Le tracé du caméléon est récupéré comme sélection et enregistré pour produire la couche de gauche. Cette couche est dupliquée et la couche de droite est peinte manuellement pour révéler uniquement les zones dans lesquelles la couleur sera ajoutée par la suite.

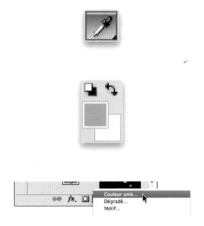

3 La couche Masque couleur caméléon est récupérée en tant que sélection à l'aide de la commande Sélection>Récupérer la sélection, et la Pipette est activée pour choisir la couleur de remplissage. Le client souhaite utiliser une couleur proche de celle du papier, donc j'ai effectué un prélèvement dans une zone pour obtenir cette couleur. Ensuite, j'ai ajouté un calque de remplissage Couleur unie via le bouton situé dans le panneau Calques, en utilisant la couleur de premier plan que je venais de sélectionner.

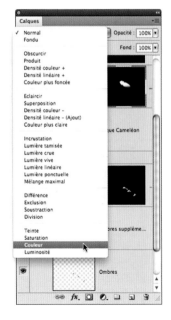

4 Le mode de fusion Couleur doit être défini pour le calque de remplissage afin de modifier uniquement la couleur de l'image inférieure. Le mode de fusion Couleur contient à la fois les informations de teinte et de saturation (en fait, c'est une combinaison des deux) mais pas de luminance. Pour changer la couleur d'un objet, il faut le remplir (ou le peindre) en mode de fusion Couleur. La colorisation peut être radicale, comme ici, ou la peinture ou le remplissage peuvent être appliqués avec une faible Opacité pour des effets plus subtils.

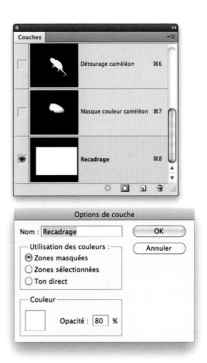

5 Le remplissage de couleur a été effectué. Un léger calque de réglage Niveaux a été placé par-dessus pour ajuster les couleurs de remplissage. Cette étape montre une astuce à laquelle j'ai recours quand j'ai affaire à des directeurs artistiques réputés pour changer souvent d'avis : le recadrage non destructif. Au lieu de rogner les pixels de l'image (au dernier moment), j'utilise une couche dont les Options de couche définissent du blanc comme Couleur et une Opacité de 80 % (elle est parfois de 100 %). L'avantage est que l'on peut voir la totalité de l'image et la zone conservée en n'effectuant le recadrage qu'au dernier moment. Il est même possible de modifier les dimensions et la position du recadrage (en revanche, une rotation ne fonctionne pas). Ensuite, récupérez la couche du recadrage comme sélection et choisissez Image>Recadrer.

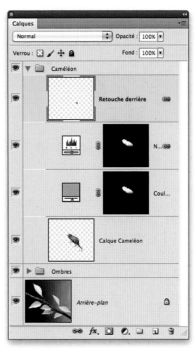

6 Voici le composite final, la colorisation, le recadrage et la correction de l'arrière-train. Fred avait un petit « problème » qui devait être retouché sur un calque séparé.

Virages par Correspondance de la couleur

La fonction Correspondance de la couleur se trouve dans le sous-menu Image>Réglages et sert surtout à faire correspondre les couleurs d'une image avec celles d'une autre. Par exemple, si vous disposez de deux photos d'un même produit dont la couleur doit être uniformisée, vous pouvez utiliser la Correspondance de la couleur. Ce réglage peut également être utilisé à des fins créatives pour prélever des couleurs dans une image source et les appliquer à d'autres photos sans aucun rapport. Cette technique permet d'obtenir des résultats intéressants et plutôt inhabituels.

À l'étape 2, vous verrez que j'utilise la commande Égaliser pour rééquilibrer l'image de l'échantillon de Correspondance de la couleur avant d'enregistrer les statistiques. Cela peut vous aider à créer un fichier de statistiques qui peut être utilisé pour réaliser des virages, mais sans perturber l'équilibre des tons des images de destination. Toutefois, il vous faudra peut-être encore effectuer des réglages dans la rubrique Options d'image, à l'aide des curseurs de Luminance, d'Intensité des couleurs et de Fondu.

Si cette technique vous intéresse, songez à créer une bibliothèque de statistiques de réglages de Correspondance de la couleur. Ouvrez quelques images et enregistrez différents réglages de Correspondance de la couleur pour les utiliser ensuite avec d'autres images.

1 Pour tester la technique suivante, ouvrez une photo qui représente une scène dont les couleurs originales sont assez sourdes.

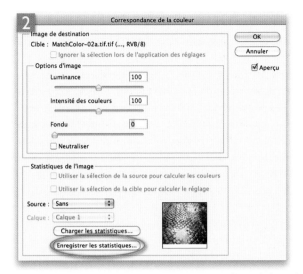

2 Ensuite, créez un fichier de réglages Correspondance de la couleur. Ouvrez une image qui servira d'échantillon, comme celle illustrée à droite, et choisissez Image>Réglages>Égaliser. Cette étape permet de s'assurer que les tons sont répartis de manière plus uniforme. Cette étape n'est pas indispensable, mais elle contribue à produire un meilleur fichier de statistiques de Correspondance de la couleur. Ensuite, choisissez Image>Réglages>Correspondance de la couleur et cliquez sur le bouton Enregistrer les statistiques (entouré).

blue-yellow cobbles.sta

3 Ouvrez l'image illustrée à l'étape 1. Choisissez à nouveau Image>Réglages> Correspondance de la couleur, puis cliquez sur le bouton Enregistrer les statistiques et sélectionnez le réglage Correspondance de la couleur précédemment enregistré. Peaufinez les réglages de Correspondance de la couleur en réglant la Luminance sur 70 %, l'Intensité des couleurs sur 75 % et le Fondu sur 70 %. Cliquez sur OK pour valider.

Réglages automatiques de la Correspondance de la couleur

Le réglage d'image Correspondance de la couleur peut encore servir d'outil de correction automatique des couleurs pour les images qui présentent une forte dominante colorée. Dans le tutoriel suivant, vous verrez que la fonction Correspondance de la couleur peut supprimer très efficacement une forte dominance bleu/cyan dans une photo sous-marine. Vous pouvez également tester la fonction Image> Couleur automatique pour supprimer ces dominantes, mais celle de Correspondance de la couleur est particulièrement efficace pour neutraliser les couleurs de sujets difficiles. En outre, les curseurs d'Options d'image vous aident à modérer le réglage de neutralisation appliqué par Correspondance de la couleur. Par exemple, si vous utilisez la fonction pour corriger automatiquement les images présentant d'importantes dominantes colorées, la saturation globale des images peut s'en trouver réduite. Vous voudrez parfois aussi ajuster l'Intensité des couleurs, via la rubrique Options d'image afin de compenser la saturation perdue. Il est également possible d'ajuster la luminance de l'image et d'atténuer l'ajustement global.

1 Le réglage d'image Correspondance de la couleur est un outil de correction d'image très utile. Dans cet exemple assez extrême, nous allons utiliser ce réglage pour éliminer la forte dominante bleu/cyan visible dans cette photo prise par Jeff quand il faisait de la plongée.

2 Dans le menu Image, choisissez Réglages>Correspondance de la couleur et cochez l'option Neutraliser (entourée). Cela facilite l'élimination d'une grande partie de la dominante colorée dans la photo.

3 La majorité de la couleur bleue a été éliminée à l'étape 2. Toutefois, il me paraît utile de modérer légèrement le réglage. Augmentez la Luminance à +150 %, ce qui revient surtout à éclaircir la photo. Comme la photo a été neutralisée, il n'y subsiste pas beaucoup de couleurs saturées. Par conséquent, augmentez l'Intensité des couleurs à +200 %. Enfin, décalez légèrement le curseur de Fondu vers la droite pour atténuer la neutralisation et restaurer davantage la couleur originale. La photo finale ressemble à une photo sous-marine, mais avec des couleurs plus neutres. Dans l'ensemble, elle est certainement plus proche de ce que Jeff avait perçu de la scène originale au moment où il l'a photographiée.

Transformation des couleurs par l'Étalonnage de l'appareil photo

Le panneau Étalonnage de l'appareil photo de Camera Raw permet surtout de peaufiner l'étalonnage des couleurs du boîtier afin que Camera Raw développe les couleurs en produisant un résultat aussi fidèle que possible à la scène originale. Il peut également servir à déformer volontairement les couleurs d'une image pour créer des effets peu communs.

Pour obtenir les résultats illustrés ici, il suffit, pour l'essentiel, d'ajuster les curseurs de Teinte et de Saturation dans le panneau Étalonnage de l'appareil photo, en les poussant à l'extrême. Ces ajustements peuvent aussi être liés à d'autres modifications des curseurs de Température et de Teinte de la Balance des blancs dans le panneau Réglages de base, sans oublier les curseurs du panneau Virage partiel. Lorsque vous êtes satisfait de l'étalonnage obtenu et que vous souhaitez le réutiliser pour d'autres images, enregistrez-le sous forme de paramètre personnalisé.

1 Voici la version originale d'une image RAW ouverte dans Camera Raw. Je me suis contenté de définir une Balance des blancs Personnalisée pour m'assurer de la neutralité des couleurs et j'ai également ajusté d'autres réglages pour corriger la balance des couleurs.

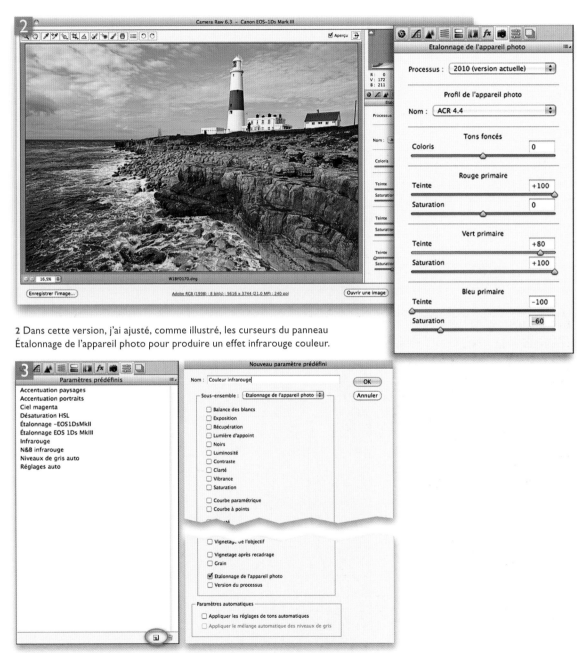

2 Dans cette version, j'ai ajusté, comme illustré, les curseurs du panneau Étalonnage de l'appareil photo pour produire un effet infrarouge couleur.

3 Une fois satisfait du réglage, affichez le panneau Paramètres prédéfinis, puis cliquez sur le bouton Nouveau paramètre prédéfini (entouré) pour enregistrer le réglage comme Étalonnage de l'appareil photo uniquement, afin de pouvoir y accéder de nouveau par la suite.

Flou artistique

Effet brumeux

Utilisez la technique décrite ici pour créer des effets de flous artistiques. Comme cette méthode emploie des filtres dynamiques, vous pouvez en moduler l'Opacité pour restaurer plus ou moins de netteté dans l'image originale et donc atténuer l'effet. Sinon, en peignant sur le masque de fusion du filtre dynamique, vous pouvez remplir le masque ou peindre dessus afin d'appliquer sélectivement l'effet de flou artistique.

I Voici une scène de forêt qui, en fait, est une fusion HDR convertie en image à faible étendue dynamique. La première étape consiste à ouvrir le menu Filtre et à choisir Convertir pour les filtres dynamiques. Cela transforme le calque d'Arrière-plan en Calque 0 muni d'une icône d'objet dynamique dans le coin inférieur droit.

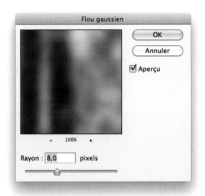

2

3

2 De nouveau dans le menu Filtre, choisissez Atténuation>Flou gaussien et définissez un Rayon de 8 pixels. Cette valeur n'a ici pas une grande importance car un calque d'objet dynamique est suffisamment flexible pour autoriser divers réglages du filtre.

3 Vous pouvez observer ici le panneau Calques avec le filtre dynamique Flou gaussien appliqué au calque d'image. Pour produire l'effet de flou artistique illustré ici, double-cliquez sur les options de fusion du filtre Flou gaussien (entouré), définissez le Mode Superposition et réduisez l'Opacité à 70 %; ce mode de fusion est idéal pour produire un effet de flou artistique avec des hautes lumières brûlées. Je vous conseille également d'essayer le mode Éclaircir.

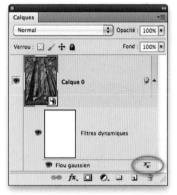

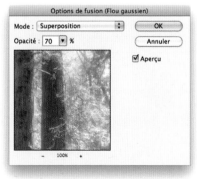

Figure 10.4 Voici l'installation d'éclairage qui a été mise en place pour prendre la photo illustrée ici.

1 Pour présenter cette technique, je me suis servi d'un portrait en noir et blanc réalisé en studio (**figure 10.4**). Dans le menu Filtre, choisissez Convertir pour les filtres dynamiques afin de changer le calque d'Arrière-plan en calque d'objet dynamique.

Effet d'impression diffuse

Voici une variante de la technique précédente pouvant servir à imiter l'effet d'impression diffuse qui est un classique de la chambre noire. Comme je le mentionne en conclusion, pour une qualité optimale, il est préférable de partir d'une image en 16 bits par couche.

2 Toujours dans le menu Filtre, choisissez Atténuation>Flou gaussien. Définissez un Rayon de 20 pixels, tout en sachant que la quantité définie n'est pas cruciale car cette technique permet de modifier les réglages à tout moment.

3 Double-cliquez sur l'icône des Options de fusion (entourées à l'étape 2) et choisissez le mode Produit, qui exerce un effet obscurcissant sur l'image. Essayez d'abaisser l'Opacité pour ne pas trop assombrir l'image, ou tentez d'appliquer le mode de fusion Obscurcir à 50 % environ, pour adoucir l'effet.

4 Dans cet exemple, j'ai conservé une Opacité de 100 %. Ensuite, dans le menu Image, j'ai choisi Réglages>Tons foncés/ Tons clairs en définissant les valeurs illustrées. Le mode de fusion Produit et le réglage Tons foncés/Tons clairs se neutralisent mutuellement, mais si l'image retouchée est en mode 16 bits par couche, l'histogramme ne devrait pas trop en pâtir.

Photo : © Martin Evening

Ajout de flous progressifs

Un flou global n'est pas toujours idéal pour une image. Je préfère ajouter plusieurs calques de flou et utiliser un masque de fusion pour introduire ou éliminer l'effet de flou. Cette méthode est rapide et facile à mettre en œuvre, comme le montre le tutoriel suivant. La photo est belle, mais la complexité visuelle du bureau détourne l'attention du sujet.

1 Voici le cliché original qui a été pris en posant l'appareil sur le sol.

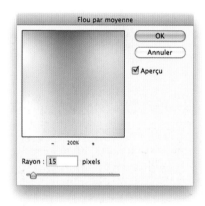

2 Dupliquez le calque d'Arrière-plan et sélectionnez Filtre>Atténuation>Flou par moyenne avec un Rayon de 15 pixels. Ensuite, créez un masque de fusion Tout masquer en maintenant la touche ⌥ *alt* enfoncée au moment de cliquer sur le bouton d'ajout d'un masque de fusion. Cela permet d'ajouter du flou, plutôt que d'en éliminer.

3 Peignez en blanc sur le masque de fusion en utilisant une très grosse forme de Pinceau, après avoir réduit le facteur de zoom. J'en profite pour faire un petit travail de retouche dans la zone centrale, en peignant en noir avec une forme plus petite afin d'éliminer le flou excessif. Recommencez toute l'opération en dupliquant le calque d'Arrière-plan et en ajoutant un autre calque de flou, sur lequel le Flou par moyenne aura un Rayon de 30 pixels. Je le préfère au Flou gaussien ordinaire car j'aime le bokeh (le flou artistique) qu'il produit. C'est aussi beaucoup plus rapide (et plus simple) que d'utiliser le Flou de l'objectif.

Photo : © Jeff Schewe

4 Voici le résultat obtenu par l'ajout de plusieurs effets de flou. Notez que le masque du second calque de flou réduit l'opacité du second flou. Le masque de fusion du premier flou montre également le travail réalisé pour éviter que le flou n'affecte les deux personnes. La version finale est légèrement recadrée pour cacher la porte des toilettes, à droite, et une partie du bureau encombré (qui a pourtant été flouté).

Bordures d'images

Ajout d'une bordure à une image

Voici une technique rudimentaire en deux étapes pour ajouter une bordure à une photo dans Photoshop. Dans le tutoriel suivant, je me suis servi de la numérisation d'une photo en noir et blanc qui était dotée d'une bordure caractéristique des Polaroid.

L'image ci-dessous à droite montre les bordures caractéristiques qui sont obtenues en réalisant un tirage en chambre noire à partir de ce type de négatif Polaroid. Polaroid a cessé la production de ses fameux films instantanés, mais en cherchant bien, vous devriez encore pouvoir vous en procurer. Sinon, n'hésitez pas à vous servir de l'image qui se trouve sur le DVD d'accompagnement. Vous pouvez encore essayer un autre type de bordure, comme celle réalisée au tutoriel suivant.

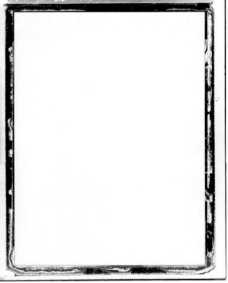

1 Au départ, je disposais de la photo de gauche à laquelle je voulais appliquer la bordure, plus une seconde photo qui était la numérisation de la bordure d'un tirage Polaroid.

2 Pour préparer l'image de la bordure Polaroid, j'ai activé l'outil Sélection rectangulaire que j'ai fait glisser à l'intérieur de la bordure afin de sélectionner cette zone. Ensuite, après avoir défini du blanc comme couleur de premier plan, j'ai activé le raccourci clavier ⌥ *Delete* *alt* *Delete* pour remplir la zone sélectionnée avec du blanc. La partie intérieure de la bordure est alors prête à être associée à la photo.

3 Ensuite, j'ai sélectionné la photo principale en définissant les valeurs par défaut des couleurs de premier et d'arrière-plan, de sorte que le blanc devienne la couleur de l'arrière-plan. J'ai agrandi la fenêtre pour voir une plus grande partie de la zone de travail. Ensuite, j'ai sélectionné l'outil Recadrage, puis la totalité de l'image. J'ai ensuite maintenu la touche ⌥ *alt* enfoncée en faisant glisser l'un des sommets pour agrandir le cadre de délimitation. C'est un moyen rapide d'agrandir la zone de travail d'une image, tout en gardant le recadrage centré. J'ai ensuite appuyé sur la touche *Enter* pour appliquer le recadrage.

4 La photo principale (avec une bordure blanche) et la numérisation de la bordure Polaroid agrandie sont ouvertes dans Photoshop. Je sélectionne l'outil Déplacement, je clique sur l'image de la bordure et la fais glisser sur l'autre photo. Ce faisant, je maintiens la touche *Shift* enfoncée de façon à ce que la bordure soit placée en tant que nouveau calque, centré dans l'image.

5 Je définis le mode de fusion Produit pour le calque du Polaroid afin de fusionner la bordure avec le calque d'Arrière-plan sous-jacent. La partie centrale du calque est remplie en blanc ainsi que les autres zones blanches deviennent transparentes. Je sélectionne alors la commande Édition>Transformation manuelle pour redimensionner le calque de la bordure afin qu'il se positionne correctement sur l'image sous-jacente.

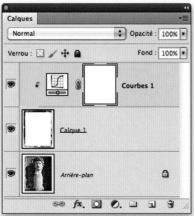

Photo : © Martin Evening

6 Pour éliminer la bordure excédentaire, j'ouvre le menu Image>Rognage. J'utilise les réglages illustrés ici pour rogner l'image d'après la Couleur du pixel supérieur gauche (même si le pixel inférieur droit aurait produit d'aussi bons résultats). Pour finir, j'ajoute un calque de réglage Courbes qui est ajusté d'après le calque de la bordure. J'ajuste les couches de couleurs par le biais du réglage Courbes, de façon à ce qu'il colorise le calque de la bordure et crée un chaud ton sépia assorti aux couleurs de la photo.

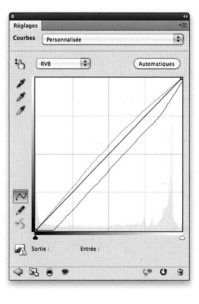

Nuages par différence

Le filtre Nuages par différence exerce un effet cumulatif sur l'image en renforçant le contraste des nuages. Quand on l'applique une fois, on obtient un motif de nuages basé sur l'inverse des valeurs de couleurs. La deuxième application produit des nuages basés sur les couleurs originales ; la troisième se base à nouveau sur l'inverse des valeurs de couleurs, et ainsi de suite.

1 Ouvrez une image, ajoutez un nouveau calque vide et choisissez Sélection>Tout sélectionner, suivi de Sélection>Modifier>Cadre. Saisissez un nombre de pixels suffisant pour créer une bordure de largeur adéquate.

2 Définissez un contour progressif pour la sélection avec un bien plus faible pourcentage. Dans cet exemple, j'ai créé une sélection de 40 pixels pour la bordure que j'ai atténuée de 7 pixels. Réinitialisez les couleurs de premier plan et d'arrière-plan, et, dans le menu Filtre, choisissez Rendu>Nuages.

Ajout d'une bordure avec le filtre Nuages

Le filtre Nuages se trouve dans le sous-menu Filtre>Rendu. Il permet de générer un motif de nuages qui remplit toute l'image (ou la zone sélectionnée), en se basant sur les couleurs de premier plan et d'arrière-plan. Ce motif est modifié à chaque application du filtre, donc la répétition de ce dernier (via ⌘ F ctrl F) continue à produire de nouveaux motifs. Si vous maintenez la touche ⌥ alt enfoncée lorsque vous appliquez le filtre Nuages, l'effet est amplifié.

Dans ce tutoriel, nous allons utiliser le filtre Nuages pour générer un effet de bordure irrégulière, avec un contour différent à chaque répétition de cette série d'étapes.

3 Ajoutez un autre calque vide. La sélection étant toujours active, remplissez-la de noir et définissez le mode de fusion Produit pour ce calque.

4 Désélectionnez la sélection et fusionnez les deux calques. Définissez ensuitele mode de fusion Produit pour le calque fusionné et appliquez un réglage de Niveaux extrême pour durcir le contour de la bordure. Comme vous pouvez le constater, cette combinaison d'étapes produit l'effet de bordure au contour irrégulier illustré ici. Comme je l'ai dit en introduction, on obtient un résultat différent à chaque nouvelle application de ces étapes. Souvenez-vous que vous pouvez enregistrer ces opérations dans un script Photoshop, même si la largeur de la sélection du Cadre et le réglage de Contour progressif doivent être adaptés en fonction de la taille de l'image.

Des bordures irrégulières avec la commande Améliorer le contour

Cette commande a permis d'améliorer la création de contours et de silhouettes, ainsi que d'autres opérations de sélection. Comme souvent avec les outils de Photoshop, quand vous les exploitez au maximum de leurs capacités, vous obtenez des résultats surprenants, tout à fait exploitables et très créatifs. Par exemple, certains réglages de cette commande permettent la création de bordures irrégulières qui ne sont pas sans rappeler les anciens supports de négatifs.

Pour cela, vous devez créer une sélection plus petite que l'image puis, après activation de la commande Améliorer le contour, ajuster le curseur de Rayon de la Détection des contours, après avoir vérifié que l'option Rayon dynamique est désactivée (un Rayon trop grand est souvent préférable). Une fois ce réglage effectué, vous devez procéder à des essais avec les réglages Lissage, Contour progressif, Contraste et Décalage du contour. Dans cet exemple, les bordures sont affichées sur fond blanc, mais vous pouvez également produire des bordures noires.

1 Ouvrez une image, dupliquez le calque d'Arrière-plan pour créer une copie, puis remplissez l'ancien calque d'Arrière-plan en blanc. Pour créer la sélection, choisissez Sélection>Tout sélectionner, suivi de Sélection>Modifier>Cadre. Saisissez une valeur de 150 pixels pour créer une bordure suffisante. Les valeurs employées varient en fonction de la définition du fichier. Dans cet exemple, la photo des manchots empereurs, prise avec un Canon EOS 1Ds Mk III, a été réduite à 3 600 × 2 505 pixels (20 × 30 cm à 300 dpi). Après avoir créé la bordure de la sélection, ouvrez de nouveau le menu Sélection et choisissez Intervertir pour inverser la sélection, puis Modifier>Lisser la sélection pour arrondir légèrement les angles et appliquer un Rayon de 50 pixels.

2 La sélection étant active, ouvrez encore le menu Sélection et choisissez la commande Améliorer le contour (⌘ ⌥ R ctrl alt R). Par rapport à la définition de cette image, j'applique un Rayon de Détection des contours de 25 pixels. Cela signifie que la fonction s'intéresse aux 25 pixels qui se trouvent de part et d'autre de la sélection pour effectuer des modifications sur les contours de l'image. Les tons différents de l'image produisent des contours différents aux bords irréguliers. Ce n'est que le premier réglage ; si vous effectuez ce tutoriel avec vos propres images, il est fort probable que vous voudrez revenir sur ce réglage après avoir peaufiné les autres.

3 La prochaine étape consiste à commencer à modifier les contours obtenus. Le gros plan de gauche est le résultat de l'étape 2. Celui de droite a été obtenu après l'ajustement du Contraste sur une valeur de 50 ; les tons moyens du contour sont plus nets. Nous continuerons à ajuster la netteté à l'étape 4.

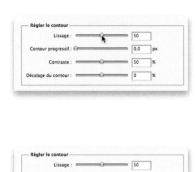

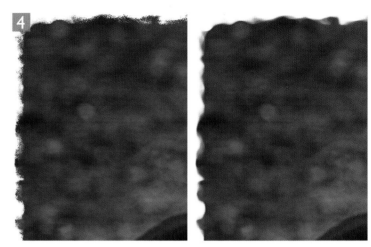

4 Ajustez maintenant la valeur de Lissage. Cela réduit la complexité du bord, comme illustré à gauche. Toutefois, vous constaterez que la texture reste granuleuse, mais une valeur de Contour progressif de 1,5 suffit à y remédier, comme vous pouvez le voir à droite (ce réglage revient à ajouter une atténuation de 1,5 pixel sur le contour). L'ajout d'un Décalage du contour de -22 pixels contribue également à réduire légèrement la bordure blanche (en la rapprochant des manchots).

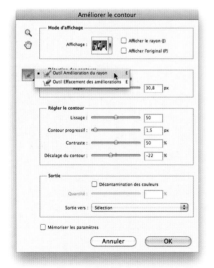

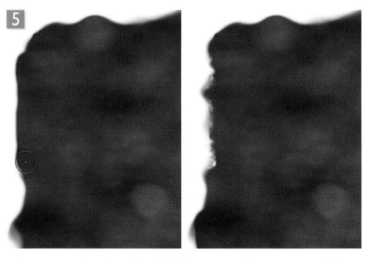

5 Après avoir appliqué les réglages Régler les contours, j'ai à nouveau modifié le Rayon de Détection des contours. Dans le panneau, vous pouvez voir que j'ai ajusté le Rayon à 30,8 pixels. Je voudrais encore modifier le contour par défaut à l'aide de l'outil Amélioration du rayon. Le détail grossi à gauche montre l'outil en cours d'utilisation, celui de droite le résultat du nouveau contour. Comme il s'agit d'un travail méticuleux, n'hésitez pas à grossir l'image. J'ai fini par peindre sur tout le contour de l'image. Cet outil paraît très efficace pour désordonner les contours et leur donner une apparence plus spontanée. Pour ce type d'application, je trouve que l'outil Effacement des améliorations n'a aucun intérêt.

6 Dans la rubrique Sortie, sélectionnez Nouveau calque avec masque de fusion. Cela permet de conserver l'image originale intacte au cas où l'on voudrait effectuer d'autres réglages. Activez également l'option Mémoriser les paramètres (voir l'étape 2 pour une illustration de la boîte de dialogue).

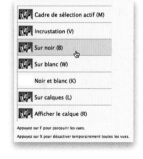

7 Même si les résultats obtenus à l'étape 6 sont satisfaisants, mes goûts personnels m'incitent à préférer un contour noir au lieu d'un blanc. Par conséquent, j'ai rempli le calque inférieur avec du noir, au lieu du blanc, et j'ai également beaucoup réduit le contour irrégulier. Évidemment, quand on travaille sur une image à l'aide de la fonction Améliorer le contour, on peut toujours visionner le résultat sur fond noir en choisissant Sur noir comme option d'Affichage.

Chapitre 11

Automatisation dans Photoshop

Pour un flux de production plus efficace

L'homme-machine de *Metropolis*, le film de Fritz Lang, aurait probablement retouché sans relâche des images dans Photoshop. Malheureusement (ou heureusement), c'est de la fiction. Photoshop ne fera rien si vous ne lui demandez rien. Mais si vous persistez à effectuer les moindres opérations vous-même, vous constaterez vite que vous n'avez plus de vie en dehors de Photoshop. Les photographes qui gèrent des milliers d'images doivent automatiser autant d'étapes que possible. Heureusement, Photoshop comporte des outils très utiles pour développer un flux de production automatisé, comme nous allons le voir dans ce chapitre.

Automatisation dans Photoshop

Les scripts

Les scripts (macros enregistrables) ont fait leur apparition dans la version 4.0 de Photoshop qui est sortie en novembre 1996. Sean Parent, le développeur qui en est à l'origine, a envisagé la possibilité d'enregistrer une série d'étapes de traitement pour pouvoir les réexécuter ultérieurement. Avant la version 4, tout ce que l'on voulait réaliser dans Photoshop devait être effectué clic par clic. À l'époque, les graphistes et les photographes travaillaient sur un nombre assez réduit d'images numérisées, et le travail n'était pas trop répétitif. Aujourd'hui, les photographes produisent des dizaines de milliers de captures numériques qui sont ingérables sans scripts ni traitement par lots.

Tout ne peut pas être enregistré dans un script dans Photoshop. C'est notamment le cas des passes d'outils basés sur le pinceau. Toutefois, il est possible d'enregistrer la sélection d'un Pinceau et le réglage des paramètres. Et d'innombrables fonctions peuvent être enregistrées par le biais d'un nombre illimité d'étapes. La **figure 11.1** montre un exemple de script long et compliqué, enregistré par Bruce Fraser, pour le module complémentaire PhotoKit Sharpener. Cette image n'en dévoile pas tous les secrets car elle ne montre pas les valeurs enregistrées, mais juste l'ordre des étapes. Elle illustre simplement le niveau de complexité pouvant être atteint par un script. D'ailleurs, ce n'est pas le script le plus compliqué à avoir été créé par Pixel Genius. Le record est détenu par un script qui contient un peu moins de 200 étapes et qui a été écrit par Martin Evening pour PhotoKit Color 2.

Que faut-il enregistrer dans un script ? Première règle : toutes les étapes ou séries d'étapes exécutées manuellement de manière répétée et régulière sont des candidates potentielles pour un script. Exemple : l'enregistrement d'un script dans le but de récupérer une sélection active et de l'enregistrer en tant que couche. Combien de fois avez-vous ouvert le menu Sélection pour activer la commande Enregistrer la sélection ? On peut envisager d'exécuter une série d'étapes enregistrées dans un script, puis d'effectuer d'autres étapes manuellement, pour finir par lancer une dernière série d'opérations automatiques. Les scripts sont également adaptés à de telles situations. D'ailleurs, les scripts sont surtout utiles lorsqu'ils sont appliqués à plusieurs images dans un traitement par lots. Plus loin, nous examinerons en détail l'enregistrement de scripts et le traitement par lots, mais nous commencerons par présenter l'exécution de scripts préenregistrés. Cette démonstration sera plus utile qu'un long discours.

Figure 11.1 Script d'accentuation, de Pixel Genius, contenant 72 étapes

Exécution d'un script

Le panneau Scripts de Photoshop CS5 contient déjà quelques Scripts par défaut. Même si leur effet n'a rien de révolutionnaire, ce sont de bons exemples des types de scripts que l'on peut enregistrer. Vous trouverez quelques scripts supplémentaires dans le dossier Adobe Photoshop CS5/Presets/Actions. Pour les charger, ouvrez le menu déroulant du panneau Scripts et sélectionnez-les directement. La **figure 11.2** montre la sélection de l'ensemble de scripts Commandes. Si vous voulez que les ensembles de scripts que vous avez créés apparaissent dans ce menu, vous devez les enregistrer dans le dossier Actions.

Pour exécuter un script, ouvrez une image, sélectionnez le script (pas l'ensemble de scripts) et cliquez sur le bouton de lecture, comme illustré à la **figure 11.3**, ou double-cliquez directement sur le script en maintenant la touche ⌘ *ctrl* enfoncée. Vous serez parfois surpris des résultats obtenus, car ils varient en fonction des étapes et des options qui sont enregistrées dans le script (surtout si vous ne l'avez pas enregistré vous-même). Lorsque vous ouvrez une image et que vous exécutez un script pour la première fois, nous vous conseillons de dupliquer préalablement l'image (Image>Dupliquer) et de fermer l'originale. On ne sait jamais ce qui pourrait arriver. Même s'il est peu probable qu'un script écrase accidentellement un fichier original, l'exécution d'un script sur une copie permet de ne prendre aucun risque.

Il est fortement déconseillé d'interrompre l'exécution d'un script en cours ou d'intervenir d'une quelconque manière dans Photoshop, telle est la règle d'or de Martin. Pour ma part, je suis aussi très prudent, mais j'ai constaté que lancer l'exécution d'un script, puis réduire la fenêtre du programme ou ouvrir le Finder, a pour effet d'accélérer le traitement de l'action parce que tous les panneaux et toutes les fenêtres de documents sont masqués. Le logiciel peut profiter de toute la puissance de calcul qui lui est allouée pour le traitement, sans avoir à actualiser de panneaux ni d'aperçus d'images. Je suis de l'avis de Martin et je déconseille de cliquer dans une autre fenêtre d'image au cours de l'exécution d'un script, car Photoshop interrompt immédiatement le traitement en cours et le reprend là où il en était resté, mais en l'appliquant à l'autre image. Il s'agit probablement d'un bug.

Le script échouera si l'état de l'image ouverte n'est pas identique à celui de l'image pour laquelle le script a initialement été enregistré.

Figure 11.2 Le menu déroulant du panneau Scripts donne accès aux scripts inclus dans les ensembles prédéfinis de Photoshop CS5.

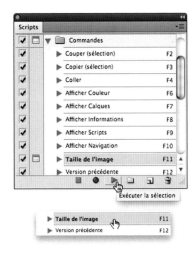

Figure 11.3 Pour exécuter un script, sélectionnez-le, puis cliquez sur le bouton de lecture. Vous pouvez également maintenir la touche ⌘ *ctrl* enfoncée et double-cliquer sur le script pour l'exécuter.

Figure 11.4 Message signalant qu'une étape d'un script ne peut pas être exécutée car la commande n'est pas disponible.

Par exemple, si le script comporte une étape qui modifie une sélection, comme un contour progressif, le script ne peut pas être exécuté si une sélection n'est pas active. Photoshop affiche un message, illustré à la **figure 11.4**, qui n'est pas d'un grand secours. On voit bien que les messages sont conçus et rédigés par des informaticiens. Ce qui paraît clair pour le développeur ne l'est pas nécessairement pour l'utilisateur. En fait, cet avertissement signifie qu'une condition doit être remplie avant que le script puisse être exécuté. À la page 414, nous verrons la résolution des problèmes liés aux scripts et nous vous expliquerons comment enregistrer des scripts à toute épreuve.

Tour d'horizon du panneau Scripts

Le mode d'emploi du panneau Scripts vous paraît probablement sans mystère. Certes, certaines fonctions et commandes sont explicites. Mais d'autres aspects sont moins intuitifs. C'est pourquoi, à la **figure 11.5**, nous avons jugé utile de décrire le panneau en détail.

Figure 11.5 Les différents éléments et icônes du panneau Scripts.

A: ensemble de scripts contenant des scripts inactifs
B: script contenant une pause pour afficher une boîte de dialogue
C: script désactivé
D: signale une ou plusieurs opérations inactives dans un script contenant une pause
E: opération active avec une pause pour afficher une boîte de dialogue
F: une opération a été désactivée.
G: menu déroulant du panneau Scripts
H: ensemble de scripts développé
I: action dont les opérations sont réduites.
J: script actif avec opérations développées
K: étape développée révélant les paramètres enregistrés

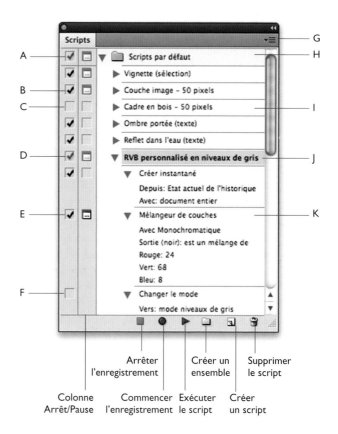

Menu déroulant du panneau Scripts

Le menu déroulant contient des commandes très utiles qui ne sont pas directement accessibles dans le panneau Script. Au sommet du menu se trouve la commande qui permet d'activer le Mode Bouton. Étant donné le grand nombre de scripts disponibles, le Mode Bouton qui fait surgir des boutons dans le panneau Scripts n'est absolument pas pratique. Le groupe suivant contient des commandes qui figurent également dans le panneau, sauf la commande Dupliquer qui peut être utile lorsque vous voulez copier diverses opérations distinctes dans de nouveaux scripts. Le prochain groupe contient encore diverses commandes liées au panneau, mais également trois commandes importantes : Insérer une commande, Insérer un point d'arrêt et Insérer le tracé. Insérer une commande permet d'enregistrer un script qui active une commande depuis la structure de menus de Photoshop. Nous nous en servons beaucoup. Insérer un point d'arrêt permet d'enregistrer plusieurs opérations, puis de marquer une pause pour afficher un message ; le traitement reprend après la fermeture de la boîte de dialogue.

Les deux commandes suivantes, Options de script et Options d'exécution, sont primordiales. La **figure 11.7** montre les deux boîtes de dialogue. La boîte de dialogue Options de script vous permet de renommer le script, d'y associer une touche de fonction et de choisir une couleur pour l'affichage du Script en mode Bouton. Les Options d'exécution permettent de contrôler l'exécution du script. En général, vous voudrez utiliser l'option de Performance En accéléré. Toutefois, l'option Pas à pas est pratique quand on essaye de résoudre un problème lié au script. L'option Pause permet de ralentir considérablement l'exécution, à tel point que chaque opération s'affiche sur l'image pour vous permettre d'en vérifier l'application.

La cinquième section du menu contient des commandes permettant de charger ou d'exécuter un script, ainsi que de réinitialiser ou de remplacer les scripts déjà chargés. Les deux dernières sections contiennent des scripts prédéfinis, ainsi que les commandes de fermeture du panneau ou du groupe d'onglets.

Mode Bouton

Nouveau script...
Nouvel ensemble...
Dupliquer
Supprimer
Exécuter

Lancer l'enregistrement
Réenregistrer...
Insérer une commande...
Insérer un point d'arrêt...
Insérer le tracé

Options de script...
Options d'exécution...

Effacer tous les scripts
Réinitialiser les scripts
Charger des scripts...
Remplacer les scripts...
Enregistrer les scripts...

Commandes
Cadres
Effets d'image
Lab : Technique du noir et blanc
Production
Queues d'étoiles
Effets de texte
Textures
Scripts vidéo

Fermer
Fermer le groupe d'onglets

Figure 11.6 Menu déroulant du panneau Scripts

Figure 11.7 Options de script et Options d'exécution

Enregistrement d'un script élémentaire

Avant de courir, il faut apprendre à marcher. Donc, dans cette première partie, nous allons voir comment enregistrer un script rudimentaire : l'application d'un contour progressif à une sélection active. Si vous avez déjà enregistré des scripts, vous pouvez passer directement à la section suivante.

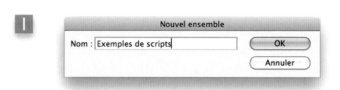

1 Pour enregistrer une action, il faut d'abord l'ajouter dans un ensemble existant ou créer un ensemble. Cliquez sur l'icône Créer un ensemble pour ouvrir la boîte de dialogue Nouvel ensemble. Nommez l'ensemble et cliquez sur OK.

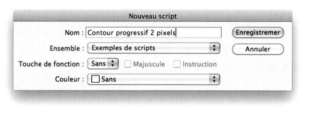

2 Une fois le nouvel ensemble créé, cliquez sur le bouton Créer un script. Dans cet exemple, une sélection doit être active car c'est la condition requise pour l'application d'un contour progressif. Cette condition devra également être remplie pour l'exécution du script enregistré. Dans le cas contraire, un avertissement, comme celui illustré à la figure 11.4, apparaît.

3 Après le démarrage de l'enregistrement du script, toutes les opérations effectuées dans Photoshop sont enregistrées (sauf les passes de Pinceau). Activez la commande Contour progressif dans le sous-menu Sélection>Modifier. Définissez un rayon de 2 pixels, puis cliquez sur le bouton Arrêter l'enregistrement. Notez que le paramètre est également enregistré. Vous pouvez double-cliquer directement sur l'opération pour la modifier, comme illustré à la figure 11.8.

Modification d'un script élémentaire

Lorsque vous avez enregistré un script, vous pouvez modifier les paramètres initiaux et renommer le script. Vous pouvez par ailleurs dupliquer le script et modifier son exécution. La **figure 11.8** montre comment modifier un script, la **figure 11.9** explique comment dupliquer un script, et la **figure 11.10**, comment activer/désactiver les éléments et les boîtes de dialogue.

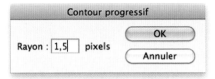

Figure 11.8 Pour modifier les paramètres enregistrés dans une opération, double-cliquez sur l'opération (et non sur le script proprement dit) et saisissez les nouveaux paramètres. Dans cet exemple, j'ai renommé le script en tenant compte des nouveaux paramètres.

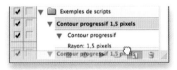

Figure 11.9 Même s'il est possible de sélectionner un script et d'utiliser la commande Dupliquer dans le menu déroulant du panneau Scripts, je préfère faire glisser le script sur le bouton Créer un script. Cela produit le même effet et crée une copie du script original. Procédez de la même manière pour dupliquer des opérations d'un script.

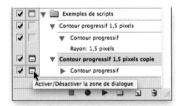

Figure 11.10 Si une opération entraîne l'ouverture d'une boîte de dialogue, vous pouvez choisir d'activer/désactiver la fenêtre (à gauche). En général, si les paramètres enregistrés doivent être utilisés, il est conseillé de désactiver la boîte de dialogue. J'enregistre habituellement un script avec un élément Insérer une commande, au cas où il soit nécessaire d'intervenir pour modifier les paramètres. Si vous voulez désactiver une étape (après l'exécution d'un script, il m'arrive souvent de décider que l'une ou l'autre opération est superflue), décochez la ligne comme illustré ci-dessus au milieu. Si vous désactivez la totalité d'un script, l'avertissement illustré à droite apparaît. La désactivation est réversible.

Volatilité des scripts

Un script que vous venez d'enregistrer n'est conservé que de manière temporaire dans le panneau Actions, sauf si vous l'enregistrez dans le cadre d'un ensemble de scripts. Par conséquent, si Photoshop cessait de fonctionner avant la fin de l'enregistrement d'un long script compliqué, vous verriez disparaître le fruit de vos efforts. Pour éviter cette déconvenue, la première chose à faire après l'enregistrement d'une action compliquée est d'enregistrer immédiatement l'ensemble.

Enregistrer les unités de la règle

Pour les scripts qui impliquent l'enregistrement de la mise en place des objets ou la création de cadres de sélection, il est judicieux d'inclure l'enregistrement du choix de l'unité de la règle dans le script. Pour cela, ouvrez les Préférences de Photoshop, choisissez Unités et règles puis définissez sous Règles l'unité de pourcentage, par exemple. Toutes les positions seront enregistrées avec précision et mesurées en tant que pourcentage des dimensions du document. Lorsque vous exécutez à nouveau le script, il fonctionnera correctement quelles que soient la taille ou les proportions de l'image.

Description de tous les scripts

Si vous maintenez les touches ⌘ ⌥ `ctrl` `alt` enfoncées en choisissant la commande Enregistrer les scripts, vous créez un fichier texte contenant la description de tous les scripts présents dans le panneau Scripts.

Résolution de problèmes liés aux scripts

Vérifiez que le mode de couleur de l'image de départ est correct ; en effet, nombre de scripts ne fonctionnent qu'avec une image en mode RVB. Par conséquent, si l'image de départ est en mode Lab, CMJN ou Niveaux de gris, les commandes de réglage des couleurs ne fonctionneront pas correctement. Vous rencontrerez également des difficultés lors de l'exécution de scripts enregistrés avec des fichiers en 8 bits qui utilisent des filtres qui ne sont pas compatibles avec les images 16 bits.

Il arrive encore qu'un script enregistré s'attende à ce que l'image soit aplatie et ne contienne que le seul calque d'Arrière-plan. Martin Evening évite ce problème en débutant chaque enregistrement de script par le raccourci ⌥ `.` `alt` `.` (pour sélectionner le calque supérieur), suivi de la commande Fusionner les calques visibles (⌘ ⌥ `Shift` E `ctrl` `alt` `Shift` E). Ces deux étapes ajoutent toujours un nouveau calque contenant une copie fusionnée au sommet de la pile de calques. L'absence d'un véritable calque d'Arrière-plan (comme avec la fonction Photomerge) peut également empêcher l'exécution de nombreux scripts. Il n'y a pas grand-chose à faire, à part créer un nouveau calque au bas de la pile de calques et le convertir en calque d'Arrière-plan en choisissant Calque>Nouveau>Arrière-plan d'après un calque avant d'exécuter le script.

Si le script que vous avez enregistré ne fonctionne pas comme vous le souhaitez, affichez le détail des opérations qu'il effectue commande par commande. Ouvrez une image test, développez le script pour afficher toutes les opérations, sélectionnez la première étape, puis appuyez sur la touche ⌘ `ctrl` et cliquez sur le bouton de lecture pour exécuter le script une commande à la fois. Maintenez la touche ⌘ `ctrl` enfoncée et continuez à cliquer sur le bouton de lecture pour continuer l'exécution du script. Si l'une des opérations pose problème, double-cliquez dessus dans le panneau Scripts pour l'enregistrer à nouveau. Vérifiez que l'opération est sélectionnée, maintenez la touche ⌘ `ctrl` enfoncée et cliquez sur le bouton de lecture pour continuer.

Limites des possibilités des scripts

Les scripts permettent d'enregistrer la plupart des opérations effectuées dans Photoshop : réglages d'image, étapes du panneau Historique, filtres, et la plupart des opérations réalisées à l'aide d'outils. Les opérations effectuées avec des outils de sélection sont enregistrées en fonction de l'unité des règles (voir l'encadré Enregistrer les unités de la règle). Les opérations qui comportent des étapes visant à créer de nouveaux calques, couches ou tracés, doivent être enregistrées avec un intitulé unique, afin d'éviter tout risque de confusion. Par exemple, lorsqu'un script crée une nouvelle couche nommée Alpha 1 (qui est le nom attribué par défaut à la première couche créée), l'exécution du script échoue si vous essayez de l'exécuter avec une image qui comporte déjà une couche Alpha 1. Lorsque vous déplacez des calques au cours de l'enregistrement d'un script, utilisez le menu Calque ou les raccourcis clavier pour réorganiser les calques. Cela limite les risques d'erreurs.

Lors de l'enregistrement d'un script, seuls les paramètres modifiés sont enregistrés, pas ceux qui existent déjà. Pour contourner cet écueil potentiel, vous devez intentionnellement dérégler les paramètres avant d'enregistrer le script. Ensuite, démarrez l'enregistrement et saisissez les réglages corrects. Des réglages annexes peuvent également provoquer des erreurs lors de l'enregistrement de script. Ainsi, l'enregistrement d'une étape Ouvrir ou Enregistrer mémorise l'emplacement exact du disque dur et du dossier dans le cadre d'un script. Si ce disque dur ou dossier n'est plus disponible, l'exécution du script échoue. Cela se produit souvent lorsque vous enregistrez une étape Enregistrer sur un disque dur amovible. Si ce disque dur est débranché, un message signale le dossier manquant lors de l'étape du script, comme illustré à la **figure 11.11**. Si vous branchez à nouveau le disque dur, le script devrait trouver le dossier sur le disque dur original. Sinon, vous pouvez créer un nouveau dossier sur un autre disque dur, double-cliquer sur l'étape Enregistrer et rechercher le nouveau dossier dans la boîte de dialogue Enregistrer.

La technique de l'enregistrement d'un script peut être employée pour exécuter d'autres séries d'étapes de scripts déjà enregistrées ; cela revient à enregistrer un script qui exécute un autre script, ce qui peut être pratique lors de l'élaboration d'une série d'opérations complexes. Cependant, si l'un des sous-scripts est absent (car il a été supprimé ou renommé accidentellement), l'exécution du script principal échoue. La **figure 11.12** montre un script complexe intitulé Workflow fichiers RAW. Ce script principal fait intervenir plusieurs sous-scripts enregistrés séparément. Chacun des sous-scripts doit se trouver dans l'ensemble nommé Workflow. Vous noterez que l'étape Accentuation InkJet 360, entourée en bleu, ne se trouve plus dans l'ensemble Workflow. L'exécution du script Workflow fichiers RAW échoue et affiche le message d'erreur illustré à la **figure 11.12**. Il est préférable d'éviter ce lien de dépendance en enregistrant toutes les étapes du script indépendamment des autres scripts.

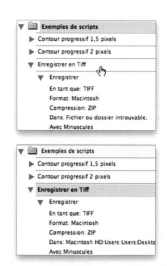

Figure 11.11 L'étape du script désigne un dossier introuvable (en haut). Pour résoudre le problème, double-cliquez sur l'étape et retrouvez le dossier manquant ou créez-en un nouveau (en bas).

Figure 11.12 Le script principal dépend de plusieurs sous-scripts. Le premier sous-script, intitulé Accuentation Inkjet 360, a été supprimé. Par conséquent, l'exécution du script principal affiche un message d'erreur.

Traitement par lots

L'un des principaux intérêts de l'automatisation dans Photoshop est la possibilité de configurer et d'exécuter le Traitement par lots dans Photoshop ou Bridge. Lorsque l'on maîtrise l'enregistrement de scripts, il est naturel de s'en servir pour automatiser le traitement d'un grand nombre d'images, sans avoir à rester devant son écran. La **figure 11.13** montre la boîte de dialogue Traitement par lots, ainsi que les listes déroulantes que vous devrez configurer.

Le menu déroulant Source indique l'emplacement des fichiers à traiter. Bridge est désigné comme source. L'illustration du menu déroulant montre les options proposées quand la boîte de dialogue est ouverte via la commande Fichier>Automatisation de Photoshop. L'option Bridge est grisée parce que Photoshop ne peut pas communiquer avec Bridge, même si l'inverse est possible. Le menu déroulant Destination permet de sélectionner l'emplacement d'enregistrement des fichiers traités. Si une étape d'enregistrement a été prévue dans le script, vous pouvez choisir Sans. Si vous voulez que les fichiers traités remplacent les fichiers originaux, optez pour Enregistrer et fermer (il faut être sûr de soi). Je choisis généralement l'option Dossier et je sélectionne le dossier dans

Figure 11.13 La boîte de dialogue Traitement par lots illustrée ici est accessible via le menu Outils>Photoshop de Bridge.

lequel les images traitées doivent être enregistrées. Le traitement par lots permet de renommer les fichiers, mais l'outil Changement de nom global de Bridge CS5 a vidé la fonctionnalité de son sens. Je n'effectue généralement pas cette opération dans le cadre d'un traitement par lots. Le dernier menu déroulant vous aide à localiser les erreurs. Je choisis toujours l'option Conserver les erreurs dans un fichier. Rien n'est plus pénible que de découvrir, au bout de quelques heures, que le traitement par lots a été interrompu à mi-chemin à cause d'une erreur.

Les cases à cocher de la boîte de dialogue Traitement par lots correspondent à des options au sens plus ou moins évident. À la **figure 11.14**, toutes les options sont sélectionnées, comme je le fais souvent. L'option Supprimer les boîtes de dialogue d'options d'ouverture de fichier est la moins employée. L'ouverture de fichiers PSD, TIFF et JPEG n'entraîne pas l'affichage d'une boîte de dialogue d'options d'ouverture, mais si vous pixellisez un fichier EPS, vous pouvez supprimer la fenêtre d'options qui apparaît.

Les deux options qui prêtent le plus à confusion sont Priorité sur les instructions de script Ouvrir, dans la rubrique Source, et Priorité sur les instructions de script Enregistrer sous, dans la rubrique Destination. Il s'agit du jargon de développeurs. Deux règles essentielles sont à retenir : l'une régit l'ouverture des fichiers, et l'autre leur sauvegarde. Si vous avez enregistré une instruction Ouvrir dans le cadre d'un traitement par lots, la règle veut que vous cochiez cette option, sinon il n'y aura pas de traitement par lots. Il en va de même pour une instruction Enregistrer sous. La **figure 11.15** présente l'avertissement qui apparaît en cas de sélection de l'une ou l'autre de ces options. Vous avez du mal à vous y retrouver ? Nous allons essayer de reformuler. Si vous avez enregistré une instruction Ouvrir dans un script, vous voudrez probablement ne pas utiliser l'emplacement du fichier et du dossier de l'instruction Ouvrir et employer uniquement les paramètres Ouvrir enregistrés. Il s'agit, par exemple, de l'utilisation d'une instruction Ouvrir avec Camera Raw en s'assurant que l'espace chromatique et la profondeur de codage corrects sont définis dans les Options du flux de production. Nous verrons un cas pratique dans la section décrivant un flux de traitement par lots portant sur des fichiers RAW, à partir de la page 419. De même, lorsque vous enregistrez une instruction Enregistrer sous et que vous voulez que la Destination soit différente de celle enregistrée dans le script, vous devez enregistrer l'instruction Enregistrer sous, puis cocher Priorité sur les instructions de script Enregistrer sous pour ne pas utiliser la destination enregistrée dans l'étape Enregistrer sous. L'étape Enregistrer sous exécute alors uniquement les options de format de fichier du script. Malgré notre expérience, il nous arrive encore de nous tromper.

Figure 11.14 Options de Source et de Destination de la boîte de dialogue Traitement par lots

Avertissement à propos
des instructions Ouvrir

Avertissement à propos
des instructions Enregistrer sous

Figure 11.15 Voici les deux avertissements difficiles à interpréter qui apparaissent lorsque l'on coche l'option Priorité sur les instructions de script Ouvrir, en haut, ou Priorité sur les instructions de script Enregistrer sous, en bas.

Créer un droplet

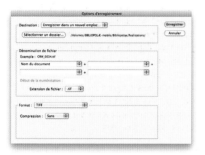

Enregistrer l'image de Camera Raw

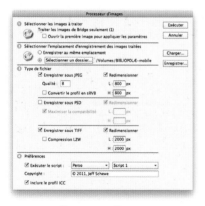

Processeur d'images

Figure 11.16 Joueurs de seconde ligne dans l'équipe des outils automatisés de Photoshop

Autres outils de traitement automatisés

Dans toutes les équipes sportives de haut niveau, vous trouverez quelques champions aux salaires mirobolants, mais les grandes équipes doivent également compléter leurs rangs avec des joueurs de second plan. Il en va de même dans l'équipe Photoshop. Les scripts et le Traitement par lots sont les joueurs phares. Mais dans les rangs de l'équipe Automatisation, on compte également les droplets, la commande Enregistrer l'image de Camera Raw et le JavaScript intitulé « Processeur d'images ». À eux trois, ils constituent la trousse à outils automatisés de Photoshop, et remplissent des fonctionnalités passablement simplifiées mais néanmoins utiles. Je ne cherche pas à sous-estimer leur rôle car je les utilise tous les trois quand l'occasion s'y prête. Mais comme ils sont plus simples d'emploi que les scripts et le Traitement par lots, nous ne faisons que les évoquer ici. La **figure 11.16** présente ces trois outils.

La commande Créer un droplet permet de transformer un script en application exécutable (le droplet) qui, pour l'essentiel, correspond à un traitement par lots enregistré. Des fichiers ou dossiers de fichiers sont traités par glisser-déplacer sur le droplet. Les droplets sont multi-plates-formes : un droplet enregistré sur un Mac peut être converti pour Windows par glisser-déplacer sur l'icône de l'application Photoshop. La seule limite des droplets est que le script original qu'il contient ne peut pas être modifié.

La commande Enregistrer l'image de Camera Raw permet de réaliser un gain de temps important lors de l'enregistrement direct de fichiers depuis Camera Raw. Comme il est uniquement possible de définir un seul format de fichier et une seule destination, la fonction n'est pas aussi performante que le Traitement par lots. Mais elle est simple et peut accélérer le développement des fichiers RAW.

Le Processeur d'images, qui est en fait un JavaScript, était initialement le « Processeur d'images du Dr Brown ». Il s'agit d'un outil de traitement rudimentaire, qui est accessible dans Bridge via Outils> Photoshop, ou dans Photoshop depuis le sous-menu Fichier>Scripts. Le Processeur d'images peut être configuré pour enregistrer des versions JPEG, PSD et TIFF de l'image traitée. Les fichiers traités sont enregistrés dans différents dossiers de destination nommés en fonction du format de fichier. Le Processeur d'images peut redimensionner les images et est même capable d'exécuter un script. Photoshop propose d'autres JavaScripts qui peuvent être exécutés pour déclencher des fonctions automatiques ciblées. J'aimerais savoir écrire en JavaScript, mais hélas, cela dépasse mes compétences. Mais soyez rassuré, il existe une communauté de développeurs de scripts et de créateurs de modules externes qui diffusent des scripts gratuits ou payants hébergés par Adobe à l'adresse www.adobe.com/exchange. Sur Adobe Photoshop Marketplace, vous trouverez également un vaste choix de scripts, de pointes d'outils, de formes, de styles et de filtres.

Automatisation du flux de production RAW

Combinaison de Bridge, Camera Raw et Photoshop

Le bénéfice ultime tiré de l'effort consenti pour l'apprentissage du mode d'emploi des scripts et du traitement par lots est la possibilité d'avoir une vie après Photoshop. L'efficacité du fastidieux processus de sélection des images dans Bridge, de leur ouverture dans Camera Raw et de leur développement par le biais d'un traitement par lots peut être accrue par l'automatisation. Dans ce tutoriel présentant la création d'un flux de développement RAW automatisé, j'utiliserai des photos prises au cours d'un safari photo effectué avec Martin, dans le Sud-Ouest des États-Unis, et au cours duquel j'ai pris plus de 5 300 clichés RAW. La **figure 11.17** montre uniquement les fichiers DNG qui ont été affectés de deux étoiles ou davantage, ce qui représente un total de 176 fichiers sélectionnés pour être développés. Vous pouvez également voir le Traitement par lots que j'ai configuré, ainsi que les quatre dossiers créés qui représentent un espace total d'environ 235 Go.

Figure 11.17 En haut à gauche, vous pouvez voir les filtres utilisés pour sélectionner les 176 fichiers en vue de leur développement. La fenêtre de Bridge présente les vignettes des images, ainsi qu'un extrait grossi de la configuration effectuée dans la boîte de dialogue Traitement par lots. À gauche, vous pouvez observer l'arborescence des dossiers dans lesquels les fichiers traités ont été enregistrés sur le disque dur. Le développement a représenté une durée totale de 1 heure et 4 minutes.

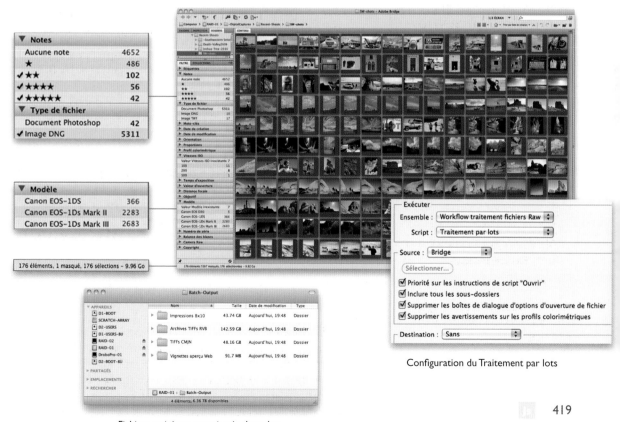

Configuration du Traitement par lots

Fichiers traités et enregistrés dans des dossiers

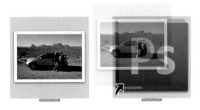

Figure 11.18 Pour commencer l'enregistrement d'une opération Ouvrir, j'apprécie d'utiliser une image RAW qui se trouve sur le Bureau et la faire glisser sur l'icône de Photoshop afin d'ouvrir le fichier dans Camera Raw via Photoshop.

Enregistrement du traitement par lots

Je ne peux éviter de résumer certaines étapes de l'enregistrement du traitement par lots. Mais le script est disponible sur le DVD d'accompagnement et vous pouvez prendre tout le temps nécessaire pour en examiner les étapes en détail. Vous y trouverez encore Midtone Contrast Actions qui contient le sous-script employé au cours du développement. Toutefois, les étapes Ouvrir et Enregistrer sous doivent être à nouveau enregistrées sur votre ordinateur. L'étape qui est probablement la plus importante, après la création de l'ensemble et le démarrage de l'enregistrement du script, est l'ouverture d'une image dans Camera Raw pour la configuration des Options du flux de production. La **figure 11.18** montre ma méthode préférée pour l'ouverture d'une image dans Camera Raw.

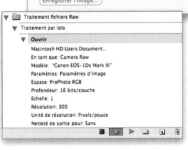

1 Ouvrez une image par la méthode de glisser-déplacer et cliquez sur le lien des Options du flux de production afin d'enregistrer la configuration des options. Avant de démarrer l'enregistrement du script, prenez soin d'ouvrir l'image et de régler les Options du flux de production 8 bits/couche et sRGB. Ainsi, vous pouvez être certain que le passage au mode 16 bits en ProPhoto RGB avec 300 pixels/pouce sera bien enregistré. Évitez aussi d'appliquer des réglages d'image qui seraient enregistrés ; c'est important, car le script ne doit pas supprimer les réglages existants. Vous pouvez voir ci-contre l'opération Ouvrir qui a été enregistrée. J'espère que Martin ne m'en voudra pas de me servir de cet autoportrait pris à la sortie de Moab, dans l'Utah. L'appareil photo était monté sur un trépied et j'ai utilisé le retardateur.

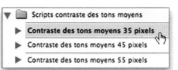

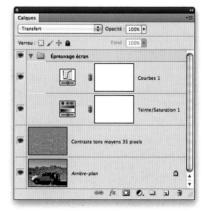

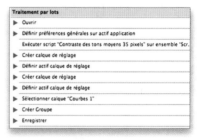

2 La série d'opérations suivantes, qui sont réunies ici en une seule, inclut la configuration des Préférences Photoshop Bicubique plus net au lieu de Bicubique (en haut à gauche), l'exécution du script Contrôle des tons moyens 35 pixels (en haut à droite) et l'ajout d'un réglage Courbes et d'un réglage Teinte/Saturation. Ensuite, les deux calques de réglage sont réunis dans un groupe de calques nommé Épreuvage d'écran (en haut à l'extrême droite). Une fois ces opérations effectuées, sélectionnez Enregistrer sous dans le menu Fichier de Photoshop et allez jusqu'au dossier nommé Archives TIFFs RVB. Cela permet d'enregistrer le fichier en haute définition, avec tous ses calques, dans le dossier qui contient tous les fichiers créés par le traitement par lots en vue de la diffusion. Jusqu'ici, le script enregistre une seule occurrence de chacun des 176 fichiers. L'étape suivante consiste à enregistrer la conversion de l'image depuis l'espace RVB vers l'espace CMJN en enregistrant cette version dans un autre dossier.

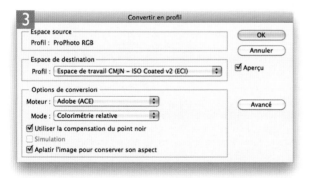

3 Pour effectuer la conversion RVB-CMJN, utilisez la commande Convertir en profil du menu Édition de Photoshop. Préférez cette commande plutôt qu'un simple changement de mode en CMJN, car cela permet non seulement d'enregistrer le profil de destination exact de la conversion, mais également d'aplatir le fichier (en outre, il est possible de prévisualiser la conversion CMJN pendant l'enregistrement). Une fois la conversion exécutée, activez à nouveau la commande Enregistrer sous en utilisant le dossier TIFFs CMJN. En fait, j'avais supprimé le groupe de calques Épreuvage écran avant la conversion en mode CMJN, car la configuration de l'épreuvage à l'écran était destinée à une impression sur une imprimante à jet d'encre et est donc sans objet pour une image CMJN.

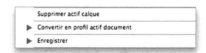

421

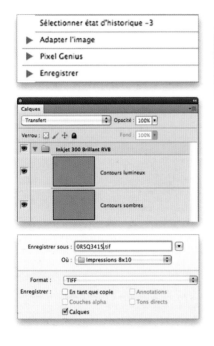

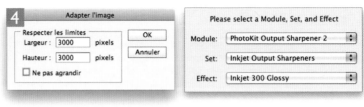

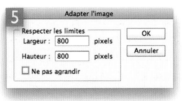

4 La prochaine série d'opérations commence par un retour en arrière dans l'Historique, avant la conversion CMJN et juste avant la suppression du groupe de calques Épreuvage écran. Ce groupe avait été supprimé pour pouvoir effectuer la conversion CMJN, mais il est à nouveau nécessaire pour cette série d'étapes dont le rôle est de réduire les dimensions et la résolution des images pour obtenir des tirages en 20 × 25 cm à 300 dpi. Comme Camera Raw a déjà été configuré pour ouvrir les images en 300 dpi, il ne reste plus qu'à les redimensionner. Au lieu d'utiliser la commande Taille d'image, choisissez plutôt Adapter l'image dans le menu Fichier>Automatisation. Définissez un rapport de 3 000 × 3 000 pixels sous Respecter les limites, ce qui limite à 25 cm le côté le plus long des images horizontales et verticales. Hélas, les scripts et le Traitement par lots ne prennent pas encore en charge les fonctions basées sur des conditions. La commande Adapter l'image est ce qui s'en approche le plus pour le redimensionnement d'images. Comme le but est également de produire des tirages, il faut inclure l'accentuation avant l'impression. J'utilise PhotoKit Sharpener avec le profil Inkjet 300 Brillant RVB. Enregistrez une nouvelle opération Enregistrer sous en choisissant encore TIFF et en enregistrant le fichier créé dans le dossier Impressions 8 × 10, tout en veillant à enregistrer les calques pour d'éventuelles modifications ultérieures. La série d'étapes suivantes a pour but de créer des aperçus des images pour le Web.

5 C'est à ce stade de l'enregistrement que j'ai commis la première erreur. J'ai à nouveau reculé de deux étapes dans l'Historique. Mais je m'étais trompé : ce n'était pas de deux étapes, mais de trois, que j'aurais dû reculer. Les étapes sont visibles dans le script. Cela permet d'aborder un point essentiel concernant l'enregistrement de scripts : dans l'idéal, il faut préparer à l'avance toutes les étapes que l'on veut enregistrer. Je prends parfois des notes sur toutes les étapes que je veux enregistrer et sur leur ordre. En cas d'erreur, il existe deux solutions : arrêtez l'enregistrement, annulez ce que vous venez de faire et supprimez l'étape, puis relancez l'enregistrement, ou bien corrigez simplement l'erreur à la volée. Si l'étape impose un long délai de traitement, il est conseillé d'interrompre l'enregistrement, de corriger l'erreur, puis de relancer l'enregistrement. Ici, le fait de revenir d'une étape supplémentaire en arrière dans l'Historique ne ralentit pas le traitement, donc je n'interromps pas l'enregistrement. Une fois revenu à l'étape voulue dans l'Historique, utilisez une autre commande Adapter l'image pour redimensionner l'image à 800 × 800 pixels. Sélectionnez aussi Taille de l'image pour réduire la résolution de l'image à 72 pixels/pouce. Notez bien que j'ai désactivé l'option Rééchantillonnage.

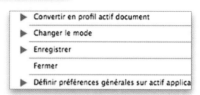

6 Enregistrez une autre commande Convertir en profil, cette fois en choisissant l'espace sRGB pour le Web. Cochez à nouveau l'option Aplatir l'image pour conserver son aspect. Avant d'enregistrer l'image, j'ai utilisé la commande Image>Mode>8 bits/couche pour rééchantillonner l'image 16 bits. Ensuite, enregistrez une nouvelle commande Enregistrer sous, en décochant cette fois l'option d'imbrication d'un profil colorimétrique, et enregistrez l'image au format JPEG dans le dossier Vignettes aperçu Web. Même si les étapes de traitement de l'image sont maintenant terminées, j'enregistre deux étapes supplémentaires, dont l'une est cruciale : « Fermer ». À votre avis que fait Photoshop si vous n'enregistrez pas de commande Fermer ? Il continue à ouvrir des images et à les traiter, mais il les laisse ouvertes. Imaginez les problèmes qui ne manqueront pas de surgir si 176 images sont simultanément ouvertes dans Photoshop ? Après avoir enregistré la commande Fermer, je souhaite encore enregistrer un autre changement dans les Préférences, en sélectionnant cette fois l'option d'interpolation Bicubique.

Coupez !

Certes, l'enregistrement de scripts et la réalisation de traitements par lots n'a rien de très visuel. C'est assez technique et plutôt fastidieux. Mais vos efforts seront récompensés car votre productivité s'en trouvera améliorée, la cohérence de votre travail sera renforcée, et de manière plus générale, vous manipulerez beaucoup plus facilement un grand nombre d'images. Vous noterez que j'ai mentionné la cohérence ; l'avantage de disposer de routines de traitement d'images préenregistrées est que Photoshop et votre ordinateur n'ont pas de mal à se mettre au travail le lundi matin. Un script qui aura été exécuté le lundi matin produit exactement les mêmes résultats que le vendredi soir à minuit.

La **figure 11.19** montre le script final Traitement par lots. Je vous rappelle que ce script ainsi que le script Scripts contraste des tons moyens, se trouvent sur le DVD d'accompagnement de ce livre. Pour les charger sur votre ordinateur, copiez-les sur votre disque dur et double-cliquez sur le fichier ATN (l'extension de fichier des scripts).

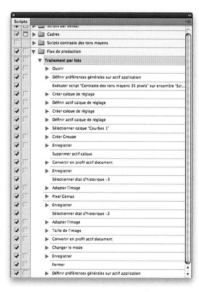

Figure 11.19 Le script Traitement par lots à la fin de son enregistrement dans l'ensemble de scripts Flux de production

Chapitre 12

Après Photoshop

Astuces et conseils pour l'impression jet d'encre et CMJN

Réussir à optimiser l'apparence des photos sur écran par le biais de retouches dans Photoshop est une excellente chose, mais c'est surtout l'apparence du tirage final qui importe le plus pour la majorité des photographes. Le passage de l'écran à l'impression s'opère facilement, à condition d'utiliser un flux de production prévoyant une gestion des couleurs parfaitement en ordre. La plupart des astuces et conseils de base pour l'impression se trouvent dans l'ouvrage principal de Martin Evening, *Adobe Photoshop CS5 pour les Photographes*. Dans ce chapitre, vous trouverez quelques conseils supplémentaires sur la configuration d'une imprimante jet d'encre, ainsi que des instructions pour l'élaboration de profils personnalisés, l'épreuvage dans Photoshop et la simulation d'épreuves CMJN.

Impression dans Photoshop

Imprimantes jet d'encre

Aujourd'hui, les imprimantes jet d'encre dominent le marché de l'impression et sont tout particulièrement appréciées des photographes qui utilisent Photoshop. Il en existe de différentes tailles, allant des petits modèles de bureau aux gigantesques imprimantes grand format.

Les premières imprimantes jet d'encre étaient fabriquées par IRIS et servaient à l'épreuvage CMJN sur une gamme limitée de papiers. C'est surtout l'obstination de Graham Nash, musicien rock country et photographe, qui a fait de l'IRIS un système d'impression jet d'encre adapté à la production de tirages d'art. Cette coûteuse aventure, qui a commencé au début des années 1980, a abouti à une véritable révolution dans le monde de l'impression de qualité. La fabrication de l'imprimante IRIS a cessé en 2000, mais le modèle IXIA, du constructeur Improved Technologies, assure la succession. L'IRIS/IXIA a toujours la faveur de nombreux artistes, mais cette dernière décennie, des marques comme Epson, Hewlett-Packard (HP), Canon et Roland, ont conçu des imprimantes jet d'encre de haute qualité qui permettent aussi bien des impressions grand format que beaux-arts.

La révolution technologique de l'impression jet d'encre a commencé par les modèles haut de gamme, avec des imprimantes grand format très onéreuses, mais les progrès se sont rapidement propagés aux modèles de bureau. Epson a été l'une des premières marques à produire des imprimantes de bureau de haute qualité, à un prix raisonnable. Le constructeur a su garder sa place de leader sur le marché en basant sa réputation sur la technologie mise en œuvre dans ses imprimantes et ses consommables, en innovant sans relâche, aussi bien au niveau des imprimantes que des encres et des papiers, même si des marques comme Canon et Hewlett-Packard commencent à accaparer des parts de marché en proposant des modèles qui rivalisent avec ceux d'Epson.

Fonctionnement des imprimantes jet d'encre

Les imprimantes jet d'encre projettent de très fines gouttelettes d'encre à travers une buse qui va et vient sur le papier ou le support d'impression. Les différentes densités sont généralement obtenues par une variation de la quantité de gouttelettes de diamètre identique. Epson a été l'un des premiers constructeurs à utiliser des gouttelettes de diamètre variable pour éviter l'apparition de points très espacés et de taille fixe dans les tons clairs ; aujourd'hui, la majorité des constructeurs lui ont emboîté le pas, car la concentration supérieure de points dans les zones claires produit des tons plus lisses.

Les imprimantes jet d'encre ne disposent pas les points de couleurs dans un ordre prédéfini et produisent des résultats plus proches de l'impression stochastique, qui est caractéristique de la lithographie. Les derniers modèles Epson Stylus Pro emploient huit voire dix couleurs d'encres qui sont capables d'imprimer des tons continus encore plus lisses. À la **figure 12.1**, vous pouvez voir Jeff à côté de son imprimante Epson 7900. L'imprimante Epson 4800 qui trône dans mon bureau utilise des encres supplémentaires noir clair, noir clair clair, cyan clair et magenta clair pour restituer les tons les plus clairs. Il en résulte une impression très lisse car il n'y a pas de tramage visible dans les zones claires. Mais surtout, les encres K3 sont capables de reproduire des couleurs encore plus riches que celles des écrans LCD à vaste plage de couleurs affichables, comme les modèles Eizo ou NEC.

Les imprimantes jet d'encre sont polyvalentes. Un modèle d'entrée de gamme coûte moins de 100 € et convient aussi bien à l'impression de la correspondance qu'à celle de photos depuis Photoshop. Une imprimante A4 ou A3 capable de produire des tirages photoréalistes ne coûte guère plus de quelques centaines d'euros.

Même si les imprimantes jet d'encre utilisent des encres CMJN ou CMJN accompagnées d'encres supplémentaires (comme celles mentionnées précédemment), elles préfèrent traiter des données RVB. En effet, la majorité de ces imprimantes emploient des pilotes de rendu Quartz (Mac) ou GD (PC), et non PostScript, qui ne comprennent pas les informations CMJN. Donc, si des données CMJN sont transmises au pilote, ce dernier convertira les données d'un espace CMJN générique vers l'espace RVB, avant de reconvertir les données dans son propre espace CMJN propriétaire. Plus loin dans ce chapitre, nous verrons qu'il est possible d'utiliser une imprimante jet d'encre pour produire des épreuves de contrôle pour la correspondance de couleur sur presse CMJN. Lorsque la gestion des couleurs est effectuée dans Photoshop et que la gestion des couleurs par l'imprimante est désactivée, il est également possible de produire une épreuve de contrôle CMJN pour le rendu croisé à partir d'un fichier RVB, en utilisant la boîte de dialogue Format d'épreuve pour définir l'espace CMJN de l'épreuvage.

Utilisation d'un RIP

Des pilotes d'imprimantes standards utilisent parfois un mélange d'encres pour imprimer les couleurs foncées. En revanche, un bon RIP photo, comme ColorBurst, fait appel à un véritable contrôle de la génération de noir (GCR) pour minimiser les écarts de couleurs à l'impression.

Figure 12.1 Jeff, à côté de son imprimante Epson 7900 (qui a été récemment remplacée par le modèle 9900, encore plus grand). Photo © Henry Wilhelm.

Série Z de Hewlett-Packard

La série Z comprend deux modèles d'imprimantes à 12 encres couleur. Ces imprimantes possèdent une très vaste plage de couleurs imprimables qui sont obtenues par l'ajout d'encres rouge, verte et bleue.

Imprimantes Epson de la série x900

Epson a conçu les imprimantes des séries 7900 et 9900 qui utilisent 10 encres couleur. Jeff est particulièrement impressionné par la plage de couleurs imprimables et la D-max (densité maximale) des nouvelles encres UltraChrome HDR, à tel point que le choix d'espaces de travail dans Photoshop n'a jamais été aussi important pour ceux qui souhaitent profiter au maximum des imprimantes de dernière génération. L'espace ProPhoto RGB est le seul capable de restituer toute la plage de couleurs produites par ces deux imprimantes.

L'imprimante jet d'encre idéale

Le premier facteur à prendre en compte est probablement le format d'impression. La plupart des imprimantes jet d'encre de bureau vont jusqu'au format A3+ (33 × 48 cm), tandis que l'Epson 3880 produit des impressions pouvant atteindre 43 × 89 cm. Les imprimantes grand format, comme l'Epson 9900, atteignent une largeur d'impression de 112 cm ; la Hewlett-Packard atteint le record avec une largeur de 244 cm (les imprimantes de la série Z de Hewlett-Packard intègrent un système d'étalonnage X-Rite qui veille à la cohérence des couleurs). Les imprimantes grand format remplissent différents usages commerciaux et sont particulièrement appréciées des photographes qui ont besoin de très grands tirages d'excellente qualité. Ces grandes imprimantes sont munies de pieds et occupent un espace important.

Qualité d'impression photographique

La grande majorité des imprimantes jet d'encre permettent de bénéficier d'une qualité d'impression correcte, mais certaines sont davantage orientées que d'autres vers une impression de qualité photographique. Celles de la gamme Epson Stylus Pro sont vantées pour la qualité de leurs impressions photographiques car elles utilisent au moins six encres couleur spécialement formulées. Ces imprimantes, et d'autres aussi, peuvent être adaptées pour fonctionner avec des encres d'autres marques qui ont été formulées pour l'impression en noir et blanc ou les tirages d'art. Les imprimantes Epson 3800 permettent de produire des impressions beaux-arts qui se caractérisent par leur longévité. Leur encre noir clair supplémentaire en fait des candidates idéales pour les tirages en noir et blanc (c'est également le cas de l'Epson 4880 qui permet d'utiliser des cartouches plus grandes). Plus récemment, Hewlett-Packard a étoffé sa gamme d'imprimantes photo. Ainsi, la PhotoSmart 9180 est facile à paramétrer et intègre un système d'étalonnage.

Longévité des tirages

La longévité des impressions jet d'encre dépend de nombreux facteurs, les plus importants étant la combinaison des encres et du support utilisé, l'environnement de conservation ou de présentation et le recours éventuel à un traitement de prévention de la décoloration. La lumière demeure l'ennemi numéro un. Si les tirages sont destinés à être exposés, utilisez une combinaison d'encres et de papier adaptée, protégez les épreuves avec un verre anti-UV et évitez de les exposer aux rayons directs du soleil.

Les papiers brillants et semi-brillants haute qualité sont particulièrement appréciés des photographes car leur surface est équivalente, voire supérieure, à celle d'un support photographique ordinaire. Quand ils sont utilisés avec l'Epson 4880, leur longévité est estimée à une centaine d'années. De nombreux photographes et artistes se sont amusés à tester différents papiers et ont constaté qu'en les associant aux bons types d'encres, la longévité des tirages produits est encore supérieure.

Pour les impressions en noir et blanc avec le pilote d'imprimante Epson noir et blanc avancé (disponible pour les modèles haut de gamme, comme la 2880), les photos sont imprimées en utilisant uniquement les encres noir, noir clair et noir clair clair, avec des quantités infimes de cyan, de magenta ou de jaune. Les impressions réalisées en mode noir et blanc avancé utilisent des pigments de carbone pur ; la longévité des tirages est alors estimée à 300 ans.

Encres et supports

Pour commencer, je conseille d'essayer les encres et papiers de la marque de l'imprimante. D'une part, ceux-ci ont spécialement été conçus pour les imprimantes de la marque, et d'autre part, les fabricants fournissent généralement des profils génériques très précis. Par conséquent, le fait de s'en tenir aux encres et papiers de la marque de l'imprimante limite les variables entrant en ligne de compte dans la qualité de l'impression, surtout pendant la phase de familiarisation avec l'impression depuis Photoshop.

Les imprimantes jet d'encre utilisent deux types d'encres. Les encres à colorants solubles étaient autrefois les plus répandues parce qu'elles étaient capables de produire les couleurs les plus pures. Mais les molécules de colorants pêchaient par leur manque de stabilité, c'est-à-dire qu'elles avaient tendance à se détériorer et à perdre en densité lorsqu'elles étaient exposées de manière prolongée à une lumière intense, une forte humidité ou à certains produits chimiques. Les encres à pigments ont une structure moléculaire plus complexe et sont donc moins sujettes à la décoloration. Mais on leur reproche des couleurs moins vives et une palette de teintes plus limitée que celle des encres à colorants solubles (la plage de couleurs imprimables est réduite).

Certaines encres modernes font appel à une formulation hybride de colorants et de pigments. Ces combinaisons spéciales d'encres et papiers produisent des impressions aux couleurs vives d'une exceptionnelle longévité, qui, dans des conditions optimales, peut dépasser une centaine d'années, et peut même atteindre 200 ans.

Wilhelm Imaging Research
Henry Wilhelm a effectué des recherches poussées sur les différents facteurs qui affectent la longévité des impressions jet d'encre. Le site Internet de Wilhelm Imaging Research publie des rapports sur la longévité des tirages réalisés avec différents modèles d'imprimantes. Henry Wilhelm a également co-signé le livre intitulé *The Permanence and Care of Color Photographs : Traditional and Digital Color Prints, Color Negatives, Slides, and Motion Pictures*, qui offre un tour d'horizon complet sur le sujet. Pour plus d'informations, consultez le site www.wilhelmresearch.com.

Encres dites « compatibles »

Quand vous achetez des cartouches d'encre, vous devez vous assurer qu'elles sont bien compatibles avec l'imprimante et qu'elles sont de même type si vous utilisez un profil personnalisé. Même s'il est possible d'utiliser des encres d'autres marques avec certaines imprimantes, on considère souvent que la technologie joue un rôle au moins aussi important que l'imprimante elle-même et que l'économie qui résulte de l'utilisation d'encres sans marque n'en est pas réellement une.

Solutions économiques

Les cartouches d'encre ne sont pas bon marché et imprimer soi-même ses photos revient cher. Malgré tout, nous vous déconseillons de chercher à faire des économies en achetant des kits de recharge de cartouches. À long terme, il peut être plus économique d'acheter une imprimante qui utilise une seule cartouche d'encre de capacité supérieure (n'oubliez pas de recycler vos cartouches usagées). Vous constaterez que les fabricants vendent des imprimantes bon marché mais se rattrapent sur le prix de vente des encres. Si vous lisez attentivement les conditions de garantie, vous découvrirez que l'utilisation d'autres marques d'encre annule la garantie du constructeur.

Profils d'imprimantes génériques

De nos jours, il est beaucoup plus facile de se baser sur les profils génériques qui sont fournis avec la plupart des imprimantes jet d'encre récentes (cette remarque vaut au moins pour les imprimantes Epson que nous connaissons le mieux). Cela s'explique par deux raisons. D'une part, comme la qualité des imprimantes est plus homogène, il y a fort à parier qu'un profil créé avec une imprimante fonctionnera aussi bien avec une autre. D'autre part, les profils fournis sont de meilleure qualité. Des marques de consommables, comme Hahnemuehle (www.hahnemuehle.com) et Innova (www.innovaart.com), proposent des profils ICC adaptés à différents modèles d'imprimantes ; ils peuvent être téléchargés sur le site Internet des fabricants. Les profils d'impression personnalisés doivent être enregistrés aux emplacements suivants : Library/ ColorSync/Profiles (Mac OS X), Windows/System/ Color (PC). Sous Windows Vista et Windows 7, faites un clic droit sur le profil et choisissez Installer.

Création d'un profil d'impression personnalisé

Si vous avez besoin de créer vos propres profils personnalisés pour des combinaisons d'encres et de papiers peu courantes, envisagez de faire établir des profils d'impression personnalisés. Si vous ne disposez pas du matériel et des logiciels nécessaires à l'établissement d'un profil, vous ne pourrez éviter de faire appel à un spécialiste. Neil Barstow, qui est basé au Royaume-Uni, est consultant en gestion des couleurs. Quand vous faites appel à ses services, il vous remet un CD contenant un manuel et des fichiers tests pour vous aider à optimiser les paramètres de votre imprimante. Pour plus d'informations sur la procédure et sur ses services, consultez le site www.colourmanagement.net. Notre ami et collègue Andrew Rodney est également expert en gestion des couleurs, mais il se trouve aux États-Unis ; il est l'auteur de *Color Management for Photographers*, chez Focal Press. Andrew offre ses services de consultant et établit des profils d'impression personnalisés. Pour plus d'informations, visitez le site www.digitaldog.net.

Création d'un profil personnalisé « maison »

Si vous souhaitez créer vos propres profils personnalisés, vous devez acheter un système X-Rite Eye-One ou ColorMunki, ainsi que les logiciels nécessaires à la lecture des données spectrales à partir desquelles le profil est construit. Quelle que soit la méthode choisie, vous devez savoir imprimer correctement une charte test.

Impression d'une charte test

Le but est d'imprimer une charte de couleurs à partir d'un fichier de référence. Les informations de couleurs contenues dans ce fichier (**figure 12.2**) sont transmises directement à l'imprimante sans qu'une quelconque gestion des couleurs y soit appliquée. Les mesures réalisées à l'aide d'un spectrophotomètre servent à créer un profil couleur personnalisé pour une combinaison particulière d'imprimante, d'encres et de papier, et qui permettra de convertir les informations d'image pour produire des couleurs réalistes. La procédure d'impression de chartes tests a changé dans Photoshop CS5 car l'option Aucune gestion des couleurs n'est plus proposée dans la boîte de dialogue Imprimer de Photoshop (**figure 12.3**). Toutefois, si vous disposez d'Eye-One Match ou de ColorMunki, vous pouvez imprimer directement les chartes à partir du logiciel de gestion des couleurs.

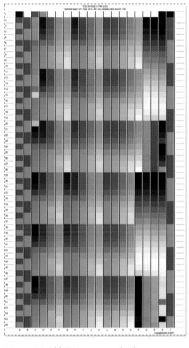

Figure 12.2 Voici un exemple de charte X-Rite servant à créer un profil d'impression ICC. Le résultat imprimé est ensuite mesuré à l'aide d'un spectrophotomètre et un profil est établi à partir de ces mesures. Il existe également des sociétés spécialisées qui vous fournissent une charte test accompagnée d'instructions. Vous leur renvoyez l'impression par courrier et ils vous transmettent le profil d'impression par courrier électronique.

Adobe Color Printer Utilty

Les adeptes de la gestion des couleurs ont vivement protesté quand les développeurs de Photoshop ont décidé de retirer l'option Aucune gestion des couleurs de la boîte de dialogue Imprimer de Photoshop CS5. Il a donc été décidé de proposer gratuitement une application d'impression, facilement configurable, pour permettre l'impression multi-plates-formes des chartes tests. À l'heure où nous écrivons ces lignes, cet utilitaire, qui se nomme «Adobe Color Printer Utility», est téléchargeable librement pour Mac et Windows sur le site Adobe Labs (www.labs.adobe.com).

Pourquoi les développeurs de Photoshop ont-ils supprimé l'option Aucune gestion des couleurs de la boîte de dialogue Imprimer de Photoshop ? L'option ouvrait une brèche dans le code du programme pour contourner les chemins d'impression «officiels». Dans les versions actuelles et ultérieures des flux d'impression des systèmes d'exploitation, il est fort probable que cette brèche nuise au bon déroulement des mises à jour des systèmes d'exploitation. C'est pourquoi Adobe a décidé de supprimer l'option et de proposer à sa place un utilitaire gratuit pour l'impression de chartes. À la **figure 12.3**, vous pouvez voir la différence entre les versions CS4 et CS5 de la rubrique Traitement des couleurs dans la partie Gestion des couleurs de la boîte de dialogue Imprimer.

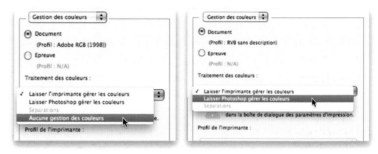

Figure 12.3 Liste déroulante Traitement des couleurs de Photoshop CS4, à gauche, version Photoshop CS5, à droite

Autre méthode d'impression d'une charte test

En fait, il existe un moyen détourné permettant d'imprimer correctement des chartes tests dans Photoshop CS5, mais ce n'est pas une méthode «approuvée». Pour l'instant, ça marche, mais il n'est pas garanti que la méthode fonctionne encore à l'avenir. Nous avons décidé de vous montrer comment procéder, au moins pour assouvir votre curiosité.

1 La première étape consiste à ouvrir la charte dans Photoshop. Au lieu de cocher l'option Ne pas modifier (pas de gestion des couleurs), vous voulez associer un espace couleur de travail à l'image. Dans cette étape, le seul critère déterminant est l'association d'un «véritable» espace couleur RVB. Il est donc conseillé d'utiliser le mode Adobe RGB (1998). Mieux vaut éviter une conversion et toute modification des données, la modification doit uniquement porter sur ce que les données représentent.

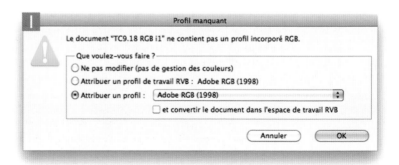

2 Activez la commande Imprimer dans le menu Fichier. Définissez Laisser Photoshop gérer les couleurs sous Traitement des couleurs. Ainsi, Photoshop et le Profil de l'imprimante utilisent le même espace couleur qui a été associé à la charte test au moment de l'ouverture du fichier; il s'agit ici d'Adobe RGB (1998). Le fait de définir le même profil pour l'imprimante et pour le fichier au moment de l'ouverture de l'image annule la transformation. Cela empêche la gestion des couleurs appliquée au niveau du système d'exploitation d'appliquer une transformation générique des couleurs. Ne vous souciez pas du Mode de rendu; comme l'espace de travail est assimilé à un espace d'affichage, le seul mode de rendu pertinent ici est Colorimétrie relative qui ne transforme pas les informations de couleurs.

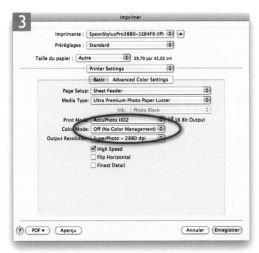
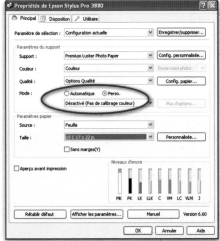

3 L'étape suivante consiste à définir les paramètres du pilote d'imprimante. Sous Mac comme sous Windows, le pilote ne doit pas gérer les couleurs. Une fois le paramétrage terminé, cliquez sur Enregistrer puis Imprimer dans la boîte de dialogue de Photoshop CS5.

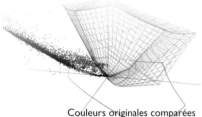

Couleurs originales comparées
au gamut d'un ècran LCD Apple

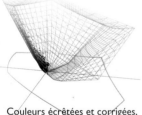

Couleurs écrêtées et corrigées,
localisées à l'intérieur du gamut
d'un écran LCD Apple

Figure 12.4 Dans cette photo de Jeff,
les couleurs vibrantes contenues dans
l'original ProPhoto RGB débordent
largement de la plage de couleurs
affichables sur un écran LCD Apple
(représentée ici par la forme filaire). Cet
exemple montre que l'écran a beau être
calibré, il ne peut pas présenter tout le
potentiel des couleurs d'un fichier image.

Des résultats parfaits avec vos profils d'impression

Il n'existe pas de flux de production parfait du point de vue de la gestion des couleurs. Il faut prévoir une petite marge d'erreur, mais si vous suivez scrupuleusement les instructions, vous devriez être impressionné par la qualité des résultats obtenus, même avec une modeste imprimante de bureau. Pour apprécier pleinement la qualité de l'impression, il faut idéalement examiner ses épreuves avec un pupitre lumineux doté d'un éclairage contrôlé. Il faut également laisser le temps aux épreuves de sécher. Sur les tirages produits par les anciens modèles d'imprimantes, les tons foncés avaient initialement des nuances vertes, mais au bout de quelques heures, les couleurs de l'encre se stabilisaient et la dominante verte disparaissait. C'est pourquoi il est conseillé de patienter au moins 24 heures avant de mesurer les chartes tests imprimées. Sinon, les épreuves jet d'encre sont aussi sujettes au métamérisme, qui se définit comme un phénomène par lequel les colorants solubles ou les pigments réagissent différemment aux éclairages auxquels ils sont soumis. Ce problème est surtout visible quand une image monochrome est imprimée avec des colorants solubles. Même si la gestion des couleurs semble fonctionner normalement quand une épreuve est visionnée dans des conditions d'éclairage de studio, quand cet environnement change et que l'épreuve est examinée à la lumière du jour, on peut parfois distinguer une dominante verte. C'était notamment le cas de l'ancienne imprimante Epson Ultrachrome 2000 dont l'encre à pigment présentait ce problème de décalage dans les verts à la lumière du jour, mais ce défaut a disparu des nouveaux modèles d'imprimantes Ultrachrome.

Malgré tous les efforts déployés pour produire un profil parfait, il arrive parfois qu'une couleur particulière ne soit pas imprimée telle que vous la voyez à l'écran. Je le constate parfois dans les tons chair des portraits. Même si j'obtiens habituellement une concordance parfaite avec une combinaison particulière d'encres et de papier, je distingue parfois un décalage infime au niveau d'un vêtement ou des tons chair, tandis que les autres couleurs sont parfaites. Un tel problème peut signifier qu'il est temps de vérifier le calibrage de l'écran ou que le profil d'impression doit être légèrement modifié. Si vous vous y connaissez suffisamment, vous pouvez ajuster les profils à l'aide d'un programme du type ProfileMaker Pro de X-Rite. Par ailleurs, les écarts de couleurs peuvent s'expliquer par le fait que la plage de couleurs imprimables par l'imprimante est plus réduite que la plage de couleurs affichables sur l'écran (**figure 12.4**).

Écarts entre la plage de couleurs imprimables et affichables

Il est important de bien comprendre que ce que l'on voit affiché à l'écran ne correspond qu'à une fraction des couleurs contenues dans l'image. Les écrans utilisent le plus souvent l'espace sRGB, et même les écrans utilisant la plage Adobe RGB, comme les modèles Eizo CG301W et NEC LCD3090 30", ne sont pas forcément capables d'afficher précisément les couleurs pouvant être imprimées par l'imprimante (même si nous recommandons ces écrans comme étant les meilleurs pour l'épreuvage à l'écran). À une époque, cela n'avait pas beaucoup d'importance, mais des imprimantes jet d'encre récentes, comme celles de marques Epson et HP, ont des plages de couleurs imprimables qui dépassent, dans certains cas, celles pouvant être affichées sur un écran. Il n'est pas possible de prédire quelles couleurs sont exclues de la plage de couleurs affichables à l'écran. Si certaines couleurs visibles sur une épreuve jet d'encre ne correspondent pas à celles visibles sur l'écran, même si vous êtes certain d'avoir correctement configuré la gestion des couleurs, cela signifie probablement que l'écran n'est pas capable d'afficher des couleurs qui seront néanmoins imprimées (**figure 12.5**). On n'y peut rien, à part investir dans un écran de bonne qualité, ayant une vaste plage de couleurs affichables. Sachez toutefois que ce qui peut sembler être une erreur de couleur n'est pas nécessairement imputable à une mauvaise gestion des couleurs.

Épreuvage à l'écran

Les couleurs affichées paraissent souvent plus vives que celles imprimées parce que la plage de contraste de l'écran est plus étendue que celle de l'impression, ce qui fait que l'image imprimée peut paraître relativement fade par rapport à celle affichée. Pour y remédier, on peut utiliser l'épreuvage à l'écran dans Photoshop de façon à imiter les caractéristiques de sortie, ainsi que les conversions CMJN destinées à la presse.

Lorsque vous retouchez une image RVB et que vous ouvrez le menu Affichage>Format d'épreuve, vous pouvez voir la liste des options de vérification. Le choix de l'Espace de travail CMJN permet d'afficher une image RVB dans l'espace CMJN actuellement défini dans la boîte de dialogue Édition>Couleurs (avec le mode de rendu par défaut). Quand vous choisissez l'option Personnalisée, la boîte de dialogue Personnaliser les conditions d'épreuvage, illustrée à la **figure 12.6**, apparaît. Vous pouvez y sélectionner l'un des profils de sortie qui se trouvent dans le dossier système des profils de couleurs et vous en

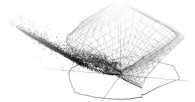

Couleurs originales comparées au gamut d'une imprimante jet d'encre

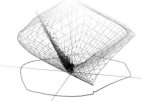

Couleurs écrêtées et corrigées, localisées à l'intérieur du gamut d'une imprimante jet d'encre

Figure 12.5 Ces deux représentations schématisées des plages de couleurs imprimables font suite à celles de la **figure 12.4** et montrent les couleurs présentes dans l'image ProPhoto RGB originale par rapport au modèle filaire de la plage de couleurs du profil d'une imprimante jet d'encre avec du papier brillant. Même si de nombreuses couleurs ProPhoto RGB se trouvent toujours au-delà de la plage de couleurs imprimées, l'épreuve révèle néanmoins des bleus plus riches et plus de détails dans les ombres que ceux visibles sur un écran Apple calibré. Comme vous pouvez vous en douter, il n'est pas possible de montrer dans ce livre les couleurs pouvant être reproduites par une imprimante jet d'encre récente, mais l'écart est notable.

servir pour imiter les tonalités et couleurs caractéristiques de l'imprimante sur votre écran par le biais de divers modes de rendu.

Une configuration d'épreuvage personnalisée peut être enregistrée
sous forme de fichier PSF dans le dossier Users/*nom de l'utilisateur*/
Library/Application Support/Adobe/Color/Proofing (Mac OS X) ou
Program Files/Fichiers communs/Adobe/Color/Proofing (PC). Ce
format d'épreuve est alors ajouté en bas de la liste proposée dans la
boîte de dialogue Personnaliser les conditions d'épreuvage et vous
pouvez y accéder à tout moment pour simuler une épreuve via le menu
Format d'épreuve de la boîte de dialogue Imprimer.

La boîte de dialogue Personnaliser les conditions d'épreuvage n'est
pas un passage obligé. Une fois que vous avez choisi un réglage
d'épreuve personnalisé, vous pouvez simplement vérifier les couleurs
dans cet espace couleur par le biais de la commande Affichage>
Couleurs d'épreuve ou du raccourci ⌘Y ctrl Y pour afficher/
masquer l'aperçu. Ce raccourci clavier permet de passer facilement de
l'affichage normal à la simulation d'épreuve. Le format d'épreuvage
est mentionné dans la barre de titre de la fenêtre de document, après
le mode de l'image, sous la forme RVB/Espace de travail CMJN.

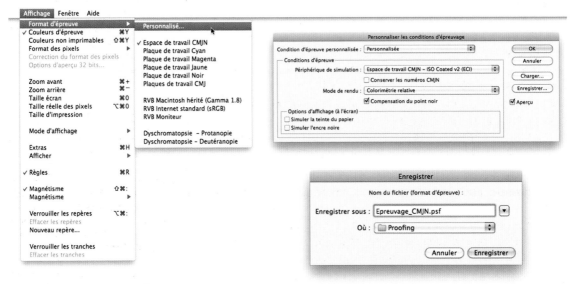

Figure 12.6 Dans le menu Affichage>Format d'épreuve, choisissez le périphérique
ou l'espace couleur que vous voulez utiliser pour l'épreuvage à l'écran quand
la commande Couleurs d'épreuve (⌘Y ctrl Y) est activée. Lorsque vous
choisissez Personnalisée, la boîte de dialogue Personnaliser les conditions
d'épreuvage vous permet de choisir le profil de votre imprimante ou l'impression
CMJN. Ici, un profil CMJN personnalisé a été sélectionné pour l'imprimeur.

Options de simulation

Lorsque vous avez choisi un format d'épreuve et que vous sélectionnez l'option Couleurs d'épreuve dans le menu Affichage, Photoshop convertit la vue actuelle dans l'espace couleur choisi dans la boîte de dialogue Format d'épreuve. Ces données sont ensuite converties une seconde fois dans l'espace RVB de l'écran pour simuler une vue utilisant le Mode de rendu Colorimétrie relative avec la compensation du point noir. En d'autres termes, l'image affichée à l'écran est filtrée par l'espace couleur du profil sélectionné dans la boîte de dialogue Personnaliser les conditions d'épreuvage.

La vue Couleurs d'épreuve donne des indices sur l'apparence finale d'un fichier après sa conversion dans l'espace couleur d'impression. Même si les couleurs paraissent plus fades, elles reflètent plus fidèlement l'apparence du résultat imprimé. Sachez toutefois que l'image affichée n'en reste pas moins optimisée pour exploiter au maximum la plage de contraste de l'écran. C'est là que les options Simuler la teinte du papier et Simuler l'encre noire prennent tout leur sens (**figure 12.7**). Elles permettent de produire une simulation plus fidèle en tenant compte de la couleur du papier et de la densité de l'encre noire. L'option Simuler la teinte du papier imite l'apparence des blancs dans l'image en simulant la couleur du papier sur l'écran et en utilisant le Mode de rendu Colorimétrie absolue afin de convertir les données de l'espace couleur de l'épreuvage dans celui de l'affichage ; les couleurs du papier et la densité de l'encre noire sont automatiquement sélectionnées. La simulation de la teinte du papier est fidèle à la réalité seulement si le profil choisi tient compte du papier effectivement utilisé pour l'impression et à condition que ce papier ne contienne pas trop d'azurants optiques (sinon l'image affichée paraîtra bleutée – voir la note en marge à la page 438).

Pourquoi l'activation de ces options a-t-elle toujours un impact négatif sur l'image affichée ? Parce que le rapport de contraste d'un écran est de l'ordre de 700:1, tandis que celui d'un tirage est d'environ 200:1. Comme le blanc et le noir ne changent pas, le seul moyen de prédire l'impact d'une chute du contraste est de rendre l'image terne et fade. Cette prévisualisation est toujours décevante, aussi ai-je tendance à suivre le conseil de Bruce Fraser et je détourne le regard au moment où j'active l'épreuvage à l'écran. Cela évite de voir les couleurs ternir en direct.

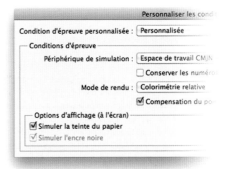

Figure 12.7 Les Options d'affichage de la boîte de dialogue Personnaliser les conditions d'épreuve permettent de produire des simulations plus fidèles en tenant compte de la densité plus faible du noir imprimé par rapport au noir affiché. Quand l'option Simuler la teinte du papier est sélectionnée, l'image affichée imite à la fois la couleur du papier et l'encre noire. Rappelez-vous que les réglages du Mode de rendu et de la Compensation du point noir effectués dans les Conditions d'épreuve ont des répercussions sur l'épreuve imprimée, tandis que les options Simuler la teinte du papier et Simuler l'encre noire affectent uniquement l'épreuve affichée.

Conserver les numéros

La personnalisation des conditions d'épreuvage sert à visionner l'aspect d'un document avant sa conversion dans un autre espace couleur. L'option Conserver les numéros peut être utile pour vérifier l'aspect qu'aura un fichier CMJN une fois imprimé dans un espace CMJN connu. En conservant les numéros, vous pouvez imiter la façon dont un fichier est imprimé avant d'envisager d'effectuer de nouvelles séparations des couleurs. Si l'espace de destination est dans le même mode colorimétrique que l'espace source (à savoir RVB ou CMJN), la case Conserver les numéros permet de voir l'aspect de l'image en l'absence de conversion de profil.

Azurants et papiers jet d'encre

Les azurants optiques contenus dans beaucoup de papiers actuels peuvent également être à l'origine d'écarts dans la perception d'une épreuve sous différentes conditions d'éclairage. Si la lumière ambiante contient une part importante d'UV, les blancs paraîtront beaucoup plus lumineux, mais aussi plus bleus par rapport à un tirage effectué sur un papier spécialisé de type GMG qui est parfaitement adapté au contrôle des épreuves CMJN sous un éclairage présentant une température de couleur de 5 000 K.

L'option Simuler l'encre noire imite la densité du noir de la presse d'imprimerie en désactivant la compensation du point noir lors de la conversion de l'espace couleur de l'épreuve dans celui de l'affichage. En cochant ces deux options, vous bénéficiez d'une représentation à l'écran aussi fidèle que possible à l'image imprimée. La **figure 12.8** montre l'effet de l'activation ou de la désactivation des Options d'affichage.

Figure 12.8 En haut, vous pouvez voir l'épreuvage à l'écran de l'image en utilisant le format d'épreuve PFP Medium GCR et en désactivant les Options d'affichage. Les deux options sont activées en bas.

Épreuves CMJN

Épreuves de contrôle pour sortie sur presse

Si vous devez fournir des fichiers électroniques en vue d'une repro-duction en demi-teintes CMJN, vous devez réunir autant d'informa-tions que possible sur la presse, le papier et le procédé d'impression employés. Ce n'est pas évident, mais si l'imprimeur est coopératif et comprend le but de votre démarche, il devrait pouvoir vous fournir un profil ICC standard ou des informations sur les encres d'impri-merie et d'autres spécifications de la presse. Ouvrez ensuite la boîte de dialogue CMJN personnalisé via Édition>Couleurs>Espace de travail>CMJN>CMJN personnalisé et saisissez les réglages comme illustré à la **figure 12.9**. Une fois ces informations enregistrées, vous pouvez convertir votre image RVB dans cet espace couleur CMJN et l'enregistrer en tant que fichier TIFF.

Un fichier CMJN ne suffit pas à lui seul pour indiquer à l'impri-meur comment le document doit être imprimé. Il est d'usage de lui fournir également une épreuve de contrôle qui lui montrera à quoi la photo est censée ressembler une fois imprimée avec la plage de couleurs imprimables spécifique au procédé d'impression CMJN. L'expression « épreuve contractuelle » est employée pour décrire une épreuve CMJN qui a été produite en utilisant un périphérique d'épreu-vage approuvé : Epson x880 et x900 avec un bon RIP d'épreuvage comme le RIP ColorBurst. Le procédé Kodak Approval est toujours très répandu, tandis que le système DuPont Chromalin l'est un peu moins.

Les imprimantes jet d'encre occupent une place de plus en plus impor-tante pour l'épreuvage, car de plus en plus d'imprimeurs adoptent la technologie Computer to Plate (CtP ou « ordinateur vers plaque »), ce qui élimine le recours au film au stade de l'épreuvage. Les périphé-riques d'épreuvage contractuel sont acceptés comme tels par tous les professionnels du secteur et si l'épreuve qui accompagne un fichier a été générée via un périphérique contractuel dûment approuvé, le Bon à tirer peut être transmis directement à l'entreprise de prépresse chargée de la reproduction. L'épreuve a alors davantage de chance d'être acceptée en tant qu'épreuve valide dont les couleurs sont repré-sentatives de celles pouvant être obtenues sur la presse.

Épreuves réalistes

Quand vous remettez une épreuve CMJN à votre imprimeur, votre objectif est de lui montrer à quoi est censée ressembler l'image imprimée. Une épreuve est un tirage produit avec les mêmes contraintes de cou-leurs imprimables que le procédé CMJN en demi-teintes. L'épreuve doit représenter de manière réaliste les couleurs que l'impri-meur doit obtenir. Toutefois, ne confondez pas épreuve réaliste avec un beau tirage d'art exploitant toute la plage des couleurs impri-mables et exécuté à partir d'un fichier RVB. Les couleurs de ces tirages ne peuvent pas être reproduites sur une presse. Seule une épreuve CMJN en rendu mixte peut espérer reproduire l'aspect qu'aura l'image une fois imprimée.

Figure 12.9 Dans la boîte de dialogue Couleurs, accessible depuis le menu Édition de Photoshop CS5, cliquez sur l'Espace de travail CMJN (en haut), sélectionnez CMJN personnalisé (en bas) et saisissez les informations communiquées par l'imprimeur.

**Épreuve contractuelle
ou épreuve de contrôle**

Le terme « épreuve de contrôle » désigne
l'adéquation d'une épreuve jet d'encre au
profil standard quand elle sert de référence
au graphiste ou à l'imprimeur prépresse qui
détermine l'apparence des couleurs d'une
image une fois restituées avec des encres
CMJN sur la presse.

Mode de rendu grisé

Quand Épreuve est sélectionnée comme
espace source, la liste déroulante Mode
de rendu est grisée et la Compensation du
point noir est automatiquement désactivée.
En effet, Photoshop utilise alors le mode
de rendu qui a été défini dans le format
d'épreuve personnalisé.

Épreuves CMJN avec une imprimante jet d'encre

Une simple imprimante jet d'encre est capable de produire des
épreuves CMJN de référence pouvant même servir pour un bon à
tirer (s'il est produit via un RIP). En effet, il est possible de simuler le
gamut restreint CMJN de la presse par le biais de la boîte de dialogue
Imprimer de Photoshop. La **figure 12.10** montre la boîte de dialogue
telle qu'elle apparaît pour une image ProPhoto RGB. Quand l'option Épreuve est sélectionnée comme profil, le format d'épreuve
fait appel à l'espace de travail CMJN actuellement défini. Activez
également l'option Laisser Photoshop gérer les couleurs, de façon à
pouvoir choisir un profil d'imprimante. Comme Format d'épreuve,
vous pouvez alors choisir un format d'épreuvage personnalisé en
fonction du procédé d'impression que vous souhaitez simuler (qui
inclut le Mode de rendu choisi) et utiliser les deux cases à cocher qui
se trouvent au-dessous afin d'imiter les conditions d'épreuvage avec
Simuler la teinte du papier et Simuler l'encre noire.

Simulation et mode de rendu

L'objectif est de produire une épreuve qui imite le résultat obtenu à
l'aide d'une imprimante d'épreuvage CMJN. On configure les paramètres dans la boîte de dialogue Imprimer de Photoshop, de façon à
utiliser le format d'épreuve personnalisé (dans lequel le périphérique
de simulation et le mode de rendu sont déjà précisés), puis on applique
une nouvelle conversion de l'espace du format d'épreuve à l'espace
du profil d'impression. Photoshop simplifie la sélection des options
adaptées ; vous n'avez qu'à choisir de simuler l'apparence de l'encre
noire uniquement ou également la couleur du papier (auquel cas,
la première option sera automatiquement activée). En activant ces
options, qui se trouvent en bas de la boîte de dialogue, vous demandez
à Photoshop de se charger de la conversion des données et de les
transmettre à l'imprimante en réalisant la simulation qui correspond
au résultat produit par la presse.

Quand Simuler la teinte du papier est activé, les blancs risquent
de paraître assez ternes. Cela ne signifie pas que l'épreuve soit de
mauvaise qualité. C'est souvent la présence d'une bordure blanche
qui produit cet effet. Pour l'éviter, ajoutez une bordure blanche autour
de l'image que vous allez imprimer, puis coupez ces marges blanches
pour éviter que l'œil ne compare les blancs ternes du tirage avec le
blanc lumineux du papier.

Quand vous cliquez sur le bouton Imprimer, l'impression se déroule comme d'habitude. Si Photoshop gère les couleurs, la gestion des couleurs doit être désactivée dans les paramètres de l'imprimante et le papier choisi doit être identique à celui précédemment défini. Vous pouvez également sélectionner les paramètres d'impression qui ont été définis pour être utilisés avec le profil d'impression personnalisé.

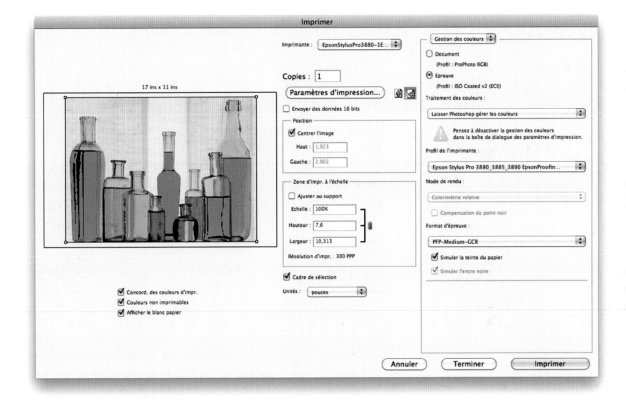

Figure 12.10 La boîte de dialogue Imprimer est configurée ici pour simuler une épreuve CMJN. Les options Concordance des couleurs d'impression, Couleurs non imprimables et Afficher le blanc papier sont activées, mais vous n'avez que peu de possibilités d'intervention sur le résultat. Dans l'idéal, cet aspect doit être traité lors de l'épreuvage à l'écran. Notez que l'espace de travail Épreuve, et non Document, est défini dans la partie supérieure des réglages de la Gestion des couleurs. En bas, le Format d'épreuve montre la même configuration d'épreuve que celle définie précédemment. Avant de cliquer sur Imprimer, pensez à cliquer sur Paramètres d'impression et sélectionnez le pilote d'imprimante système qui correspond au profil d'impression et au support sélectionnés. Dans cet exemple précis, je suis sur le point de contrôler l'image sur mon imprimante Epson 3880 avec du papier proofing semi-mat Epson.

Quel CMJN?

Les photographes ont souvent pour instruction de fournir un fichier CMJN à leur client, mais tous les fichiers CMJN ne se valent pas. Pour la reproduction dans un magazine aux États-Unis, le profil CMJN par défaut de Photoshop suffit, mais il est possible de mieux faire. Si l'image est destinée à une impression page à page de faible envergure, le problème devient plus ardu. Vous pouvez essayer d'obtenir un profil ICC (bonne chance !) ou demander à votre client de préciser quel système d'épreuvage sera utilisé. Si vous parvenez à vous procurer cette information, alors vous pouvez réaliser la séparation pour l'épreuve, mais pas pour la presse. Il m'est arrivé de demander à mes clients de faire figurer le nom du système d'épreuvage utilisé sur le bon de commande avant d'accepter un travail. Comme j'ai les profils de tous les systèmes d'épreuvage existants, je peux à la fois faire l'épreuvage et la conversion RVB/CMJN de l'épreuve finale.

Préparation des fichiers pour l'impression

N'importe quelle image RVB destinée à la reproduction CMJN en demi-teintes devra tôt ou tard être convertie en CMJN. Mais par qui ? Le photographe ? Le directeur artistique ou le maquettiste (c'est peu probable) ? L'imprimeur ? La meilleure réponse à cette question est : quiconque capable de le faire de manière optimale. Cela peut être le photographe ou l'imprimeur. Les circonstances en décideront.

Si le photographe a pour mission de prendre un grand nombre de photos sélectionnées ensuite par une personne au bout de la chaîne graphique, puis retouchées par une autre, il y a peu de chances que le photographe soit chargé de la conversion. L'optimisation des images en vue de leur conversion RVB-CMJN prend du temps. Donc, à moins que la commande concerne quelques images finales minutieusement choisies, le prestataire prépresse ou l'imprimeur se chargeront probablement des conversions CMJN.

Si l'on vous donne la possibilité de contrôler la sélection finale, en collaboration avec le directeur artistique ou le maquettiste (et si l'on vous paye pour cela), alors vous êtes probablement la personne la mieux placée pour faire les conversions. Vous savez à quoi l'image doit ressembler, et l'optimisation des images RVB ainsi que la réalisation des conversions CMJN ne sont pas si terribles. Cela demande juste un peu d'efforts et de technique. Le plus important est de savoir se servir de l'épreuvage à l'écran pour prédire l'apparence de l'image et prendre les mesures adaptées pour améliorer la conversion CMJN. C'est ce que nous allons voir ici.

La première remarque que nous ferons est qu'il est sage de ne jamais montrer aux clients à quoi ressemblent les images RVB. Comme ils n'obtiendront jamais ce résultat sur presse, montrez-leur uniquement les images après avoir activé l'épreuvage CMJN. Vous pouvez éventuellement remettre à plus tard l'activation des Options d'affichage du blanc du papier et de l'encre noire, mais vous ne devez pas les laisser tomber en restant sous le charme des couleurs RVB.

La seconde remarque que nous ferons est que l'ancienne option Couleurs non imprimables n'est pas d'un grand secours pour l'optimisation des conversions CMJN et qu'elle risque même de vous induire en erreur. Son utilité est très limitée – c'est surtout un avant-goût des possibilités d'extraction des couleurs imprimables par la commande Plage de couleurs, comme illustré à la **figure 12.11**. Le problème de cette approche est que vous ne savez pas à quel point une couleur est hors gamut, mais juste qu'elle l'est. Cela ne vous dit pas non plus quel sera le résultat. Nous vous déconseillons donc d'activer l'option Couleurs non imprimables et nous vous encourageons à apprendre à vous servir de l'épreuvage à l'écran.

Nous avons déjà présenté la boîte de dialogue Personnaliser les conditions d'épreuvage et sa configuration. Le tutoriel suivant présente un cas pratique d'optimisation d'une image ProPhoto RGB très colorée en vue d'une conversion CMJN. Il est évident que la démonstration dans un livre a ses limites. D'une part, nous ne pouvons pas vraiment vous montrer à quoi ressemble l'image ProPhoto RGB puisque le livre utilise bien évidemment des images CMJN. Par conséquent, le tutoriel présente la méthode « relative » de conversion ProPhoto RGB vers CMJN que nous employons pour les séparations qui ont été fournies par Chris Murphy, co-auteur de *Real World Color Management*. Vous trouverez plus d'informations sur Chris Murphy sur son site Internet (www.colorremedies.com). Le fichier original ProPhoto RGB et les conversions CMJN se trouvent sur le DVD d'accompagnement ; vous pouvez donc voir par vous-même comment les images ont été optimisées et tester la méthode personnellement. D'autre part, nous aimerions souligner que les usages varient beaucoup d'un pays ou d'un continent à l'autre en matière de graphisme. Martin connaît les habitudes britanniques, et Jeff celles en vigueur aux États-Unis, mais les imprimeurs de chaque pays ont des pratiques légèrement différentes. Renseignez-vous sur les attentes de votre imprimeur pour lui remettre des images CMJN optimisées pour son procédé.

Nous vous montrons ici une méthode qui nous a donné pleinement satisfaction au fil des ans. Il n'est pas garanti qu'il en sera de même pour tout le monde dans toutes les situations. La meilleure chose à faire est de communiquer avec votre client et son imprimeur et de bâtir votre propre expérience. Une part conséquente des connaissances en matière de conversions RGB en CMJN s'acquiert par la pratique et l'expérience. Si cela peut vous aider, souvenez-vous que tout le monde a commencé par le début.

Figure 12.11 Il n'est pas vraiment recommandé d'activer l'option Couleurs non imprimables. Son rôle premier est de faciliter la création d'une sélection basée sur les couleurs non imprimables dans la boîte de dialogue Plage de couleurs (figure du milieu). Cela ne dit pas ce qu'il faut faire ensuite. Faut-il réduire la saturation des couleurs jusqu'à ce que toutes les couleurs soient imprimables ? Vous vous retrouvez alors avec une image CMJN très pâle, comme sur la figure du bas.

1 Commencez par ouvrir une image RVB et dupliquez-la. À gauche, vous pouvez voir l'image ProPhoto RGB originale, avec l'épreuvage à l'écran activé. J'ai choisi Colorimétrie relative comme Mode de rendu. À droite, vous pouvez observer la copie sans épreuvage à l'écran. Il s'agit d'une image temporaire utilisée comme guide pour l'apparence que l'image devrait avoir. Je ne pourrai jamais obtenir ces couleurs et cette étendue dynamique, car la plage de couleurs imprimables CMJN est trop réduite et la reproduction en demi-teintes offre une plage de contraste très réduite. Mais cela donne au moins un objectif à atteindre.

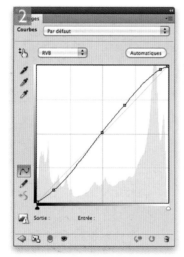

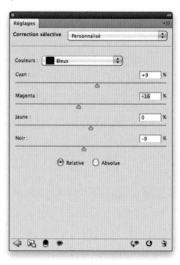

2 Trois séries de réglages sont nécessaires pour venir à bout de la plage de couleurs et de contraste qui ne peuvent pas être restituées en CMJN. La courbe des tons est illustrée ci-dessus. En plus de ce réglage Courbes, un réglage Teinte/Saturation permet de rehausser la saturation globale de l'image et d'ajuster individuellement les Jaunes avec les valeurs -2 pour la Teinte, +10 pour la Saturation et -6 pour la Luminosité. Les autres couleurs qui occupent une place importante sont les bleus (Teinte -7, Saturation +14 et Luminosité +13). Le réglage final Correction sélective (le seul ajustement des fichiers RVB qui propose des contrôles CMJN) hausse le Noir dans les Bleus, les Gris et les Blancs. L'outil de réglage Correction sélective est très utile pour effectuer des corrections de type CMJN sur des images RVB.

3 L'image ci-dessus montre le fichier CMJN créé à partir de l'image ProPhoto RGB originale, sans ajustement de l'épreuvage à l'écran. Les couleurs sont assez ternes, surtout dans les bleus.

4 L'image ci-dessus est celle qui a bénéficié de l'épreuvage à l'écran et des réglages Courbes, Teinte/Saturation et Correction sélective. L'effet des réglages est visible. On constate une nette amélioration par rapport à l'image avec l'épreuvage à l'écran, à l'étape 1. N'oubliez pas que seules des différences «relatives» peuvent être présentées ici.

Remise des fichiers pour l'impression

Vous pensez qu'il suffit peut-être d'enregistrer un fichier CMJN et de le remettre au client. Ce serait idéal, mais vous devez encore prendre quelques précautions pour vous assurer que vos fichiers CMJN méticuleusement préparés arrivent à bon port.

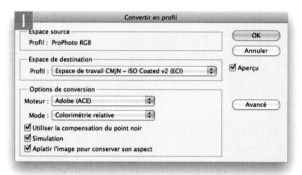

1 J'utilise la commande Convertir en profil, plutôt que d'effectuer un simple changement de mode. Pourquoi? Parce que Convertir en profil demande une confirmation explicite du profil choisi, ainsi que du Mode de rendu (qui doit être Colorimétrie relative). Pour l'enregistrement, j'utilise le format de fichier TIFF et je choisis de ne pas joindre de profil. Pourquoi? L'intégration d'un profil CMJN peut inciter l'imprimeur à prendre des initiatives malvenues. Quand je n'intègre pas de profil, l'imprimeur utilise le fichier tel quel, sans autre forme de procès (il n'ignore pas le profil intégré et n'effectue pas de conversion dans un autre profil). Je supprime également tous les calques et couches.

2 Ensuite, comme mes clients me demandent presque toujours de leur fournir des fichiers RVB, je reconvertis l'image CMJN en RVB. Pourquoi? Nous ne donnons jamais d'images ProPhoto RGB multicalques à nos clients, car la plupart des gens n'y connaissent rien en gestion des couleurs et qu'une image ProPhoto RGB n'est pas du meilleur effet, à moins d'utiliser le profil intégré (l'image est très sombre et verte). Donc, je me sers du fait que l'image CMJN a déjà subi les pires changements de couleurs et je conserve cette plage de couleurs CMJN imprimables lors de la reconversion en RVB. Dans cet exemple, j'ai utilisé le mode sRGB, mais il m'arrive également d'utiliser le mode Adobe RGB, selon le client. Notez que j'ai inclu le profil sRGB dans ce fichier – mieux vaut éviter de laisser traîner des fichiers sans spécifications!

3 La dernière étape est la gravure d'un DVD (ou d'un CD si les fichiers s'y prêtent) qui sera remis au client. Le DVD contient toujours un fichier de licence, ou un fichier lisez-moi qui en présente le mode d'emploi. Pourquoi un DVD? Parce même si l'urgence peut exiger le transfert d'un fichier via Internet, un fichier remis ainsi peut être endommagé en cours de route. Si ce fichier est votre rendu contractuel, vous pouvez avoir du mal à prouver qui est responsable du mauvais état du fichier à son arrivée. En proposant la remise physique d'un support en lecture seule pour la livraison finale, vous pouvez toujours demander au client de se référer au DVD comme preuve de l'état du fichier au moment de sa livraison. Cela m'a sauvé la mise en plusieurs occasions, au moment de trouver un coupable, et le client m'a été reconnaissant de disposer d'un fichier physique représentatif de l'état du fichier avant sa remise au fournisseur de prépresse. J'ai même fait gagner du temps et de l'argent au client en lui permettant de prouver que ni lui ni moi n'étions fautifs.

Le mode CMJN est-il adapté à vos besoins?

Comme vous pouvez le constater, la création d'un bon fichier image CMJN ne se limite pas à la sélection de la commande Image>Mode> Couleurs CMJN dans Photoshop (même si, à dire vrai, c'est ainsi que beaucoup de gens traitent la conversion dans le monde du graphisme). Le résultat vaut-il la peine qu'on se donne tout ce mal? Vous seul détenez la réponse… mais même si vous décidez que vous préféreriez vous contenter de fournir des fichiers sRGB ou Adobe RGB et laisser le client ou l'imprimeur se débrouiller (nous vous déconseillons néanmoins de remettre des images ProPhoto RGB), vous pouvez faire en sorte que les images que vous remettez au client soient parfaitement adaptées à une conversion ultime en mode CMJN. Vous devez tout de même évaluer les images dans des conditions d'épreuvage à l'écran en mode CMJN et procéder à des ajustements qui modifieront la future conversion CMJN.

Le bien-fondé du mode CMJN est en partie d'ordre économique. Il est clair qu'effectuer gratuitement les conversions n'est pas bon pour les affaires (nous y reviendrons au chapitre suivant). Mais il peut être économiquement justifié de faire le travail si vous pouvez le faire correctement (en étant rémunéré).

**Limites des couleurs
selon les procédés**

Un mélange de couleurs en quadrichromie peut être utilisé pour l'impression de gros caractères sans serif, mais pas pour l'impression de petits caractères et de dessins employant des traits fins, car au moindre décalage, les contours imprimés paraissent flous. Dans ce cas, il est recommandé d'utiliser des tons directs.

Couches de tons directs

Des tons directs peuvent être ajoutés aux images quand une couleur spécifique à un procédé est nécessaire, en plus des encres d'imprimerie standards. Photoshop est capable d'imiter l'aspect d'un ton direct, tel qu'il sera reproduit à l'impression, ainsi que l'impact de la superposition d'une couche de couleur spécifique avec l'image sous-jacente. Les tons directs comprennent une large gamme de couleurs standards, dont celles de la gamme de couleurs imprimables CMJN, mais bien d'autres encore qui n'en font pas partie, y compris des couleurs « métal » spéciales (il faut se référer aux nuanciers des fabricants pour avoir une idée du résultat imprimé). Les tons directs sont surtout employés quand il est important que la couleur imprimée soit conforme à un standard approuvé, pour l'impression de petits caractères et des graphismes en couleurs.

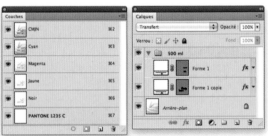

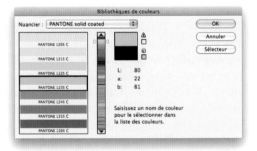

1 Une couche de ton direct peut servir à ajouter une cinquième couleur à un fichier CMJN. L'image originale contient quelques calques de forme basés sur le travail d'un graphiste, que j'ai complétés par une ombre portée. Pour ajouter la couche de ton direct, ouvrez le menu du panneau Couches et choisissez Nouvelle couche de ton direct, ce qui affiche la boîte de dialogue du même nom. Cliquez sur l'échantillon de couleur pour ouvrir le Sélecteur de ton direct, puis cliquez sur le bouton Bibliothèques de couleurs. Un moyen rapide de sélectionner rapidement une référence Pantone connue consiste à la saisir directement.

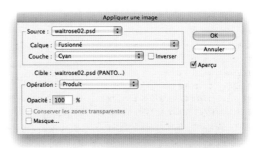

2 Je voudrais utiliser le ton direct pour ajouter de la couleur au tissu, mais pas au fer à repasser. J'ai dessiné un tracé pour délimiter la zone, à l'extérieur du fer, j'ai inversé la sélection et j'ai défini un contour progressif pour la sélection. J'ai activé la nouvelle couche de ton direct et utilisé la commande Image>Appliquer une image pour fusionner le contenu sélectionné dans la couche Cyan avec la couche de ton direct en mode de fusion Normal.

3 La sélection étant toujours active dans la couche Cyan, j'utilise le raccourci ⌥ *Delete* (alt *Delete*) pour remplir la zone sélectionnée avec du blanc. Ensuite, je procède de la même manière pour la couche de Magenta. Il ne reste plus qu'une image CMJN composite du fer à repasser, mais le tissu et le lettrage utilisent uniquement les couches de jaune, de noir et de ton direct. Pour visionner toutes les couches de couleur ensemble, cliquez sur l'icône de l'œil de la couche composite et de la couche de ton direct. Le client voulait que l'ombre projetée par le lettrage reprenne majoritairement l'encre utilisée en ton direct. Il fallait donc procéder par inversion de la sélection du fer à repasser dans la couche noire et appliquer un ajustement des Niveaux afin d'éclaircir substantiellement le lettrage dans la couche de noir. Vous pouvez voir ici le résultat final obtenu après soustraction des informations d'image de la couche la plus foncée (la couche Cyan) et leur copie dans la nouvelle couche de ton direct.

Photograph: Laurie Evans. Designer: Richard Lealan. Client: Waitrose Limited.

Flux de production d'un tirage d'art

L'ouverture d'une image dans Photoshop et un simple clic sur le bouton Imprimer vous permettront probablement d'obtenir un résultat acceptable, mais il y a fort à parier qu'un tirage nécessitant un niveau d'expertise supérieur sera de piètre qualité. Produire d'excellents tirages depuis Photoshop est un art qui exige de prêter une grande attention aux détails et de posséder une connaissance approfondie du flux de production. Cela ne saurait se limiter au clic sur Imprimer. Dans cette dernière partie, je vais vous présenter le procédé de traitement et d'impression d'images que nous employons pour produire des impressions de qualité.

1 Le procédé commence dans Camera Raw où les tons et les couleurs sont optimisés pour produire un master (c'est-à-dire une image qui n'a pas encore été optimisée pour son impression). La correction de la Netteté et la Réduction du bruit est également effectuée dans Camera Raw pour l'extraction initiale des détails de la capture. L'espace couleur ProPhoto RGB, une Profondeur de 16 bits et la Taille originale de la capture sont également définis. La photo a été prise dans le Canyon d'Upper Antelope, à la sortie de Page, dans l'Arizona, avec un appareil Phase One 4,5 × 6 équipé d'un objectif 28 mm et d'un dos P65+, monté sur trépied et déclenché à distance. Le temps de pose était d'environ 8 secondes à f/11.

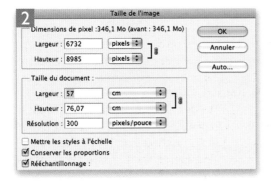

2 Les Options de flux de production de Camera Raw sont limitées et ne permettent pas de contrôler les dimensions de l'image, mais uniquement sa résolution. Par conséquent, l'image est ouverte dans Photoshop avec une résolution de 300 dpi, sachant que la hauteur sera fausse, car à cette résolution, elle atteint 76,07 cm. Il faut donc passer par la boîte de dialogue Taille de l'image pour ramener la Hauteur à 50 cm, tout en laissant chuter la Résolution car l'option Rééchantillonnage n'est pas cochée.

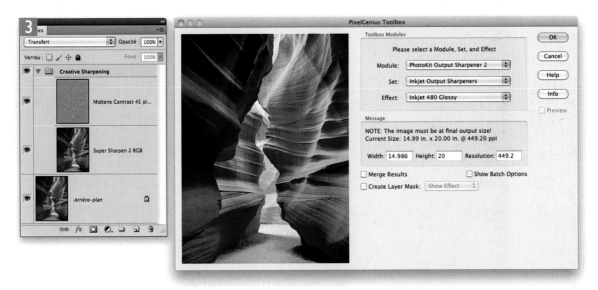

3 L'étape suivante est celle de l'accentuation finale pour l'impression. J'utilise le réglage Inkjet 480 Glossy dans PhotoKit Sharpener 2 de Pixel Genius car j'ai prévu d'imprimer la photo sur le papier brillant Epson Exhibition Fiber Paper. J'ai par ailleurs légèrement augmenté le contraste dans les tons moyens afin de renforcer les détails de la texture. J'ai tendance à sous-évaluer la valeur de Clarté dans Camera Raw de façon à doper le Contraste dans les tons moyens dans Photoshop, où il est possible d'ajuster le rayon du filtre Passe-haut, parallèlement aux Options de fusion.

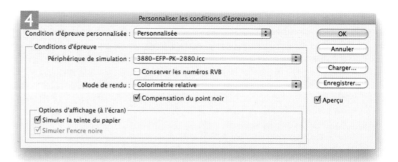

4 Après avoir ajusté les tons, les couleurs et les détails du master, il est temps de peaufiner l'image d'après les conclusions de l'épreuvage à l'écran en fonction du profil d'impression. C'est ici qu'il faut déterminer le Mode de rendu optimal pour l'image. J'ai constaté que Colorimétrie relative produit de meilleur résultat que Perception. Quand on clique sur OK, l'image affichée est aplatie et ses couleurs paraissent plus fades qu'avant l'épreuvage à l'écran. Cela s'explique par le fait que les Options d'affichage (à l'écran) sont activées.

5 L'épreuvage à l'écran montre l'aspect qu'aura l'image lorsqu'elle sera imprimée. Toutefois, il ne fournit aucun indice en termes d'ajustements permettant une amélioration de l'image. Pour déterminer les valeurs adaptées, je duplique l'image et je désactive l'épreuvage à l'écran (par le biais de la commande Couleurs d'épreuve du menu Affichage) pour la copie. Ici, l'image originale avec épreuvage à l'écran se trouve à gauche et la copie qui montre l'aspect idéal que je cherche à atteindre se trouve à droite.

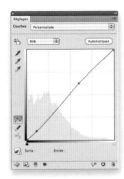

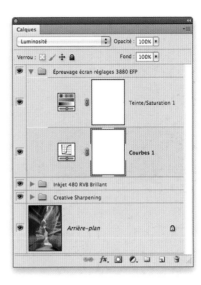

6 L'épreuvage à l'écran montre l'apparence de l'image obtenue par la projection de l'encre sur le papier. En me référant à l'image sans épreuvage à l'écran, je constate que deux ajustements des tons et des couleurs doivent être réalisés : un réglage Courbes et un réglage Teinte/Saturation, comme illustré ici. Le réglage Courbes défini en mode de fusion Luminosité modifie uniquement la plage de contraste de l'image pour la rendre moins fade. L'ajustement Teinte/Saturation réchauffe les couleurs et ajoute de la saturation. Ces deux réglages sont placés à l'intérieur d'un groupe de calques dont l'intitulé désigne l'imprimante et le papier employés. La visibilité de ce groupe de calques sera uniquement activée au moment de l'impression sur cette combinaison imprimante/encres/papier.

7 Après l'ajustement des tons et des couleurs, l'image de gauche (avec épreuvage à l'écran) est beaucoup plus proche de la copie sans épreuvage à l'écran, à droite. Certes, elle n'est pas encore parfaite, mais elle est meilleure. D'habitude, à ce stade, je ferme la copie sans l'enregistrer et j'imprime l'image finale.

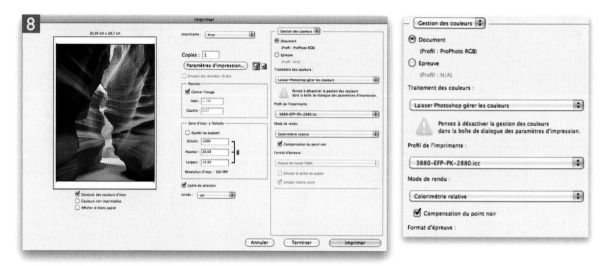

8 Au premier coup d'œil, la boîte de dialogue Imprimer de Photoshop CS5 n'est pas très différente de celle de la version CS4. Pourtant, les changements sont significatifs en termes de fonctionnalités. Pour l'essentiel, le principe de la Gestion des couleurs n'a pas changé (excepté l'option Aucune gestion des couleurs). Ici, j'ai sélectionné Laisser Photoshop gérer les couleurs et notre profil d'impression personnalisé nommé 3880-EFP-PK-2880.icc. Les principales différences par rapport à la version CS4 proviennent de l'élimination de la commande Mise en page dans le menu Fichier et le rattachement de cette fonctionnalité au bouton Paramètres d'impression.

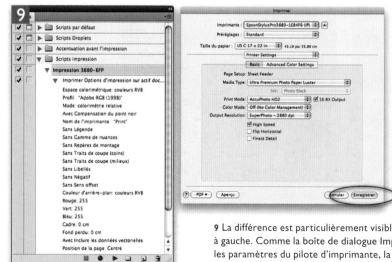

9 La différence est particulièrement visible dans la version Mac, illustrée en haut à gauche. Comme la boîte de dialogue Imprimer de Photoshop CS5 acquiert les paramètres du pilote d'imprimante, la version Mac dispose d'un bouton Enregistrer. La fonction est identique sous Windows, à savoir que les paramètres définis pour le papier et le pilote sont conservés dans la boîte de dialogue Imprimer. Le fait de cliquer sur le bouton Imprimer dans la boîte de dialogue Imprimer de la version CS5 contourne maintenant le pilote d'imprimante et applique les paramètres déjà définis. Il est même possible d'enregistrer un script d'impression qui mémorisera aussi les paramètres d'impression !

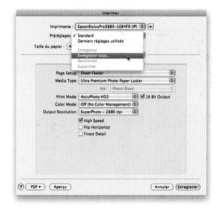

10 Un problème sur certaines imprimantes est l'impossibilité de configurer quatre marges égales. Pour des raisons historiques, de nombreuses imprimantes jet d'encre imposent de grandes marges, tandis que la plupart sont parfaitement capables de produire des impressions bord à bord. Si votre imprimante présente des marges inégales, vous pouvez sélectionner la taille de papier personnalisée et définir des dimensions de papier et de marges personnalisées. En général, je préfère conserver une marge minimale de 2,5 cm pour faciliter la manipulation du papier. Ici, j'ai créé un format de papier personnalisé de 43 × 55 cm avec quatre marges égales de 2,5 cm.

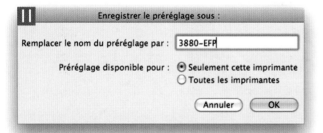

11 Même si les paramètres d'impression et les paramètres de la boîte de dialogue Imprimer peuvent être enregistrés dans un script, il me paraît utile de créer des paramètres prédéfinis pour ses imprimantes. Ici, je nomme le paramètre prédéfini en désignant nommément l'imprimante et le papier. Je choisis de ne proposer ce paramètre prédéfini qu'avec cette imprimante, pour éviter de le sélectionner par erreur pour une autre imprimante. La plupart des pilotes d'imprimantes Windows permettent également l'enregistrement de paramètres prédéfinis. Dernière étape ? Imprimer !

J'en suis arrivé au stade où 80 % environ de mes premiers tirages sont à la hauteur de mes attentes. Le fait de suivre ces étapes ne garantit pas que vous deveniez expert en impression numérique, car cela demande du temps et de l'expérience. Mais chacune de ces étapes est importante pour parvenir à l'objectif de production d'excellents tirages d'art.

Chapitre 13

Le sens des affaires

Suggestions pour la contribution de Photoshop à la bonne marche de vos affaires

Pour qu'une affaire prospère, elle doit faire des bénéfices, sinon on met vite la clé sous la porte. Il est bien connu que les artistes ont rarement le sens des affaires, en partie à cause d'un conflit d'intérêts : si vous pratiquez votre activité par amour, comment pouvez-vous en fixer le prix ? Mais c'est pourtant bien ce que vous devez apprendre à faire. Ironiquement, la vraie valeur du travail n'a que peu de rapports avec les difficultés qu'il représente et bien davantage avec le prix qu'autrui est prêt à payer. C'est là le secret pour comprendre comment gagner sa vie en prenant du plaisir à ce que l'on fait. N'ayez pas peur de demander un prix qui vous paraît élevé, rien n'empêche d'être à la fois homme ou femme d'affaires et artiste, tout comme nous (et nous sommes très heureux).

457

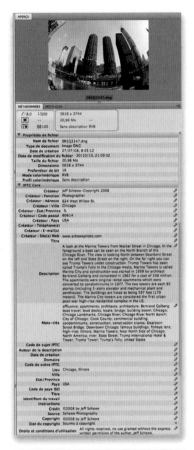

Les mots-clés et la description

Figure 13.1 Cette photo affichée dans Bridge CS5 a été prise à Chicago (c'est l'un des mots-clés). Notez que le fond a été défini en blanc pour la réalisation de cette figure.

La valeur ajoutée de vos images

Une image numérique, en tant que telle, a certainement une valeur intrinsèque. Mais une fois munie de mots-clés et de légendes, la même image a potentiellement beaucoup plus de valeur. Nombreux sont ceux qui pensent que le rôle des métadonnées (les données sur les données) se limite à l'organisation des images, sans se rendre compte de la valeur qui peut être ajoutée à l'image. Notre collègue et ami, Seth Resnick, défend ardemment l'usage des mots-clés et l'ajout de légendes aux images. Cette attitude s'explique par le fait que Seth réalise une grosse partie de son chiffre d'affaires avec la vente de photos par le biais de banques d'images ; des métadonnées sont donc indispensables pour que les images figurent dans les résultats des recherches des acheteurs potentiels.

L'image illustrée à la **figure 13.1** est munie de 35 mots-clés (ce qui est la moyenne pour une image destinée à être diffusée dans une banque d'images) et d'une légende, ou Description, de 150 mots. Seth se vante d'avoir des images dont la description ne compte pas moins d'une centaine de mots-clés. Nous en arrivons rarement à de telles extrémités.

Comment choisir les mots-clés ? Seth conseille de commencer par rédiger la légende (description) en se servant de la règle du qui, quoi, quand, où et pourquoi du journaliste. Quand vous écrivez la légende, vous pouvez en tirer de nombreux mots-clés. Pensez aussi à ajouter des synonymes, les fautes d'orthographe les plus fréquentes. Utilisez des substantifs plutôt que des verbes (course, plutôt que courir). Préférez le pluriel au singulier, à moins que la marque du pluriel ne se limite pas à l'ajout d'un « s ».

Les mots-clés peuvent également être conceptuels, mais n'en abusez pas car ils perdraient alors leur sens. Tout le monde décrit son travail comme étant « magnifique » donc évitez l'emploi de cet adjectif. Surtout, ayez une approche cohérente, et si vous avez tendance à faire beaucoup de fautes, consultez le dictionnaire. Il est crucial d'employer un vocabulaire maîtrisé ; pour plus d'informations sur le développement de votre « base » de mots-clés, consultez le site Internet du photographe David Riecks (www.controlledvocabulary.com).

Identification des images

Autrefois, il était très facile de coller son nom et ses informations de copyright sur des diapos, mais la procédure n'est pas aussi évidente pour les images numériques (même si, par certains aspects, elle est plus simple). Pour votre bénéfice personnel, pensez à intégrer correctement les métadonnées dans les informations IPTC *(International Press Telecommunications Council)*. Même si nous n'en sommes qu'aux débuts du développement des métadonnées, c'est une méthode fiable pour identifier votre travail. Si vous ne le faites pas, vous produisez des œuvres orphelines (voir page 473).

Les métadonnées peuvent être ajoutées par saisie directe du texte dans Bridge CS5 ou dans la fenêtre d'informations sur le fichier (**figure 13.2**) dans Bridge ou Photoshop (ou les autres applications de la suite, car elles prennent toutes en charge les données IPTC). Sachez toutefois que c'est la méthode la plus lente et la moins efficace. Nous préférons utiliser des modèles de métadonnées. Adobe a ajouté la prise en charge XMP (eXtensible Metadata Platform) dans toutes les applications de la suite CS5 ; on n'en attendait pas moins car c'est Adobe qui est à l'origine de ce standard basé sur le XML, lui-même la base du World Wide Web.

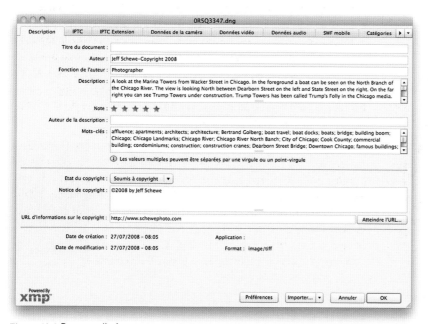

Icône de
fichier XMP

Figure 13.2 Panneau d'informations sur le fichier qui contient les métadonnées de la photo des tours de Marina City. Notez que j'ai précisé l'état Soumis à copyright et que j'ai ajouté un copyright détaillé ; ce sont les deux métadonnées cruciales pour l'identification.

Méthodes d'organisation des fichiers

L'ère des armoires d'archives avec leurs trieurs est depuis longtemps révolue. De nos jours, l'organisation des images est informatisée. Si vous êtes un as de l'organisation et si vous savez vous servir des métadonnées, l'organisation de votre photothèque n'est pas une mission impossible (juste fastidieuse). Jeff ne renomme pas ses fichiers originaux, il a adopté une convention d'attribution de noms de dossiers logiques et se base sur des mots-clés et d'autres métadonnées pour organiser son travail, comme le montre la **figure 13.3**.

Martin a une approche similaire à celle de Jeff, sauf quand il s'agit d'un travail pour un client, auquel cas tout est renommé en employant une convention de dénomination standard, où l'abréviation du nom du client est suivie de la date de prise de vue (au format AAMMJJ), à son tour suivie d'une séquence de quatre chiffres (**figure 13.4**). Cette approche présente de nombreux avantages. Quand on adopte un schéma de dénomination classique, il est plus facile d'identifier les fichiers par nom de client et par date (il est important d'employer un nom de client cohérent). Quatre chiffres suffisent généralement à numéroter tous les clichés pris pour un client au cours d'une même année. Martin recommence à zéro pour la première séance de l'année, puis continue par ordre croissant pour toutes les séances suivantes pour le même client. Il est important de renommer les fichiers dès qu'ils sont transférés sur l'ordinateur (**figure 13.4**). Ainsi, quand un client sélectionne une photo particulière sur écran, le nom employé pour la désigner demeure attaché au fichier, sans limite de durée. Le fait d'inclure le nom du client dans le schéma de la nouvelle dénomination renforce la notion d'appartenance du fichier.

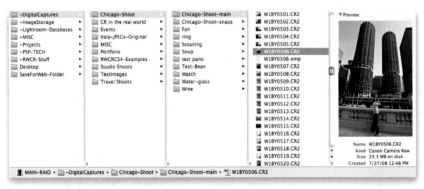

Figure 13.3 Jeff range toutes ses photos dans un dossier général intitulé « Digital Captures », puis utilise des dossiers parents, Events, Portfolio, Studio Shoots et Travel Shoots, pour l'arborescence principale. Le dossier Chicago-Shoot contient les photos prises pour l'un des projets illustrés dans ce livre. Notez que les fichiers bruts portent toujours l'extension CR2. Jeff effectue la conversion en DNG uniquement si son client l'exige. Tous les fichiers remis au client sont renommés dans Bridge et le nom du fichier brut original est conservé dans les métadonnées.

Changement de nom global

Paramètres prédéfinis
Paramètre prédéfini : Batch (modifié) | Enregistrer... | Supprimer...

Renommer
Annuler

Dossier cible
◉ Renommer dans le même dossier
○ Déplacer dans un autre dossier
○ Copier dans un autre dossier
Parcourir...

Aperçu

Nouveaux noms de fichiers
Texte	Focal_	⊖ ⊕
Date et heure	Date de création	AAAAMMJJ	⊖ ⊕
Texte	_	⊖ ⊕
Numéro de séquence	1	Quatre chiffres	⊖ ⊕

Options
☑ Conserver le nom actuel du fichier dans les métadonnées XMP
Compatibilité : ☐ Windows ☑ Mac OS ☐ Unix

Aperçu
Nom actuel du fichier : 0RSQ3347.dng
Nouveau nom du fichier : Focal_20080727_0001.dng
6 fichiers seront traités.

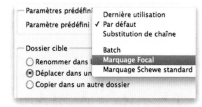

Paramètres prédéfini
Paramètre prédéfini

Dernière utilisation
✓ Par défaut
Substitution de chaîne

Batch
Marquage Focal
Marquage Schewe standard

Dossier cible
○ Renommer dans l
◉ Déplacer dans un
○ Copier dans un autre dossier

Liste déroulante Paramètre prédéfini

Figure 13.4 Cette illustration montre la méthode de dénomination de fichiers qui pourrait être appliquée à l'aide de la fonction Outils > Changement de nom global de Bridge. Dans Bridge CS5, il est possible d'enregistrer des paramètres prédéfinis pour des changements de noms cohérents. Notez que l'option Conserver le nom actuel du fichier dans les métadonnées XMP est cochée.

L'un des problèmes rencontrés par Martin au début du passage au tout numérique est que s'il ne renommait pas lui-même les images, les clients le faisaient à sa place. Il lui est arrivé de se retrouver dans la situation où son client lui demandait des tirages du fichier « cheveux-brillants-blonde.tif » ou tout autre nom descriptif qui avait été donné aux originaux retouchés. Vous vous doutez bien qu'il n'est alors pas facile de déterminer de quelles photos il s'agit exactement.

Ce n'est qu'un exemple. Dans *Catalogage et flux de production pour les photographes*, (publié en français aux éditions Eyrolles), Peter Krogh conseille de tout renommer en commençant par votre nom plutôt que celui du client. Grâce à ce schéma de dénomination, on sait immédiatement, avant même d'ouvrir le fichier, qui en détient le copyright. Peter suggère aussi d'utiliser le nom de fichier intégré, au lieu d'attribuer une séquence de quatre chiffres. La raison est la suivante : si tous vos projets sont renommés en commençant par 0001, les fichiers finissent par être tous renommés en employant la même plage de numéros. En revanche, si vous utilisez les numéros intégrés, il y a moins de chances que des numéros identiques soient attribués dans les noms de fichiers. Par conséquent, si un client ne peut que vous donner les quatre derniers chiffres du nom de fichier, vous devriez pouvoir retrouver rapidement l'image demandée.

Figure 13.5 Je siège devant mon vieux Mac G4 sous System 9.2 et Retrospect 4.2. Je restaure des fichiers de photos qui remontent à 1993 et qui sont conservées sur des bandes DAT.

Problématiques de l'archivage

Ne confondez pas sauvegarde et archivage !

L'archivage peut être défini comme un procédé de conservation et de protection à long terme. Même s'il est indispensable d'effectuer des sauvegardes hebdomadaires ou quotidiennes, cette bonne habitude ne garantit pas la viabilité et la disponibilité à long terme. À l'époque de l'argentique, on se demandait si la longévité des films se comptait en décennies ou en siècles. Mais depuis l'avènement du numérique, le procédé a gagné en complexité car il faut tenir compte des formats de fichiers, des systèmes d'exploitation et des composants qui deviennent obsolètes et qui ne sont plus pris en charge. Et malheureusement, à l'heure actuelle, il n'existe pas de solution miracle pour l'archivage à long terme des photos numériques. Pourtant, de grandes institutions comme les Archives Nationales se penchent sur le problème aux États-Unis et au Royaume-Uni. Le meilleur conseil que l'on puisse vous donner est de conserver plusieurs copies en diversifiant les supports et les lieux de stockage, et de prendre l'habitude de mettre à jour et de faire migrer vos données d'images quand de nouvelles technologies voient le jour.

Dans les supports variés, nous incluons les bandes, les disques durs et les supports inscriptibles comme les CD ou les DVD. Les perspectives à long terme de ces supports ne sont pas bonnes. Autrefois, j'archivais sur des bandes DAT, puis AIT, jusqu'à ce que j'y renonce après avoir rencontré de nombreux problèmes. J'ai toujours toutes mes anciennes archives DAT et AIT. Pour ce livre, j'ai dû récupérer des fichiers originaux remontant à 1993 (**figure 13.5**). Il m'a fallu exhumer un vieux Mac G4 que je conserve à cette fin. Sur l'illustration, on peut me voir en train de charger une bande DAT avec Retrospect 4.2 sur Mac OS 9.2. Je n'ai pas réussi à trouver des cartes SCSI qui m'aurait permis de brancher mon vieux lecteur DAT SCSI sur un ordinateur récent. Par ailleurs, les nouveaux lecteurs DAT ont du mal à lire les anciens supports qu'ils n'ont pas écrits eux-mêmes.

Plus on avance dans le temps, plus le problème devient compliqué. À l'époque des films numérisés, seules des images triées sur le volet étaient numérisées et l'on pouvait toujours se replier sur le film. Aujourd'hui, avec le numérique, tous les originaux sont des objets numériques qui doivent eux-mêmes être protégés et entretenus – les formats de fichiers eux-mêmes méritent la peine d'être pris en compte quant aux considérations à long terme.

Peu de temps avant la sortie de la première Creative Suite (CS), Bruce Fraser et moi avons été avertis par Mark Hamburg, alors développeur chez Adobe (entre-temps, il a quitté Adobe et y est retourné), que le format de fichier « natif » de Photoshop, PSD, n'était plus contrôlé par Photoshop et il nous conseillait de passer au format TIFF.

Le Tagged Image File Format a initialement été développé par Aldus, avec l'aide d'autres sociétés. Adobe a hérité du format avec l'acquisition d'Aldus et a réussi à le faire évoluer (mais sans actualiser la spécification TIFF 6). Si vous voulez conserver à long terme des fichiers d'images traitées, nous vous conseillons le format TIFF parce que c'est un format ouvert.

Voilà donc pour les fichiers traités. Mais qu'en est-il des fichiers bruts originaux créés par l'appareil photo ? Nous sommes adeptes de la spécification de format de fichier DNG (Digital Negative) d'Adobe. L'éditeur a « donné » le format de fichier DNG aux acteurs du secteur, en allant même jusqu'à l'offrir (gratuitement) au comité ISO pour son utilisation dans une future mise à jour de la spécification TIFF-EP (TIFF for Electronic Photography). Adobe avait déjà autorisé l'organisme de normalisation à utiliser le format TIFF dans la spécification ISO TIFF-EP, et c'est cette spécification qui est utilisée par la majorité des constructeurs d'appareils photo, dont Nikon et Canon. Pourtant, ces mêmes marques ont jusqu'ici refusé d'adopter un quelconque standard (elles utilisent TIFF-EP de manière non officielle et elles sont donc libres de s'en écarter si l'envie s'en faisait ressentir, ce qui est le cas). Toutefois, dans les appareils photo récents, on constate une adoption du format DNG par certains constructeurs, notamment Pentax qui offre une option d'écriture dans le format de fichier DNG, et Leica, qui a choisi le format DNG comme format de fichier brut natif.

Pour la protection et la conservation à long terme des photos numériques, le secteur ne peut faire autrement que d'adopter des normes communes pour les formats de fichiers bruts. Tandis qu'en argentique, on trouve des originaux qui remontent au XIXe siècle, on est en droit de se demander si les photos numériques prises depuis le début du millénaire auront une durée de vie aussi longue. Certains des formats de fichiers bruts précurseurs ont déjà été abandonnés par leur constructeur initial.

La Bibliothèque du Congrès des États-Unis s'est penchée sur la question de la conservation à long terme des objets numériques et a identifié sept facteurs déterminants pour la protection et la conservation (voir note ci-contre). Tous les formats de fichiers bruts propriétaires actuels (sauf DNG) ne sont pas conformes à tous ces critères, voire

Les sept facteurs de durabilité

Source : www.digitalpreservation.gov

Diffusion : indique l'existence de spécifications complètes et d'outils de validation de l'intégrité technique accessibles à ceux qui créent et gèrent des contenus numériques.

Adoption : signale l'utilisation actuelle du format par ses créateurs, ses diffuseurs ou les utilisateurs de ressources informatiques.

Transparence : désigne l'ouverture de la représentation numérique pour une analyse directe à l'aide d'outils basiques.

Auto-documentation : facilite la gestion et le contrôle de l'intégrité et de la facilité d'utilisation d'un objet numérique qui contient des métadonnées descriptives basiques et qui intègre des métadonnées techniques et administratives relatives à sa création et aux premiers stades de son cycle de vie. En outre, un tel objet numérique peut être transféré de manière plus fiable d'un système d'archivage au système successeur.

Dépendances externes : caractérise la dépendance d'un format donné envers un matériel, un système d'exploitation ou un logiciel particulier pour son rendu ou son utilisation, ainsi que la complexité prévue de la gestion de ces dépendances dans les environnements techniques futurs.

Impact des brevets : les brevets liés à un format numérique peuvent empêcher les organismes d'archivage d'assurer la pérennité du contenu dans ce format.

Mécanismes de protection techniques : le contenu pour lequel un dépositaire approuvé endosse une responsabilité à long terme ne doit pas être protégé par des mécanismes techniques, comme le cryptage, mis en œuvre de façon à empêcher les conservateurs de prendre les mesures appropriées pour protéger le contenu numérique et le rendre accessible aux générations futures.

Le DAM Book

Si vous souhaitez en apprendre davantage sur la gestion des images dans Adobe Bridge, Lightroom et Microsoft Expression Media, nous vous recommandons vivement la lecture de l'ouvrage *Catalogage et flux de production pour les photographes*, de Peter Krogh, traduit par Volker Gilbert et Gilles Theophile, et publié aux éditions Eyrolles.

RAID

Les systèmes RAID (abréviation de *Redundant Array of Independent Disks* ou chaîne redondante de disques indépendants) sont souvent considérés comme la panacée pour la protection des données. Ce n'est pourtant pas exact. Le système RAID 0 qui répartit les données sur plusieurs disques durs permet de bénéficier d'une vitesse accrue, mais au détriment de la sécurité. Si un disque dur est défectueux, vous perdez toutes vos données. Le système RAID 1 (miroir) est plus sûr, mais plus lent. Quant aux RAID 5 et 6, ils utilisent un ou plusieurs disques durs pour la parité afin de reconstruire la chaîne en cas de défaillance d'un disque dur. Il existe également des systèmes propriétaires. Si vous perdez l'environnement RAID, il n'est plus possible de lire les disques durs, donc ce n'est qu'une stratégie de réduction des risques. Les systèmes NAS *(Network Attached Storage)* prennent de l'ampleur et utilisent souvent la configuration RAID 5, mais même un réseau Ethernet de plusieurs gigaoctets est beaucoup plus lent que les lecteurs eSATA les plus rapides. En outre, vous êtes à la merci du réseau et de son système d'exploitation qui est généralement une variante de Windows jamais pleinement compatible avec les connexions AFP *(Apple File Protocol)*.

ne sont conformes à aucun. Par conséquent, nous encourageons vivement nos lecteurs à adopter le format DNG, et si possible, à faire comprendre aux fabricants d'appareils que les formats de fichiers bruts propriétaires et fermés doivent être supprimés. Soyons clairs : aucun de nous ne vous conseille de convertir au format DNG tous vos fichiers bruts qui emploient un format propriétaire, et de vous débarrasser de vos originaux. Nous vous conseillons d'utiliser le DNG (quand c'est possible) et de conserver vos fichiers bruts originaux.

Sauvegarde des données

L'aspect essentiel de la gestion des images numériques est de s'assurer que l'on peut se fier à la procédure de sauvegarde qui a été mise en place en cas de catastrophe, comme la défaillance d'un disque dur ou le vol d'un ordinateur. Si votre photothèque n'est pas trop volumineuse, la sauvegarde peut être réalisée assez simplement, en branchant un disque dur externe sur l'ordinateur pour y sauvegarder vos fichiers. À un niveau plus élaboré, vous pourriez investir dans un système RAID miroir où les données sont dupliquées sur deux disques durs ou davantage, de capacité égale. Si l'un des disques durs est défectueux, les données sont toujours en sécurité sur le lecteur de sauvegarde, donc il suffit de remplacer le lecteur défectueux et de dupliquer à nouveau les données sur le lecteur de remplacement. Sachez toutefois que la duplication des données de cette manière n'est pas d'une fiabilité à toute épreuve. Quelle que soit la méthode employée pour la sauvegarde des données, gardez les remarques suivantes à l'esprit.

Les sauvegardes régulières sont importantes pour faire la liaison entre le contenu des disques durs de travail et les versions sauvegardées. Il arrive souvent d'effacer un fichier ou de constater qu'il faut revenir à une version antérieure. Si vous commettez une erreur sur un système RAID en miroir, l'erreur est reproduite sur l'autre disque dur. Mais si vous conservez uniquement une copie sur un système de sauvegarde externe, vous disposez toujours d'une copie de sauvegarde récente des données facilement accessible. En tant qu'utilisateur d'un ordinateur Macintosh, Martin se sert de l'utilitaire Chronosync (**figure 13.6**) pour créer des sauvegardes régulières de ses fichiers. C'est un programme relativement simple d'emploi qui peut comparer automatiquement les fichiers qui se trouvent sur vos disques durs avec ceux disponibles sur les lecteurs de sauvegarde afin d'effectuer une synchronisation automatique. Jeff, quant à lui, utilise Retrospect d'EMC, initialement pour l'écriture sur des lecteurs de bandes, et plus récemment pour des

Figure 13.6 Chronosync d'Econ Technologies (www.econtechnologies.com) est un outil indispensable pour la sauvegarde des données.

sauvegardes programmées, nocturnes et incrémentielles sur disque dur à l'aide de scripts. Jeff se sert beaucoup de la fonction de recherche par date ou par nom de dossier dans Retrospect.

Où faut-il conserver les sauvegardes ? Si vous les placez sur des disques durs externes, il n'est pas très difficile de les conserver en lieu sûr, loin de l'ordinateur, protégées contre les incendies. Une méthode consiste à utiliser deux disques durs supplémentaires pour chaque disque dur à sauvegarder. Ainsi, vous pouvez conserver un support de sauvegarde au bureau et l'autre ailleurs, en échangeant régulièrement les deux lecteurs de sauvegarde. Pour une sécurité maximale, certaines personnes sauvegardent toutes leurs données via une connexion Internet rapide sur un serveur distant. Pendant l'écriture de ce livre, les fichiers InDesign et les images étaient constamment sauvegardés sur serveur distant et chaque auteur transmettait ses fichiers actualisés. Cela a permis à Martin et à Jeff de travailler à distance, et compte tenu de leur décalage horaire, Jeff terminait sa journée en déchargeant les fichiers sur le serveur, de façon à ce que Martin les récupère quand il commençait la sienne. Un simple courrier

Stockage sur DVD

Les graveurs de DVD sont de plus en plus répandus et sont souvent préinstallés sur certains modèles d'ordinateurs. Les DVD inscriptibles peuvent contenir jusqu'à 4,7 Go de données. Pour être plus réaliste, réduisez plutôt cette capacité à 4,3 Go, ce qui correspond davantage au volume de données pouvant être contenues sur un disque. Le seul problème posé par le DVD (ou le CD) est que s'il est endommagé, vous perdez tout. Par conséquent, ne vous en remettez pas entièrement au DVD comme méthode de sauvegarde. Les disques inscriptibles ont également une durée de vie limitée. Et qui sait si la norme DVD ou la nouvelle norme Blu-ray ne va pas être remplacée par une autre forme de support inscriptible exigeant un autre type d'équipement pour la lecture des données ? En outre, si vous archivez des fichiers RAW sans les convertir au format DNG, êtes-vous certain de toujours disposer du logiciel requis pour leur interprétation ? Dans ce secteur, beaucoup de choses peuvent se passer en quelques années. Quelqu'un se souvient-il encore des disques Syquest, par exemple ? Nous espérons que le Blu-ray finira par être un support viable, mais nous espérons aussi que vous n'avez pas fait de sauvegardes sur HD DVD, le standard soutenu par Toshiba et qui a disparu au début de l'année 2008. Qu'en est-il de la viabilité à long terme du média ?

**Modules externes
de signature numérique**

Des solutions logicielles ont été développées pour améliorer la protection et la sécurité des données afin de donner aux fournisseurs de données électroniques les moyens d'identifier et de tracer l'usage de leur propriété intellectuelle. Ces systèmes appliquent une « empreinte digitale » invisible ou une signature numérique qui ne gâche pas l'apparence de l'image, mais qui peut être lue par le logiciel de détection. La signature doit être suffisamment bien bâtie pour fonctionner dans toutes les dimensions de diffusion et résolutions. Elle doit résister au redimensionnement, aux réglages d'image et au recadrage. Un avertissement doit s'afficher dès qu'une image est ouverte pour attirer l'attention sur le fait que cette image est la propriété de l'artiste et qu'elle contient une signature lisible qui permet de retrouver l'auteur et de négocier l'achat de l'œuvre.

Deux sociétés produisent ces systèmes de chiffrage/détection : SureSign de Signum Technology et Digimarc de Digimarc Corporation. Ils sont tous deux disponibles sous forme de modules externes pour Photoshop. Ils détectent les images chiffrées ouvertes dans Photoshop et affichent un symbole de détection de copyright dans la barre d'état, à côté du nom du fichier. Une redevance annuelle doit être versée à Digimarc pour l'enregistrement d'un identifiant personnel (des périodes d'essai gratuites sont également proposées). Si une personne souhaite vous retrouver en tant qu'auteur et utilise le module Digimarc pour Photoshop, elle contacte le site Internet, saisit le code et obtient votre nom et votre numéro de téléphone. SureSign fournit un code d'auteur unique et un numéro de transaction. À mon avis, le dernier système est le plus souple.

électronique leur suffisait pour signaler la disponibilité des fichiers transférés, ce qui était préférable à l'envoi des fichiers mis à jour par courrier électronique.

Les disques durs fournissent un espace de stockage rapide, bon marché et de haute capacité. Mais ils n'en demeurent pas moins vulnérables, notamment aux virus. La gravure des données sur CD ou DVD peut être assez longue, mais même si ces supports ne sont pas complètement infaillibles, les données ne sont pas vulnérables en cas d'infection par un virus. Jusqu'ici, aucun des auteurs n'a adopté de graveur Blu-ray. Tandis que le prix des disques Blu-ray monocouches 6× de 25 Go a considérablement chuté, la vitesse d'écriture reste assez lente comparée au 16× des DVD. En outre, les graveurs Blu-Ray sont encore beaucoup plus chers que les graveurs de DVD. Nous restons donc des marginaux qui s'en tiennent aux disques durs.

Protection des images

Toute personne sensibilisée aux implications de la vente et du transfert d'images sous forme numérique saura apprécier le problème posé par les copies pirates et le non-respect du copyright. Le secteur de la musique s'est longtemps battu contre la copie illégale de disques originaux qui a fait chuter les ventes de musiques et de vidéos. Les enregistrements numériques de musiques sur CD ont accéléré cette hémorragie des ventes inexorable dès lors qu'il était possible de produire des répliques parfaites. Le problème du piratage n'est pas nouveau pour les photographes et les graphistes. En revanche, son envergure actuelle l'est. Il nous touche non seulement nous les experts de Photoshop, mais quiconque diffuse son travail ou s'intéresse au marché des photothèques.

Pour lutter contre ce problème, la première stratégie de défense a été de limiter l'utilisation des images diffusées par voie électronique (a) en les réduisant de façon à ce qu'elles soient trop petites pour un usage autre qu'une consultation à l'écran et (b) en apposant un filigrane visible pour identifier à la fois le propriétaire du copyright et la rendre difficile à voler sans avoir beaucoup de mal à la retoucher. Cette contre-offensive sur deux axes est certainement efficace, mais elle n'a pas été majoritairement adoptée. Le World Wide Web regorge d'images, et très peu sont protégées. Certains affirment que ces photos sont si petites et dégradées par la forte compression JPEG que cela rend leur impression inenvisageable. On obtient une meilleure copie illégale en numérisant l'image d'un magazine sur un scanner à plat bon marché. Le commerce en ligne supplante le sexe comme principal centre d'intérêt sur Internet et les images Web de petite taille ont désormais une valeur marchande élevée. En outre, le succès futur de l'imagerie numérique et du marketing est lié à la possibilité de transmettre des données d'images. La technologie va bientôt nous permettre d'envoyer de gros fichiers d'images à travers le monde en un temps record. La question de la sécurité sera alors cruciale.

Comment gagner de l'argent avec Photoshop ?

Combien valez-vous ?

Les travailleurs indépendants, en général, et les créatifs, en particulier, ont souvent du mal à déterminer leur valeur et celle de leurs prestations de services. Le commerçant vend des marchandises, le chauffeur de taxi vend des courses, tandis que le banquier gère notre argent. En fin de compte, un salarié vend son temps et sa valeur est calculée en fonction des profits que son employeur tire de ses capacités. Certes, le banquier d'affaires a fichu en l'air l'économie mondiale et il s'attend à ce que le contribuable le tire de ce faux pas, mais la majorité des salariés vendent leur temps.

Le problème auquel de nombreux travailleurs indépendants sont confrontés est qu'ils ne parviennent pas à comptabiliser le temps et l'argent requis pour faire tourner une affaire. Ils ont tendance à confondre la rémunération du travailleur indépendant avec celle du salarié à plein temps. Mais il existe une énorme différence. Si vous travaillez pour une entreprise, vous coûtez beaucoup plus à votre patron que la paye que vous rapportez à la maison. Une entreprise doit fournir des locaux à ses salariés, de la lumière et du chauffage, du matériel informatique, parfois aussi une cantine subventionnée, sans parler de tous les avantages comme les primes de départ à la retraite et les congés maladie. Donc, quand vous vous mettez à votre compte et que vous devenez votre propre patron, vous devez endosser toutes ces dépenses supplémentaires. En outre, vous devez porter bien d'autres casquettes, comme celle de directeur financier, de responsable du marketing, de comptable et de machine à café. Donc, quand vous calculez combien vous devez facturer, vous devez commencer par vous demander comment vous allez réussir à jouer tous ces rôles, en plus du travail que vous comptez endosser en tant que travailleur indépendant.

Trouver un agent

Certaines personnes affirment qu'un bon agent peut faire toute la différence pour une carrière. Un agent expérimenté peut aider les talents à éclore et sert d'intermédiaire pour permettre aux artistes de continuer à faire ce qu'ils font le mieux. L'agent gère votre agenda et veille à ce que vous soyez bien payé (il demande souvent une somme plus importante que celle que vous auriez vous-même osé demander). Il est judicieux d'avoir un agent quand on travaille dans la publicité. Les rémunérations sont suffisamment élevées pour que tout le monde s'y retrouve. L'inconvénient d'avoir un agent est que certaines agences acceptent toutes les offres qui se présentent, même si la rémunération est inférieure aux tarifs du marché. Du point de vue de l'agent, un projet éditorial, rémunéré seulement 150 €, lui rapporte tout de même 30 € plus 30 € de frais de gestion. Les missions éditoriales sont généralement les plus faciles à gérer, car le rôle de l'agent se limite à décrocher le téléphone et à prendre rendez-vous. De son côté, le travailleur indépendant doit assumer tout le travail pour ne gagner que 120 €. Souvenez-vous que pour que l'agent consacre une partie de son temps à promouvoir votre talent, il s'attend à ce que vous acceptiez le travail qu'il vous aura trouvé. Votre agent est capable de bouleverser l'orientation de votre carrière. C'est positif si cela vous rapporte des projets intéressants correctement rémunérés. Pour certaines personnes, cela peut être synonyme de perte de contrôle sur leur carrière. Donc réfléchissez bien à ce que vous attendez de cette relation.

Supposons que vous travailliez 40 heures par semaine. Je sais que c'est loin de la vérité pour la majorité des travailleurs indépendants, mais il faut commencer par une projection raisonnable qui nous permette de comparer notre façon de travailler en tant qu'indépendant, avec la manière dont la plupart des salariés sont censés travailler. Voici comment répartir les choses. En étant réaliste, il faut s'attendre à passer la moitié de son temps sur des missions free lance et consacrer l'autre moitié à tous les autres métiers qui font partie intégrante de la gestion d'une entreprise unipersonnelle. Par conséquent, vous ne passerez en moyenne que 20 heures par semaine à faire le travail pour lequel vous êtes rémunéré, tandis que les 20 autres seront consacrées à toute autre chose.

Vous ne nous croyez pas ? Réfléchissez quelques instants. Les premières années, vous devrez consacrer au moins une journée par semaine à passer des coups de téléphone pour prendre des rendez-vous, présenter votre travail et rencontrer des prospects. Quand vous êtes accrédité, on vous demande de revenir montrer votre book ou de passer du temps à faire des présentations aux clients. On passe toujours une partie de la journée au téléphone. Il y a les factures à envoyer et les paiements à réclamer. Il y a les rendez-vous avec le banquier, le comptable et l'avocat. Et la formation dans tout cela ? Il faut prévoir le temps passé à se tenir informé sur les forums, à assister à des séminaires pour en apprendre davantage sur Photoshop. Voici un récapitulatif de certaines choses auxquelles vous devrez consacrer du temps :

- autopromotion : prise de rendez-vous ;
- publicité/site Web ;
- conversations téléphoniques avec les clients ;
- recherche créative/suivi des activités sur les forums ;
- tâches administratives ;
- comptabilité ;
- rendez-vous ;
- séminaires et formation.

Si vous pensez consacrer une moyenne de 20 heures par semaine à des travaux de commande, cela revient à 1 000 heures facturables par an. Par conséquent, additionnez vos charges annuelles estimées et ajoutez-y le salaire que vous aimeriez gagner, puis divisez cette somme par 1 000 pour obtenir votre tarif horaire. Nous savons bien que l'on vous proposera des projets dont la rémunération forfaitaire est inférieure à ce tarif horaire, mais vous pouvez vous y référez pour déterminer combien vous devriez gagner. Comme beaucoup d'indépendants, vous travaillerez probablement beaucoup plus de 40 heures par semaine. Le calcul précédent s'applique également à un individu qui commence de rien pour se lancer comme indépendant. Une fois mieux installé, on peut se permettre de sous-traiter une partie du travail à un assistant, mais dans ce cas, il faudra tenir compte du coût supplémentaire que représente ce salarié, ce qui affecte encore votre tarif horaire. Voici un récapitulatif de ce que votre rémunération d'indépendant doit couvrir :

- location de locaux ;
- coûts des équipements ;
- assurance ;
- téléphone ;
- fournitures de bureau ;
- Internet, y compris les frais d'hébergement ;
- voyages ;
- formations ;
- frais professionnels ;
- chauffage et électricité ;
- retraite, assurance maladie et protection sociale.

Tenez-vous-en à votre tarif !

Une fois que vous avez établi votre tarif horaire et journalier, nous vous recommandons de vous y tenir. Vous l'avez calculé en vous basant sur le montant minimal que vous devez gagner pour que votre commerce prospère, ainsi que sur les primes que vous valent vos qualifications et vos dons. Il est donc de votre intérêt de tenir bon et de ne pas faire de concessions. Toutefois, on vous demandera parfois de revoir vos prétentions à la baisse. Posez-vous une simple question avant d'accepter un travail : est-ce un projet pour votre book ou pour la banque ? En général, c'est l'un ou l'autre. Soit vous acceptez parce que vous pensez que ce sera un projet intéressant qui sera du meilleur effet dans votre book, soit vous le prenez car c'est l'occasion de gagner une coquette somme. Les meilleurs contrats sont ceux qui payent bien, tout en laissant une part de liberté créatrice. Mais vous devez absolument éviter de baisser vos tarifs pour accomplir un travail qui vous rapporte moins que ce que vous valez ou ce dont vous avez besoin pour vivre, et qui ne contribue pas à vous mettre en valeur. Mais quoi que vous fassiez, méfiez-vous des clients qui sont prêts à profiter de vous. D'après notre expérience, les clients qui payent le moins sont aussi ceux qui tardent à payer. Si vous finissez

Tarifs éditoriaux

Les magazines d'images sont probablement ceux qui observent les tarifs les plus bas. D'ailleurs, de nombreux magazines de mode s'attendent à ce que vous travailliez gratuitement en échange d'un crédit photo. Comme nous l'avons mentionné, ce type de travail en vaut uniquement la peine s'il vous offre une bonne visibilité sur le marché pour montrer votre talent et vous aide à présenter un travail publié dans votre book. Nous vous conseillons de vous en souvenir avant d'accepter. Nous connaissons beaucoup de gens qui se sont retrouvés prisonniers d'une spirale infernale de projets éditoriaux non rémunérés, et qui n'apprécient pas particulièrement ce qu'ils font.

par accepter de travailler pour un tarif inférieur à votre tarif horaire standard, suivez le conseil ci-après. Ne baissez jamais votre tarif. Si vous facturez simplement un montant inférieur, le client le considérera comme votre tarif habituellement facturé. Proposez plutôt de facturer votre tarif normal, mais en inscrivant une réduction spéciale sur la facture. Ainsi, votre tarif est clair dès le départ et le client bénéficie exceptionnellement d'une réduction spéciale. Les clients apprécient ce type d'arrangement parce que, en fin de compte, ils font des économies et qu'en plus, elles figurent explicitement sur la facture. Ils vous respecteront aussi davantage et se souviendront de la vraie valeur de vos services. Quand le même client vous proposera un travail, le point de départ de votre offre sera de nouveau votre tarif horaire habituel, plutôt que le montant inférieur précédemment facturé. Vous vous retrouverez donc en position de force pour négocier quand le client reviendra vers vous.

Comment facturer un travail numérique ?

Depuis l'avènement de la photographie numérique, les clients s'imaginent que tout devrait coûter moins cher. Il est bien connu que les pixels sont gratuits (une fois que l'on a acheté un appareil à 8 000 € et un système informatique à 5 000 €, sans oublier toutes les choses nécessaires pour capter ces « pixels gratuits »). Non, même si les coûts directs ont baissé avec le numérique, comparativement à l'époque où il fallait développer des pellicules argentiques, les coûts indirects de frais d'équipement sont beaucoup plus élevés. Alors comment peut-on envisager de distribuer gratuitement ses services numériques ? Nous ne vous dirons pas combien facturer, mais nous pouvons vous indiquer les facteurs à prendre en compte.

Seth Resnick facture un montant forfaitaire pour tous ses travaux numériques. Il propose un montant détaillé dont le total est supérieur à celui qu'il prévoit de facturer et un montant forfaitaire qui correspond à ce qu'il veut facturer. La plupart des clients choisissent le montant forfaitaire, mais il est parfaitement possible de facturer au service. Quant à Jeff, il préfère détailler ses prestations en coûts unitaires. Chaque dépense doit être répercutée sur la facture du client. À la **figure 13.7**, vous constaterez qu'il propose de facturer 1,25 $ par photo, ce qui est bon marché. Il compte quatre séances (« shots ») avec 200 captures/séance pour un montant total de 1 000 $. Il facture également les séparations CMJN et les épreuves, la gravure du DVD (il compte aussi la transmission numérique, si nécessaire), et même le stockage des fichiers.

La **figure 13.7** montre le module de création de devis, basé sur FileMaker Pro, dont Jeff se sert pour tous ses projets.

Quel que soit le montant facturé, sachez qu'en tant que femme ou homme d'affaires avisé, on s'attend à ce que vous facturiez quelque chose. Si vous ne le faites pas, cela implique que vos services ne valent rien. Vos clients s'attendent à ce que votre travail ait de la valeur et ils sont prêts à payer.

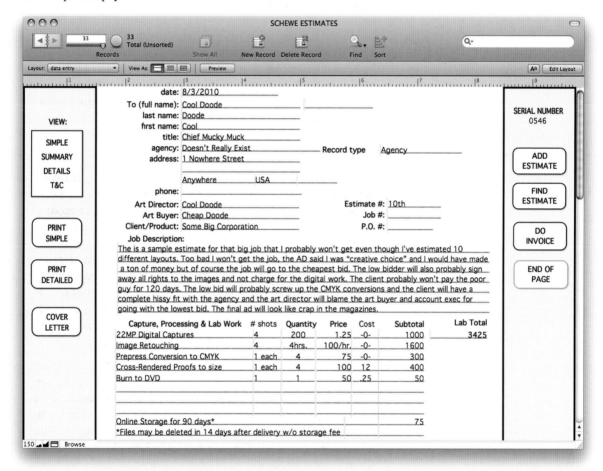

Figure 13.7 Ce devis factice est un exemple de facturation d'un projet en numérique. Notez que Jeff ne vous conseille nullement de pratiquer ces tarifs – ce ne sont d'ailleurs pas les siens – ils sont simplement fournis à titre d'exemple de répartition des coûts pour le client. Quand vous décomposez vos tarifs, attendez-vous à fournir des explications, et si besoin, à vous défendre. Les clients veulent en avoir pour leur argent (même s'ils imposent parfois des tarifs très bas), mais vous devez leur apprendre à apprécier votre travail à sa juste valeur.

Protéger vos droits

S'il était facile de gagner sa vie avec la photographie et avec Photoshop, nous serions tous riches et nous ferions tous ce que nous aimons. Dans le monde réel, les nombreux obstacles qui jalonnent une carrière font que seuls les plus talentueux et les plus persévérants peuvent gagner correctement leur vie en travaillant à leur compte. Tout le monde ne cherche pas non plus à transformer son goût pour la photographie en travail à plein temps, mais il faut se méfier de quelques pièges pour éviter de se retrouver exploité.

Au milieu des années 1980, un collègue photographe, Mike Laye, a contribué à lancer une campagne au Royaume-Uni pour permettre aux photographes de bénéficier automatiquement de la propriété du copyright de leurs œuvres. Mike raconte une anecdote pour expliquer comment lui est venue l'idée d'une meilleure protection pour les photographes. Un magazine britannique lui avait demandé de photographier le chanteur Demis Roussos, ex-star des années 1970, dont la carrière musicale s'est quasiment achevée dans les années 1980, période à laquelle Mike l'a photographié. Quelques temps plus tard, Demis Roussos se trouvait à bord d'un vol TWA détourné et tous les journaux se sont mis à la recherche de photos récentes de lui. Mike a alors vu la photo qu'il avait prise un an ou deux auparavant faire la une de tous les grands journaux. Il a appris que même s'il en était l'auteur, d'après la loi britannique (de l'époque), il n'était pas automatiquement reconnu comme le propriétaire du copyright. C'était le magazine qui en était propriétaire et qui s'est probablement rempli les poches avec les droits de publication, tandis que Mike, de son côté, n'a pas reçu le moindre penny.

Cette histoire montre bien que la valeur d'une image n'est pas toujours connue. On ne sait jamais si une photo prendra de la valeur à l'avenir, et c'est pourquoi il est préférable de ne pas renoncer à ses droits, à moins d'être amplement dédommagé. Les pigistes sont toujours incités à se brader et à renoncer au copyright, mais nous avons réussi tous les deux à trouver du travail et à en tirer un revenu confortable, sans renoncer à nos copyrights. Certes, nous avons également perdu des projets à cause de notre obstination, mais ce n'est pas si terrible de rater un contrat de temps en temps. Sur le long terme, vous serez davantage respecté si vous restez campé sur vos positions.

Pensez à identifier chacune des photos que vous prenez comme étant protégée par copyright. C'est un moyen éprouvé pour s'assurer que toutes les photos que vous diffusez sont clairement protégées.

Toutefois, cela ne garantit pas l'inviolabilité du statut du copyright d'une photo, mais les utilisateurs honnêtes savent au moins à qui appartient une photo particulière.

Déterminer le propriétaire du copyright d'une photo retouchée demande également de la réflexion. Est-ce le photographe uniquement ou le retoucheur partage-t-il les droits ? À notre avis, dans la majorité des cas, le copyright appartient exclusivement au photographe, mais parfois, on peut considérer que la retouche ajoute effectivement du nouveau contenu à l'image. L'œuvre doit alors être considérée comme faisant l'objet d'une propriété de copyright distincte.

Œuvres orphelines

Une œuvre orpheline est une œuvre soumise au copyright mais dont l'auteur est inconnu ou impossible à identifier. L'office américain du copyright s'efforce de résoudre ce problème et une nouvelle législation applicable aux œuvres orphelines devrait voir le jour afin d'éviter aux contrevenants potentiels d'être poursuivis pour non-respect du copyright, tandis qu'ils n'ont pas réussi à identifier ou à trouver le propriétaire. Sans entrer dans la polémique, nous nous contenterons de dire qu'il est devenu encore plus important pour les propriétaires de copyright de profiter des possibilités offertes par les métadonnées pour ne jamais diffuser d'images numériques sans avoir intégré dans le fichier un copyright ainsi que leurs coordonnées.

Chasse aux images

Les sociétés sont ravies chaque fois qu'elles se procurent des images gratuitement ou à moindres frais. Mais faut-il réellement inciter les gens à proposer des photos en leur promettant de la visibilité en échange de leur renoncement aux droits associés à ces images ? Un exemple typique est celui de la chaîne de télévision qui vous demande de lui envoyer des photos du temps qu'il fait chez vous. Si vous lisez attentivement les termes et conditions, vous constaterez probablement que vous êtes sur le point de fournir une licence gratuite, non exclusive et sans limite, à la chaîne de télévision pour l'utilisation des photos que vous lui avez envoyées. Les concours photo sont une forme plus insidieuse de chasse aux images. Dans les conditions d'inscription, les organisateurs demandent souvent aux photographes de leur transférer la totalité de leur copyright (voir note ci-contre sur la protection des droits d'auteur).

Téléchargement de photos et d'œuvres orphelines

Vérifiez que vous ne créez pas une œuvre orpheline au cours du transfert des photos sur un site de réseau social. Il a été démontré que certains sites sur lesquels vous pouvez transférer des photos suppriment d'importantes métadonnées comme les informations de copyright. En revanche, les sites Web, comme Flickr, semblent préserver toutes les métadonnées des fichiers. Le problème serait plutôt inverse : ils laissent voir plus d'informations que vous n'êtes disposé à en montrer (notamment le logiciel utilisé). Pour les testeurs de logiciels Adobe, dont nous faisons partie, cela peut être embarrassant quand on travaille sur un logiciel avant sa sortie officielle ! J'apprécie plus particulièrement Flickr car les métadonnées qui me semblent importantes sont toujours conservées.

Protection des droits d'auteur

Nous vous conseillons vivement de rester vigilant quant aux droits d'auteur et à l'utilisation ultérieure de vos images, même dans le cadre d'un concours photo. Pour plus d'informations, rendez-vous sur le site de l'Union des photographes professionnels (http://www.upp-auteurs.fr/faq.php?question=15). Vous trouverez également nombre de conseils utiles et de cas concrets dans l'ouvrage de Manuela Dournes, *L'image et le droit*, paru aux éditions Eyrolles.

Photographe : Martin Evening
Appareil photo : Canon EOS 400D | 14 mm | Film : 200 ISO | f/11 à 1/250 s

Index

IMPRIMÉ EN SLOVÉNIE
Achevé d'imprimer en mars 2011
Dépôt légal : deuxième trimestre 2011
N° d'éditeur : 8405